中國古代史學叢書

[唐]玄奘 辯機 撰
范祥雍 彙校

大唐西域記彙校

上海古籍出版社

圖書在版編目(CIP)數據

大唐西域記彙校 / (唐) 玄奘,(唐) 辯機撰;范祥雍彙校. —上海:上海古籍出版社,2024. 3
(中國古代史學叢書)
ISBN 978-7-5732-1023-4

Ⅰ. ①大… Ⅱ. ①玄… ②辯… ③范… Ⅲ. ①《大唐西域記》—校勘 Ⅳ. ①K928. 6②K935. 06

中國國家版本館 CIP 數據核字(2024)第 044871 號

中國古代史學叢書
大唐西域記彙校
[唐] 玄奘 [唐] 辯機 撰
范祥雍 彙校
上海古籍出版社出版發行
(上海市閔行區號景路 159 弄 1-5 號 A 座 5F 郵政編碼 201101)
(1) 網址:www. guji. com. cn
(2) E-mail:guji1@guji. com. cn
(3) 易文網網址:www. ewen. co
蘇州市越洋印刷有限公司印刷
開本 850×1168 1/32 印張 21. 25 插頁 7 字數 482,000
2024 年 3 月第 1 版 2024 年 3 月第 1 次印刷
印數:1—2,100
ISBN 978-7-5732-1023-4
K·3542 定價:128. 00 元

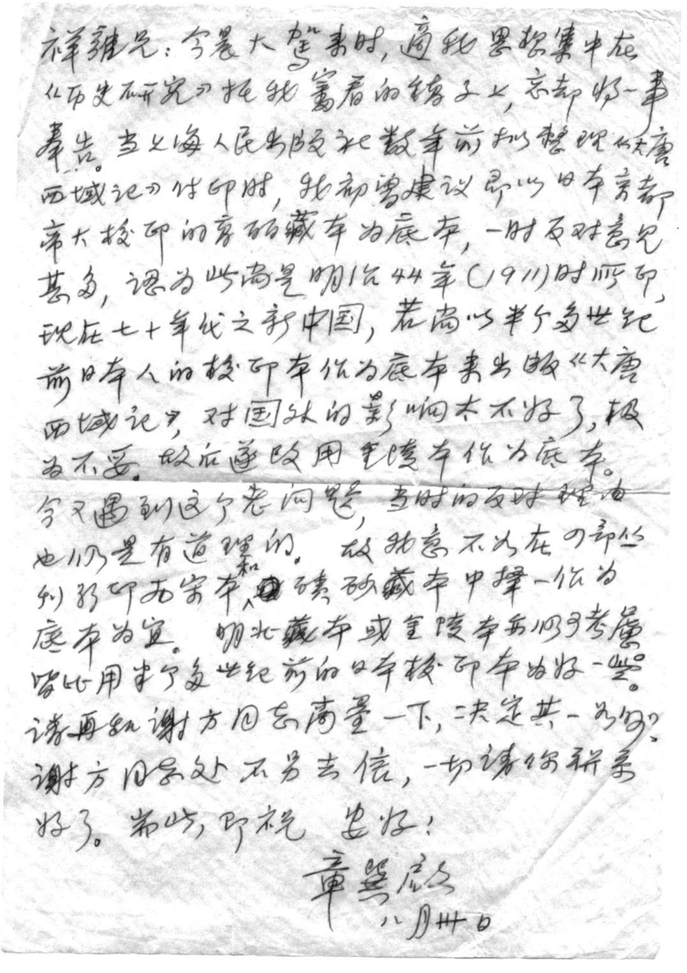

祥雍兄：今晨大驾来时，适我思想集中在《历史研究》托我审看的稿子上，忘却将一事奉告。当上海人民出版社数年前拟整理《大唐西域记》付印时，我却曾建议即以日本京都帝大校印的京师藏本为底本，一时反对意见甚多，认为此尚是明治44年（1911）时所印，现在七十年代之新中国，若尚以半个多世纪前日本人的校印本作为底本来出版《大唐西域记》，对国外的影响太不好了，极为不妥。故后遂改用金陵本作为底本。今又遇到这个老问题，当时的反对理由也仍是有道理的。故我意不如在四部丛刊影印宋本和碛砂藏本中择一作为底本为宜。明北藏本或金陵本亦仍可考虑，皆比用半个多世纪前的日本校印本为好一些。请再和谢方同志商量一下，决定其一为好？谢方同志处不另去信，一切请你决定好了。专此，即祝 安好！

章巽启

八月卅日

章巽致范祥雍函

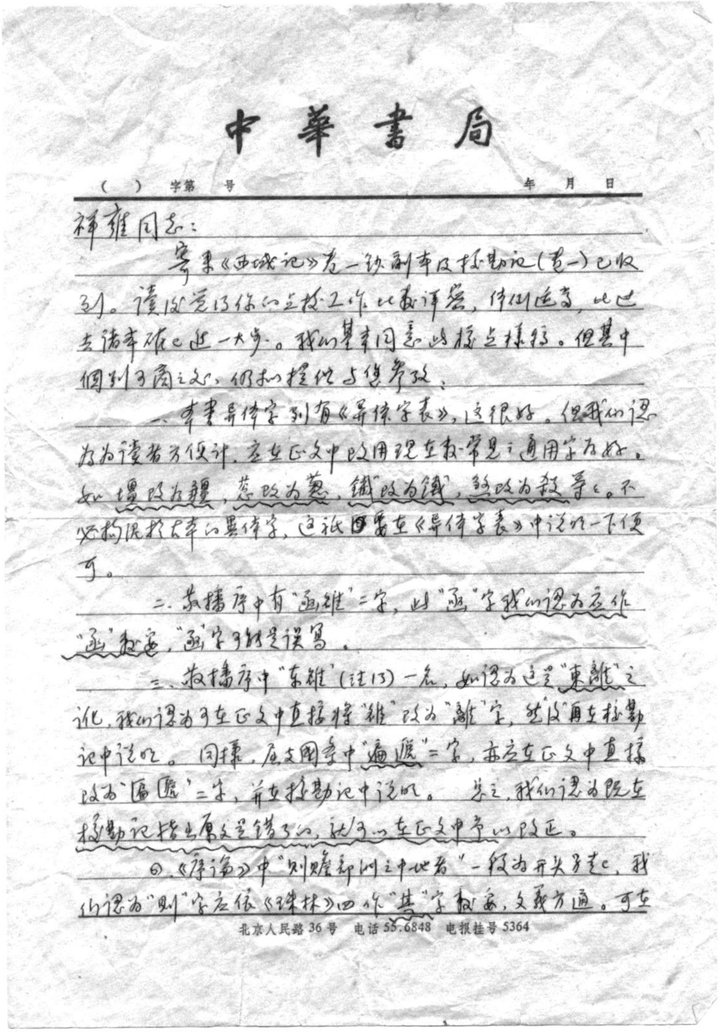

中華書局

（　）字第　号　　年　月　日

祥雍同志：

寄来《西域记》卷一缺副本及校勘记（卷一）已收到。读后觉得你们点校工作比较详密，体例适当，也已去除本难之一大步。我们基本同意此校点样稿。但其中個别可商之处，仍想提供与您参考：

一、本书异体字列有《异体字表》，这很好。但我们认为为读者方便计，应在正文中改用现在较常见之通用字为好。如壜改为罎，葱改为蔥，鐵改为鐡，敍改为敘等等。不必拘泥于古本之異体字，这只需在《异体字表》中说明一下便可。

二、敬播序中有“亟维”二字，此“亟”字我们认为应作“亟”较妥，“亟”字可能是误写。

三、敬播序中“东维”（注13）一名，如认为这是“東離”之讹，我们认为可在正文中直接将“维”改为“離”字，然后再在校勘记中说明。同样，屈支国条中“遍遞”二字，亦应在正文中直接改为“遍遞”二字，并在校勘记中说明。总之，我们认为既在校勘记指出原文是错了的，就可以在正文中予以改正。

四、《序论》中“则贍部洲之中地者”一段为开头第一句，我们认为“则”字应依《珠林》四作“其”字较妥，文义方通。可在

北京人民路36号　电话55.6848　电报挂号5364

謝方致范祥雍函（一）

中華書局

（　）字第　号　　　　年　月　日

正文中改"则"为"其"。

五、有一些通用字（也是"异体字"）可不必出校，但应依例列入《异体字表》中。如敬播序注⑤彭—彰，注⑩剪—翦等。

六、标点个别仍有可商之处。如敬播序中"未尽龍宫之奥"，"龍宫"是否可标"龍宫"，（其后"龍池"也标了）于志宁序："三藏照於姬载"，"三藏"似可不标线。同序"挺鹙鹭於當年"，"鹙鹭"即舍利弗，为人名，似应加标线。又梵文、梵本之梵字，似亦应标线作"梵"字。"佛"字如是音译，似亦标作"佛"，如"佛教"、"伊斯蘭教"等例。有一些年代名也应标，如"贞观"应标"贞观"等，可能是漏标了。又日本之年代"享保"，误写作"亨保"，也应加标线作"享保"（校勘记页4）。

七、有一些校勘记，属注释范围，如改作注释，以免重复。如于志宁序（注⑲中）及目录（注①）均如改为注文，是否有当，请酌。

以上意见，是否有当，请考虑。

顺致

敬礼！

北京人民路36号　电话55.6848　电报挂号5364

谢方 1979.10.29

謝方致范祥雍函（二）

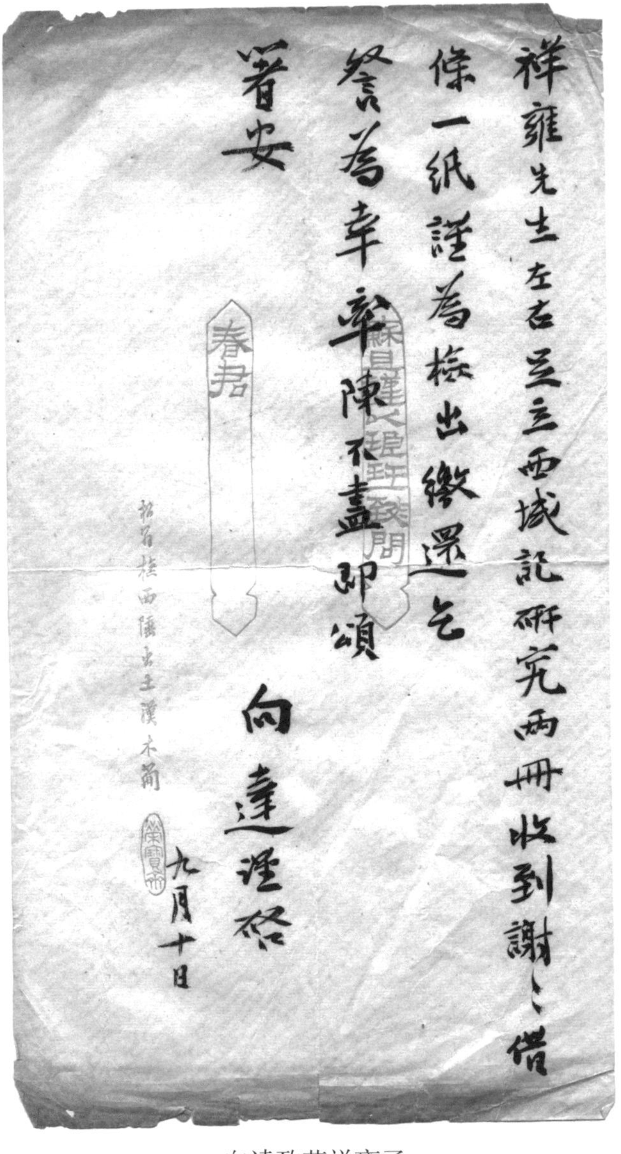
祥雍先生左右：《西域記研究》兩冊收到，謝謝。借條一紙謹為檢出繳還，乞察為幸。率陳不盡，即頌著安。

向達謹啓

九月十日

向達致范祥雍函

出版説明

范祥雍先生（一九一三——一九九三），祖籍浙江鎮海，生於上海南市，著名古籍整理專家，尤精於版本文獻之學。先生自學成才，而蜚聲學界。一九五六年由陳子展、胡厚宣、章巽三教授聯名推薦，受聘於復旦大學中文系，復任教於江西大學中文系、東北文史研究所，一九七八年後任中華書局、上海古籍出版社特約編輯，一九八六年聘爲上海文史研究館館員。

先生著述頗豐，經他編訂、點校、校證、補疏整理的典籍蔚爲大觀，歷史類有古本竹書紀年輯校訂補、戰國策箋證，歷史地理類有洛陽伽藍記校注、大唐西域記彙校（原收入季羨林等校注大唐西域記校注）、山海經補疏，宗教類有釋迦方誌、宋高僧傳、廣弘明集（未完稿），文學類有陳子展詩經直解校閲、陳子展楚辭直解校閲，藝術譜録類有法書要録，筆記類有管城碩記、東坡志林廣證，音韻訓詁類有廣韻三家校勘記補釋等。而文史通貫、無徵不信、博觀約取、敏而有斷之學風則一以貫之，允稱精深，堪爲楷法。所惜「文革」浩劫，其著作如山海經補疏、東坡志林廣證等，多有散失，亦可扼腕浩歎。

大唐西域記成書於唐貞觀二十年（六四六），系玄奘奉唐太宗敕命而著，由玄奘述、辯機撰文而成。全書共十二卷，記録了玄奘赴西域遊學、求法的經歷見聞，是研究今中亞、南亞及新疆等地區之歷史、地理、風俗的重要史料。先生以大唐西域記的古鈔舊刻中年代較早、首尾完整、校讎較精的高麗新藏本爲底本，取敦煌唐寫本殘卷、北宋崇寧本、元普寧藏本等爲校本，又採擇大慈恩寺三藏法師傳、釋迦方誌、一切經音義等文獻他校，同時還吸收了底本所載考異、向達先生所校等成果。大唐西域記彙校所據材料豐富，校勘精審，爲地理史、佛教史等諸多領域的後續研究提供了珍貴的資料。

是書曾作爲范祥雍古籍整理彙刊之一種，刷印多次。本次出版，改正了原書中的個別訛誤，并將其收入中國古代史學叢書。忻逢盛世，文化昌盛，梨棗馨香，以慰先賢。

上海古籍出版社

二〇二四年一月

目録

卷第四　十五國

卷第八　一國……（三五八）

卷第九　一國……（四一八）

卷第十一　二十三國……(五一九)

卷第十二　二十二國

校勘例言

一、本書以日本京都帝國大學文科大學叢書第一種校印出版的高麗新藏本作底本（以下簡稱京大本）。西域記的古鈔舊刻有多種，但皆屬殘卷，以此本爲最完好。高麗藏有新舊二種。舊藏刻於高麗王朝文宗時代（公元一〇四七—一〇八二）。至高宗十九年（公元一二三二）被燬於蒙古兵燹；全二十三年（公元一二三六）重刻，閱十五年而成，是爲新麗藏。此書的舊麗藏本現僅存六卷，保存在日本，極爲稀貴。新麗藏本完全的亦很少，京都帝大藏有一部，即據之重印。原書各卷尾有「甲辰歲分司大藏都監奉勅雕造」題記（今新校本删去此題記），「甲辰」當高宗三十一年（公元一二四四），正是再刻藏經之時。新麗藏刻時，參考各本，「去短取長，成一最精之本」（呂澂佛典汎論），這話雖不免溢美，可見其爲人所推重。我們對比各舊本，認爲京大本有下列的優點：（一）這是一種年代較早校讎較精的刊本，而又首尾完整；（二）書首敬播一序，爲宋元各本所無，此本獨有之，和慧琳一切經音義所載相合；（三）南宋後諸本卷尾附有音釋，此本不載，和敦煌唐寫本、北宋刊殘本、趙城藏本相合，可證其來源之古；（四）京大本對於原本内顯著的誤字，據其他舊本改正，但爲數有限，且在考異中注明原本作何字，盡量保存原本面目，態度比較謹嚴；（五）京大本別附考異，廣蒐新麗藏本之外的各舊本，列其異同，便於讀者參考。這就是我們採用它作底本的理由。

二、校勘所採用的各種本子及其簡稱如下：

（一）敦甲本　敦煌唐寫本殘存卷第一（S. 二六五九），又卷第三首段部分（S. 九五八），英國倫敦博物院藏，複製照片。

（二）敦乙本　敦煌唐寫本殘存卷第二（P. 三八一四），法國巴黎國民圖書館藏，複製照片。

（三）崇本　北宋崇寧二年福州等覺禪院刊本殘存卷第四，北京大學圖書館藏，晒印本。

（四）趙城本　金刊趙城藏本殘存卷第十一、十二，北京圖書館藏，複製照片。

（五）資福本　南宋安吉州資福寺刊本（亦稱思溪藏本），存卷二至五、卷七至十二，共十卷，四部叢刊景印本。

（六）磧砂本　南宋磧砂藏本殘存卷二、卷九兩卷，磧砂藏經景印本。

（七）元本　元普寧藏本。

（八）明南本　明洪武刊南藏本，四川圖書館藏，複製照片。

（九）明北本　明永樂刊北藏本。

以上元本、明北本二種，因未得原刊，姑以景印磧砂藏經中配補的本子助校。磧砂配補本計有：元本卷三、五、七共三卷；　明北本卷四、十、十一、十二共四卷；　元明合配本卷一、六、八共三卷。

（十）徑山本　明嘉興府楞嚴寺刊本（亦稱嘉興藏本）。

（十一）酬本　日本靈瑞山酬恩菴僧鈔本，卷一及卷六兩卷，四部叢刊景印配補宋本缺卷。

（十二）中本　日本松本初子所藏中尊寺金銀泥經本，見大正新修藏經第五十一卷本書所附校記中。

（十三）金陵本　金陵刻經處一九五七年校刊本（吕澂先生校）。

（十四）章校本　上海人民出版社一九七七年章巽先生校本。

其他刊本，如明代吴琯本、清代龍藏本、墨海金壺本、守山閣叢書本、天寧寺刊本，皆出自明藏，輾轉重刊，不足重，並從省。日本所刊各藏經本，除中尊寺金銀泥經本已列入校記者外，其餘各本不出於校記及京大本考異所收的範圍，因亦從省。校記所援用的本子下限一般斷於明代爲止。

三、京大本所附的考異搜集諸本，中多秘籍，今擇要採用，名稱仍其舊例。各本列舉如下：

（一）舊麗本　即高麗舊藏本，存卷五至十，共六卷，南禪寺所藏。

（二）宋本　東寺觀智院所藏北宋刊本。

（三）石本　石山寺所藏古寫本，卷一至卷八爲同一寫本，卷九至十二爲其他寫本。

（四）建本　醍醐三寶院所藏古寫本，存卷十一、十二兩卷，有建保二年（公元一二一四）的題跋。

（五）大本　神田氏所藏大治元年（公元一一二六）古寫本，存卷二。

（六）古本　和州橘寺古藏本。

（七）異本　別有中古之本。

（八）一本　京兆妙典寺藏本。

（九）或本

（十）校本

自（五）—（十）五種本子爲富岡謙藏氏所藏舊校本中引據的。此舊校本，據校者跋文署爲享保辛丑（公元一七二一）。第（十）種校本乃校者校訂之文。

上列諸本逕自考異轉引，不再别標。

四、向達先生生前對此書有志撰述。今承北京大學圖書館惠借他的手校本（録在金陵刻經處本上）一種，擇要録之。滄海一勺，聊存紀念。

五、慧立與彦悰大慈恩寺三藏法師傳、道宣釋迦方志和本書的關係密切，爲重要的參考資料。還有其他古籍援引西域記者，文句間有出入。今並採擇，以資佐校。目列如下：

甲、慈恩傳　大慈恩寺三藏法師傳，支那内學院校刊本。

乙、方志　釋迦方志，支那内學院校刊本。

丙、珠林　道世法苑珠林，四部叢刊景印徑山藏本。

丁、慧琳音義　慧琳一切經音義，上海醫學書局景印日本刊本。其西域記音義逕稱慧琳音義，其屬於他經音義引西域記者則於慧琳音義下注明卷數，以示區别。

戊、感應録　非濁三寶感應要略録，大正新修藏經卷五十一。

己、釋帖　義楚釋氏六帖，普慧大藏經排印本。此書所引多有删節或謬改，今慎擇其要録之。

庚、希麟音義　希麟續一切經音義，大正新修藏經本。

辛、翻譯集　法雲翻譯名義集，上海佛學書局排印本。

壬、音釋　本書宋、元、明（南藏）本卷尾並附音釋，今據資福本及明南本所附者。明北藏本以下所附音釋頗省略，不取。

癸、華嚴鈔　澄觀大方廣佛華嚴經疏鈔會本，華嚴疏鈔編印會排印。

子、隨函録　高麗藏内新集藏經音義隨函録。從京大本考異轉引。

六、校勘參酌諸本，擇善而從，不盡拘囿於底本。改字之處，必説明原本作某，從某本改，以便複核。不能作決定者，則並存異文。異文有顯著謬誤者，擯棄不録。

七、京大本和諸本間的異字，有很多屬於常用的異體字，若逐字録入，反增惑亂。今將這類常用異體字併列爲一表，擇其中最習見者爲「正字」，餘者爲異字。書内本文一般從原作，別體俗作則改從「正字」，不再出校。讀者如有疑問，查表即知。表別附後。

八、高麗新藏原書於宋諱殷、敬、鏡、竟等字缺筆，又時用當時的俗字，京大本已皆改正，今悉遵之。

九、諸本各篇章節的分段起行，參差不齊，今逕從文義整理，各本異同不再表明。

日本崛謙德解説西域記、足立喜六大唐西域記の研究、水谷真成譯注大唐西域記、章巽先生的大唐西域記校本並於本書章節間別加標題、分題或小分題，便於讀者檢覽。現遵其例，重爲釐定，補加標題、分題。

十、本書自唐流傳至今，基本上無缺佚，但從各書對勘之下，偶亦發見若干闕文，爲今本所不載。這些闕文可能是最初本和修訂本的差異，又因他書所載常有增損，與原文不一致，今分別列入於應屬的原文之後，低二字，首冠以「闕文備考」標識，不和原書本文相淆。還有些字句無多或難以肯定的，則概入於校文内。

十一、古人説：「校書如掃落葉，旋掃旋生。」我們雖努力期達於完善，但限於水平，存在缺點還是不少的。熱望讀者發現錯誤，賜予指出和匡正！

范祥雍

一九八一年七月

大唐西域記諸本對勘常見異體字

一、依正字筆劃多寡爲序。

二、正字居前，異體字居後，加括號。

互(𠀋)　叫(叫、呌)　災(灾)　坐(座)　采(採)　函(凾)　糾(糺)　斥(厈)

役(役)　沈(沉)　往(徃)　花(華)　仙(僊)　回(廻)　冰(氷)　邪(耶)

你(儞)　陀(陁)　析(㭊)　刺(剌)　折(扸)　那(郍)　技(伎)　低(仾、伭)

果(菓)　怪(恠)　於(于)　胥(𦙃)　柰(奈)　祇(祗)　途(塗)　陵(凌)

寂(宗)　剪(翦)　蛇(虵)　無(无)　鼓(皷)　稚(穉)　號(号)　爾(尒)

罰（罸） 踈（疏） 鄰（隣） 辨（辯） 邇（迩） 濕（溼） 醫（毉）
闕（闋、闟） 驅（駈） 鶴（鸖） 胝（胵、胘） 毘（毗） 惟（唯、維） 乾（乹）
訛（譌） 備（俻） 萬（万） 羣（群） 實（寔、寔） 蝨（虱） 歎（嘆）
瘞（瘗） 斂（歛） 彌（弥） 聰（聦、聡） 總（揔、捴、緫） 辭（辤、辝）
鐵（鐡） 羈（覊） 珍（珎） 紆（紆） 胸（胷、胷） 殺（煞） 敕（勑）
軫（軨） 徧（遍） 逾（踰） 腰（署） 蒲（蒱） 厭（猒） 綵（彩）
劍（劒） 葱（蔥、茖） 褐（毼） 趨（趍） 懦（愞） 蟲（虫） 藴（蘊）
讚（賛） 鬱（欝） 芻（蒭） 庵（菴） 婆（嫯） 皎（晈） 腴（腴）
棗（枣） 裔（裦） 塼（甎） 槃（槃） 輿（轝） 舉（擧） 聲（声）
禮（礼） 疆（畺、壃）

序一〔一〕

竊以穹儀方載之廣，蘊識懷靈之異，談天無以〔二〕究其極，括地〔三〕詎足辯其原？是知方志所未傳聲教所不暨者，豈可勝道哉！

校勘

〔一〕宋、元、明各藏本無此序。

〔二〕無以，石本、異本作「以無」。非。

〔三〕括地，中本括作「栝」。按古寫本從扌從木之字常淆。

詳夫天竺之爲國也，其來尚矣。聖賢以之疊軫，仁義於焉成俗。然事絶於曩代，壤隔於中土，山經莫之紀，王會所不書。博望鑿空，徒寘懷於邛竹〔一〕；昆明道閉〔二〕，謬肆力於神池。遂使瑞表恒星，鬱玄妙於千載；夢彰〔三〕佩日，秘神光於萬里。暨於蔡愔訪道，摩騰入洛，經藏石室，未盡龍宮之奧，像畫涼臺，寧極鷲峯之美〔四〕？自茲厥後，時政多虞。閹豎乘權〔五〕，潰〔六〕東京而鼎峙；母后成釁〔七〕，剪〔八〕中朝而幅裂。憲章泯於函〔九〕

雒，烽燧警於關塞，四郊因〔一〇〕而多壘，況茲邦之絶遠哉！然而鈞〔一一〕奇之客，希世間至。頗存記注，寧盡物土之宜？徒採神經，未極真如之旨。有隋一統，寔務恢疆〔一二〕，尚且睠〔一三〕西海而咨嗟，望東離〔一四〕而杼軸。揚旌〔一五〕玉門之表，信亦多人；利涉葱嶺之源，蓋無足紀。曷能指雪山而長騖〔一六〕，望龍池而一息者哉！良由德不被物，威不及遠。我大唐之有天下也，闢寰宇而創帝圖，掃攙搶〔一七〕而清天步，功侔造化，明等照臨。人荷再生，肉骨〔一八〕豺狼之吻；家蒙錫壽，還魂鬼蜮〔一九〕之墟。總異類於藁街，掩遐荒於輿地，苑〔二〇〕十洲〔二一〕而池環海，小五帝而鄙上皇。

校勘

〔一〕邛竹，新麗本、隨函録邛作「印」，京大本從異本、石本作「卭」，中本作「功」。按此字地名當屬邑旁，説文、廣韻並作「邛」，今據正。史記大宛傳、漢書張騫傳、宋本並作「卭」，則衍誤已久。

〔二〕閉，中本、異本作「閑」，非。

〔三〕彰，中本作「章」，通用。

〔四〕異本、石本、中本美下有「矣」字。

〔五〕攉，異本、石本並作「權」。按九經字樣攉乃「古拳字，俗作權，訛」。今權行而攉廢。

〔六〕潰，金陵本作「憒」，誤。

〔七〕釁，異本及隨函録作「亹」，石本作「舋」。舋乃亹之譌。慧琳音義云：「釁，序作亹，俗字也。」然則慧琳所見序亦作「疊」也。
〔八〕剪，異本、石本及隨函録作「翦」，通用。
〔九〕原本函作「凾」，乃函之俗字，今從校本改，下同。異本、石本作「圅」。
〔一〇〕因，古本作「困」。依文義「因」字爲長，「困」乃形近而誤。
〔一一〕異本、石本釣作「鉤」。
〔一二〕疆，原本作「壃」，慧琳音義作「畺」，云：「或從土作壃。」今從通用字改，下同。
〔一三〕睠，中本作「腃」，字形之誤。金陵本作「睠」。慧琳音義作「眷」，云：「或作睠、覩。序作睠，俗字也。」
〔一四〕離，原本作「雒」，異本作「離」，中本作「雖」。按「東離」見後漢書西域傳（詳注），「東雒」則指隋東都雒陽，依文義似作「東離」爲長。今改。
〔一五〕旌，原作「旌」，今從異本、金陵本改。
〔一六〕鶩，原作「鶩」，今通作鶩。向達云：「一本作鶩，以從馬爲是。」
〔一七〕攙搶，異本作「欃槍」，石本作「槍欃」，隨函録作「欃鎗」。按攙搶偏旁從扌從木從金並通用。二字爲雙聲連緜詞，故或作「槍欃」。
〔一八〕肉骨，石本肉作「完」，考異云：「乃宍之譌。」按宍乃肉之俗字。金陵本作「骨肉」，非。肉骨乃「生死而肉白骨」意，與下文「還魂」爲對偶。
〔一九〕鬼蜮，異本、中本蜮誤作「域」。
〔二〇〕菀，異本作「苑」，同。
〔二一〕洲，古本作「州」。

法師幼漸法門，慨祇園之莫履；長懷真迹，仰鹿野而翹心。褰裳浄境，實〔一〕惟素蓄。會淳風之西偃，屬候律之東歸，以貞觀三年〔二〕杖錫遵路。資皇靈而抵殊俗，冒重險其若夷；假冥助而踐畏塗，幾必危而已濟。暄寒驟徙，展轉方達。言尋真相，見不見於空有之間；博考精微，聞不聞於生滅之際。廓羣疑於性海，啟〔三〕妙覺於迷津。於是隱括衆經，無片言而不盡；傍稽聖迹，無一物而不窺。周流多載，方始旋返。十九年正月，屆于長安。所獲經論六百五十七部，有詔譯焉。

校勘

〔一〕實，異本作「寔」，疑實之形訛。中本作「寔」。

〔二〕三年，章校云：「疑是元年之誤。」

〔三〕啟，異本、石本作「启」。慧琳音義亦作「启」，云：「説文從户作啟。」

親踐者一百一十國，傳聞者二十八國，或事見於前典，或名始於今代。莫不餐和〔一〕飲澤，頓顙而知歸；請吏革音，梯山而奉費〔二〕。歡闕庭〔三〕而相抃，襲冠帶而成羣。爾其物産風土之差，習俗山川之異，遠則稽之於國典，近則詳之於故老。邈矣殊方，依然在目。無勞握槧〔四〕，已詳油素，名爲大唐西域記，一帙〔五〕十二卷。竊惟書事記言，固已緝〔六〕於微婉；碩詞小道，冀〔七〕有補於遺闕。秘書著作佐郎敬播序之云爾。

校勘

〔一〕餐和，異本、中本餐作「饗」，隨函録作「飱」。飱乃飧之俗作。餐字爲長。

〔二〕賷，石本作「責」，中本作「責」，乃賷之誤。金陵本作「賮」，同。

〔三〕歡闕庭，原本闕作「闕」，乃闕之俗字，見干禄字書，今改從正字。下同。石本讀歡爲款，闕作闞。按歡與「相抃」呼應，作動詞用自通，不必改讀。闞爲闕之或作。

〔四〕握槧，古本作「掘槧」，異本、中本作「掘塹」，石本握作「掘」，並誤。

〔五〕原本帙作「秩」。異本及隨函録作「袠」。慧琳音義亦作「袠」，云：「亦作帙，或作袟。」秩乃袟之形訛。今從通行字改作帙。

〔六〕緝，古本作「緔」，石本作「絹」，並緝之形訛。

〔七〕冀，金陵本作「異」，非。

序 二〔一〕

尚書左僕射燕國公于志寧〔二〕製

若夫玉毫〔三〕流照，甘露灑於大千；金鏡揚輝〔四〕，薰風被於有截。故知示現〔五〕三界，粵稱天下之尊；光宅四表，式標域〔六〕中之大。是以慧日淪影，像〔七〕化之跡東歸，帝猷宏闡，大章之步西極。

校勘

〔一〕原本無此序，宋、元、明南北藏、徑山藏本及中本、酬本、金陵本並有之，金陵本後出，較善，今據爲底本。中本此序與上敬播序前後順序互易。

〔二〕諸本均無「于志寧」三字，獨中本有之，金陵本從增，是也。徑山本在「燕國公」下補「張説」二字，卷一尾校記云：「闕張燕公名，今補。」按張説亦封燕國公，但年代不符，張冠李戴，大誤。清代徐松等編全唐文因之而輯入「張説文」内，亦不細考之過。英人瓦特斯（Watters）在On Yuan Chwang's Travels in India 已詳辯之。

〔三〕中本毫作「豪」，古可通用。

〔四〕徑山本輝作「暉」，通用。
〔五〕中本現作「見」。按見可讀現。
〔六〕中本域作「城」，形近可訛。
〔七〕中本像作「象」，通用。

有慈恩道場三藏法師，諱玄奘，俗姓陳氏，其先潁川〔一〕人也。帝軒提象，控華渚而開源；大舜賓門，基歷山而聳構。三恪照於姬載，六奇光於漢祀。書奏而承朗月，遊道而聚德星。縱壑駢鱗，培風齊翼。世濟之美，鬱爲景胄。法師籍慶誕生，含和降德，結根深而莌茂，導〔二〕源浚而靈長。奇開之歲，霞軒月舉；聚沙之年，蘭薰桂馥。洎乎成立，藝殫墳素。九皐載響，五府交辟。以夫早悟真假，夙昭〔三〕慈慧，鏡真筌而延佇，顧生涯而永息。而朱紱紫纓，誠有界之徽〔四〕網；寶車丹枕，實出世之津途。由是擯落塵滓，言歸閑曠。令兄長捷法師，釋門之棟榦者也。擅龍象於身世，挺鶖鷺〔五〕於當年。朝野挹其風猷，中外羨其聲彩。既而情深友愛，道睦天倫。法師服勤請益，分陰靡棄。業光上首，擢秀檀林；德契中庸，騰芬蘭室。抗策平道，包九部而呑夢；鼓枻玄津，俯四韋而小魯。自茲徧遊談肆，載移涼燠。功既成矣，能亦畢矣。至於泰初日月，獨耀〔六〕靈臺；子雲鞶帨〔七〕，發揮神府。於是金文暫啓，佇秋駕而雲趨；玉柄纔撝，披霧市〔八〕而波屬。若會斲輪之旨，猶知拜〔九〕瑟之微。以瀉瓶之多聞，泛虚舟而獨遠〔一〇〕。迺於轘轅〔一一〕之地，先摧鍱腹〔一二〕之誇；井〔一三〕絡之鄉，遽表浮杯〔一四〕之異。遠邇宗挹，爲之語曰：「昔聞荀氏八龍，今見陳門雙驥。」汝、潁〔一五〕多奇士，誠哉此言。

校勘

〔一〕原本潁作「潁」，章校本改作「潁」。向達校本亦改作「潁」，云：「當作潁，各本俱誤。」按説文水部「潁」字云：「潁水出潁川陽城乾山。」段注：「潁川以水名郡，字當從水，而漢碑郡名多從禾。蓋漢時相習如此寫。……恐漢志、説文古本郡名亦當從禾耳。」然則「潁川」作「潁」亦有來由。按之地理自應作「潁」，今從改。原本川作「州」，諸本並作「川」，冥祥玄奘法師行狀作「潁川」，潁川，郡名，州字顯誤，今改正。

〔二〕元本、明南本、徑山本、酬本導作「道」，古可通用。中本作「導」，與此同。

〔三〕元本、明南本、徑山本、酬本昭作「照」，古可通用。

〔四〕宋本、酬本徽作「微」，形之訛。中本作「美」。音釋亦作「徽」，云：「音暉。」

〔五〕中本鶖作「鵝」，非。音釋作「鶖鷺」，云：「即舍利弗是。」

〔六〕徑山本耀作「曜」，通用。

〔七〕諸本帨作「悦」，非，詳見注。

〔八〕中本市作「布」。

〔九〕中本拜作「琴」。徑山本卷一尾校記云：「拜字訛，未詳。」

〔一〇〕原本遠作「達」，中本同，其他諸本並作「遠」，今從改。

〔一一〕轘轅，原本轘誤作「幰」，諸本並作「轘」，音釋同，今從正。

〔一二〕向達云：「據于志寧序，玄奘在故鄉時曾與人進行辯論，摧敗邪說，『鍱腹』云云即指此而言。唯慈恩傳及唐高僧傳玄奘傳俱不著此事，疑玄奘之軼聞遺事湮没不彰者多矣，此僅其一例耳。」

〔一三〕明南本、徑山本井作「并」，形之訛。

〔一四〕徑山本杯作「桮」，通用。

〔一五〕原本潁作「穎」，諸本同，今改，說見上。

法師自幼迄長，遊心〔一〕玄籍〔二〕。名流先達，部執交馳，趨末忘本，摭華捐實，遂有南北異學，是非紛糾。永言於此，良用憮然。或恐傳譯踳駁，未能筌究，欲窮香象之文，將罄龍宮之目。以絕倫之德，屬會昌之期，杖錫拂衣，第如遐境。於是背玄灞而延望，指葱山而矯迹。川陸綿長，備嘗艱險。陋博望之非遠，嗤法顯之爲局。遊踐之處，畢究方言，鐫求幽賾，妙窮津會。於是詞發雌黄，飛英天竺；文傳貝葉，聿歸振旦。

校勘

〔一〕元本、明南本、酬本心作「乂」。

〔二〕中本籍作「藉」，古可通用。徑山本作「理」。

太宗文皇帝金輪纂御，寶位居尊。載佇風徽，召見青蒲之上；迺睠通識，前膝黄屋之間。手詔綢繆，中使繼路。俯摛睿思，乃製三藏聖教序，凡七百八十言〔一〕。今上昔在春闈，裁述聖記，凡五百七十九言。啓玄妙之津，盡〔二〕揄揚之旨。蓋非道映雞林，譽光鷲嶽，豈能緬降神藻，以旌時秀！

校勘

〔一〕七百八十言，原本八誤作「六」，今從諸本改。吕澂先生云：「七百六十言，蓋據弘教藏而誤。」

〔二〕元本、明南本、徑山本盡作「晝」。宋本、中本、酬本作「盡」，與此同。盡字爲長。

奉詔翻譯梵本，凡六百五十七部。具覽遐方異俗，絶壤殊風，土著之宜，人倫〔一〕之序，正朔所暨，聲教所覃〔二〕，著大唐西域記，勒成一十二卷。編録典奥，綜覈明審，立言不朽，其在兹焉。

校勘

〔一〕元本、明南本、徑山本、酬本倫誤作「備」。中本作「倫」，與此同。

〔二〕徑山本覃作「單」。

大唐西域記卷第一

三藏法師玄奘奉詔譯
人總持寺沙門辯機撰〔一〕

三十四國〔二〕

阿耆尼國　屈支國〔三〕
跋〔四〕祿迦國　笯奴故反赤建國
赭時國　怖敷廢反捍國〔五〕
窣蘇没反堵利瑟那國　颯秣〔六〕建國
弭秣賀國　劫布呾〔七〕那國
屈霜去聲你伽〔八〕國　喝捍〔九〕國
捕喝國　伐地〔一〇〕國
貨利習彌伽國　羯霜去聲〔一一〕那國
呾〔一二〕密國　赤鄂衍那國
忽露摩國　愉色俱反漫國

鞠和衍那國　鑊〔一三〕沙國
珂咄羅國　拘謎莫問〔一四〕反陁國
縛伽浪國　紇露悉泯健國
忽懍國　縛喝國
鋭秣陁國　胡寔健國
呾剌〔一五〕健國　揭職〔一六〕國
梵衍那國　迦畢試國

校勘

〔一〕中本無此二行題名。按本書作者題名，各本皆如此作，玄奘與辯機分二行並列名。唐人書如道世法苑珠林、靖邁古今譯經圖記、圓照貞元釋教録、慧琳一切經音義則皆作「玄奘撰」。進西域記表亦是玄奘一人具名，詔修之書，例當如是。然辯機承旨綴撰，既詳於其所作本書尾記讚，又見於道宣續高僧傳、智昇開元釋教録，理合附名，意存記實，所以循舊不改。慧琳一切經音義則作「三藏沙門玄奘奉勑撰」。至於「譯」與「撰」的分辨，别詳賀昌羣先生大唐西域記之譯與撰。

〔二〕原本此四字在書首「卷第一」下，卷第二的國數亦在卷次下，但自第三卷以后乃列於國名目録之前，别起行。今遵從其例皆移於國名目録之前，以示畫一。元本、明南本、徑山本、酬本、金陵本亦如此。

〔三〕屈支，中本屈下有夾注「居勿反」三字。慧琳音義云：「（屈）居物反。」音釋云：「居勿反」，與中本同。

〔四〕跋，石本、中本作「趴」，異本作「跛」。趴乃跋之俗字，見龍龕手鑑卷四。跛是跋之形訛。

〔五〕怖敷廢反捍國，古本怖作「怖」，中本作「怖」。慧琳音義怖作「怫」，云：「音番發反。」音釋怖音「芳發反」。廢，原本作「發」。異本、宋本、元本、明南本、徑山本、酬本並作「廢」，廣韻廢韻有怖字，音「方廢切」，與之合，今據改正。怖字右傍作「市」，本字作「怺」（見説文心部），作「怖」者誤。方志作「悚捍」，音敷世。音不誤，字亦怺之形訛。

〔六〕颯秣，古本、中本秣作「秣」。按音釋「音末」，則作秣者非。下秣字，古本亦作「秣」，字書無秣字，並形訛。

〔七〕呾，慧琳音義作「咀」，音「單割反」，則似當作呾，咀乃形訛。説詳後本文校記。

〔八〕你伽，米本、中本、酬本伽作「加」。元本作「迦」。慧琳音義云：「伽或作迦，亦通。」

〔九〕喝捍，異本喝作「噣」。按音釋作「噣」，音「竹救反」，與異本合。慧琳音義無「捍」字。新唐書西域傳作「喝汗」。汗、捍音同。

〔一〇〕伐地，敦甲本伐作「戍」（在本文），石本、中本作「代」，異本作「戍」。按音釋作「戍」，音「思律反」。據音則字當作戍。西域傳作「戍地」，與敦甲本合。

〔一一〕中本無「去聲」二字。

〔一二〕中本呾作「怛」。

〔一三〕鑊，慧琳音義作「護」。

〔一四〕莫閇，石本閇作「閑」，音不合，非。音釋作「莫閉反」，閉同閇字。

〔一五〕原本呾作「咀」，元本、明南本、金陵本作「呾」，音釋字作「咀」，音「丁達反」，則咀亦呾之訛。按下本文作「呾」，今據改。慧琳音義剌作「辢」，字之異體。古本作「賴」，剌賴同聲，翻譯無定字，聲諧可通用。

〔一六〕古本職作「寔」，寔同寔字。

序　論〔一〕

歷選皇猷，遐觀帝録，庖犧〔二〕出震之初，軒轅垂衣之始，所以司牧黎元，所以疆畫〔三〕分野。暨乎唐堯之受天運，光格四表；虞舜之納地圖，德流九土。自茲已降，空傳書事之册；逖聽前修，徒聞記言之史。豈若時逢有道，運屬無爲者歟！我大唐御極則天，乘時握紀，一六合而光宅，四三皇而照臨。玄化滂流，祥風遐扇，同乾坤之覆載，齊〔四〕風雨之鼓潤。與夫東夷入貢，西戎即敍，創〔五〕業垂統，撥亂反正，固以跨越前王，囊括先代。同文共軌，至治神功，非載記無以贊大猷，非昭宣何以光盛業？玄奘輒隨遊至，舉其風土，雖未〔六〕考方辯俗，信已越五踰三。含生之疇〔七〕，咸被凱澤；能言之類，莫不稱功。越自天府，暨諸天竺，幽荒異俗，絕域殊邦，咸承正朔，俱霑聲教。贊武功之績，諷成口實；美文德之盛，鬱爲稱首。詳觀載籍，所未嘗聞；緬惟圖牒〔八〕，誠無與二。不有所敍，何記化洽？今據聞見，於是載述。

校勘

〔一〕序論：自「歷選皇猷」至「語在後記」止，慧琳音義與敬播序連接，題作「西域記序」，列於三十四國國名之前，章校本從之，似復唐本原來面目。但尋繹再三，意有未妥，理由如次：（一）今所見宋、元舊刻及古寫諸本無有如此者。宋藏及古寫本源皆出於唐本，輾轉鈔刊，文字或有脱訛，排次不應參差如此之鉅。（二）若此大段文字别爲書首之序，何以道世法苑珠林及法雲翻譯名義集引其文稱奘師傳（珠林引西域記多異稱，如奘法師西國傳、西國記、西域行傳等），或稱西域記，不稱「序」？（三）若此文列作書序，本記開首云「出高昌故地，自近者始，曰阿耆尼國」，起句突兀，上無所承，文氣不相應。（四）此文結尾「印度風土，語在後記」，與本卷拘謎陁國條「自活國東南至闊悉多國、安呾羅縛國，事在迴記」；卷二「推如來入胎、初生、出家、成佛、涅槃日月皆有參差，語在後記」，文意相同，所謂「迴記」「後記」者，謂本記之下文。彼爲本書之語，此不當視作書外序文。綜此數疑，終嫌孤證難信。反觀原文，亦未見抵牾。按此書雖屬地志之類，而其體裁結構，頗多取則史、漢（從辯機記讚中可見之）。例如此文猶表、志、合傳之前序；中記各國風土人事，尾綴記讚，猶紀、傳之記事與論讚。比類稽文，可以喻旨。如此循讀原文，脈絡貫通，并無障礙，不須更移舊次，别標「序」稱。爲便於讀者領解起見，另加新標題「序論」，原排次不變動。

〔二〕庬犧，古本、宋本、元本、明南本、徑山本、金陵本犧並作「羲」，隨函録同。石本、中本、酬本作「義」，非。

〔三〕疆晝，石本作「畫畺」，畺同疆。

〔四〕石本齊作「濟」。

〔五〕古本創作「刱」，乃「刱」之俗作，刱與創通。

〔六〕宋本未下有「能」字。

〔七〕徑山本、金陵本疇作「儔」，通用。

〔八〕宋本、元本、明南本、徑山本、酬本牒作「諜」，古通用。

然則索〔一〕訶世界，舊曰娑婆世界，又曰娑訶世界，皆訛也〔二〕。三千大千國土，爲一佛之化攝也。今一日月所臨四天下者，據三千大千世界之中，諸佛世尊，皆此垂化，現生現滅，導聖導凡。蘇迷盧山唐言妙高山〔三〕。舊曰須彌，又曰須彌婁〔四〕，皆訛略也〔五〕。四寶合成，在大海中，據金輪上，日月之所照迴〔六〕，諸天之所遊舍，七山七海，環峙環列。山間海水，具八功德。七金山外，乃鹹海〔七〕也。海中可居者，大略有四洲焉〔八〕。東毘提訶洲，舊曰弗婆提〔九〕，又曰弗于逮，訛也〔一〇〕。南贍部洲，舊曰閻浮提洲，又曰剡浮洲，訛也。西瞿陁尼洲，舊曰瞿耶尼，又曰劬〔一一〕伽尼，訛也〔一二〕。北拘盧洲舊曰鬱單越，又曰鳩樓，訛也〔一三〕。金輪王乃化被四天下，銀輪王則政隔北拘盧，銅輪王除〔一四〕北拘盧及西瞿陁尼，鐵輪王則唯贍部洲。夫輪王者，將即大位，隨福所感，有大輪寶浮空來應。感〔一五〕有金銀銅鐵之異，境〔一六〕乃四三二一之差，因其先〔一七〕瑞，即以爲號。

校勘

〔一〕異本索作「素」。索、素聲同，可通用。

〔二〕皆訛也，石本、宋本、元本、明南本、徑山本並無「也」字。按關於音譯正訛，翻譯名義集序有解釋云：

「能詮之名，胡、梵音別。自漢至隋，皆指西域以爲胡國。唐有彦琮法師獨分胡、梵，葱嶺已西並屬梵種，鐵門之左皆曰胡鄉。」又云：「或問：『玄奘三藏、義浄法師西遊梵國，東譯華言，指其古翻，證曰舊訛。豈可初地龍樹，論梵音而不親，三賢羅什，譯秦言而未正？既皆紕繆，安得感通？』今試釋曰：秦楚之國，筆聿名殊，殷夏之時，文質體别。況其五印度别，千載日遥，時移俗化，言變名遷。遂致梁唐之新傳，乃殊秦晉之舊譯。苟能曉意，何必封言！設筌隆殊，得魚安別！」語焉猶未詳。季羡林先生論梵文td的音譯云：「在玄應音義、慧琳音義和玄奘大唐西域記裏，我們常看到：『舊言某某，訛也（或訛略也）』，這類的句子。其實這些舊日的音譯也不『訛』，也不『略』，因爲據我們現在的研究，有很多中譯佛典的原文不是梵文，而是俗語，或中亞古代語言。這些認爲是『訛略』的舊譯就是從俗語或中亞古代語言譯過來的。」（中印文化關係史論文集三聯書店一九八二年版頁二七七）又四庫總目提要七十一謂「有校正譯語云舊作某某訛者，……疑爲後人所加」。按此語未然。法雲翻譯名義集明著玄奘之言，道世法苑珠林時亦引之；敦煌寫本又不遺音注及辨訛之文，豈爲後人所增入乎？

〔三〕唐言妙高山，石本、中本無此五字。

〔四〕須彌婁，古本、石本、中本婁作「樓」，翻譯集引同。婁、樓聲同相通。

〔五〕宋本、元本、明南本、徑山本、酬本皆無「也」字。季羡林先生在中印文化關係史論文集（頁一一〇）內謂「吐火羅語甲方言裏是Sumer，乙方言（龜兹語）同。毫無可疑，這就是『須彌』的來源。」（吐火羅語的發現與考釋及其在中印文化交流中的作用）

〔六〕照迴，宋本、元本、明南本照迴作「迴薄」，徑山本作「回薄」，同。翻譯集引作「迴泊」，泊乃薄之借字。

〔七〕石本、中本海下有「水」字。

〔八〕方志作「可居者六，略有四」。

〔九〕中本婆作「波」。聲同常通用。

〔一〇〕石本、宋本、元本、明南本、徑山本、酬本無「也」字。中本訛下有「之」字。

〔一一〕原本㔟作「的」，今據石本、宋本、元本、明南本、徑山本、中本、酬本改。翻譯集亦作「㔟」。

〔一二〕宋本、元本、明南本、徑山本、酬本無「也」字。翻譯集亦無「也」字。

〔一三〕宋本、元本、明南本、徑山本、酬本無「也」字。

〔一四〕翻譯集引除上有「則」字，與上下文一律。

〔一五〕宋本感作「咸」，非。

〔一六〕石本、中本境上有「其」字。

〔一七〕中本先作「光」。

則贍部洲之中地〔一〕者，阿那婆〔二〕答多池也，唐言無熱惱。舊曰阿耨達池，訛也〔三〕。在香山之南，大雪山之北，周八百里矣〔四〕。金、銀、琉璃〔五〕、頗胝飾其岸焉。金沙彌漫，清波皎鏡。八〔六〕地菩薩以願力故，化爲龍王，於中潛宅，出清泠〔七〕水，給〔八〕贍部洲。是以池東面銀牛口，流出殑巨勝反〔九〕伽河，舊曰恒河，又曰恒伽，訛也。繞池一匝〔一〇〕，入東南海；池南面金象口，流出信度河舊曰辛頭河，訛也〔一一〕。繞池一匝，入西南海；池西面琉璃馬口，流出縛芻河〔一二〕，舊曰博叉河，訛也〔一三〕。繞池一匝，入西北海；池北面頗胝師子口，流出徙〔一四〕多河，舊曰私陁河，訛也〔一五〕。繞池一匝，入東北海。或曰潛流地下出積石山，即徙多河之流，爲中國之河源云〔一六〕。

校勘

〔一〕珠林四引則作「其」，章校本據之改字。按諸本皆作「則」，「則」有作假設之用，同「若」（見詞詮），於義自通，不必改字。翻譯集引無「則」字。古本地作「池」，涉下「池」字而誤。

〔二〕方志婆作「陁」。按本書卷六拘尸那揭羅國有阿那婆答多龍王，即此池之龍王，「陁」字殆非。

〔三〕宋本、元本、明南本、徑山本、酬本無「也」字。中本訛前有「皆」字。

〔四〕徑山本「八百里矣」作「八百餘里」。

〔五〕翻譯集引「金銀」下有「銅鐵」二字。按下文牛、象、馬、師子語，與金、銀、琉璃、頗胝相應，不當再有「銅鐵」。此二字誤衍。

〔六〕古本、石本、宋本、元本、明南本、徑山本、中本、酬本作「大」。珠林四、翻譯集引亦作「大」。異本作「十」。石本、宋本、元本、明南本、徑山本、酬本琉皆作「瑠」，下同。琉、瑠通用。

〔七〕酬本、金陵本泠作「冷」。珠林四、翻譯集引亦作「冷」。

〔八〕古本給作「洽」。珠林四引作「屬」。

〔九〕巨勝反，石本、宋本、元本、明南本、徑山本、酬本、金陵本勝皆作「升」。按殑字見廣韻下平聲蒸韻，音「其拯切」，與「巨升反」音合。又去聲證韻亦有殑字，音「其餕切」，與「巨勝反」音合。證韻殑字注云：「釋典殑伽」；又唐韻殘卷去聲證韻其餕反下殑字注云：「内典有殑伽」，二書相同，則作「巨勝反」爲是，或又作平聲讀也。

〔一〇〕石本、宋本、酬本匝作「帀」，下同。翻譯集作「迊」，乃匝之別體。

〔一一〕石本、宋本、元本、明南本、徑山本、酬本無「也」字。珠林四引「辛頭河」下有「者」字。

〔一二〕原本縛芻二字作「縳蒭」，縳乃縛之形訛，當正。芻、蒭通用，時見參差，今從一律改作芻，下同。

〔一三〕宋本、元本無「也」字。

〔一四〕石本徙作「徒」，形近而訛。

〔一五〕石本、宋本、元本等無「也」字。珠林四引「私阤河」下有「者」字。

〔一六〕中本云作「尔」。

時無輪王應運，贍部洲地有四主焉。南象主則暑濕〔一〕宜象，西寶主乃臨海盈〔二〕寶，北馬主寒勁宜馬，東人主和暢多人。故象主之國，躁烈篤學，特閑異術，服則橫巾右袒〔三〕，首則中髻〔四〕四垂，族類邑居，室宇重閣。寶主之鄉，無禮義，重財〔五〕賄，短製左衽，斷髮長髭〔六〕，有城郭之居，務殖貨之利。馬主之俗，天資獷暴〔七〕，情忍殺〔八〕戮，毳張穹廬，鳥居逐牧。人主之地，風俗機惠〔九〕，仁義照〔一〇〕明，冠帶右衽，車服有序〔一一〕，安土重遷，務資有類。三主〔一二〕之俗，東方爲上。其居室則東闢其户，旦日則東向以拜。人主之地，南面爲尊。方俗殊風，斯其大概。至於君臣上下之禮，憲章文軌之儀，人主之地無以加也。清心釋累之訓，出離生死之教，象主之國其理優矣。斯皆著之經誥，問〔一三〕諸土俗，博關〔一四〕今古，詳考見聞。然則佛興西方，法流東國，通譯音訛，方言語謬，音訛則義失，語謬則理乖，故曰「必也正名乎」，貴無乖謬矣〔一五〕。

校勘

〔一〕珠林引濕作「温」。

〔二〕徑山本盈作「多」。

〔三〕明南本祖作「但」。祖音但，音同而誤。

〔四〕中本中髻作「巾髮」。石本則中作「中則」。並非。

〔五〕古本財作「賂」。

〔六〕長髭，中本髭作「鬢」。釋帖十三引長作「留」。

〔七〕慧琳音義暴作「曓」，云：「今記中從米作暴，是曬暴字，非此義。」按此據説文爲説，今通作暴矣。

〔八〕原本殺作「煞」，乃「殺」之或作。此本殺多作「煞」，今改從通行字，下同。

〔九〕石本、宋本、異本、明南本、明北本、徑山本、酬本惠作「慧」，古通用。珠林引作「變」。

〔一〇〕明南本、明北本、徑山本、金陵本照作「昭」。

〔一一〕車服有序，釋帖十三引作「車服雅正，長幼有序」。

〔一二〕三主，珠林引三作「四」。

〔一三〕石本、宋本、明南本、明北本、徑山本、中本、酬本問作「聞」，珠林亦作「聞」。

〔一四〕宋本、一本闢作「開」。石本作「闔」，讀爲開。珠林作「閑」。

〔一五〕宋本、徑山本無「矣」字。徑山本卷尾校記云：「末贅句，今删。」蓋删去「矣」字耳。

夫人有剛柔異性，言音不同，斯則繫風土之氣，亦習俗之致也。若其山川物産之異，風俗性類之差，則人主之地，國史詳焉。馬主之俗，寶主之鄉，史誥備載，可略言矣。至於象主之國，前古未詳，或書〔一〕地多暑濕，或載俗好仁慈，頗存方志，莫能詳舉。豈道有行藏之致，固世有推移之運矣〔二〕。是知候律以歸化，飲澤而來賓，越重險而欵玉門〔三〕，貢方奇而拜絳闕者，蓋難得而言焉。由是之故，訪道遠遊，請益之隙，存記風土。黑嶺已來，莫非胡俗。雖戎〔四〕人同貫，而族類羣分，畫界封疆，大率土著。建城郭，務殖〔五〕田畜，性重財賄，俗輕仁義。嫁娶無禮，尊卑無次，婦言是用，男位居下。死則焚骸，喪期無數。剺〔六〕面截耳，斷髮裂裳，屠殺羣畜，祀祭幽魂。吉乃素服，凶則皁衣。同風類俗，略舉條貫。異政殊制，隨地別敍。印度風俗，語在後記。

校勘

〔一〕徑山本書作「言」。

〔二〕宋本、徑山本、金陵本矣作「乎」。

〔三〕中本欵作「疑」。向達云：「蔣禮鴻敦煌變文字義通釋一二一六頁『欵玉門』作『疑玉門』，謂即度過玉門之意。」按文義自以「欵」爲長。「疑」有度義，尚待他證，録之以備一説。

〔四〕宋本、明南本戎作「戍」，疑是「戎」字之損壞。

〔五〕石本、中本、明南本、明北本、徑山本、金陵本皆無「殖」字。

〔六〕原本務作「矜」，石本作「務」，宋本、異本、明南本、明北本、酬本作「務」，徑山本作「務」，金陵本作「鳌」。按此字正作務，從刀，敄聲，諸作並有譌，今正。

出高昌故地，自近者始，曰阿耆尼國。舊曰焉耆〔一〕。

校勘

〔一〕古本、宋本、明南本、明北本、酬本、徑山本焉並作「烏」，方志、翻譯集同。古寫本及高麗藏本慈恩傳作「鄔」。新唐書西域傳作「焉耆」，與此同。按焉、烏、鄔並音近相通。古本、石本耆下有「訛略也」三字，翻譯集有「訛也」二字，中本有「國也」二字。

阿耆尼國

阿耆尼國東西六百餘里，南北四百餘里。國大都城周六七里，四面據山，道險易守。泉〔一〕流交帶，引水爲田。土宜穈〔二〕、黍、宿麥、香棗〔三〕、蒲萄〔四〕、梨、柰諸菓。氣序和暢，風俗質直。文字取則印度，微有增損〔五〕。服飾氈〔六〕褐，斷髮無巾。貨用金錢、銀錢、小銅錢。王，其國人也，勇而寡略〔七〕，好自稱伐。國無綱紀，法不整肅。伽藍十餘所，僧徒二千餘人，習學小乘教説一切有部。經教律儀，既遵印度，諸習學者，即其文而翫之。戒行律儀，潔清勤勵，然食雜三淨，滯於漸教矣。

校勘

〔一〕古本、石本、明北本、徑山本泉作「衆」。

〔二〕糜，石本、宋本、中本、明南本、明北本、徑山本、酬本、釋帖二十一引皆作「穈」，下同。慧琳音義作𪎭，云：「考聲云：『𪎭，穄也。』説文從黍，糜省聲。今俗用或從禾從麻，並非也。」則糜乃當時俗字。

〔三〕棗，考異云：「石本作来，麗本作棗，今從宋本。」按各本皆作「棗」。来、棗乃棗之俗作。

〔四〕原本蒲作「蒱」，今從宋本、明南本、明北本、徑山本、酬本改，下同。中本作「蒱陶」，蒱亦誤字。釋帖二十一引作「葡」。

〔五〕原本增損作「繒絹」，今從石本、中本、宋本、明南本等改。釋帖二十一引作「增減」。

〔六〕宋本、徑山本氈作「氎」。向達云：「氈氎俱是毛布作，氎則是棉布，疑作氎爲是。」

〔七〕宋本、酬本脱「寡」字，敦甲本亦有「寡」字。石本寡下有「好」字，涉下「好自稱伐」而衍。

從此西南行二百餘〔一〕里，踰一小山，越二大河〔二〕，西得平川〔三〕，行七百餘里，至屈居勿反。支國。舊曰龜兹〔四〕。

校勘

〔一〕敦甲本無「餘」字。

〔二〕慈恩傳作「前渡一大河」。

〔三〕古本、石本得作「渡」，中本、金陵本作「度」。向達云：「疑此作得爲是。平川猶秦川，言平原爾。度、渡俱由誤會川字之義也。」按慈恩傳作「履平川」，則向説有理。

〔四〕翻譯集引此下云：「又音丘慈」，此疑是後人所附加「龜茲」之音讀也。慈恩傳此下有「訛也」二字。新唐書西域傳：「龜茲，一曰丘茲，一曰屈茲。」「屈茲」即「屈支」。

屈支國

屈支國東西千餘里，南北六百餘里。國〔一〕大都城周十七八里。宜〔二〕穈麥，有粳稻，出蒲萄〔三〕、石榴，多梨、柰、桃、杏。土産黄金、銅、鐵、鉛、錫。氣序和，風俗質〔四〕。文〔五〕字取則印度，粗有改變。管絃伎樂，特善諸國。服飾錦褐，斷髮巾帽。貨用金錢〔六〕、銀錢、小銅錢。王，屈支種也，智謀寡〔七〕昧，迫於强臣。其俗生子以木押頭，欲其匾㔸〔八〕也。伽藍百餘所，僧徒五千餘人，習學小乘教説一切有部。經教律儀，取則印度，其習讀者，即本文矣。尚拘漸教，食雜三淨。潔清耽翫〔九〕，人以功競。

校勘

〔一〕敦甲本無「國」字。

〔二〕古本、中本宜上有「土」字。
〔三〕敦甲本作「蒲陶」。原本蒲作「蒱」，校改見前。
〔四〕中本質下有「直」字。
〔五〕敦甲本脱「文」字。
〔六〕宋本、明南本、明北本、徑山本、中本、酬本無「錢」字。
〔七〕石本寡作「冥」。
〔八〕原本匾㔜作「遍遞」，敦甲本與之同，今據明南本、明北本、徑山本及慧琳音義改，下同。宋本、酬本、音釋作「匾匜」。一本作「匾㔜」，異本作「匾遆」。慧琳音義云：「字統云：『匾㔜，薄闊皃。』二字並從匚。匚音方。有從厂作扁虒，或從辵作遍遞，並非。從匚作爲正。」
〔九〕敦甲本耽作「躭」，俗字。石本翫作「學」。

一、大龍池及金花王

國東境城北天祠前有大龍池。諸龍易形〔一〕，交合牝馬，遂生龍駒，㦝戾〔二〕難馭。龍駒之子，方乃馴駕。所以此國多出〔三〕善馬。聞諸先志〔四〕曰：近代有王，號曰金花，政教明察，感龍馭乘。王〔五〕欲終没，鞭觸其耳，因即潛隱，以至於今。城中無井，取汲〔六〕池水。龍變爲人，與諸婦會，生子驍勇，走及奔馬。如是漸染，人皆龍種〔七〕，恃力作威，不恭王命。王乃〔八〕引構突厥，殺此城人，少長俱戮，略無噍類〔九〕。城今荒蕪，人烟斷絶。

校勘

〔一〕敦甲本形作「刑」，非。
〔二〕明南本、明北本、徑山本、音釋戾作「悷」，方志同。戾、悷通用。
〔三〕敦甲本出作「生」。
〔四〕諸先志，古本先志作「耆舊」。敦甲本、石本、中本諸先志作「之耆舊」。
〔五〕中本王下有「既」字。
〔六〕石本無「取」字。原本汲作「彼」，今據敦甲本、石本、宋本、明南本、明北本、徑山本、中本、酬本改。惟珠林十一引作「彼」，同麗本。
〔七〕敦甲本脱「種」字。
〔八〕敦甲本無「乃」字。
〔九〕敦甲本脱「無噍」二字。宋本、酬本噍作「⿱雔灬」。音釋作「噍」。本書卷四奢羯羅故城條則作「⿱雔灬」。⿱雔灬、⿱雔灬二字皆不見字書，並從焦聲，不能定其孰是。疑爲噍之異體字。珠林十一引噍類作「遺類」。

二、昭怙釐二伽藍

荒城北四十餘里，接山阿隔一河水，有二伽藍，同名昭〔一〕怙釐，而東西隨〔二〕稱。佛像莊飾，殆越人工。僧徒清肅〔三〕，誠爲勤勵。東昭怙釐佛堂中有玉石，面廣二尺餘，色帶黃白，狀如海蛤。其上有佛足履之迹，長尺有八寸，廣餘六〔四〕寸矣。或有齋日，照燭光明。

校勘

〔一〕原本昭作「照」，明南本、明北本、徑山本、金陵本作「昭」，與下文相合，今據改，俾前後畫一。
〔二〕敦甲本隨作「相」。
〔三〕原本齋作「齋」，今據石本、宋本、明南本、明北本、徑山本、中本、酬本改。
〔四〕宋本、明南本、明北本、徑山本、異本、酬本六作「八」。

三、大會場

大城西門外路左右各〔一〕有立佛像，高九十餘尺。於此像前建五年一大會處，每歲秋分數十日間，舉國僧徒皆來〔二〕會集。上自君王，下至士庶，捐〔三〕廢俗務，奉持齋戒，受經聽法，渴〔四〕日忘疲。諸僧伽藍莊嚴佛像，瑩以珍寶，飾之錦綺〔五〕，載諸輦輿，謂之行像，動以千〔六〕數，雲集會所。常以月十五日晦日，國王大臣謀議國事，訪及高僧，然後宣布。

校勘

〔一〕敦甲本無「各」字。
〔二〕敦甲本無「來」字。

〔三〕敦甲本、宋本、明南本、明北本、徑山本、酬本捐皆作「損」。

〔四〕古本渴作「謁」，非。

〔五〕古本綺作「帛」。

〔六〕敦甲本脱「千」字。

四、阿奢理貳伽藍及其傳說

會場西北，渡〔一〕河至阿奢理貳〔二〕伽藍，唐言奇特。庭宇顯敞，佛像工〔三〕飾。僧徒肅穆，精勤匪怠，並是耆艾宿德，碩〔四〕學高才，遠方俊彥，慕〔五〕義至止。國王、大臣、士庶、豪右〔六〕四事供養，久而彌敬。聞諸先志〔七〕曰：昔此國先王〔八〕崇敬三寶，將欲遊方觀禮聖迹，乃命母弟攝知留事。其弟受命，竊自割勢，防未萌也。封之金函，持以上王。王〔九〕曰：「斯何謂也？」對曰：「迴駕之日，乃可開發。」即付〔一〇〕執事，隨軍掌護。王之還也，果有搆禍者曰：「王令〔一一〕監國，婬亂中宮。」王聞震怒，欲置嚴刑。弟曰：「不敢逃責，願開金函！」王遂發而視之，乃斷勢也，曰：「斯何異物，欲何發明？」對曰：「王昔遊方，命知留事，懼有讒禍，割勢自明。今〔一二〕果有徵，願垂照覽！」王深驚〔一三〕異，情愛彌隆，出入後庭，無所禁礙。王弟於後行，遇〔一四〕一夫擁〔一五〕五百牛，欲事刑〔一六〕腐。見而惟〔一七〕念，引類增懷〔一八〕，「我今形虧，豈非宿業？」即以財寶贖此羣牛，以慈善力，男形漸具。以形具故，遂不入宮。王怪而問之，乃〔一九〕陳其始末。王以爲奇特也，遂建伽藍，式旌美迹，傳芳後葉〔二〇〕。

校勘

〔一〕敦甲本、中本渡作「度」。

〔二〕異本理作「利」。慈恩傳貳作「皃」。

〔三〕宋本、酬本工作「功」；古本作「巧」。

〔四〕古本、宋本、明南本、明北本、徑山本、酬本碩皆作「博」。

〔五〕敦甲本慕誤作「暮」。

〔六〕宋本、酬本右作「碩」。

〔七〕敦甲本、石本、中本諸先志三字作「之耆舊」。古本先志二字作「耆舊」。

〔八〕敦甲本脱「王」字。

〔九〕敦甲本無下「王」字。

〔一〇〕敦甲本脱「付」字。

〔一一〕敦甲本、石本、宋本、中本、酬本令作「命」。金陵本作「令」，乃「令」之誤。

〔一二〕敦甲本今作「金」。按漢尚方鏡銘「壽敝仐石侯王」。仐即「今」字，借作「金」。（見隷篇再續）「今」之作「金」，猶「金」可作「今」，同音假借。

〔一三〕宋本、明南本、明北本、徑山本、酬本驚並作「敬」。

〔一四〕敦甲本遇作「過」。

〔一五〕石本、宋本、明南本、明北本、徑山本、酬本擁作「權」。釋帖二十一引作「驅」。方志此文作「犍五百牛」，則併「欲事刑腐」言之，非別出異文也。

〔一六〕原本刑作「形」，今從石本、宋本、明南本、明北本、徑山本、酬本改。

〔一七〕一本惟作「憶」。

〔一八〕原本懷作「壞」，今從敦甲本、明南本、明北本、徑山本、酬本改。

〔一九〕敦甲本無「乃」字。

〔二〇〕釋帖十四引此故事，作「迦膩色迦王」，疑出義楚臆加，不足信。

從此西行六百餘里，經小沙磧，至跋〔一〕禄迦國。舊謂姑墨〔二〕，又曰亟墨〔三〕。

校勘

〔一〕古本及石本朱校跋作「趹」，疑跋之俗字。

〔二〕原本墨作「黑」，今從古本、石本、中本及各本改。宋本、明南本、徑山本、酬本及釋帖二十三姑墨並作「始墨」。按姑墨國見漢書西域傳。新唐書西域傳云：「跋禄迦，小國也，一名亟墨，即漢姑墨國。」則「始」乃「姑」之形訛。

〔三〕原本墨作「黑」，今從敦甲本、古本、石本及各本改。敦甲本亟墨作「極墨」，古本、石本作「丞墨」，宋本、明南本、酬本、金陵本及方志作「函墨」。按新唐書西域傳亦作「亟墨」，亟與姑聲同字異，其實一也。丞、函並爲亟之形譌，極從亟聲，可通用。

跋禄迦國

跋禄迦國東西六百餘里，南北三百餘里。國大都城周五六〔一〕里。土宜、氣序、人性、風俗、文字、法則同屈支國，語言少異。細氈細褐，鄰國所重。伽藍數十〔二〕所，僧徒〔三〕千餘人，習學小乘教説一切有部。

校勘

〔一〕方志五六作「五十」。按此一小國面積狹小，都城決無五十里之廣，「十」字顯誤。

〔二〕石本、中本十下有「餘」字。

〔三〕酬本僧作「佛」。按本書於伽藍之下皆稱「僧徒」若干人，此「佛」字亦當作「僧」。

凌山及大清池

國西北行三百餘里，度石磧，至凌山〔一〕，此則葱嶺北原，水多東流矣。山谷積雪，春夏合〔二〕凍，雖時消泮，尋復〔三〕結冰。經途險阻，寒風慘烈〔四〕，多暴龍，難凌〔五〕犯。行人〔六〕由此路者，不得赭衣持瓠大聲叫喚〔七〕，微有違犯，災禍目覩〔八〕。暴風奮發，飛沙雨石，遇者喪没，難以全生。

校勘

〔一〕原本凌作「淩」，今從異本、宋本、明南本、明北本、酬本、金陵本改。慈恩傳、方志亦作「凌」。

〔二〕古本、石本、宋本、明南本、明北本、徑山本、異本合並作「含」。

〔三〕宋本復作「後」。

〔四〕音釋慘作「滲」，云：「踈錦反，寒滲也，正作瘮。一云作慘，七感反。恐非。」按慘字自通，慧琳音義亦作慘。

〔五〕原本淩作「凌」，石本、宋本、明南本、明北本、徑山本、中本、酬本作「陵」。按陵與淩同字，淩字義異，偶缺一點而誤，今更正。

〔六〕敦甲本無「人」字。

〔七〕宋本、明南本、明北本、徑山本叫作「呌」，同。今從通行字作叫，下同。敦甲本、石本、宋本、明南本、明北本、徑山本、中本、酬本皆無「喚」字。

〔八〕中本覩作「視」。

山行〔一〕四百餘里至大清池，或名熱海〔二〕，又謂鹹海〔三〕。周千餘里〔四〕，東西長〔五〕，南北狹。四面負山，衆流交湊，色帶青黑，味兼鹹苦，洪濤浩汗，驚波汩淴〔六〕，龍魚雜處，靈怪間起。所以往來行旅，禱以祈福。水族雖多，莫敢漁捕〔七〕。

校勘

〔一〕方志行下有「自西」二字。

〔二〕慈恩傳云：「清池亦云熱海，見其對凌山不凍，故得此名。其水未必温也。」新唐書西域傳云：「繇勃達嶺北行，贏千里，得細葉川，東曰熱海，地寒不凍。」細葉川即素葉河。

〔三〕石本海下有「也」字。

〔四〕千餘里，慈恩傳作「千四五百里」。

〔五〕敦甲本長作「廣」。

〔六〕原本漗作「漗」，今從敦甲本、金陵本及慧琳音義改。慧琳音義「汩漗」條云：「上古筆反。漢書音義『汩，流急皃。』……下温骨反。考聲云：『漗，急水皃。』」石本、宋本、明南本、明北本、徑山本漗作「淴」。按史記司馬相如傳「汩淴漂疾」。索隱云：「汩淴，急轉貌也。」則作「汩淴」亦可。中本漗作「隱」。隱乃濦之誤，文選上林賦「汩淴」作「汩濦」，正此字。

〔七〕中本捕作「攝」。

素葉水城

清池西北行五百餘里，至素葉水〔一〕城。城周六七里，諸國商胡〔二〕雜居也。土宜糜〔三〕、麥、蒲萄〔四〕，林樹稀疎。氣序風寒，人衣氈褐。

校勘

〔一〕慈恩傳無「水」字。

〔二〕敦甲本無「胡」字。按新唐書西域傳亦云「商胡雜居」，胡字不當無。杜甫解悶詩「商胡離別下揚州」，可證爲唐人習用之詞。商胡猶「胡商」。

〔三〕石本糜作「麻」，非。糜同穈、䵘，説見前校。

〔四〕敦甲本萄作「陶」，石本作「⿱艹陶」。

素葉已西數十孤城，城皆立長，雖不相稟命，然皆役屬突厥。

窣利地區總述

自素葉水城至羯霜那國，地名窣利，人亦謂焉。文字語言，即隨稱矣。字源簡略，本二十〔一〕餘言，轉而相生，其流浸廣。粗有書記，竪讀其文，遞相傳授，師資無替。服氈褐，衣皮氎，裳服褊急，齊髮露頂，或總剪剃，繒彩絡額。形容偉大，志性恇怯。風俗澆訛，多行詭詐，大抵貪求，父子計利，財多爲貴，良賤無〔二〕差。雖富巨萬，服食麁弊，力田逐利者雜半矣。

校勘

〔一〕明南本、明北本、徑山本二十作「三十」，中本作「二千」，千乃十之誤。按下覩貨邏國條云：「字源二十五言，轉而相生，用之備物。書以横讀，自左向右，文記漸多，逾廣窣利。」説明吐火羅語與窣利語關係相近而較緊，此文亦云「字源簡略」，則當以作「二十」爲是。

〔二〕敦甲本無作「无」，下同。

千泉

素葉城西行四百餘里至千泉。千泉〔一〕者，地方二百餘里〔二〕，南面雪山，三陲〔三〕平陸。水土沃潤，林樹扶疎，暮春之月，雜花若綺，泉池千所，故以名焉。突厥可汗每來避暑。中有羣鹿，多飾鈴鐶，馴狎於人，不甚驚走。可汗愛賞，下命羣屬：「敢加殺害，有誅無赦。」此羣鹿得終其壽。

校勘

〔一〕敦甲本「千泉」二字不重。

〔二〕二百餘里，慈恩傳作「數百里」。新唐書西域傳作「地贏二百里」。

〔三〕敦甲本、石本、宋本、明南本、明北本、徑山本、酬本陲皆作「垂」。按方志及西域傳亦作「垂」。陲、垂通用。

呾邏私城

千泉西行百四五十里，至呾〔一〕邏私城。城周八九里，諸國商胡雜居也〔二〕。土宜氣序，大同素葉。

校勘

〔一〕石本無「至」字。敦甲本呾作「[口旦土]」，下同，疑呾之異作。

〔二〕商胡雜居也，徑山本作「商胡雜其居」，卷尾校記云：「共字譌其，今正。」蓋謂「其」字原作「共」也。今檢諸本無如此作者。

小孤城

南行十餘里有小孤城，三百餘户，本中國人也，昔爲突厥所掠，後遂鳩集同國，共保此城，於中宅居。衣服去就，遂同突厥；言辭儀範，猶存〔一〕本國。

校勘

〔一〕敦甲本存作「在」。

白水城

從此西南行二百餘里，至白水城〔一〕，城周六七里。土地所產，風氣所〔二〕宜，逾勝呾邏私。

校勘

〔一〕白水城，中本白水二字作「泉」，興福寺古寫本慈恩傳同。按白水城亦見新唐書西域傳，泉字疑爲「白水」合文而訛。

〔二〕敦甲本無「產風氣所」四字。

恭御城

西南行二百餘里，至恭御城〔一〕，城周五六里。原隰〔二〕膏〔三〕腴，樹林蓊鬱。

校勘

〔一〕恭御城，方志作「恭敬城」。

〔二〕慧琳音義隰作「陘」，云：「爾雅云：下溼曰陘。」按今爾雅釋地作「下濕曰隰」。陘乃隰之俗字，正字通收有此字。

〔三〕敦甲本膏作「高」，隨函録同。

從此南行四五十里，至笯奴故〔一〕反。赤建國。

校勘

〔一〕中本故作「胡」。按廣韻上平聲模韻「乃都切」下、去聲暮韻「乃故切」下並有笯字，二讀均可。

笯赤建國

笯〔一〕赤建國周千餘里。地沃壤，備稼穡。草木鬱茂，華果繁盛，多蒲萄〔二〕，亦所貴也。城邑百數，各別君長，進止往來，不相禀命。雖則畫野區分，總稱笯赤建國。

校勘

〔一〕釋帖二十一笯作「怒」。

〔二〕敦甲本萄作「陶」。

從此西行二百餘里，至赭時國〔一〕。唐言石國〔二〕。

校勘

〔一〕赭時，通典一九三引杜環經行記作「赭支」。

〔二〕石國，慧超往五天竺傳作「石騾國」。

赭時國

赭時國周千餘里，西臨葉河〔一〕，東西狹，南北長。土宜氣序，同笯赤建國。城邑數十，各別君長，既無總主〔二〕，役屬突厥。

校勘

〔一〕葉河，方志作「素葉河」。慈恩傳重「葉」字，首一「葉」字當是「素」之訛。新唐書西域傳云：「右涯素葉河。」

〔二〕古本、石本主作「王」。

從此東南千餘里，至怖敷發反〔一〕。捍國。

校勘

〔一〕原本怖作「怖」，廢作「發」，今正，說詳目録校勘記〔五〕。

怖捍國

怖捍國周四千餘里，山周四境。土地膏腴，稼穡滋盛。多花菓，宜羊馬。氣序風寒，人性剛勇〔一〕，語異諸國，形貌醜弊。自數十年無大君長，酋〔二〕豪力競，不相賓伏，依川據險〔三〕，畫野分都。

校勘

〔一〕敦甲本性作「惟」。釋帖二十一引剛勇作「勇武」。

〔二〕古本、中本、異本酋作「首」。

〔三〕敦甲本險作「嶮」。

從此西行千餘里，至窣堵利瑟那國。

窣堵利瑟那國

窣堵利瑟那國〔一〕周千四五百〔二〕里，東臨葉河〔三〕。葉河出葱嶺北原，西北而流，浩汗〔四〕渾濁，汩淴〔五〕漂急。土宜風〔六〕俗。同赭時國。自有王，附突厥。

校勘

〔一〕新唐書西域傳作「堵利瑟那」，無「窣」字。

〔二〕敦甲本百下有「餘」字。

〔三〕慈恩傳葉河作「葉葉河」。西域傳作「葉葉水」。

〔四〕原本汗作「汙」，今從石本、宋本、元本、明南本、徑山本改。

〔五〕原本淴作「潒」，今正，下同，説見前凌山及大清池頁六九校記〔六〕。

〔六〕敦甲本無「土宜」二字，風下有「土」字。

大沙磧

從此西北〔一〕，入大沙磧，絶無水草，途路彌漫，疆境難測，望大山，尋遺骨，以知所指，以記經途。行五百餘里，至颯秣建國〔二〕。唐言康國。

校勘

〔一〕中本無「北」字。

〔二〕秣，古本作「秣」，誤。目録作「秣」，方志作「末」。按新唐書西域傳云：「康者，一曰薩末鞬，亦曰颯秣建。」慧琳音義秣「音末」。則字作「秣」，下同。餘詳目録校記。通典一九三引杜環經行記作「薩末建」。

颯秣建國

颯秣建國周千六七百里，東西長，南北狹。國大都〔一〕城周二十餘里，極險固〔二〕，多居人。異方寶貨〔三〕，多聚此國。土地沃壤，稼穡備植，林樹蓊鬱，花菓滋茂。多出善馬〔四〕。機巧之技，特工〔五〕諸國。氣序和暢，風俗猛烈。凡諸胡國，此爲其中，進止威儀，近遠取則。其王豪勇，隣國承命，兵馬强盛，多諸赭羯〔六〕。赭羯之人，其性勇烈，視死如歸，戰無前敵。

校勘

〔一〕敦甲本無「都」字。

〔二〕釋帖二一一引極作「四面」二字。金陵本險作「堅」。

〔三〕石本、中本貨作「化」。

〔四〕多出善馬，敦甲本此句在下文「戰無前敵」下。

〔五〕宋本、酬本工作「上」。

〔六〕敦甲本、石本、宋本、元本、明南本、徑山本、酬本諸作「是」。赭羯，即柘羯，新唐書西域傳安國下云：「募勇健者爲柘羯。柘羯者，猶中國言戰士也。」

從此東南〔一〕至弭秣賀國。唐言米國〔二〕。

校勘

〔一〕原本無「南」字，元本、明南本、徑山本、酬本東下有「南」字，方志亦有，今據補。

〔二〕中本、一本米作「朱」。按西域傳亦作「米國」，朱乃形訛。

弭秣賀國

弭秣賀國〔一〕周四五百里，據川中，東西狹，南北長。土宜風俗，同颯秣建國。從此北〔二〕至劫布呾那國〔三〕。唐言曹國。

校勘

〔一〕慧琳音義賀作「加」，但目録國名中作「賀」，加乃賀之壞字。新唐書西域傳亦作「弭秣賀」。

〔二〕方志北作「西北」。

〔三〕翻譯集咀作「狙」，慧琳音義亦作「咀」，二字形近似。按西域傳云：「東曹，或曰率都沙那、蘇對沙那、劫布咀那、蘇都識匿，凡四名。」此四名皆一音之轉，其實相同。其第三譯名與此書合，而咀作「咀」，稽之其他譯名第三字作「沙」或「識」，與咀音近，似以作「咀」或「狙」爲是，慧琳音義音「當割反」，未必然也。今姑存其舊，以待後考。

劫布呾那國

劫布呾那國周千四五百里，東西長，南北狹。土宜風俗同颯秣建國。從此國西〔一〕三百餘里，至屈居勿反。霜去聲。你迦國。唐言何國。

校勘

〔一〕敦甲本無「國」字。宋本、元本、明南本、徑山本、中本西下皆有「行」字。

屈霜你迦國

屈霜你迦國周千四五〔一〕百里，東西狹，南北長。土宜風俗同颯秣建國。從此國西〔二〕

二百餘里，至喝捍〔三〕國。唐言東安國〔四〕。

校勘

〔一〕敦甲本無「四五」二字。
〔二〕敦甲本、中本、古本西下有「行」字。
〔三〕異本喝作「噣」，下同。説見前目録校文。
〔四〕中本國下有「也」字。

喝捍國

喝捍國周千餘里。土宜風俗同颯秣建國。從此國西四〔一〕百餘里，至捕喝〔二〕國。唐言中〔三〕安國。

校勘

〔一〕敦甲本無「四」字。
〔二〕方志喝作「捍」。新唐書西域傳云：「一曰布豁，一曰捕喝。」
〔三〕原本中作「守」，今依石本、宋本、元本、明南本、徑山本改。慈恩傳及方志亦作「中」。

捕喝國

捕喝國周千六七百里，東西長，南北狹。土宜風俗同颯秣建國。從此國西〔一〕四百〔二〕餘里，至伐地國〔三〕。唐言西安國。

校勘

〔一〕石本、中本西下有「行」字。

〔二〕慈恩傳「四百」二字作「百」。

〔三〕敦甲本伐作「戍」，石本、中本作「代」，異本及音釋作「戍」，下並同。按新唐書西域傳作「戊地」，翻譯集亦作「戊」。又詳目録校記。

伐地國

伐地國周四百餘里，土宜風俗同颯秣建國。從此西南〔一〕五百餘里，至貨利習彌伽國〔二〕。

校勘

〔一〕中本南下有「行」字。慈恩傳無「南」字。

〔二〕方志無「伽」字。按新唐書西域傳亦無「伽」字。徑山本國下有小注「唐言」二字，卷尾校記云：「闕，唐言未詳。」

貨利習彌伽國

貨利習彌伽國順縛芻河兩〔一〕岸，東西二三十里，南北五百餘里。土宜風俗同伐地國，語言少異。

校勘

〔一〕校本云：「（兩）疑當作西，傳云：『國東臨縛芻河。』」

從颯秣建國西南行三百餘里，至羯霜去聲。那國。唐言史國。

羯霜那國

羯霜那國周千四五百里。土宜風俗同〔一〕颯秣建國。

校勘

〔一〕石本無「同」字。

從此西南行二百餘里入山〔一〕，山路崎嶇〔二〕，谿徑危險，既絶人里，又少水草。東南山行三〔三〕百餘里，入鐵門〔四〕。

校勘

〔一〕方志山作「大山」。

〔二〕敦甲本嶇作「嶮」。

〔三〕敦甲本無「三」字。

〔四〕鐵門，方志作「鐵門關」。

鐵門

鐵門〔一〕者左右帶山，山極峭峻〔二〕，雖有狹徑，加之險阻，兩傍石壁，其色如鐵。既設門扉，又以鐵錮〔三〕，多有鐵鈴，懸諸户扇〔四〕，因其險固，遂以爲名。

校勘

〔一〕宋本、酬本不重此「鐵門」二字，直承上文。

〔二〕音釋峭作「陗」。慧琳音義云：「(峭)説文作陗云：『峻也。從阜，肖聲。』記中作峭，俗字通用也。」

〔三〕原本錮作「鍋」，今從石本、宋本、元本、明南本、徑山本改。敦甲本、中本作「銅」，乃「錮」之形訛。方志作「鐵固門扉」，固與錮通用。新唐書西域傳亦云：「以金錮闔。」

〔四〕敦甲本、古本、石本、中本扇作「扉」。按珠林三十八引西域傳(即此記異名)云：「自高昌至於鐵門凡經一十六國」，蓋道世隱括言之。又云：「其鐵門者，即是漢之西屏，允漢門扇，一竪一卧，外鐵裹木，加懸諸鈴。必掩此關，實維天固。」與此文異。

覩貨邏國故地

出鐵門至覩貨邏國舊曰吐火羅國，訛也〔一〕。故〔二〕地，南北千餘里，東西三千餘里，東阨〔三〕葱嶺，西接波剌斯〔四〕，南大雪山，北據鐵門，縛芻大河中境西流。自數百年王族絶嗣，酋〔五〕豪力競，各擅〔六〕君長，依川據險，分爲二十七國。雖畫野區分，總役屬突厥。氣序既温，疾疫亦衆〔七〕。冬末春初，霖雨相繼，故此境已南，濫波已北，其國風土並〔八〕多温疾〔九〕。而諸僧徒以十〔一〇〕二月十六日入安居，三月十五日解安居，斯乃據其多雨，亦是設教隨時也。其俗則志性恇怯，容貌鄙陋。粗知信義，不甚〔一一〕欺詐。語言去就，稍異諸國；字源二十五言，轉而相生，用之備物。書以横讀，自左向右，文記漸多，逾廣窣利。多衣氎，少服褐。貨用金銀等錢，模樣異於〔一二〕諸國。

校勘

〔一〕敦甲本無「也」字。

〔二〕原本故作「其」，今據敦甲本、石本改。方志云：「覩貨羅故地。」新唐書西域傳亦云「（史）居吐火羅故地」，「吐火羅」即「覩貨邏」。

〔三〕方志陁作「拒」。西域傳亦作「陁」。

〔四〕珠林、方志無「剌」字。西域傳亦作「波剌斯」。

〔五〕古本、異本酋作「首」。

〔六〕原本擅作「壇」，今從元本、明南本、徑山本改。中本、酬本作「檀」，亦擅之形訛。

〔七〕翻譯集引「亦衆」二字作「衆多」。

〔八〕石本、中本無「並」字。

〔九〕方志云：「温熱多雨。」

〔一〇〕敦甲本無「十」字。

〔一一〕中本無「甚」字。

〔一二〕敦甲本、中本無「於」字。

順縛芻河北，下流至呾蜜國〔一〕。

校勘

〔一〕敦甲本國下有小注「唐言竺國」。

呾蜜國

呾〔一〕蜜國東西六百餘里，南北四百餘里。國大都城周二十餘里，東西長，南北狹。伽藍十餘所，僧徒千餘人。諸窣堵波即舊所謂浮圖也，又曰鍮婆，又曰私鍮簸，又曰藪斗波，皆訛也〔二〕。及佛尊像，多神異，有靈鑒。

校勘

〔一〕西域傳呾作「咀」。

〔二〕原本自「即」下至「訛也」二十八字爲正文，石本、宋本、元本、明南本、徑山本、中本、酬本並作小注，今據改。但宋本、元本、明南本、徑山本、酬本無「即舊」二字。石本無「私」字。翻譯集引二「鍮」字並作「偷」。金陵本藪作「數」。石本無「訛也」之「也」字。

東至〔一〕赤鄂衍那國。

校勘

〔一〕敦甲本無「至」字。

赤鄂衍那國

赤鄂衍那國東西四百餘里，南北五百餘里。國大都城周十餘里。伽藍五所〔一〕，僧徒尠少〔二〕。

校勘

〔一〕中本所作「百」，非。方志亦作「五所」。

〔二〕敦甲本無「少」字。慧琳音義云：「正作尠，亦作鮮。」

東至忽〔一〕露摩國。

校勘

〔一〕方志忽作「忿」，疑形之誤。

忽露摩國

忽露摩國東西百餘里，南北三百餘里。國大都城周十餘里。其王奚素突厥也。伽藍二〔一〕所，僧徒百餘人。

校勘

〔一〕敦甲本二作「三」。

東至愉〔一〕朔俱反〔二〕。漫國。

校勘

〔一〕愉，敦甲本作「瑜」，石本作「榆」，下同。按愉、瑜、榆三字同音，譯文無定字，可通用。

〔二〕朔俱反，方志朔作「用」。按愉字在廣韻上平聲虞韻「羊朱切」下，敦煌切韻（第三種）同。無朔俱反音。用與羊並屬喻紐，可互用。朔字不諧，疑爲「用」字之訛，但各本如此，不輒改。

愉漫國

愉漫國東西四百餘里，南北百餘里。國大都城周十六七里。其王奚素〔一〕突厥也。伽藍二所，僧徒寡少。

校勘

〔一〕中本奚素作「素奚」，誤倒。

西南臨縛芻河，至鞠和衍那國。

鞠和衍那國

鞠和衍那國〔一〕東西二百餘里，南北三百餘里。國大都城周十餘里。伽藍三所，僧徒百餘人。

校勘

〔一〕宋本、元本、明南本、徑山本、酬本不重此「鞠和衍那國」五字，直承上文。敦甲本則有之。

東至鑊沙國。

鑊沙國

鑊沙國東西三百餘里，南北五百餘里。國大都城周十六七里。

東至珂咄羅國〔一〕。

校勘

〔一〕新唐書西域傳云：「骨咄，或曰呵咄羅。」中本珂誤作「河」。

珂咄羅國

珂咄羅國東西千餘里，南北千餘里。國大都城周二十餘里。

東〔一〕接葱嶺至拘謎莫閉反。陁國。

校勘

〔一〕方志東作「南」。

拘謎陁國

拘謎陁國東西二千餘里，南北二百餘里，據大葱嶺中。國大都城周二十餘里。西南鄰縛蒭河，南接尸〔一〕棄尼國。南渡〔二〕縛芻河，至達摩悉鐵〔三〕帝國、鉢鐸〔四〕創那國、淫薄健國、屈浪拏國、呬火利反〔五〕摩呾羅國、鉢利曷國、訖栗瑟摩國、曷邏〔六〕胡國、阿利尼國、曹健國。自活國東南至闊悉多國、安呾羅〔七〕縛國，事在迴記〔八〕。

校勘

〔一〕敦甲本尸作「户」，非。新唐書西域傳云：「識匿，或曰尸棄尼，或曰瑟匿。」

〔二〕中本渡作「度」。

〔三〕方志無「鐵」字。

〔四〕敦甲本無「鐸」字。

〔五〕火利反，元本、明南本、徑山本、酬本火作「大」。按呬字在廣韻去聲至韻「虛器切」下，火與虛同屬曉紐，音同，是也。「大」字訛。敦甲本亦作「火」。

〔六〕曷邏，敦甲本、石本、中本曷作「遏」；敦甲本邏作「羅」，並可通用。

〔七〕宋本、元本、明南本、徑山本、𨠵本羅作「邏」。

〔八〕古本「事在迴記」傍注曰：「慈恩傳也。」蓋謂「迴記」爲慈恩傳。按「迴記」謂本書之卷十二記玄奘回國之行程，非慈恩傳，傍注非。

活國西南至縛伽浪國。

縛伽浪國

縛伽浪國東西五十餘里，南北二百餘里。國大都城周十餘里。南至紇露悉泯健國。

紇露悉泯健國

紇露悉泯健國周千餘里。國大都城周十四五里。西北至忽懍國。

忽懔國

忽懔國周八百餘里。國大都城周五六里。伽藍十餘所，僧徒五百餘人。西至縛喝國〔一〕。

校勘

〔一〕慈恩傳喝下有「羅」字。方志縛作「嚩」。

縛喝國

縛喝國東西八百餘里，南北四百餘里，北臨縛芻河。國大都城周二十餘里，人皆謂之小王舍城也。其城雖固，居人甚少。土地所產，物類尤多，水陸諸花，難以備舉。伽藍百有〔一〕餘所，僧徒三〔二〕千餘人，並〔三〕皆習學小乘法教。

校勘

〔一〕敦甲本無「有」字。

〔一二〕方志三作「二」。
〔一三〕宋本、元本、明南本、徑山本、酬本並作「普」。

一、納縛僧伽藍

城外西南有納縛唐言新〔一〕。僧伽藍，此國先王之所建也。大雪山北〔二〕作論諸師，唯此伽藍美業不替。其佛像則瑩〔三〕以名珍，堂宇乃飾〔四〕之奇寶，故諸國君長利之以攻劫。此伽藍素有毘沙門天像，靈鑒可恃，冥加守衛。近〔五〕突厥葉護可汗子肆葉護可汗傾其部落，率其戎旅，奄襲伽藍，欲〔六〕圖珍寶。去此不遠，屯軍野次。其夜夢見毘沙門天曰〔七〕：「汝〔八〕有何力，敢壞伽藍？」因以長戟貫徹胸〔九〕背。可汗驚悟〔一〇〕，便苦〔一一〕心痛。遂告群屬所夢咎徵，馳請衆僧，方伸〔一二〕懺謝，未及〔一三〕返命，已從殞没。

校勘

〔一〕中本無「新」字。徑山本有「新」字，但卷尾校記云：「縛下空行作闕。」按慈恩傳、方志亦作：「此云新」，則本文無闕也。
〔二〕大雪山北，方志云：「寺在雪山北。」
〔三〕宋本、元本、明南本、徑山本、酬本瑩作「營」。方志作「鎣」。
〔四〕石本飾作「餝」，同。

〔五〕敦甲本無「近」字。

〔六〕石本、中本無「欲」字。

〔七〕敦甲本無「曰」字。

〔八〕石本、中本汝下有「戟」字，蓋涉下文而衍。

〔九〕原本胸作「胷」，今從通行字改，下同。敦甲本胸作「心」。

〔一〇〕元本、明南本、徑山本、中本悟作「寤」，悟爲寤之借字。

〔一一〕敦甲本苦作「若」。

〔一二〕石本伸作「申」，通用。

〔一三〕敦甲本及作「乃」，非。

伽藍内南佛堂中，有佛澡罐〔一〕，量可斗〔二〕餘。雜色炫燿〔三〕，金石難名。又有佛牙，其長寸餘，廣八九分，色黄白，質光浄。又有佛掃帚〔四〕，迦奢草作也，長餘二尺〔五〕，圍可七寸，其把〔六〕以雜寶飾之。凡此三物，每至六齋，法俗咸〔七〕會，陳設供養，至誠所感，或〔八〕放光明。

校勘

〔一〕古本、石本、中本罐作「灌」。音釋亦作「灌」，云：「亦作鑵。」按慈恩傳、方志並作「鑵」，當以此字爲正。

〔二〕敦甲本、古本、石本及方志斗並作升。珠林三十八亦作升。慈恩傳則作「二斗餘」。

〔三〕慧琳音義燿字云：「從光從火，作焳非也。」蓋謂或從光作耀，或從火作燿。

〔四〕宋本、元本、明南本、酬本及慈恩傳帚作「箒」。慧琳音義云：「(帚)或從竹作箒，俗字也。」

〔五〕餘二尺，慈恩傳作「三尺餘」。

〔六〕慈恩傳、方志把作「柄」。

〔七〕敦甲本俗咸作「侶成」。

〔八〕中本或作「咸」。

伽藍北有窣堵波，高二百餘尺，金剛泥〔一〕塗，衆寶廁飾。中有舍利，時燭靈光。

校勘

〔一〕石本、宋本、元本、明南本、徑山本、酬本泥作「埿」。按廣韻上平聲齊韻泥下有埿字，云：「塗也。俗。」是埿爲泥之俗字。以下同。

伽藍西南有一精廬，建立已來，多歷年所。遠方輻湊〔一〕，高才類聚，證四果者，難以詳舉。故諸羅漢將入涅槃〔二〕，示現神通，衆所知識，乃有建立諸窣堵波，基跡〔三〕相鄰，數百餘矣。雖證聖果，終無神變，蓋亦千計，不樹封記。今僧徒百〔四〕餘人，夙夜匪懈，凡聖難測。

校勘

〔一〕慧琳音義湊作「輳」，云：「輻輳，轂也。有從水作湊者，誤也。」音釋亦作「輳」。按湊、輳通用，相習已久。

〔二〕原本槃作「⿱吅木」，各本皆作「槃」，⿱吅木乃異體字。此本涅槃並作「涅⿱吅木」，今俱改。

〔三〕石本、宋本、元本、明南本、徑山本、酬本跡作「址」。中本作「趾」，趾與址通用。

〔四〕敦甲本脱「百」字。

二、提謂城及波利城

大城西北五十餘里，至〔一〕提謂城。城〔二〕北四十餘里有波利城。城中各〔三〕有一窣堵波，高餘三丈〔四〕。昔者如來初證佛果，起〔五〕菩提樹，方詣鹿園〔六〕，時二長者遇被〔七〕威光，隨其行路之資〔八〕，遂獻麨〔九〕蜜，世尊爲説人天之福，最初得聞五戒十善也。既聞法誨，請所供養，如來遂授其髮爪焉。二長者將還本國，請禮敬之儀式，如來以僧伽胝舊曰僧祇梨〔一〇〕，訛也〔一一〕。方疊布下，次〔一二〕鬱多羅僧，次僧却崎，舊曰僧祇支，訛也〔一三〕。又覆鉢〔一四〕豎錫杖，如是次第爲窣堵波。二人承命，各還其城，擬儀聖旨，式修崇建，斯則釋迦法〔一五〕中最初窣堵波也〔一六〕。

校勘

〔一〕敦甲本至作「有」。
〔二〕敦甲本無「城」字。
〔三〕敦甲本無「各」字。
〔四〕中本無「餘」字。按慈恩傳作「高三丈」，方志作「高三丈許」。
〔五〕宋本、元本、明南本、徑山本、酬本起作「趣」，石本、中本作「赴」。
〔六〕敦甲本鹿作「厥」。
〔七〕石本遇作「適」。宋本、元本、明南本、徑山本、酬本被作「彼」。
〔八〕中本、金陵本資作「次」。
〔九〕敦甲本麨作「麸」。按音釋亦作「麨」，云：「尺小反。」慈恩傳、方志均作「麨」。
〔一〇〕石本、宋本、元本、明南本、徑山本、酬本祇作「伽」。中本梨作「利」。
〔一一〕宋本、元本、明南本、徑山本、酬本無「也」字。
〔一二〕宋本、元本、明南本、徑山本、酬本次下有「下」字。
〔一三〕石本、宋本、元本、明南本、徑山本、酬本無「也」字。
〔一四〕敦甲本無「鉢」字。
〔一五〕石本法下有「教」字。
〔一六〕中本無「也」字。

城西〔一〕七十餘里，有窣堵波，高餘二丈，昔〔二〕迦葉波佛時之所建也。

校勘

〔一〕中本西下有「行」字。

〔二〕古本、石本昔下有「者」字。

從大城西南入雪山阿，至鋭秣陁國。

鋭秣陁國

鋭秣陁國東西五六十〔一〕里，南北百餘里。國大都城周十餘里。

校勘

〔一〕石本、中本無「十」字。方志十作「百」。

西南〔一〕至胡寔健國。

校勘

〔一〕方志南下有「行三百里」四字。

胡寔健國

胡寔健國東西五百餘里，南北千餘里。國大都城周二十餘里。多山川，出善馬。西北至呾剌健國。

呾剌健國

呾剌健國東西五百餘里，南北五六十里。國大都城周十餘里。西接波剌斯國界。從縛喝國南行百餘里，至揭職國。

揭職國

揭職國東西五百餘里，南北三百餘里〔一〕。國大都城周四五〔二〕里。土地磽确〔三〕，陵阜連屬。少花果，多菽麥。氣序寒烈，風俗剛猛。伽藍十餘所，僧徒三百餘人，並學小乘教説一切有部。

校勘

〔一〕新唐書西域傳云：「幅員凖千里。」

〔二〕敦甲本五下有「十」字。

〔三〕中本無「确」字，音釋亦作「磽确」。

大雪山

東南入大〔一〕雪山，山谷高深，峰巖危險，風雪相繼，盛夏合〔二〕凍，積雪彌谷〔三〕，蹊〔四〕徑難涉。山神鬼魅，暴縱妖〔五〕祟。羣盜横行，殺害爲務。

校勘

〔一〕敦甲本無「大」字。按慈恩傳、方志均作「大雪山」。新唐書西域傳作「雪山」。

〔二〕宋本、元本、明南本、徑山本、酬本合作「含」。

〔三〕敦甲本、中本無「谷」字。

〔四〕原本蹊作「溪」。石本作「傒」，宋本、元本、明南本、徑山本、酬本作「蹊」。蹊字義長，今據改。

〔五〕慧琳音義妖作「媄」，同。

行六百餘里，出覩〔一〕貨邏國境，至梵衍那國。

校勘

〔一〕覩原作「都」，石本、宋本、元本、明南本、徑山本作「覩」，音同通用。今改從前後一致，下同。

梵衍那國

梵衍那國東西二千餘里，南北三百餘里，在雪山之〔一〕中也。人依山谷，逐〔二〕勢邑居。國大都城據崖跨谷，長六七里，北背高巖。有宿麥，少花果。宜畜牧，多羊馬。氣序寒烈，風〔三〕俗剛獷。多衣皮褐，亦其所宜。文字風教，貨幣〔四〕之用，同覩貨邏國，語言少異，儀貌大同。淳信之心，特甚鄰國，上自三寶，下至百神，莫不輸誠竭心宗敬。商估往來者，天神現徵祥，示祟變，求福德。伽藍數十所〔五〕，僧徒數千人，宗學小乘説出世部。

校勘

〔一〕石本、宋本、元本、明南本、徑山本、酬本無「之」字。

〔二〕中本逐作「遂」。

〔三〕中本風作「國」。

〔四〕敦甲本、酬本、元本、明南本幣作「弊」，形近而譌。

〔五〕慈恩傳數十所作「十餘所」。

一、大立佛及卧佛像

王城東北山阿，有立佛石像，高百四五十尺，金色晃曜〔一〕，寶飾焕爛。東有伽藍，此國先王之所建也。伽藍東有鍮石釋迦佛立像，高百餘尺〔二〕，分身别鑄，總合成立。

校勘

〔一〕宋本、元本、明南本、徑山本、酬本曜作「耀」，二字通用。

〔二〕慈恩傳作「高一百尺」。

城東〔一〕二三里伽藍中有佛入涅槃卧像，長千餘尺〔二〕。其王每此〔三〕設無遮大會，上自妻子，下至國珍，府庫既傾，復以身施。羣官僚佐，就僧酬贖。若此者以爲所務矣。

校勘

〔一〕宋本、元本、明南本、徑山本、酬本東下有「十」字。按方志作「城東三里」。

〔二〕慈恩傳作「長一千尺」。

〔三〕敦甲本無「此」字。

二、小川澤僧伽藍

臥像伽藍東南行二百餘里，度大〔一〕雪山，東至小川澤，泉池澄鏡，林樹青〔二〕葱。有僧伽藍，中有佛齒及劫初時獨覺齒，長餘五寸〔三〕，廣減四寸。復有金輪王齒，長三寸，廣二寸。商諾迦縛娑〔四〕舊曰商那和修，訛也。大阿羅漢所持鐵鉢，量可八九升。凡三賢聖遺物，並以黄金緘封。又有商諾迦縛娑九條僧伽胝衣，絳赤色，設諸迦〔五〕草皮之所績成也。商諾迦縛娑者〔六〕，阿難弟子也，在先身中，以設諸迦草衣於〔七〕解安居日持施衆僧。承〔八〕茲福力，於五百身中陰生陰〔九〕恒服此衣。以最後身〔一〇〕，從胎俱出，身既漸長，衣亦隨廣。及阿難之度出家也，其衣變爲法服，及受具戒，更變爲九條僧伽胝。將證寂滅，入邊際定，發智願力，留此袈裟，盡釋迦遺法。法盡之後，方乃變壞，今已少損，信有徵矣。

校勘

〔一〕敦甲本無「大」字。
〔二〕敦甲本無「青」字。
〔三〕餘五寸，宋本、元本、明南本、徑山本、酬本作「五寸餘」。
〔四〕石本娑作「沙」，通用。異本及珠林三十八引作「婆」。
〔五〕中本迦下有「諾」字，涉上諾字而衍。方志無「迦」字。
〔六〕敦甲本無「者」字。
〔七〕敦甲本於作「作」，非。
〔八〕古本、中本承作「依」。
〔九〕五百身中陰生陰，方志作「五百中陰身生」。珠林引作「五百世來於中陰身生」。
〔一〇〕敦甲本無「身」字。

從此東行〔一〕入雪山，踰越黑嶺〔二〕，至迦畢試國。

校勘

〔一〕敦甲本無「行」字。
〔二〕慈恩傳「黑嶺」作「黑山」。釋帖二十一引嶺亦作「山」。

迦畢試國

迦畢試國周四千餘里，北背雪山，三陲〔一〕黑嶺。國大都城周十餘里。宜穀麥，多果木。出善馬、鬱金香。異方奇貨，多聚此國。氣序風寒，人性暴獷，言辭鄙褻〔二〕，婚姻雜亂。文字大同覩貨邏國，習俗語言，風教頗異。服用毛氎，衣兼皮褐。貨用金錢、銀錢及小銅錢，規矩模樣，異於諸國。王，窣利〔三〕種也，有智略，性勇烈，威懾鄰境，統十餘國。愛育百姓，敬崇三寶，歲造丈八尺銀佛像，兼設無遮大會，周給貧窶，惠施鰥寡。伽藍百餘所，僧徒六千餘人，並多習學大乘法教。窣堵波、僧伽藍崇高弘敞，廣博嚴淨。天祠數十所，異道千餘〔四〕人，或露形，或塗灰，連絡髑髏，以爲冠鬘。

校勘

〔一〕敦甲本、石本、宋本、元本、明南本、徑山本、酬本陲並作「垂」，通用。

〔二〕宋本、元本、明南本、徑山本、酬本褻作「媟」。慧琳音義作「褻」，云：「西域記於褻（當作褻）與此執下從衣作褻，一也。言鄙褻不分明也，與隣近北方諸胡邊方鄙陋也。」音釋亦作「褻」，云：「正作媟，狎也，慢也。」所釋與此文似不洽，慧琳釋爲是。

〔三〕原本窣利作「剎利」，今從敦甲本、石本、中本改。向達云：「慧超往五天竺傳罽賓國條云：『此國土人是胡王。及兵馬突厥衣著言音飲食與吐火羅國少異。』按罽賓即迦畢試，七世紀末始爲突厥所滅。慧超云『其國土人是胡』，則西域記敦煌本及日本古本謂『其王窣利種也』，作『窣利』，不作『刹利』，的有所本也。」按上文素葉城條云：「自素葉水城至羯霜那國，地名窣利，人亦謂焉。」此處作「窣利」是。若作「刹利」，乃印度四族姓之一「刹帝利」之舊譯（見卷二印度總述内），與此不侔矣，今正。慈恩傳亦誤作「刹利」。

〔四〕敦甲本無「餘」字。

一、質子伽藍

大城東〔一〕三四里，北山下有大伽藍，僧徒三百餘人，並學小乘法教。聞諸〔二〕先志〔三〕曰：昔健馱〔四〕邏國迦膩色迦王威被鄰國，化洽遠方，治兵廣地，至葱嶺東，河西蕃維，畏威送質〔五〕。迦膩色迦王既得質子，特加禮命，寒暑改館，冬居印度諸國〔六〕，夏還迦畢試國，春秋止健馱邏國。故質子三時住處，各建伽藍。今此伽藍，即夏居之所建也。故諸屋壁圖畫質子，容貌服飾，頗同中〔七〕夏。其後得還本國，心存故居，雖阻山川，不替供養。故今僧衆每至入安居、解安居，大興法會，爲諸質子祈福樹善，相繼不絶，以至于今〔八〕。

校勘

〔一〕中本東字下有「行」字。

〔二〕敦甲本「聞諸」作「文之」，「文」乃音訛。石本諸作「之」。
〔三〕敦甲本、古本、石本「先志」作「耆舊」。
〔四〕原本馱作「馱」，各本皆作「馱」。按「馱」乃俗字，正字作「馱」，見干禄字書。今改從正字，下同。
〔五〕古本質下有「子」字。
〔六〕敦甲本冬誤作「久」，無「諸」字。
〔七〕宋本、元本、明南本、徑山本、異本、酬本中作「東」。
〔八〕向達云：「慈恩傳卷二迦畢試國條記此寺名沙落迦，相傳云是漢天子子質於此時作也。『沙洛迦』或云是『疏勒』對音，非是。疑即梵語千字文之娑囉誐，義爲洛。景教碑之『洛陽』，敍利亞文作Sarag，即娑囉誐，即沙落迦也。」

伽藍佛院東門南大神王像右足下，坎地藏寶，質子之所藏也。故其銘曰：「伽藍朽〔一〕壞，取以修治。」近有邊王貪婪〔二〕凶暴，聞此伽藍多藏珍寶，驅逐僧徒，方事發掘。神王冠中鸚鵡鳥像，乃奮羽驚鳴，地爲震動。王及軍人，僻易僵仆，久而得起，謝咎以歸。

校勘

〔一〕敦甲本無「朽」字。
〔二〕貪婪，慧琳音義云：「（婪）或從心作惏，又作惏，音同，訓義一也。」

伽藍北〔一〕嶺上有數石室，質子習定之處也，其中多藏雜寶。其側有銘，藥叉守衛。有欲開發取中寶者，此藥叉神變現異形，或作〔二〕師子，或作蟒蛇、猛獸、毒蟲，殊形震怒，以故無人敢得攻發。

校勘

〔一〕敦甲本無「北」字。
〔二〕敦甲本無「作」字。

石室西二三里大山嶺上，有觀自在菩薩像。有人至誠願見者，菩薩從其像中出妙色身，安慰行者。

二、曷邏怙羅僧伽藍

大城東南三十餘里，至〔一〕曷邏怙羅〔二〕僧伽藍，傍有窣堵波，高百餘尺，或至齋日，時燭光明。覆鉢勢上石隙〔三〕間，流出〔四〕黑香油。靜夜中時聞音樂之聲。聞諸先志〔五〕曰：昔此國大臣曷邏怙羅之所建也。功既成已，於夜夢中，有人告曰：「汝所建立窣堵波，未有舍利。明旦有獻上者，宜從王請。」旦入朝進請曰：「不量庸昧，敢有願求！」王曰：

「夫何所欲？」對曰：「今日〔六〕有〔七〕先獻者，願垂恩賜！」王曰：「然。」曷邏怙羅佇立宮門，瞻望所至。俄有一人持舍利瓶，大臣問曰：「欲何〔八〕獻上？」曰：「佛舍利。」大臣曰：「吾爲爾守，宜先白王。」曷邏怙羅恐王珍貴舍利，追悔前恩，疾往伽藍，登窣堵波，至誠所感，其石覆鉢自開，安置舍利，已而疾出，尚〔九〕拘衣襟。王使逐之，石已掩矣。故其隙間流黑香油。

校勘

〔一〕敦甲本無「至」字。

〔二〕宋本、元本、明南本、徑山本、中本、酬本羅作「邏」，但下文又或作「羅」。此本亦前後參差，曷或作「遏」（敦甲本均作曷），邏羅互異，此類字音同，本可通用，今從初文改正（金陵本如此），以歸畫一，以後不再出校。

〔三〕敦甲本隙作「隟」，隙之異字，下同。

〔四〕敦甲本無「出」字。

〔五〕古本、石本、中本先志作「耆舊」。

〔六〕原本無「日」字，今從石本、宋本、元本、明南本、徑山本、中本、酬本增。

〔七〕敦甲本無「有」字。

〔八〕原本欲何二字作「何欲」，今從敦甲本、元本、明南本、徑山本、酬本改。

〔九〕敦甲本尚作「上」。

三、霤蔽多伐剌祠城及阿路猱山

城南四十餘里至霤胥立反〔一〕。蔽多伐剌祠城，凡地大震，山崖崩墜，周此城界無所動搖。霤蔽多伐剌祠城南三十餘里，至阿路猱奴高反。山，崖嶺峭〔二〕峻，巖谷杳冥。其峰每歲增高數百尺，與漕矩吒國𥢧士句反，〔三〕下同。那呬羅〔四〕山髣髴相望，便即崩墜。聞諸土〔五〕俗曰：初𥢧那天神自遠而至，欲止此山，山神震恐〔六〕，搖蕩谿谷。天神曰：「不欲相舍〔七〕，故此〔八〕傾動，少垂賓主，當盈財寶。吾今往漕矩吒國𥢧那〔九〕呬羅山，每歲至我受國王大臣祀獻之時，宜相屬望。」故阿路猱山增高既已，尋即崩墜。

校勘

〔一〕元本、明南本、徑山本及音釋「胥立」作「蘇立」。石本及隨函録作「⿱艹胥立」。按肙即胥，今改作胥，下同。胥從疋聲。胥與蘇同屬心紐，可通用。

〔二〕敦甲本、中本、酬本峭作「陗」。異本作「險」。

〔三〕士句反，異本士作「上」。上與士聲紐同，可通用。慧琳音義音「士于反」。

〔四〕𥢧那呬羅，敦甲本𥢧作「稭」，乃𥢧之俗字；呬作「縊」，下同。隨函録呬亦作「縊」。慧琳音義作「𥢧羅那呬」，云：「(呬)馨異反。梵語。有本作『租羅那縊』，音伊計反，梵語訛轉也。」

〔五〕宋本、元本、明南本、酬本土作「士」，非。

〔六〕原本恐作「怒」，今從敦甲本、石本、宋本、元本、明南本、徑山本、中本、酬本改。

〔七〕敦甲本舍作「捨」，本可通用，但此文作「息止」解，「舍」字爲是。

〔八〕敦甲本無「此」字。

〔九〕中本那下多「縊」字。按「縊」乃「呬」之或作，見上引慧琳音義。此疑是「呬」之旁注，而併入正文。

四、大雪山龍池及其傳説

王城西北二百餘里，至大雪山，山頂有池，請雨祈晴，隨求果願。聞諸先志〔一〕曰：昔健馱邏國有阿羅漢，常受此池龍王供養，每至中食，以神通力并坐繩牀，凌〔二〕虚而往。侍者沙彌密〔三〕於繩牀之下攀援潛隱，而阿羅漢時至便往，至龍宮，乃見沙彌。龍王因請留食。龍王以天甘露飯阿羅漢，以人間味而饌沙彌。阿羅漢飯食已訖，便爲龍王説諸法要。沙彌如常爲師滌器，器有餘粒，駭其香味，即起惡願，恨師忿〔四〕龍，「願諸福力，於今悉現，斷此龍命，我自爲王。」沙彌發是願時，龍王已覺頭痛矣。羅漢説法誨喻，龍王謝咎責躬。沙彌懷忿，未從誨謝。既還伽藍，至誠發願，福力〔五〕所致，是夜命終，爲大龍王，威猛奮發。遂來入池，殺龍王，居龍宮，有其部屬，總其統命。以宿願故，興暴風雨，摧拔樹木，欲壞伽藍。時迦膩色迦王怪而發問，其阿羅漢具以白王。王即爲龍於雪山下立僧伽藍，建窣堵波，高百餘尺。龍懷宿忿，遂發風雨。王以弘濟爲心，龍乘〔六〕瞋毒作暴〔七〕，僧伽藍、窣堵波六壞七成。迦膩色迦王恥功不成，欲填龍池，毁其居室，即興兵衆，至雪山下。時彼龍王深懷震懼，變作老婆羅門，叩王象而諫曰：「大王宿殖〔八〕善本，多種勝因，得爲人王，無思不服。今日何故與龍交争？夫龍者畜也，卑下惡類，然有大威，不可力競。乘雲馭風，蹈虚履水，非人力所制，豈王心〔九〕所怒哉？王今舉國興兵，與一龍鬭〔一〇〕。勝則王無伏〔一一〕遠之威，敗則王有非敵之恥。爲王計者，宜可歸兵。」迦膩色迦王未之從也，龍即還池，聲震雷〔一二〕動，暴風拔木，沙石如雨，雲霧晦冥，軍馬驚駭。王乃歸命三寶，請求加護，曰：「宿殖多福，得爲人王，威懾强敵，統贍部洲，今爲龍畜所屈，誠乃我之薄福也。願諸福力，於今現前！」即於兩肩起大煙焰，龍退風静，霧卷雲開。王令〔一三〕軍衆人擔一石，用填龍池。龍王還作婆羅門，重請王曰：「我是彼池龍王，懼威歸命。唯王悲愍，赦其前過！王以含育，覆燾生靈，如何於我，獨加惡害？王若殺我，我之與王俱墮惡道。王有斷命之罪，我懷怨讎之心，業報皎然，善惡明矣。」王〔一四〕遂與龍明設要契，後更有犯，必不相赦。龍曰：「我以惡業，受身爲龍。龍性猛惡，不能自持，瞋心或起，當忘所制。王今更〔一五〕立伽藍，不敢摧毁。每遣一人候望山嶺，黑雲若起，急擊揵槌〔一六〕。我聞其聲，惡心當息。」其王於是更修伽藍，建窣堵波，候〔一七〕望雲氣，於今不絶。

校勘

〔一〕諸先志，敦甲本、古本、石本作「之耆舊」。

〔二〕宋本、明南本、明北本、徑山本、酬本凌作「陵」，以下同。

〔三〕敦甲本密作「蜜」，音同而訛。

〔四〕敦甲本忿作「念」。

〔五〕敦甲本無「力」字。

〔六〕中本乘作「垂」。

〔七〕中本暴下有「雨」字。

〔八〕石本、宋本、明南本、明北本、徑山本、酬本殖作「植」。

〔九〕金陵本心作「必」。按各本皆作「心」，作「必」不詳所據，恐未然。

〔一〇〕敦甲本鬪作「争」。

〔一一〕敦甲本伏作「服」。

〔一二〕敦甲本無「雷」字。

〔一三〕古本令作「命」。

〔一四〕敦甲本無「王」字。

〔一五〕今更，敦甲本作「命令」。

〔一六〕揵槌，異本、宋本、明南本、明北本、徑山本、酬本作「犍椎」；石本作「楗稚」；敦甲本作「健稚」。按揵、犍、楗、健，並聲同相通。椎爲槌之異字，稚乃椎之形譌。翻譯集「犍椎」條云：「若諸律論，並作楗槌，或作犍椎。」

〔一七〕敦甲本無「候」字。

聞諸先志〔一〕曰：窣堵波中有如來骨肉〔二〕舍利，可一〔三〕升餘。神變之事，難以詳述。一時中窣堵波內忽有煙起，少〔四〕間便出猛焰，時人謂窣堵波已從〔五〕火燼。瞻仰良久，火滅煙消，乃見舍利，如白珠幡〔六〕，循環表柱〔七〕，宛轉而上〔八〕，升〔九〕高雲際，縈旋而下。

校勘

〔一〕先志，敦甲本、古本、石本、中本作「土俗」。

〔二〕異本無「骨肉」二字。按方志亦作「骨肉舍利」。

〔三〕中本無「一」字。

〔四〕石本、宋本、明南本、明北本、徑山本、酬本少下皆有「時」字。

〔五〕古本從作「被」。

〔六〕石本幡作「旛」；宋本、明南本、明北本、酬本及隨函録作「璠」；徑山本、金陵本作「璠」。按幡、旛可通用。字書無「璠」字，疑「璠」之訛，但璠字義不合，恐非。酉陽雜俎物異篇亦記此異，作「如綴珠幡」，幡字與此同。

〔七〕酉陽雜俎作「循繞表樹」，「樹」下注云：「一作柱。」

〔八〕敦甲本無「上」字。

〔九〕明南本、明北本、徑山本、酬本升作「昇」，通用。

五、舊王及舊王妃伽藍

王城西北大河南岸〔一〕舊王伽藍〔二〕，内有〔三〕釋迦菩薩弱齡齓齒〔四〕，長餘一寸。其伽藍東南有一伽藍，亦名舊王〔五〕，有如來頂骨一片，面廣寸餘，其色黄白，髮孔分明。又〔六〕有如來髮，髮色青紺，螺旋右縈，引長尺餘，卷可半寸〔七〕。凡此三事，每至六齋，王及大臣散花供養。

校勘

〔一〕敦甲本、古本岸作「崖」。

〔二〕舊王伽藍，方志作「古王寺」。

〔三〕敦甲本無「有」字。

〔四〕原本齓齒作「齠齓」，今據石本、宋本、明南本、明北本、徑山本、酬本及方志改。中本作「齗齒」，字書無「齗」字，殆「齓」之訛字。

〔五〕舊王，方志及珠林三十八引並作「古王」。

〔六〕敦甲本無「又」字。

〔七〕半寸，方志作「寸許」。珠林引作「引長丈餘，卷可寸許」。

頂骨伽藍西南，有舊王妃〔一〕伽藍，中有金銅窣堵波，高百餘尺。聞諸土俗〔二〕曰：其窣堵波中有佛舍利升餘，每月十五日，其夜便放圓光，燭燿〔三〕露盤，聯暉達曙，其光漸斂，入窣堵波。

校勘

〔一〕方志「舊王妃」作「古王妃」。敦甲本妃誤作「奴」。

〔二〕土俗，宋本、明南本、明北本、徑山本、酬本土作「士」，非。

〔三〕徑山本、金陵本燿作「曜」。

六、比羅娑洛山及龍泉

城西南有比羅娑洛〔一〕山，唐言象堅〔二〕。山神作象形，故曰象堅也。昔如來在世，象堅神奉請世尊及千二百大阿羅漢。山巔有大磐〔三〕石，如來即之，受神供養。其後無憂王即磐石上起窣堵波，高百餘尺，今人謂之象堅窣堵波也。亦云〔四〕中有如來舍利，可一升餘。

校勘

〔一〕敦甲本娑作「婆」。方志娑洛作「娑絡」。珠林洛作「路」，可通用。按翻譯集作「比羅娑落」，與本書同。比爾及瓦特斯梵文作Pilusâra。「婆」疑是「娑」之形訛。向達云：「足立喜六以爲『比羅』是波斯語pilu，其義爲象。娑羅是梵語sāra，義爲堅牢。唯何以山名用波斯語與梵語混言成名？足立之説不無可疑。」

〔二〕象堅，敦甲本象作「𧰼」，象之古字，下同。

〔三〕敦甲本磐作「盤」，通用，下同。

〔四〕中本云作「此」。

象堅窣堵波北山巖下有一龍泉。是如來受神飯已，及阿羅漢於中漱口嚼楊枝，因即種〔一〕根，今爲茂林。後人於此建立伽藍，名鞞鐸佉。唐言嚼楊枝〔二〕。

校勘

〔一〕石本、宋本、明南本、明北本、徑山本、酬本種作「植」。

〔二〕敦甲本、宋本、明南本、明北本、徑山本、酬本枝下並有「也」字。

自此東行六百餘里，山谷接連，峰巖峭峻，越黑嶺，入北印度境，至濫波國。北印度境〔一〕。

校勘

〔一〕原本度字誤倒在「境」字下，今從各本正。珠林三十八引此下有「已前並是胡國，制服威儀不參大夏，名爲邊國蔑烈車（自注：此云垢濁種也），至此，方合中道」。

大唐西域記卷第二

三藏法師玄奘奉詔譯
大總持寺沙門辯機撰

三國

濫波國　那揭羅曷國

健馱邏〔一〕國

校勘

〔一〕石本、中本、宋本、資福本、磧砂本、明南本等邏並作「羅」，通用。

印度總述

一、釋　名

詳夫天竺之稱，異議糾紛，舊云身毒〔一〕，或曰賢豆，今從正音，宜云印度。印度之人，隨地稱國，殊方異俗，遥舉總名，語其所美，謂之印度。印度者，唐言月。月有多名，斯其一稱。言諸群生輪迴不息，無明長夜，莫有司晨，其猶白日既隱，宵月〔二〕斯繼，雖有星光之照，豈如朗月之明！苟〔三〕緣斯致，因而譬月。良以其土聖賢繼軌，導凡御物，如月照臨〔四〕。由是義故，謂之印度。印度種姓，族類群分，而婆羅門特爲清貴，從其雅稱，傳以成俗，無云經界之別，總謂婆羅門國焉。

校勘

〔一〕翻譯集引毒作「篤」。

〔二〕原本月作「燭」。希麟音義二、三、八並引作「月」，依上下文義作月是，今據改。

〔三〕磧砂本苟作「有」。

〔四〕釋帖二十一引云：「(天竺)此名月也。佛日既沒，諸教諸聖如月」，蓋簡括大意引之。

二、疆　域

若其封疆之域，可得而言。五印度之境，周九萬餘里〔一〕，三垂大海，北背雪山。北廣南狹，形如半月〔二〕。畫野區分，七十餘國〔三〕。時特暑熱，地多泉濕。北乃山阜隱軫，丘陵舄鹵〔四〕；東則川野沃潤，疇壠〔五〕膏腴；南方草木榮茂；西方土地磽确。斯大槩也，可略言焉。

校勘

〔一〕周九萬餘里，珠林三十八引作「周萬九千里」。

〔二〕形如半月，珠林作「如月上弦」。

〔三〕方志此下有「同一王命」四字。珠林引亦有之，作「依一王命」。

〔四〕宋本、資福本、磧砂本、明南本、徑山本舄鹵作「瀉滷」。慧琳音義作「舄鹵」云：「（舄）或從水作瀉。……（鹵）或作庍，庍澤也。蓋爲人所遠棄，故曰庍。」

〔五〕徑山本及慧琳音義壠作「隴」，同。

三、數量

夫數量之稱，謂踰繕那。舊曰由旬，又曰踰闍那，又曰由延，皆訛略也〔一〕。踰繕那者，自古聖王一日軍程〔二〕也。舊傳一踰繕那四十里矣。印度國俗乃三十里，聖教所載唯十六里。窮微之數，分一踰繕那爲八拘盧舍。拘盧舍者，謂大牛鳴聲所極聞，稱〔三〕拘盧舍。分一拘盧舍爲五百弓，分一弓爲四肘，分一肘爲二十四指，分一指節爲七宿麥，乃至虱、蟣、隙塵、牛毛、羊毛、兔毫、銅〔四〕水，次第七分，以至細塵；細塵七分爲極細塵。極細塵者，不可復析，析即歸空，故曰極微也。

校勘

〔一〕中本無「略」字。珠林三引無「也」字。

〔二〕石本、大本、中本軍作「運」。珠林引亦作「運」。程，原本作「行」，據慧琳音義一、十一、希麟音義六引改。

〔三〕宋本、資福本、磧砂本、明南本、徑山本無「稱」字。中本稱上有「皆」字。

〔四〕原本銅作「金」，今從石本、大本、宋本、資福本、磧砂本、明南本、徑山本、中本改。翻譯集作「同」，疑「銅」之音訛。

四、歲時

若乃陰陽曆運，日月次舍〔一〕，稱謂雖殊，時候無異，隨其星建，以標月名。時極短者，謂〔二〕刹那也。百二十刹那爲一呾刹那，六十呾刹那爲一臘縛，三十臘縛爲〔三〕一牟呼栗多，五〔四〕牟呼栗多爲一時，六時合成一日一夜〔五〕。晝三夜三〔六〕。居俗日夜分爲八時。晝四夜四，於一一〔七〕時各有四分。月盈至滿，謂之白分；月虧〔八〕至晦，謂之黑分。黑分〔九〕或十四日、十五日，月有小大故也。黑前白後，合爲一月。六月合爲一行。日遊在内，北行也；日遊在外，南行也。總此二行，合爲一歲；又分一歲，以爲六時。正月十六日至三月十五日，漸熱也；三月十六日至五月十五日，盛熱也；五月十六日至七月十五口，雨時也；七月十六日至九月十五日，茂時也；九月十六日至十一月十五日，漸寒也；十一月十六日至正月十五日，盛寒也。如來聖教，歲爲三時。正月十六日至五月十五日，熱時也；五月十六日至九月十五日，雨時也；九月十六日至正月十五日，寒時也。或爲四時，春夏秋冬也。春三月謂制呾羅〔一〇〕月、吠舍佉月、逝瑟吒月，當此從正月十六日至四月十五日。夏三月謂頞沙荼月、室羅伐拏月、婆達〔一一〕羅鉢陁月，當此從四月十六日至七月十五日。秋三月謂頞濕〔一二〕縛庾〔一三〕闍月、迦剌底迦月、末〔一四〕伽始羅月，當此從七月十六日至十月十五日。冬三月謂報沙月、磨祛〔一五〕月、頗勒〔一六〕寠拏月，當此從十月十六日至正月十五日。故印度僧徒，依佛聖教，坐雨〔一七〕安居，或前三月，或後三月。前三月當此從五月十六日至八月十五日，後三月當此從六月十六日至九月十五日。前代譯經律者，或云坐夏，或云坐臘，斯皆邊裔殊俗，不達中國正音，或方言未融，而傳譯有謬。又推如來入胎、初生、出家、成佛、涅槃日月，皆有參差，語在後記。

校勘

〔一〕珠林三引次舍作「旋璣」。

〔二〕珠林引謂下有「之」字。

〔三〕珠林自「百二十剎那爲」下至此三「爲」字並作「成」。

〔四〕翻譯集引五下有「十」字。

〔五〕珠林引作「三十牟呼栗多成一晝夜」。
〔六〕晝三夜三，宋本、資福本、磧砂本、明南本、徑山本並作「夜三晝三」。翻譯集引同。
〔七〕一一，大本無「一」字。中本作「二」字，疑兩「一」字合文。
〔八〕慧琳音義云：「（虧）從亐，或從兮。」
〔九〕中本分下有「月」字。
〔一〇〕翻譯集呾作「怚」。按各本並作「呾」，珠林三引亦同，「怚」字恐形訛。石本、宋本、資福本、磧砂本、明南本等羅並作「邏」，通用。
〔一一〕原本無「達」字，今據石本、宋本、資福本、磧砂本、明南本、徑山本、中本及隨函録、翻譯集補。
〔一二〕大本「頞濕」作「濕頞」。
〔一三〕異本、宋本、資福本、磧砂本、徑山本庾作「庫」。
〔一四〕宋本、資福本、磧砂本、明南本、徑山本末作「未」。翻譯集引及金陵本作「末」，與此同。
〔一五〕宋本、資福本、磧砂本、明南本、一本及翻譯集引袪作「祛」，二字聲紐同通用。古本作「⿰禾去」，字形之訛。
〔一六〕隨函録頗勒二字作「頞」。
〔一七〕資福本、磧砂本、明南本、徑山本雨作「兩」。翻譯集作「雨」，與此同。按下文云「或前三月，或後三月」，似以作「兩」爲是。

五、邑居

若夫邑里閭閻，方城〔一〕廣峙；街衢巷陌，曲徑盤迂〔二〕。闤闠當塗，旗亭夾路。屠、鈞、倡、優、魁膾、除糞，旌厥宅居，斥之邑外，行里往來，僻於路左。至於宅居之製〔三〕，垣郭之作，地勢〔四〕卑濕，城多疊塼〔五〕，暨諸牆壁，或編竹木。室宇臺觀，板屋平頭，涅〔六〕以石灰，覆以甎墼。諸異崇構，製同中夏。苫茅苫草〔七〕，或塼或板。壁以石灰爲飾，地塗牛糞爲浄，時花散布，斯其異也。諸僧伽藍，頗極奇製。隅樓四起，重閣三層。榱梠棟梁，奇形彫鏤；户牖垣牆，圖畫衆綵。黎庶之居，内侈外儉。隩〔八〕室中堂，高廣有異；層臺重閣，形製不拘。門闢東户，朝座東面。至於坐止，咸用繩牀。王族、大人、士庶、豪右，莊〔九〕飾有殊，規矩無異。君王朝坐，彌復高廣，珠璣間錯，謂師子牀，敷以細氎，蹈以寶机〔一〇〕。凡百庶僚，隨其所好，刻彫異類，瑩飾奇珍。

校勘

〔一〕古本、石本、異本、宋本、資福本、磧砂本、明南本、徑山本城並作「域」。大本作「城」同此本。依文義，城字爲是。

〔二〕盤迂，古本、石本、中本及隨函録作「盤紆」。宋本、資福本、磧砂本、明南本、徑山本作「槃紆」。金陵本從此作「盤迂」。按諸異字並同音通借。

〔三〕宋本、資福本、磧砂本、明南本、徑山本製並作「制」，通用。

〔四〕石本、宋本、資福本、磧砂本、明南本、徑山本勢作「既」。

〔五〕金陵本疊作「壘」。原本塼作「塼」，古本、石本、宋本、資福本、磧砂本、明南本、徑山本作「甎」。金陵本作

「塼」。按塼從專聲，非，乃形之訛，今從正。塼與甎同字，下同。

〔六〕異本涅作「塗」。涅同泥，見前校。

〔七〕苫茅苫草，明南本二苫字並作「苦」，金陵本同。按其他各本皆作「苫」，音釋亦作「苫」，音「失兼反」。苦字顯訛。

〔八〕宋本、資福本、磧砂本、明南本、徑山本隩作「奧」，通用。

〔九〕古本、石本、中本莊作「校」。大本作「校」，校改作莊。

〔一〇〕徑山本、金陵本机作「几」，同。

六、衣 飾

衣裳〔一〕服玩，無所裁製，貴鮮白，輕雜綵〔二〕。男則繞腰絡腋，横巾右袒。女乃襜衣下垂，通肩揔覆。頂爲小髻，餘髮垂下。或有剪髭，别爲詭俗。首冠花鬘，身佩瓔珞〔三〕。其所服者，謂憍奢耶〔四〕衣及氎布等。憍奢耶者，野蠶絲也。菆摩〔五〕衣，麻之〔六〕類也。顩〔七〕墟嚴反。鉢羅衣，織細羊毛也。褐刺縭〔八〕衣，織野獸毛也。獸毛〔九〕細耎〔一〇〕，可得緝績，故以見〔一一〕珍而充服用。其北印度風土寒烈，短製褊衣，頗同胡服。外道服飾，紛雜異製。或衣孔雀羽〔一二〕尾，或飾髑髏瓔珞，或無服露形，或草板掩體，或拔髮斷髭，或蓬鬢〔一三〕椎〔一四〕髻，裳衣無定，赤白不恒〔一五〕。沙門法服〔一六〕，唯有三衣及僧却崎〔一七〕、泥縛〔一八〕些桑箇反。那。三衣裁製，部執不同。或緣有寬狹，或葉有小大。僧却崎唐言掩腋。

舊曰僧祇支〔一九〕，訛也〔二〇〕。覆左〔二一〕肩，掩兩腋，左開右合，長裁過腰。泥縛些那唐言裙。舊曰涅〔二二〕槃僧，訛也〔二三〕。既無帶襻，其將服也，集衣爲襵，束帶以縚〔二四〕。襵則諸部各異，色乃黄〔二五〕赤不同。剎帝利、婆羅門，清素居簡，潔白儉約。國王、大臣，服玩良異。花鬘〔二六〕寶冠，以爲首飾；環釧瓔珞〔二七〕，而作身佩。其有富商大賈〔二八〕，唯釧而已。人多徒跣，少有所履。染其牙齒，或赤或黑。齊髮穿耳，修鼻大眼，斯其貌也。

校勘

〔一〕石本、大本、中本衣裳作「裳衣」。

〔二〕古本、石本、大本、中本綵作「色」。

〔三〕石本、宋本、資福本瓔珞作「纓絡」。

〔四〕中本、徑山本耶作「邪」，下同，通用。

〔五〕石本、宋本、資福本、磧砂本、明南本、徑山本菆作「蒭」；翻譯集、釋帖二十二亦作「芻」。音釋菆音「初注反」，云：「諸經作蒭摩。」慧琳音義亦作「菆摩」，云：「上音芻數反，梵語也。」按菆、蒭聲同紐，通用。

〔六〕中本無「之」字。

〔七〕原本顩作「頜」，宋本、資福本、磧砂本、明南本、徑山本、金陵本及翻譯集並作「顩」。音釋「顩鉢」條云：「上丘嚴反。或作欽婆羅。今作頜，誤也。」此已訂「頜」字之訛。慧琳音義顩作「⿸厂⿰欠頁」，云：「音欽。（⿸厂⿰欠頁鉢羅）梵語也。」按此字字形紛歧，譯文主音，今以聲訂之。頜無丘嚴反或欽音，顯誤。顩在廣韻上聲寢韻直稔切，琰韻魚檢切下，聲亦不類。但集韻上聲琰韻丘檢切下有顩字，云：「或作頋」，聲相近，又各本皆如此，今從之。「頋」即慧琳音義之「頋」。又按廣韻下平聲侵韻欽紐下有鎮字，疑領乃鎮之訛。釋帖引顩作「欠」，疑欽之壞字。

〔八〕隨函録縭作「繬」，繬即緇字。音釋云：「（縭）勑知反。又作緇，側思反。」

〔九〕宋本、資福本、磧砂本、明南本、徑山本、中本無「也獸毛」三字。

〔一〇〕石本細下有「而」字。

〔一一〕古本見作「被」。

〔一二〕釋帖引羽下有「毛及」二字。

〔一三〕異本鬢作「髮」。

〔一四〕資福本、磧砂本、明南本、徑山本椎作「堆」。音釋及慧琳音義作「椎」，與此同。

〔一五〕赤白不恒，釋帖引作「衣或赤或白」。

〔一六〕沙門法服，石本、大本作「衆僧之服」。釋帖引沙門作「比丘」。

〔一七〕大本刧校作「刦」。慧琳音義刧作「卻」，云：「卻正體刧字也。」

〔一八〕慧琳音義縛作「嚩」。

〔一九〕翻譯集引作「舊或名竭支」。

〔二〇〕大本無「也」字。

〔二一〕中本左作「右」。

〔二二〕磧砂本涅作「里」。

〔二三〕大本無「也」字。

〔二四〕束帶以縚，古本、大本及隨函録作「縚爲羈絡」。資福本、磧砂本、明南本、徑山本縚作「絛」。音釋縚字云：「土高反，正作絛。」

〔二五〕古本黄作「黑」。釋帖「色乃黄赤」作「青黄黑赤」。

〔二六〕磧砂本鬘誤作「曩」。

〔二七〕大本、資福本瓔珞作「纓絡」。

〔二八〕慧琳音義云：「(賈)古文估字也。」

七、饌　食

夫其潔清自守，非矯其志。凡有饌食，必先盥洗，殘宿不再，食器不傳。瓦木〔一〕之器，經用必棄。金銀銅鐵，每加摩〔二〕瑩。饌食既訖，嚼楊枝而爲淨。澡漱未終，無相執觸。每有溲溺，必事澡灌〔三〕。身塗諸香，所謂旃〔四〕檀、鬱金也。君王將浴〔五〕，鼓奏絃歌。祭祀拜祠〔六〕，沐浴盥洗。

校勘

〔一〕中本瓦木二字作「凡夫」，非。

〔二〕古本、中本摩作「磨」，通用。

〔三〕石本、大本、宋本、資福本、磧砂本、明南本、徑山本灌並作「濯」。音釋亦作「濯」。
〔四〕宋本、資福本、磧砂本、明南本、金陵本旃並作「栴」。按栴檀香木之栴，字或作旃，或作栴，皆同，以下同。
〔五〕異本、宋本、資福本、磧砂本、明南本浴作「趨」。
〔六〕資福本、磧砂本、明南本、徑山本祠作「詞」。

八、文字

詳其文字，梵天所製，原始垂則，四十七言〔一〕。遇〔二〕物合成，隨事轉用，流演枝派，其源浸廣。因地隨人，微有改變，語其大較，未異本源。而中印度特爲詳正，辭調和雅，與天〔三〕同音〔四〕，氣韻清亮〔五〕，爲人軌則。鄰境異國，習謬成訓，競趨〔六〕澆俗，莫守淳風。

校勘

〔一〕原本言下有「也」字，宋本、資福本、磧砂本、明南本、徑山本並無之，翻譯集引亦然，今據删。
〔二〕古本、石本、大本遇作「寓」，金陵本從之。慧琳音義亦作「寓」，云：「音遇。韻詮云：『寓，寄也。』」
〔三〕中本天上有「梵」字。
〔四〕翻譯集序引同音作「音同」。
〔五〕中本亮作「高」，疑形之訛。
〔六〕原本趨作「趍」，今從通行字改，下同。宋本、資福本、磧砂本、明南本、徑山本趨作「欲」。

至於記言書事，各有司存，史誥揔稱謂尼羅蔽荼〔一〕，唐言青〔二〕藏。善惡具舉，災祥備著。

校勘

〔一〕資福本、磧砂本、明南本、徑山本荼作「茶」。按荼茶同字，但茶字始見於中唐以後，説見顧炎武日知録卷七及唐韻正。本書爲初唐著作，自以作「荼」爲是，作「茶」者後人所改耳。

〔二〕原本青作「清」，石本、資福本、磧砂本、明南本、徑山本、中本並作「青」，翻譯集同，今據改。

九、教育

而開蒙誘進，先導〔一〕十二章。七歲之後，漸授五明大論。一曰聲明，釋詁訓字，詮目流〔二〕別；二工〔三〕巧明，伎術機關，陰陽曆數；三醫方明，禁呪閑邪，藥石針艾；四謂〔四〕因明，考定正邪，研覈真僞；五曰内明，究暢五乘，因果妙理。

校勘

〔一〕宋本、資福本、磧砂本、明南本、徑山本及翻譯集引導並作「遵」。中本作「道」，乃「導」之借字。

〔二〕原本流作「疏」，石本、宋本、資福本、磧砂本、明南本、徑山本、中本及翻譯集引並作「流」，義長，今從改。

〔三〕宋本、資福本、磧砂本、明南本、徑山本工並作「曰」。翻譯集引作「工巧明」，與此同。

〔四〕徑山本、金陵本謂作「曰」，翻譯集引亦作「曰」。

其婆羅門學四吠陀論舊曰毘陀，訛也：一曰壽，謂養生繕性；二曰祠，謂享祭祈禱；三曰平，謂禮儀、占卜、兵法、軍陣；四曰術，謂異能、伎數、禁呪、醫方。師必博究精微，貫窮玄奥，示之大義，導以微言，提撕善誘，彫杇勵薄。若乃識量通敏，志懷逋逸，則拘縶反關〔一〕，業成後已。

校勘

〔一〕原本「反關」作「反開」。宋本作「及開」；資福本、磧砂本、明南本、徑山本作「及關」；古本、石本、大本、中本、金陵本作「反關」。按「反關」義長，今從改。

年方三十，志立學成，即居禄位，先酬師德。其有博古好雅，肥遁居貞，沈浮物外，逍遥事表，寵辱不驚，聲問以〔一〕遠，君王雅尚，莫能屈迹。然而國重聰叡，俗貴高明，褒贊既隆，禮命亦重。故能强志篤〔二〕學，忘疲遊藝，訪道依仁，不遠千里。家雖豪富，志均羈旅，口腹之資，巡匃〔三〕以濟。有貴知道，無耻匱財。娱遊惰業，婾食靡衣，既無令德，又非時習，耻辱俱至，醜聲載揚。

校勘

〔一〕問以，宋本、資福本、磧砂本、明南本、徑山本並作「聞已」。中本問作「聞」。

〔二〕異本、宋本、資福本、磧砂本、明南本、金陵本篤作「爲」。
〔三〕原本匄作「匂」，宋本、資福本、磧砂本等並作「匄」。慧琳音義亦作「匃」，云：「從人（疑當作勹）從亡。匄，乞也。」今從正。

十、佛　教

如來理教，隨類得解。去聖悠遠，正法醇醨，任其見解之心，俱獲聞知〔一〕之悟。部執峰峙，諍論波濤〔二〕，異學專門，殊途同致。十有八部，各擅鋒鋭。大小二乘，居止區別。其〔三〕有宴默思惟，經行住立，定慧悠隔，諠静良殊，隨其衆居，各製〔四〕科防。無云律論，絓〔五〕是佛經，講宣一部，乃免僧知事；二部，加上房資具；三部，差侍者祇承；四部，給淨人役使；五部，則行乘象輿；六部〔六〕，又導〔七〕從周衛。道德既高，旌命亦異。時集講論，考其優劣，彰別善惡，黜涉幽明。其有商攉〔八〕微言，抑揚妙理，雅辭贍美，妙辯敏捷〔九〕，於是馭乘寶象，導從如林。至乃義門虛闢，辭鋒挫鋭，理寡而辭繁，義乖而言順，遂即面塗赭〔一〇〕堊，身坌塵土，斥于曠野，棄之溝壑。既旌淑慝〔一一〕，亦表賢愚。人知〔一二〕樂道，家勤志學。出家歸俗，從其所好。罹咎犯律，僧中科罰，輕則衆命訶責，次又衆不與語，重乃衆不共住。不共住者，斥擯不齒，出一住處，措身無所，羇旅艱辛，或返初服。

校勘

〔一〕原本知作「智」，今從石本、宋本、資福本、磧砂本、明南本、徑山本、中本改。

〔二〕宋本、資福本、磧砂本、明南本、徑山本濤並作「騰」。

〔三〕資福本、磧砂本、明南本、徑山本無「其」字。

〔四〕石本、大本、一本、宋本、資福本、磧砂本、明南本、徑山本、中本製並作「制」。

〔五〕原本絓作「經」，古本、石本、大本作「絓」。慧琳音義亦作「絓」，云：「音卦。韻詮云：『絲結也。』」與之合，今據改。中本經上有「絓」字，疑是校者於經旁注絓字，誤併入正文耳。異本、宋本、資福本、磧砂本、明南本、徑山本經下有「紀凡」二字，不同。

〔六〕石本無「六部」二字。

〔七〕石本、大本、異本導作「遵」。大本校書作「導」。

〔八〕磧砂本、明南本、徑山本、金陵本攉作「搉」，慧琳音義則作「榷」，三字今通用。按說文榷字「從木，隺聲」。段注云：「凡言大榷、揚榷、辜榷，當作此字，不當從手。」

〔九〕麗本捷原作「揵」，京大本從古本及宋本改。

〔一〇〕吉本赭作「赬」。

〔一一〕原本慝作「匿」，今從資福本、磧砂本、明南本、徑山本改。慧琳音義亦作「淑慝」。

〔一二〕宋本、資福本、磧砂本、明南本、徑山本知並作「智」。

十一、族姓

若夫族姓殊〔一〕者，有四流焉：一曰婆羅門，浄行也，守道居貞，潔白其操。二曰刹帝利，王種也，舊曰刹利，略也。奕世君臨，仁恕爲志。三曰吠奢，舊曰毘舍，訛也。商賈也，貿遷有無，逐利遠近。四曰戍陀羅，舊曰首陀，訛也。農人也，肆力疇壠，勤身稼穡。凡兹四姓，清濁殊流，婚娶通親，飛伏異路，内外宗枝，姻媾不雜。婦人一嫁，終無再醮。自餘雜姓，實繁種族，各隨類聚〔二〕，難以詳載。

校勘

〔一〕中本無「殊」字。

〔二〕石本、大本聚作「娶」。

十二、兵　術

君王奕世，惟刹帝利。篡弑〔一〕時起，異姓稱尊。國之戰士，驍雄畢〔二〕選，子父傳業，遂窮兵術。居則宫〔三〕廬周衛，征則奮旅前鋒。凡有四兵，步馬車象。象則被以堅甲，牙施利距，一將安乘，授其節度，兩卒左右，爲之駕馭。車乃駕以駟馬，兵〔四〕帥居其〔五〕乘，列卒周衛，扶輪挾轂。馬軍散禦，逐北〔六〕奔命〔七〕。步軍輕捍，敢勇充選，負大櫓〔八〕，執長戟，或持刀劍，前奮行陣〔九〕。凡諸戎器，莫不鋒鋭，所謂矛、楯〔一〇〕、弓、矢、刀、劍、鉞、斧、戈、殳、長稍、輪索之屬，皆世習矣。

校勘

〔一〕原本篡弑作「篹弑」，今從古本、一本、磧砂本、明南本、徑山本改。宋本、資福本作「簒弑」，隨函録作「篡殺」。

〔二〕石本畢作「異」。

〔三〕古本及大本校書宮作「穹」。

〔四〕一本無「兵」字。

〔五〕石本、宋本、資福本、磧砂本、明南本、徑山本、中本並無「其」字。

〔六〕中本北作「逃」。

〔七〕慧琳音義二六引命作「馳」。

〔八〕慧琳音義云：「(楯)或作櫓，亦通。」

〔九〕慧琳音義二六引奮作「鋒」；又陣下有「四兵和合，名之曰軍」八字。磧砂本、明南本劍誤作「歛」。

〔一〇〕隨函録矛楯作「楯矛」。資福本、磧砂本、明南本、徑山本楯作「盾」。音釋作「楯」。二字通用。

十三、刑　法

夫其俗也，性雖狷〔一〕急，志甚貞質，於財無苟得，於義有餘讓，懼冥運之罪，輕生事之業，詭譎不行，盟誓爲信。政教尚質，風俗猶和。凶悖羣小，時虧國憲，謀危君上，事迹彰明，則常幽囹圄，無所刑戮，任其生死，不齒人倫。犯傷禮義，悖逆忠孝，則劓〔二〕鼻、截耳、斷手、刖足，或驅出國，或放荒〔三〕裔。自餘咎犯，輸財贖罪。理獄占辭，不加刑〔四〕朴，隨問款對，據事平科。拒違所犯，恥過飾非。欲究情實，事須案者，凡有四條：水、火、稱、毒。水則罪人與石，盛以連囊，沈之深流，校其真僞。人沉石浮則有犯，人浮石沉則無隱。火乃燒鐵〔五〕，罪人踞上，復使足蹈，既遣掌案，又令舌舐，虛無所損，實有所傷。愞〔六〕弱之人不堪炎熱，捧未開花，散之向焰，虛則花發，實則花焦。稱則人石平衡，輕重取驗，虛則人低石舉，實則石重人輕。毒則以一羖〔七〕羊，剖〔八〕其右髀，隨被訟人所食之分，雜諸毒藥置右〔九〕髀中，實則毒發而死，虛則毒歇而蘇〔一〇〕。舉四條之例，防百非之路。

校勘

〔一〕中本狷作「猛」。慧琳音義云：「(狷)或作獧。」
〔二〕慧琳音義云：「(劓)或從臬作劓。」
〔三〕資福本、磧砂本、明南本荒作「流」。慧琳音義作「荒」，與此同。「流」字非。
〔四〕石本、宋本、資福本、磧砂本、明南本、徑山本刑並作「荆」。
〔五〕宋本、資福本、磧砂本、明南本鐵作「鐃」。
〔六〕資福本、磧砂本、明南本、徑山本愞作「懦」。按愞乃懦之異字，以下同。
〔七〕異本羖作「⿰羊巳」。字書無⿰羊巳字，疑⿰羊瓦之形訛，⿰羊瓦即羝異體字。周易大壯：「羝羊觸藩。」釋文：「羖羊也。」是羝與羖異字同義。

〔八〕異本剖作「割」。
〔九〕石本、宋本、資福本、磧砂本、明南本、徑山本右並作「剖」。中本作「部」，亦「剖」之形訛。異本作「割」。
〔一〇〕資福本、磧砂本、明南本、徑山本蘇作「穌」，同。

十四、敬儀

致敬之式，其儀九等〔一〕：一發言慰問，二俯首示敬，三舉手高揖，四合掌平拱〔二〕，五屈膝，六長跪〔三〕，七手膝踞〔四〕地，八五輪俱屈，九五體投地〔五〕。凡斯九等，極唯一拜。跪而讚德，謂之盡敬。遠則稽顙拜手，近則舐〔六〕足摩踵〔七〕。凡其致辭受命，褰裳長跪，尊賢受拜，必有慰辭。或摩其頂，或拊其背，善言誨導，以示親厚。出家沙門，既受敬禮，唯加善願，無〔八〕止跪拜。隨所宗〔九〕事，多有旋繞，或唯一周，或復三帀。宿心別請，數則從欲。

校勘

〔一〕釋帖六此文標目爲「禮儀十種」，此處作「九等」，有異。
〔二〕釋帖拱作「恭」。
〔三〕原本跪作「踞」，今據石本、宋本、資福本、磧砂本、明南本、徑山本及翻譯集引改。大本校書長踞二字作「踞跪」。
〔四〕釋帖踞作「跪」。

〔五〕釋帖引此下有「十，接足讚詠」，與標目十種相合。按翻譯集衆善行法篇「槃那寐」條引此文相同，又引其他論疏，皆無十種之説。

〔六〕原本䑛作「鳴」，今從石本、宋本、資福本、磧砂本、明南本、徑山本、中本改。金陵本則從此本作「嗚」。按「嗚足」義不通，疑嗚乃鳴之誤。世説新語惑溺篇：「兒見(賈)充喜躍，充就乳母手中嗚之。」嗚之謂以口接觸之也，今俗語猶有然者。「嗚足」猶言以口觸足。但無其他古本可證，姑從諸本改字。新唐書西域傳云：「以䑛足摩踵爲致禮。」

〔七〕慧琳音義踵作「歱」，云：「或從足作踵，亦通。」

〔八〕徑山本無作「不」。

〔九〕大本、異本宗作「崇」。

十五、病　死

凡遭疾病，絶粒七日，期限之中，多有痊愈。必未瘳差，方乃餌藥。藥之性類，名種不同。醫之工伎，占候有異。

終没臨喪，哀號相泣，裂裳拔髮，拍額椎胸〔一〕。服制〔二〕無聞〔三〕，喪期〔四〕無數。送終殯葬，其儀有三：一曰火葬，積薪焚燎；二曰水葬，沈流漂散；三曰野葬，棄林飤〔五〕獸。國王殂〔六〕落，先立嗣君，以主喪祭，以定上下。生立德號，死無議謚。喪禍之家，人莫就食。殯葬之後，復常無諱。諸有送死，以爲不潔，咸於郭外浴而後入。至於年耆壽耄，死期將至，嬰累沈痾，生崖〔七〕恐極，厭離塵俗，願棄人間，輕鄙生死，希遠世路。於是親故知友，奏樂餞會，泛舟鼓棹，濟殑伽河，中流自溺，謂得生天。十有〔八〕其一，未盡鄙見。出家僧衆，制無號哭，父母亡喪，誦念酬恩。追遠慎終，寔資冥福。

校勘

〔一〕石本胸作「匈」。

〔二〕中本制作「製」。

〔三〕古本、異本、宋本、資福本、磧砂本、明南本、徑山本間作「聞」。大本作「間」，同此本。

〔四〕中本期上有「斬」字。

〔五〕宋本、資福本、磧砂本、明南本、徑山本飤作「飼」。按飤即飤字，與飼通，見玉篇。

〔六〕石本、中本殂作「徂」。

〔七〕金陵本崖作「涯」。

〔八〕一本「十有」二字互倒。

十六、賦稅

政教既寬，機務亦簡。户不籍書，人無傜課。王田之内，大分爲四：一充國用祭祀粢〔一〕盛；二以封建輔佐宰臣；三賞聰叡碩學高才；四樹福田，給諸異道。所以賦斂輕薄，傜税儉省，各安世業，俱佃口分。假種王田，六税其一。商賈逐利，來往貿〔二〕遷，津路關防，輕税後過。國家營建，不虚勞役，據其成功，酬之價直。鎮戍征行，宫〔三〕廬營〔四〕衛，量事招募，懸賞〔五〕待人〔六〕。宰牧、輔臣、庶官、僚佐，各有分地，自食封邑。

校勘

〔一〕中本粢誤析作「次米」二字。

〔二〕原本貿作「貨」，石本、宋本、資福本、磧砂本、明南本、徑山本並作「貿」，今從改。

〔三〕古本及大本校書宫作「穹」。

〔四〕宋本、資福本、磧砂本、明南本、徑山本營並作「宿」。

〔五〕古本賞作「價」。宋本、資福本、磧砂本、明南本、徑山本、中本並作「償」。大本及隨函録作「儐」，疑「償」之形訛。

〔六〕宋本、資福本、磧砂本、明南本、徑山本人並誤作「入」。

十七、物　產

風壤既别，地利亦殊。花草果木，雜種異名，所謂菴没羅果、菴弭羅果、末〔一〕杜迦果、跋〔二〕達羅果、劫比他果〔三〕、阿末羅果、鎮杜迦果、烏曇跋羅果、茂遮果、那利蔔羅果〔四〕、般橠〔五〕娑果。凡厥此類，難以備載，見珍人世者，略舉言焉。至於棗、栗、椑、柿，印度無聞。

梨、柰、桃、杏、蒲萄等果，迦濕彌羅國已來，往往間植。石榴、甘橘，諸國皆樹。

校勘

〔一〕磧砂本末作「未」。

〔二〕異本跋作「跛」。石本及大本校書作「趹」，下同。趹乃跛之俗字。跛乃形訛。

〔三〕劫比他果，石本劫作「却」。中本他作「化」。按劫比他，梵名Kapittha，二異文疑皆形訛。

〔四〕那利葪羅果，原本葪作「蓟」，古本、大本、一本、宋本、資福本、明南本及隨函録並作「葪」。慧琳音義亦作「葪」，云：「音計。」今從改。石本、徑山本、金陵本作「薊」，異本作「制」，或本作「萠」。

〔五〕原本榱作「椽」，不成字，今從諸本訂。

墾田農務，稼穡耕耘，播植隨時，各從勞逸。土宜所出，稻麥尤多。蔬菜則有薑、芥、瓜〔一〕、瓠、葷陁菜〔二〕等。葱蒜雖少，噉食亦希，家有食者，驅令出郭。

校勘

〔一〕宋本、磧砂本瓜作「苽」。

〔二〕向達謂葷陁菜即李時珍本草綱目中之菾菜，一名莙薘菜也。

至於乳酪、膏酥〔一〕、粆〔二〕糖、石蜜、芥子油、諸餅麨，常所膳也。魚、羊、麞、鹿，時薦肴胾。牛、驢、象、馬、豕、犬、狐、狼、師子、猴、猨〔三〕，凡此毛羣，例無味噉。噉者鄙耻，衆所穢惡，屏居郭外，希迹人間。

校勘

〔一〕原本酥作「蘇」，今從宋本、資福本、磧砂本、明南本、徑山本、金陵本改。

〔二〕石本、宋本、資福本、磧砂本、明南本、徑山本、中本、金陵本粆並作「沙」。按集韻下平聲麻韻粆字云：「蔗飴，通作沙，今謂之沙糖。」是「粆」「沙」同字。

〔三〕古本猴猨作「猨猴」。

若其酒醴之差，滋味流別。蒲萄、甘蔗，刹帝利飲也；麴糵〔一〕醇醪，吠奢等飲也。沙門、婆羅門，飲蒲萄甘蔗漿，非酒醴之謂也。雜姓卑族，無所流別。

校勘

〔一〕宋本、資福本、磧砂本、明南本、隨函録糵作「蘖」，非。

然其資用之器，巧〔一〕質有殊。什物之具，隨時無闕，雖釜鑊斯用，而炊甑莫知，多器坯土，少用赤銅。食以一器，衆味相調，手指斟酌，略無匙〔二〕箸，至於老病〔三〕，乃用銅匙。

校勘

〔一〕石本、宋本、資福本、磧砂本、明南本、徑山本巧作「功」。

〔二〕古本、石本、宋本、資福本、磧砂本、明南本、徑山本及隨函録、音釋匙並作「匕」。

〔三〕老病，宋本、資福本、磧砂本、明南本、徑山本並作「病患」。

若其金、銀、鍮石、白玉、火珠〔一〕，風土所産，彌復盈積。奇珍〔二〕雜寶，異類殊名，出自海隅，易以求貿〔三〕。然其貨用，交遷有無，金錢、銀錢、貝〔四〕珠、小〔五〕珠。

校勘

〔一〕新唐書西域傳天竺國條云：「出火齊、琅玕。」火珠即火齊珠。

〔二〕宋本、資福本、磧砂本、明南本、徑山本奇珍二字作「珍奇」。

〔三〕宋本、資福本、磧砂本、明南本、徑山本貿並作「貨」。

〔四〕貝，原諸本均作「具」，應爲貝之訛，故改。

〔五〕或本小作「沙」。

印度之境，疆界具舉，風壤之差，大略斯在。同條共貫，粗陳梗槩。異政殊俗，據國而叙。

濫波國

濫波國周千餘里，北背雪山，三垂黑嶺。國大都城周十餘里。自數百年，王族絶嗣，豪傑力競，無大君長，近始附屬迦畢試國。宜粳稻，多甘蔗，林樹雖衆，果實乃少。氣序漸〔一〕温，微〔二〕霜無雪。國俗豐樂，人尚歌詠。志性怯弱，情懷詭詐，更相欺誚，未有推先。體貌卑〔三〕小，動止輕躁〔四〕。多衣白氎，所服鮮飾。伽藍十餘所〔五〕，僧徒寡少，並多習學大乘法教。天祠數十，異道甚多。

校勘

〔一〕石本、大本漸作「微」。

〔二〕石本微作「無」。

〔三〕大本校書卑作「短」。

〔四〕隨函録躁作「燥」。按躁燥可通用，釋名釋言語：「躁，燥也，物燥乃動而飛揚也。」

〔五〕中本、石本無「所」字。慈恩傳作「十所」。

從此東南行百餘里，踰大嶺，濟大河，至那揭〔一〕羅曷〔二〕國。北印度境〔三〕。

校勘

〔一〕方志揭作「伽」，珠林三十八同。

〔二〕慈恩傳曷作「喝」。

〔三〕方志云：「屬北印度，古華氏城。」珠林同，古作「名」，華作「花」。

那揭羅曷國

那揭羅曷〔一〕國東西六百餘里，南北二百五六十里，山周四境，懸隔危險。國大都城周〔二〕二十餘里。無大君長主令〔三〕，役屬迦畢試國。豐穀稼〔四〕，多花果。氣序温暑，風俗淳質。猛鋭驍雄，輕財好學。崇敬佛法，少信異道。伽藍雖多，僧徒寡少，諸窣堵波荒蕪圮壞。天祠五所，異道百餘人。

校勘

〔一〕華嚴鈔五十八引無「曷」字。

〔二〕宋本、資福本、磧砂本、明南本、徑山本並無「周」字。

〔三〕中本主令作「至今」，金陵本從之。讀「無大君長」爲句，「至今」二字屬下句。

〔四〕中本穄作「穄穡」。

一、城附近諸遺迹

城東二里〔一〕有窣堵波，高三百餘尺，無憂王之所建也。編石特起，刻彫奇製，釋迦菩薩值然〔二〕燈佛敷鹿皮衣布髮掩埿得受〔三〕記處。時經劫壞，斯迹無泯。或有齋日，天雨衆花，羣黎心競，式〔四〕修供養。其西伽藍，少有僧徒。次南小窣堵波，是昔掩埿之地，無憂王避大路，遂僻建焉。

校勘

〔一〕城東二里，慈恩傳東作「東南」。宋本、資福本、磧砂本、明南本、徑山本二作「三」。按方志、慈恩傳、珠林三十八皆作「二里」，與此同。

〔二〕石本、中本然作「燃」，通用。下同。

〔三〕石本、大本受作「授」。

〔四〕磧砂本、明南本、徑山本式作「或」。宋本、資福本作「或」，乃或之壞字。

城内有大窣堵波故基。聞諸先志〔一〕曰：昔有佛齒，高廣〔二〕嚴麗。今既無齒，唯餘〔三〕故基。其側有窣堵波，高三十餘尺。彼俗相傳，不知源起，云從空下，峙基於此。既非人工，寔多〔四〕靈瑞。

校勘

〔一〕先志，古本、石本、大本、中本作「土俗」。

〔二〕石本、宋本、資福本、磧砂本、明南本、徑山本廣並作「曠」。

〔三〕古本、石本、大本、中本唯餘二字作「尚有」。

〔四〕宋本、資福本、磧砂本、明南本、徑山本多並作「爲」。

城西南十餘里有窣堵波，是如來自〔一〕中印度凌虛遊化，降迹於此，國人感慕，建此靈基。其東不遠有窣堵波，是釋迦菩薩昔值然燈佛於此買花。

校勘

〔一〕宋本、資福本、磧砂本、明南本、徑山本自字作「在日」二字。

二、小石嶺佛影窟

城西南二十餘里〔一〕至小石嶺，有伽藍，高堂重閣，積石所成。庭宇寂寥，絕無僧侶。

中有窣堵波，高二百餘尺，無憂王之所建也。

校勘

〔一〕城西南二十餘里，方志西南二字作「東南」，珠林作「東」字。華嚴鈔五十八引餘里作「里餘」。慈恩傳作「聞燈光城西南二十餘里」。

伽藍西南，深澗陗〔一〕絶，瀑布飛流，懸崖壁立。東岸〔二〕石壁有大洞穴，瞿波羅龍之所居也。門徑狹小，窟穴冥闇，崖石津滴〔三〕，磎〔四〕徑餘流。昔有佛影，煥若真容，相好具足，儼然如在。近代已來，人不遍覩，縱有所見，髣髴〔五〕而已。至誠祈請，有冥感者，乃暫明視〔六〕，尚不能久。昔如來在世之時，此龍爲牧牛之士，供王乳酪，進奉〔七〕失宜〔八〕。既獲譴責，心懷恚恨，即〔九〕以金錢買花，供養受記窣堵波，願爲惡龍，破國害王。即趣石壁，投身而死。遂居此窟，爲大龍王，便欲出穴，成本惡願。適起此心，如來已鑒，愍此國人爲龍所害，運神通力，自中印度至〔一〇〕。龍見如來，毒心遂止，受不殺戒，願護正法。因請如來：「常居此窟，諸聖弟子，恒受我供。」如來告曰：「吾將寂滅〔一一〕，爲汝留影。遣五羅漢常受汝供。正法隱没，其事無替。汝若毒心奮怒〔一二〕，當觀吾留〔一三〕影，以慈善故，毒心當止。此賢劫中，當來世尊，亦悲愍汝，皆留影像。」影窟門外有二方石，其一石上有如來足蹈之迹，輪相微現，光明時燭。影窟左右多諸石室，皆是如來諸聖弟子入定之處。影窟西北隅有窣堵波，是如來經行之處。其側窣堵波，有如來髮爪。鄰此不遠有窣堵波，是如來顯暢〔一四〕真宗，說蘊界處之〔一五〕所也。影窟西有大盤石，如來嘗〔一六〕於其上濯浣〔一七〕袈裟，文影微現。

校勘

〔一〕華嚴鈔及大本校書陗作「峭」。峭陗同字。

〔二〕原本岸作「崖」，宋本、資福本、磧砂本、明南本、徑山本並作「岸」，方志及華嚴鈔引亦然。今據改。

〔三〕華嚴鈔滴作「壁」。

〔四〕徑山本磎作「蹊」。音釋作「磎」，云：「正作蹊，音兮。」華嚴鈔作「溪」，非。

〔五〕慧琳音義云：「髣字或從人作仿，音用同。髴字或從人作佛，或從心作怫，義同。」

〔六〕異本視作「覩」，方志、珠林作「現」，華嚴鈔作「示」。視示古通用。

〔七〕石本、大本奉作「退」。

〔八〕華嚴鈔宜作「儀」。

〔九〕宋本、資福本、磧砂本、明南本、徑山本並無「即」字。

〔一〇〕宋本、資福本、磧砂本、明南本、徑山本至字下並有「龍所」二字。

〔一一〕徑山本寂作「宗」，同。

〔一二〕華嚴鈔奮作「忿」，怒下有「起時」二字。

〔一三〕華嚴鈔無「留」字。

〔一四〕或本暢作「揚」。
〔一五〕界處之，宋本、資福本、磧砂本、明南本、徑山本並作「界之處」。
〔一六〕古本嘗作「昔」。
〔一七〕濯浣，慧琳音義作「濯澣」，云：「經中作浣，俗字。」

三、醯羅城

城東南三十餘里，至醯羅城〔一〕，周四五里，竪〔二〕峻險固。花林池沼，光鮮澄〔三〕鏡。城中居人，淳質正信。復有重閣，畫棟丹楹。第二閣中有七寶小窣堵波，置如來頂骨。骨周一尺二寸，髮孔分明，其色黄白，盛以寶函，置窣堵波中。欲知善惡相者，香末和埿以印頂骨，隨其福感，其文焕然。又有七寶小窣堵波，以貯如來髑髏骨。狀若荷葉，色同頂骨，亦以寶函緘絡而置。又有七寶小窣堵波，有〔四〕如來眼睛〔五〕。睛〔六〕大如㮈〔七〕，光明清徹，曒映中外〔八〕。又以寶〔九〕函緘封而置。如來僧伽胝袈裟，細氎〔一〇〕所作，其色黄赤，置寶函中，歲月既遠，微有損壞。如來錫杖，白鐵作鐶〔一一〕，栴〔一二〕檀爲笴〔一三〕，寶筒盛之。近有國王聞此諸物並是如來昔親服用，恃其威力，迫脇〔一四〕而歸。既至本國，置所居宮〔一五〕，曾未浹辰，求之已失。爰更尋訪，已還本處。斯五聖迹，多有靈異。迦畢試王令五淨行給侍香花。觀禮之徒，相繼不絶。諸淨行等欲從虚寂以爲財用，人之所重，權立科條，以止諠雜。其大略曰：「諸欲見如來頂骨者，税一金錢。若取印〔一六〕者，税五金錢。」自餘節級，以次科條。科條雖重，觀禮彌衆。

校勘

〔一〕慈恩傳醯羅城作「佛頂骨城」。

〔二〕按卷三僧訶補羅國條云：「堅峻險固」，與此句同，但豎作「堅」。二字形近，豎疑堅之訛。惟諸本如此，不輒改。

〔三〕徑山本澄作「澂」，通用。

〔四〕石本、宋本、資福本、磧砂本、明南本、徑山本、中本有並作「貯」。

〔五〕古本、石本、大本、中本睛作「精」，下字同。釋帖一引云「佛眼舍利」。

〔六〕石本無下「睛」字。

〔七〕石本、大本、磧砂本、明南本、徑山本棕作「柰」，方志同。宋本、資福本作「奈」。字並可通用。釋帖作「棕」，同此本。

〔八〕光明清徹皦映中外，石本、大本作「清白分明，内外映徹」；中本作「清白分明，内外徹映」。釋帖引作「青白分明，柔軟殊異」，後四字狀佛睛不合，疑有誤。珠林作「清白映徹」四字。

〔九〕宋本、資福本、磧砂本、明南本、徑山本竇上有「七」字。

〔一〇〕方志氎作「氈」。

〔一一〕中本鐶作「環」，慈恩傳、方志、珠林同。

〔一二〕栴，各本有作「旃」者，同，說見前校，以下省。

〔一三〕石本笴作「䈂」，形之訛；慈恩傳作「莖」。慧琳音義笴字云：「古今正字：『從竹，可聲。』」音釋亦作「笴」，云：「箭笴也。」

〔一四〕宋本、資福本、磧砂本、明南本脇作「愶」。徑山本誤作「拹」。音釋作「愶」，云：「許業反，以威逼人。」按脇愶二字通用。

〔一五〕宋本、資福本、磧砂本、明南本、徑山本宮下並有「中」字。

〔一六〕珠林取印作「請印」。方志作「請仰」，仰疑印之誤。

重閣西北有窣堵波，不〔一〕甚高大，而多靈異〔二〕。人以指觸，便即搖震〔三〕，連基傾動，鈴鐸和鳴。

校勘

〔一〕原本不作「亦」，石本、宋本、資福本、磧砂本、明南本、徑山本、中本並作「不」。釋帖二十一引同（唯誤在迦畢試國），今據改。

〔二〕石本、宋本、資福本、磧砂本、明南本、徑山本異並作「怪」；釋帖引作「恠」，恠亦怪字。

〔三〕釋帖引震作「振」，通用。

從此東南山谷中行五百餘里，至健馱〔一〕邏國。舊曰乾陁衛〔二〕，訛也。北印度境〔三〕。

校勘

〔一〕慈恩傳、方志、珠林馱作「陁」。

〔二〕慈恩傳乾陁衛作「健陁術」。術疑衛之訛。

〔三〕古本境下有「也」字，慈恩傳亦有。

健馱邏國

健馱邏國東西千餘里，南北八百餘里，東臨信度〔一〕河。國大都城號布路沙布邏〔二〕，周四十餘里。王族絶嗣，役屬迦畢試國。邑里空荒，居人稀少，宫城一隅有千餘户。穀稼殷盛，花果繁茂，多甘蔗，出石蜜。氣序温暑，畧無霜雪。人性恇怯，好習典藝，多敬異道，少信正法。自古已來，印度之境，作論諸師則有〔三〕那羅延天、無著菩薩、世〔四〕親菩薩、法救、如意、脇尊者等本生處也。僧伽藍千〔五〕餘所，摧殘荒廢，蕪漫蕭條。諸窣堵波頗多頹〔六〕圮。天祠百數，異道雜居。

校勘

〔一〕宋本、資福本、磧砂本、明南本、徑山本並無「度」字，誤脱。慈恩傳、方志並作「信度河」。

〔二〕中本及慈恩傳邏作「羅」，通用。

〔三〕宋本、資福本、磧砂本、明南本、徑山本有作「不」。按「不」字不通，若下屬於那羅延天，則「不那羅延天」，其名未聞。且慈恩傳亦作「那羅延天」。當誤。

〔四〕磧砂本世誤作「出」。

〔五〕原本十作「千」，各本同。方志作「寺有十餘」。按上文云「多敬外道，少信正法」，下文云：「摧殘荒廢，蕪漫蕭條」，安得有「僧伽藍千餘所」之多哉？方志之言爲是。十與千形似易誤，今從改。

〔六〕慧琳音義頹作「隤」，云：「從阜，貴聲。記中作頹，非也。」頹隤今通用。

王城内東北有一故基，昔佛鉢之寶臺也。如來涅槃之後，鉢流此國，經數百年，式遵供養，流轉諸國，在波剌斯〔一〕。

校勘

〔一〕慈恩傳作「波剌拏斯」，方志作「波斯」。堀謙德謂波剌斯應作波剌拏斯（Varenasi），與卷十一之波剌斯國爲二地。按卷十二揭盤陁國内有「波利剌斯國王娶婦漢土」，或即此波剌拏斯。

一、卑鉢羅樹及迦膩色迦王大窣堵波

城外東南八九里有卑〔一〕鉢羅樹，高百餘尺，枝葉扶疎〔二〕，蔭影蒙密〔三〕。過去四佛已坐其下，今猶現有四佛坐像，賢劫之中九百九十六佛皆當坐焉。冥祇警衛，靈鑒潛被。釋迦如來於此樹下南面而坐，告阿難曰：「我去世後，當四百年〔四〕，有王命世，號迦膩色迦，此南不遠起窣堵波，吾身所有骨肉舍利，多集此中。」

校勘

〔一〕慈恩傳卑作「畢」。按本書卷第八摩揭陁國上前正覺山條作「卑」，與此同，他本亦有「畢」者。卑畢同聲紐，可通用。

〔二〕宋本、資福本疎作「蔬」。

〔三〕中本密誤作「蜜」。

〔四〕洛陽伽藍記五作「三百年」，與此異。

卑鉢羅〔一〕樹南有窣堵波，迦膩色迦王之所建也。迦膩色迦王以如來涅槃之後第四百年，君臨膺運，統贍〔二〕部洲，不信罪福，輕毀佛法。畋〔三〕遊草澤，遇見白兔〔四〕，王親奔逐，至此忽滅。見有牧牛小竪〔五〕於林樹間作小窣堵波，其高三〔六〕尺。王曰：「汝何所爲？」牧豎對曰：「昔釋迦佛聖智懸記，當有國王於此勝地建窣堵波，吾身舍利多聚其內。大王聖德宿殖，名符昔記，神功勝福，允屬斯辰，故我今者先相警發。」說此語已，忽然不現〔七〕。王聞是說，喜〔八〕慶增懷，自負其名大聖先記，因發正信，深敬佛法。周小窣堵波，更〔九〕建石窣堵波，欲以功力彌覆其上，隨其數量，恒出三尺。若是增高，踰四百尺。基趾〔一〇〕所峙，周一里半。層基五級，高一百五十尺。方乃得覆小窣堵波。王因喜〔一一〕慶，復於其上更起二十五層金銅相輪〔一二〕，即以如來舍利一斛〔一三〕而置其中，式修供養。營建纔訖，見小窣堵波在大基東南〔一四〕隅下傍出其半，王心不平，便即擲棄，遂住窣堵波第二級下石基中半現，復於本處更出小窣堵波。王乃退而歎曰：「嗟夫，人事易迷，神功難掩，靈聖所扶〔一五〕，憤怒何及！」慚懼既〔一六〕已，謝咎而歸。其二窣堵波今猶現在。有嬰疾病欲祈康愈者，塗香散花，至誠歸命，多蒙瘳差。

校勘

〔一〕敦乙本羅作「邏」。

〔二〕大本贍作「瞻」。

〔三〕敦乙本、中本畋作「田」，通用。

〔四〕敦乙本兔作「菟」，通用。

〔五〕石本豎作「豎」，下同。豎乃豎之異寫。

〔六〕大本作「三」，同；校書改「二」。按洛陽伽藍記五亦作「三尺」。

〔七〕向達改現作「見」，云：「不現，諸本同，似應作不見。卷六佛子羅怙羅説是語已，忽然不見云云，作見不作現。此亦應作見。」按本卷尾「阿羅漢……示神通事，因忽不現。」亦作現。見現通用，向説似拘。

〔八〕原本喜作「嘉」，敦乙本、石本、資福本、磧砂本、明南本、徑山本、中本並作「喜」，義長，今從改。嘉疑是形之訛。

〔九〕宋本、資福本、磧砂本、明南本、徑山本更並作「處」，屬上讀。敦乙本作「更」，與此同。

〔一〇〕磧砂本、明南本、徑山本趾作「址」，通用。

〔一一〕原本因喜作「因嘉」，敦乙本嘉作「喜」；石本、大本、宋本、資福本、磧砂本、明南本、徑山本並作「用喜」，今從改嘉作喜。因與用同義，仍之。

〔一二〕方志作「金銅相輪二十五重。或云四十層者，舉高五百五十尺」。

〔一三〕釋帖二引作「盛佛舍利一斛矣」。

〔一四〕敦乙本無「南」字。

〔一五〕明南本、徑山本扶作「持」。

〔一六〕中本既作「而」。

二、大窣堵波周近諸佛像

大窣堵波東面石陛〔一〕南，鏤作二窣堵波，一高三尺，一高五尺，規摹〔二〕形狀，如大窣堵波。又作兩軀佛像，一高四尺，一高六尺〔三〕，擬菩提樹下加趺坐像。日光照燭，金色晃曜〔四〕。陰影漸移〔五〕，石文青紺。聞諸耆舊曰〔六〕：數百年前，石基之隙有金色蟻，大者如指，小者如麥，同類相從，齧〔七〕其石壁，文若彫鏤。廁以金沙，作爲此像〔八〕，今猶現在。

校勘

〔一〕敦乙本陛作「階」。
〔二〕資福本、磧砂本、明南本、徑山本摹作「模」。音釋作「摹」，云：「與摸同。」按摹、摸、模三字通用。
〔三〕方志作「二加趺佛像高四尺六寸」。
〔四〕宋本、資福本、磧砂本、明南本曜作「耀」，徑山本作「燿」，並通用。
〔五〕敦乙本移作「利」，非。
〔六〕敦乙本無「曰」字。磧砂本曰誤作「日」。
〔七〕方志及釋帖二十三引齧作「嚙」，通用。
〔八〕敦乙本作作「故」。按酉陽雜俎物異篇云：「健馱羅國石壁上有佛像。初，石壁有金色蟣，大者如指，小者如米，齧石壁如雕鐫，成立佛狀。」即本此文，金蟻作「金蟣」。蟣乃蝨子，何能如指如米（麥）？當是字訛。

大窣堵波石陛〔一〕南面有畫佛像，高一丈六尺。自胸〔二〕已上，分現兩身；從胸已下，合爲一體。聞諸先志〔三〕曰：初有貧士，傭力自濟，得一金錢，願造佛像。至窣堵波所，謂畫工曰：「我今欲圖如來妙相，有一金錢，酬功〔四〕尚少，宿心憂負〔五〕，迫於貧乏。」時彼畫工鑒其至誠，無云價直，許爲成功。復有一人事同前迹，持一金錢求畫佛像。畫工是時受二人錢，求妙丹青，共畫一像。二人同日俱來禮敬，畫工乃〔六〕同指一像示彼二人，而謂之曰：「此是汝所作之佛像也。」二人相視，若有所懷。畫工心知其疑也，謂二人曰：「何思慮之久乎？凡所受物，毫釐〔七〕不虧。斯言不謬，像必神變。」言聲未静，像現靈異，分身交影，光相照著〔八〕。二人悦服，心信歡喜〔九〕。

校勘

〔一〕敦乙本陛作「階」。

〔二〕敦乙本、石本胸作「匈」；宋本、資福本、磧砂本等並作「胷」，下並同。

〔三〕古本、石本、大本諸先志三字作「之耆舊」。中本作「耆舊志」，稍誤。三寶感應要略録上引先志作「耆舊」。

〔四〕宋本、資福本、磧砂本、明南本、徑山本功並作「工」。

〔五〕感應録負作「貧」，疑涉下文貧字而誤。

〔六〕感應録無「乃」字。

〔七〕敦乙本毫釐作「豪氂」，古可通用。

〔八〕宋本、資福本、磧砂本、明南本、徑山本照作「昭」。感應録著作「者」，形之誤。

〔九〕感應録喜下有「矣」字。

大窣堵波西南百餘步〔一〕，有白石佛像，高一丈八尺〔二〕，北面而立，多有靈相，數放光明。時有人見像出夜行，旋繞大窣堵波。近有羣賊欲入行盜，像〔三〕出迎賊，賊黨怖退，像歸本處，住立如故。羣盜因此改過自新，遊行邑里，具告遠近。

校勘

〔一〕一本步作「里」，非。方志亦作「百餘步」。

〔二〕一丈八尺，方志作「一丈六尺」。

〔三〕宋本、資福本、磧砂本、明南本、徑山本像下有「遂」字。

大窣堵波左右，小窣堵波魚鱗百數。佛像莊嚴，務窮工思，殊香異音，時有聞聽，靈仙聖賢，或見旋繞。此窣堵波者，如來懸記，七燒七立，佛法方盡。先賢〔一〕記曰：成壞已三。初至此國，適〔二〕遭大火〔三〕。當見營構，尚未成功。

校勘

〔一〕古本、石本、大本、中本先賢二字並作「土俗」。

〔二〕敦乙本無「適」字。

〔三〕敦乙本大火二字作「火灾」；石本、宋本、資福本、磧砂本、明南本、徑山本作「火災」；中本作「火炎」。

三、迦膩色迦王伽藍與脇尊者、世親、如意遺迹

大窣堵波西有故伽藍，迦膩色迦王之所建也。重閣累榭，層臺洞户，旌召高僧，式昭景福。雖則〔一〕圮毁，尚曰奇工。僧徒減少，並學小乘。自建伽藍，異人間出，諸作論師及證聖果，清風尚扇，至德無泯。

校勘

〔一〕宋本、資福本、磧砂本、明南本、徑山本雖則二字作「然雖」。

第三重閣，有波栗〔一〕濕縛唐言脇。尊者室，久已傾頓，尚立旌表。初尊者之爲梵志師也，年垂八十，捨家染衣。城中少年便〔二〕誚之曰：「愚夫朽老，一何淺智！夫出家者，有二業焉，一則習定，二乃誦經。而今衰耄，無所進取，濫迹清流，徒知飽食。」時脇尊者聞諸譏議，因謝時人而自誓曰：「我若不通三藏理，不〔三〕斷三界欲，得六神通，具八解脱，終不以脇而至於席。」自爾之後，唯日不足，經行宴坐，住立思惟，晝則研習理

教，夜乃静慮凝神。綿〔四〕歷三歲，學通三藏，斷三界欲，得三明智，時人敬仰，因號脇尊者焉〔五〕。

校勘

〔一〕翻譯集無「栗」字。

〔二〕原本便作「更」，今從宋本、資福本、磧砂本、明南本、徑山本改。

〔三〕異本無「不」字。

〔四〕大本綿作「懸」。

〔五〕徑山本無「焉」字。

脇尊者室東有故房，世親菩薩於此製阿毘達磨俱舍論，人而敬之，封以記焉。

世親室南五十餘步第二重閣，末笯曷剌〔一〕他唐言如意。論師於此製毗婆沙論。論師以佛涅槃之後一千年中利見也。少好學，有才辯，聲問〔二〕遐被，法俗歸心。時室羅伐悉底國毗訖羅摩阿迭多王唐言超日。威風遠洽，臣〔三〕諸〔四〕印度，日以五億金錢周給貧窶孤獨。主藏臣懼國用乏〔五〕匱也，乃諷諫曰：「大王威被殊俗，澤及昆蟲，請〔六〕增五億金錢，以賑四方匱乏。府庫既空，更税有土，重斂不已，怨聲載揚，則君土有周給之恩，臣下被不恭之責。」王曰：「聚有餘，給不足，非苟爲身侈靡國用。」遂加〔七〕五億，惠諸貧乏。其後畋〔八〕遊，逐豕失蹤，有尋知迹者，賞〔九〕一億金錢。如意論師一使〔一〇〕人剃髮，輒賜一億金錢。其國史臣依即書記。王恥見高，心常怏怏〔一一〕，欲衆〔一二〕辱如意論師。乃招集異學德業高深者百人而下令曰：「欲收視聽，遊諸真境，異道紛雜，歸心靡措。今考優劣，專精遵奉。」洎〔一三〕乎集論，重下令曰：「外道論師並英俊也，沙門法衆宜善宗義，勝則崇敬佛法，負則誅戮僧徒。」於是如意詰〔一四〕諸外道，九十九人已退飛矣，下席一人，視之蔑如也。因而劇談，論〔一五〕及火煙，王與外道咸諠〔一六〕言曰：「如意論師辭義有失。夫先煙而後及火，此事理之常也。」如意雖欲釋難，無聽覽〔一七〕者，恥見衆辱，齰〔一八〕斷其舌。乃書誡告〔一九〕門人世親曰：「黨援之衆，無競大義。羣迷〔二〇〕之中，無辯正論〔二一〕。」言畢而死。居未久〔二二〕，超日王失國，興王膺運，表式英賢。世親菩薩欲雪前恥，來白王曰：「大王以聖德君臨，爲含識主命。先師如意學窮玄奥，前王宿憾〔二三〕，衆挫高名。我承導誘，欲復先怨。」其王知如意哲人也，美世親雅操焉，乃〔二四〕召諸外道與如意論者。世親重述先旨，外道謝屈而退。

校勘

〔一〕宋本、資福本、磧砂本、明南本、徑山本、一本剃並作「利」，翻譯集亦同。剃利二字同聲紐，可通用。

〔二〕石本、大本、宋本、資福本、磧砂本、明南本、徑山本問並作「聞」。敦乙本作「問」，同此本。按聞問古相通。

〔三〕宋本、資福本、磧砂本、明南本、徑山本臣字上有「使」字。

〔四〕明南本、徑山本諸作「詣」，疑形近而訛。

〔五〕異本用下有「之」字。敦乙本乏作「之」。

〔六〕明南本請誤作「諸」。

〔七〕敦乙本、宋本、資福本加誤作「如」。

〔八〕敦乙本、石本、中本畋作「田」，通用。

〔九〕敦乙本、石本、宋本、資福本、磧砂本、明南本、徑山本賞作「償」。

〔一〇〕石本、中本一使二字作「使一」。

〔一一〕中本怏怏作「快快」，非。

〔一二〕宋本、資福本、磧砂本、明南本、徑山本衆並作「罪」。

〔一三〕徑山本洎作「暨」。

〔一四〕石本詰作「誥」，非。音釋亦作「詰」，云：「論也，難也。」

〔一五〕敦乙本、石本、大本論作「語」。

〔一六〕原本諠作「誼」，今從資福本、磧砂本、明南本、徑山本、金陵本改。

〔一七〕異本、宋本、資福本、磧砂本、明南本、徑山本覽並作「鑒」。古本作「賢」，誤。

〔一八〕慧琳音義云：「（齰）或作齚。」

〔一九〕宋本、資福本誠作「誠」，中本作「試」，並非。敦乙本、大本無「告」字。

〔二〇〕原本迷作「述」，資福本、磧砂本、明南本、徑山本、金陵本作「迷」，今從改。

〔二一〕釋帖六引此文作「衆迷之内，勿辯正邪，羣援之中，無申大義」，與此略異。

〔二二〕居未久，石本作「此居之未久」五字。大本作「此居未久」四字。二「此」字並從上屬。

〔二三〕石本憾作「憾」。

〔二四〕徑山本焉乃二字作「于是」，並從下讀。

四、布色羯邏伐底城及諸遺迹

迦膩色迦王伽藍東北行五十餘里〔一〕，渡大河，至布色羯邏伐底城，周十四五里。居人殷盛，閭閻洞連。城西門外有一天祠，天像威嚴，靈異相繼。

校勘

〔一〕五十餘里，慈恩傳作「百餘里」。方志則與此同。

城東有窣堵波，無憂王之所〔一〕建也，即過去四佛説法之處〔二〕。先古〔三〕聖賢自中印度降神導物，斯地寔多，即伐蘇蜜呾羅唐言世友。舊曰和須蜜多，訛也。論師於此製衆事分阿毘達磨論。

校勘

〔一〕敦乙本無「所」字。
〔二〕方志有云：「高數百尺，雕鏤希世。」
〔三〕徑山本先古作「古先」。

城北四五里有故伽藍，庭宇荒涼，僧徒寡少，然皆遵習小乘法教，即〔一〕達磨呾〔二〕邏多唐言法救。舊曰達磨多羅，訛也。論師於〔三〕此製雜阿毗達磨論。

校勘

〔一〕大本即作「則」。
〔二〕翻譯集呾作「怚」，音「莊呂切」，與此異。
〔三〕宋本、資福本、磧砂本、明南本無「於」字。

伽藍側有窣堵波高數百尺〔一〕，無憂王之所建也，彫木文石，頗異人工。是釋迦佛昔爲國王，修菩薩行，從衆生欲，惠施不倦，喪身若遺，於此國土千生爲王，即斯勝地千生捨眼。

校勘

〔一〕慈恩傳數百尺作「二百餘尺」。

捨眼東不遠有二石窣堵波，各高百餘尺，右則梵王所立，左乃天帝所建，以妙珍寶而瑩〔一〕飾之。如來寂滅，寶變爲石。基雖傾陷，尚曰〔二〕崇高。

校勘

〔一〕異本瑩作「營」。方志作「鎣」。

〔二〕徑山本尚曰作「猶尚」。

梵釋窣堵波西北行五十餘里，有窣堵波，是釋迦如來於此化鬼子母，令不害人，故此國俗祭以求嗣。

化鬼子母北行五十餘里，有窣堵波，是商莫迦菩薩舊曰睒摩〔一〕菩薩，訛也。恭行鞠〔二〕養，侍盲〔三〕父母，於此採菓，遇王遊〔四〕獵，毒矢誤中。至誠感靈，天帝傅〔五〕藥，德動明聖，尋即復蘇〔六〕。

校勘

〔一〕麗本睒原作「睓」，京大本從石本、宋本及大本改作「睒」。按珠林作「舊云睒子」；方志作「此云睒也」。

〔二〕資福本鞠誤作「鞫」。

〔三〕宋本、徑山本盲作「育」，形之訛。

〔四〕宋本、資福本、磧砂本、明南本王下有「畋」字。徑山本遊作「畋」。

〔五〕原本傅誤作「傳」，今從資福本、磧砂本等正。敦乙本、古本、石本、中本傅並作「注」。

〔六〕宋本、資福本、磧砂本、明南本、徑山本蘇作「穌」，通用。

五、跋虜沙城

商莫迦菩薩被害東南行二百餘里，至跋〔一〕虜〔二〕沙城。城北有窣堵波，是蘇達拏太子唐言善牙〔三〕。以父王大象施婆羅門，蒙譴被擯，顧謝國人，既出郭〔四〕門，於此告别。其側伽藍，五十〔五〕餘僧〔六〕，並小乘學也。昔伊濕〔七〕伐邏唐言自在。論師於此製阿毗達磨明燈〔八〕論。

校勘

〔一〕異本跋作「跋」；隨函録及大本作「跃」。説見前。

〔二〕古本虜作「盧」。二字同聲紐，可通用。

〔三〕古本牙作「才」，異本作「身」，並非。方志亦作「善牙」。翻譯集引此下有「亦云善與」。按與或書作与，牙古常作㸦，二字形近易訛，「善牙」即「善与」也。

〔四〕金陵本郭誤作「廓」。

〔五〕大本十作「千」，誤。

〔六〕徑山本僧下有「徒」字。

〔七〕大本濕作「温」。

〔八〕宋本、資福本、磧砂本、明南本、徑山本燈並作「證」。

跋〔一〕虜沙城東門外有一伽藍，僧徒五十餘人，並大乘學也。有窣堵波，無憂王〔二〕之所建立〔三〕。昔蘇達拏太子擯在彈多落迦山，舊曰壇特〔四〕山，訛〔五〕也。婆羅門乞其男女，於此鬻賣〔六〕。

校勘

〔一〕異本跋作「跋」。

〔二〕宋本、資福本、磧砂本、明南本、徑山本並無「王」字。

〔三〕宋本、資福本、磧砂本、明南本、徑山本立下並有「也」字。

〔四〕宋本、資福本、磧砂本、明南本、徑山本壇特作「檀特」。石本作「檀持多」，非。

〔五〕宋本、資福本、磧砂本、明南本訛下有「之」字。

〔六〕中本鬻作「粥」，通用。慧琳音義賣作「賣」，云：「説文正體作賣。……從士者俗字也。」

六、彈多落迦山及其他諸遺迹

跋〔一〕虜沙城東北二十餘里至彈多落迦山，嶺上有窣堵波，無憂王〔二〕所建。蘇達拏太子於此棲隱。其側不遠有窣堵波，太子於此以男女施婆羅門，婆羅門捶其男女，流血染地，今諸草木猶帶絳色。巖間石室，太子及妃習定之處。谷中林樹，垂條若帷，並是太子昔所遊止。其側不遠有一石廬〔三〕，即古仙人之所居也。

校勘

〔一〕異本跋作「䟦」。

〔二〕中本王下有「之」字。

〔三〕敦乙本、石本廬作「閭」，次同。古本作「盧」，乃廬之誤。大本校作「閣」，閣疑閭之誤。

仙廬西北行百餘里，越一小山至大〔一〕山。山南有伽藍，僧徒尠少，並學大乘。其側窣堵波，無憂王之所建也，昔獨角仙人〔二〕所居之處。仙人爲婬女誘亂，退失神通，婬女乃駕〔三〕其肩〔四〕而還城邑。

校勘

〔一〕大本大上有「一」字。
〔二〕獨角仙人，方志及珠林三十八作「獨角大仙」。
〔三〕石本駕作「騎」。
〔四〕大本肩作「項」；石本作「頊」，乃項之形訛。

跋〔一〕虜沙城東北五十餘里至崇山。山有青石大自在天婦像，毗摩天女也。聞諸土〔二〕俗曰：此天像者，自然有也。靈異既多，祈禱亦衆。印度諸國，求福請願，貴賤畢萃，遠近咸〔三〕會。其有願見天神形者，至誠無貳，絶食七日，或有得見，求願多遂。山下有大自在天祠，塗灰外道式修祠祀。

校勘

〔一〕異本跋作「跋」。
〔二〕宋本、資福本、磧砂本、明南本、徑山本土並作「士」。敦乙本作「土俗」，與此同。依前例，「土」字爲是。
〔三〕石本咸作「減」，非。

七、烏鐸迦漢荼城

毗摩〔一〕天祠東南行百五十里，至烏鐸迦漢荼〔二〕城，周二十餘里，南臨信度河。居人富樂，寶貨盈積，諸方珍異，多集於此。

校勘

〔一〕宋本、資福本、磧砂本、明南本、徑山本摩下並有「羅」字。按上文云「毗摩天女」，無羅字，疑衍。
〔二〕宋本、資福本、磧砂本、明南本荼作「茶」，下同。按荼、茶古爲一字，但唐初書應作荼，説見目録校文。

八、娑羅覩邏邑及波你尼仙

烏鐸迦漢荼城西北行二十餘里，至娑〔一〕羅覩〔二〕邏邑，是製聲明論波你尼仙本生處也。遂古之初，文字繁廣，時經劫壞，世界空虛，長壽諸天，降靈導〔三〕俗。由是之故，文籍生焉。自時厥後，其源泛濫。梵王、天帝，作則隨時，異道諸仙，各製文字，人相祖述，競習所傳，學者虛功，難用詳究。人壽百歲之時，有波你尼仙，生知博物，愍時澆薄，欲削浮僞，删定繁猥，遊方問道，遇自在天，遂申〔四〕述作之志。自在〔五〕天曰：「盛矣哉，吾當祐汝！」仙人受教而退，於是研精覃〔六〕思，捃〔七〕摭〔八〕羣言，作爲字書，備有千頌，頌三十二言矣。究極今古，總括文言，封以進上。王甚珍異，下令國中，普使傳習，有誦通利，賞千斤錢。所以師資傳授，盛行當世。故此邑中諸婆羅門碩學高才，博物强識。

校勘

〔一〕宋本、資福本、磧砂本、明南本、徑山本娑作「婆」，新唐書西域傳同。大本作「婆」，校書改作「娑」。敦乙本此作「娑」，而下文與此本又同作「婆」，前後不一。堀謙德還原作Salātura，謂婆應作娑。姑從其說。

〔二〕石本覩作「都」。

〔三〕原本導作「道」，今從石本、宋本、資福本、磧砂本、明南本、徑山本、中本改。道導雖通用，但道俗二字易淆，故改之。

〔四〕宋本、資福本、磧砂本、明南本、徑山本申並作「伸」，同。

〔五〕敦乙本脱「在」字。

〔六〕敦乙本、石本覃作「潭」。

〔七〕原本捃作「採」，石本、大本、宋本、資福本、磧砂本、明南本、中本、金陵本並作「捃」，音釋同。徑山本作「攈」，亦捃之異字。慧琳音義作「捃摭」，云：「(捃)或從鹿從禾作攈。」是各本皆如此，今從改。

〔八〕慧琳音義云：「(摭)或從石作拓。」按説文手部拓摭二字並列，拓云：「拾也，陳宋語。」摭云：「拓或從庶。」音「之石切」。

娑〔一〕羅覩邏邑中有窣堵波，羅漢化波你尼仙後進之處。如來去世，垂五百年，有大阿羅漢，自迦濕彌羅國遊化至此，乃見梵志捶訓稚童。時阿羅漢謂梵志曰：「何苦此兒？」梵志曰：「令學聲明論〔二〕，業不時進。」阿羅漢逌爾〔三〕而笑，老梵志曰：「夫沙門者，慈悲爲情，愍傷物類。仁今所笑，願聞其説！」阿羅漢曰：「談不容易，恐致深疑。汝頗嘗〔四〕聞波你尼仙製聲明論，垂訓於世乎？」婆羅門曰：「此邑之子，後進仰德，像設猶在〔五〕。」阿羅漢曰：「今汝此子，即是彼仙，猶以强識，翫習世典，唯談異論，不究真理，神智唐捐〔六〕，流轉未息。尚乘〔七〕餘善，爲汝愛子。然則世典文辭，徒疲功績〔八〕，豈若如來聖教，福智冥滋。曩者〔九〕南海之濱〔一〇〕有一枯樹，五百蝙蝠於中穴〔一一〕居。有諸商侶止此〔一二〕樹下，時〔一三〕屬風寒，人皆飢凍，聚積樵〔一四〕蘇，蘊火其下。煙焰漸熾，枯樹遂燃〔一五〕。時商侶中有一賈客，夜分已後，誦阿毗達磨藏，彼諸蝙蝠雖爲火困，愛好法音，忍而不去〔一六〕，於此〔一七〕命終。隨業受生，俱得人身，捨家修學，乘聞法聲〔一八〕，聰明利智，並證聖果，爲世福田。近迦膩色迦王與脇尊者招集五百賢聖於迦濕彌羅國，作毗婆沙論，斯並枯樹之中五百蝙蝠也。余雖不肖，是其一數。斯則優劣良異，飛伏懸殊。仁今愛子，可許出家。出家功德，言不能述。」時阿羅漢説此語已，示神通事，因忽不現。婆羅門深生敬異〔一九〕，歎〔二〇〕善〔二一〕久之，具〔二二〕告鄰里，遂放其子出家修學。因即迴信，崇重三寶。鄉人從化，於今彌篤。

校勘

〔一〕原本娑作「婆」，敦乙本及諸本同，與上文不諧，今從改，使前後統一。説見上。

〔二〕石本、宋本、資福本、磧砂本、明南本、徑山本並無「論」字。

〔三〕慧琳音義逌爾作「哂爾」，云：「俗用字，古文作弞，……音與哂同，小笑皃也。記中作逌爾，未詳音調。」慧琳以逌當爲「哂」，而疑逌爾之文。按文選四十五班孟堅答賓戲「主人逌爾而笑曰」。李善注：「項岱曰：逌，寬舒顔色之皃也，讀作攸。」音義相合，不必以哂當之。音釋解作「深視之皃」，亦非。

〔四〕宋本、資福本嘗作「當」。

〔五〕宋本、資福本、磧砂本、明南本、徑山本在作「存」。

〔六〕中本捐作「損」。

〔七〕中本乘作「垂」。

〔八〕敦乙本績作「積」。

〔九〕三寶感應要略録中引曩者二字作「昔」字。

〔一〇〕徑山本濱作「瀕」。

〔一一〕感應録穴下有「聚」字。

〔一二〕感應録此作「於」。

〔一三〕感應録時作「既」。

〔一四〕大本樵作「櫵」，通用。

〔一五〕資福本、磧砂本、明南本、徑山本燃作「然」，通用。

〔一六〕異本、宋本、資福本、磧砂本、明南本、徑山本去並作「出」。

〔一七〕感應録此作「是」。

〔一八〕乘聞法聲，感應録作「小乘法」三字。

〔一九〕宋本、資福本、磧砂本、明南本、徑山本異並作「信」。

〔二〇〕原本歎誤作「歡」，今依敦乙本及諸本改正。

〔二一〕宋本、資福本、磧砂本、明南本、徑山本善並作「羨」。異本、或本作「美」。大本作「喜」。

〔二二〕敦乙本無「具」字。

從烏鐸迦漢荼城北踰山涉川，行六百餘里，至烏仗那國。唐言苑〔一〕，昔輪王〔二〕之苑囿也。舊云烏場〔三〕，或曰烏荼〔四〕，皆訛。北印度境〔五〕。

校勘

〔一〕宋本、資福本、磧砂本、明南本、徑山本菀作「苑」，同。

〔二〕慈恩傳輪王作「阿輪迦王」。

〔三〕舊云烏場，宋本、資福本、磧砂本、明南本、徑山本並作「舊曰烏孫塲」五字。慈恩傳作「舊稱烏長」。

〔四〕原本荼作「茶」，今從石本、宋本、資福本、磧砂本等改。

〔五〕宋本、資福本、磧砂本、明南本、徑山本、中本境下並有「也」字。

大唐西域記卷第三

三藏法師玄奘奉詔譯
大總持寺沙門辯機撰

八國

烏仗那國　鉢露羅國
呾叉始羅國　僧訶補〔一〕羅國
烏剌尸國　迦濕彌羅國
半笯奴故反嗟〔二〕國　曷〔三〕邏〔四〕闍補羅國

校勘

〔一〕原本補作「捕」，石本、中本、宋本、資福本、元本、明南本、徑山本並作「補」，以下本文亦作「補」，今從改，歸於畫一。

〔二〕敦甲本、石本、中本、宋本、資福本、元本、明南本、徑山本嗟並作「蹉」；方志、慧琳音義、音釋亦作「蹉」。慈恩傳則作「嗟」，與此同。按此下本文亦作「嗟」，嗟蹉二字聲近通用。

〔三〕原本曷作「遏」，宋本、資福本、元本、明南本、徑山本並作「曷」，以下本文亦作「曷」，今從改，歸於畫一。

〔四〕原本邏作「羅」，敦甲本作「邏」。以下本文亦作「邏」，今從改，歸於畫一。

烏仗那國

烏仗那國周五千餘里，山谷相屬〔一〕，川澤連原〔二〕。穀稼雖播，地利不滋，多蒲萄〔三〕，少甘蔗。土産金鐵，宜鬱金香。林樹蓊鬱，花果茂盛。寒暑和暢，風雨順序。人性怯懦，俗情譎詭，好學而不功，禁呪爲藝業。多衣白氎，少有餘服。語言雖異，大同印度，文字禮儀，頗相參預〔四〕。崇重佛法，敬信大乘。夾〔五〕蘇婆伐窣堵河〔六〕，舊有一千四百伽藍，多已荒蕪。昔僧徒一萬八千，今〔七〕漸減少，並學大乘，寂定爲業。善誦其文，未究深義。戒行清潔，特閑禁呪。律儀傳訓，有五部焉：一法密部，二化地部，三飲光部，四説一切有部，五大衆部。天祠十有餘所，異道雜居。堅城四五，其王多治瞢揭釐城。城周十六七里，居人殷盛。

校勘

〔一〕山谷相屬，古本作「山原邐迤」，石本同，但迤作「㡯」。

〔二〕古本、石本原作「延」。

〔三〕敦甲本、中本萄作「陶」。

〔四〕古本、石本、中本預作「類」。

〔五〕元本、明南本夾誤作「來」。

〔六〕蘇婆伐窣堵河，石本無「伐」字。中本作「蘇婆窣堵波河」，波字殆涉「窣堵波」一詞而誤衍。慈恩傳作「蘇婆薩堵河」。

〔七〕敦甲本今作「金」。

一、忍辱仙遺迹

曹揭釐城東四五里有大〔一〕窣堵波，極多靈瑞，是佛在昔作忍辱仙，於此爲羯利王唐言鬭諍。舊云哥〔二〕利，訛也。割截支〔三〕體〔四〕。

校勘

〔一〕原本無「大」字，今從敦甲本、石本、中本補。翻譯集引亦有之。宋本、資福本、元本、明南本、徑山本有作「大」。

〔二〕翻譯集引哥作「歌」，慈恩傳夾注同。

〔三〕宋本、資福本、元本、明南本、徑山本支作「肢」。

〔四〕徑山本體下有小注「闕」字，非。各本皆如此，文義已足。

二、阿波邏羅龍泉及佛遺迹

瞢揭釐城東北二百五六十里入大山，至阿波邏羅〔一〕龍泉，即蘇婆伐〔二〕窣堵河之源也。派流西南，春夏含〔三〕凍，晨〔四〕夕飛雪。雪霏五彩，光流四照。此龍者，迦葉波佛時生在人趣，名曰殑祇〔五〕，深閑呪術，禁禦〔六〕惡龍，不令暴雨。國人賴之，以稸〔七〕餘糧〔八〕。居人〔九〕衆庶感恩懷德，家税斗〔一〇〕穀以饋遺焉。既積歲時，或有逋課，殑祇含怒，願爲毒龍，暴行風雨，損傷苗稼。命終之後，爲此地龍，泉流白水〔一一〕，損傷地利。釋迦如來大悲御世，愍此國人獨遭斯難，降神至此，欲化暴龍。執〔一二〕金剛神杵擊山崖，龍王震懼。乃出歸依，聞佛説法，心浄信悟。如來遂制勿損農稼。龍曰：「凡有所食，賴收人田。今蒙聖教，恐難濟給。願十二歲一收糧儲！」如來含覆，愍而許焉。故今十二年一遭白水之災。

校勘

〔一〕方志無「邏」字，續僧傳無「羅」字。

〔二〕石本無「伐」字。按異文見上。

〔三〕石本含作「合」，中本作「冷」。

〔四〕原本晨作「昬」，徑山本、金陵本作「晨」，方志同。按晨夕與春夏相對，義長，今據改。

〔五〕新麗本祇原作「祗」，下同，京大本從宋本改。

〔六〕中本禦作「御」，通用。

〔七〕資福本、元本、明南本、徑山本稸並作「蓄」，同。慧琳音義云：「（稸）或從艸作蓄，形聲字。」中本作「福」，蓋稸之形訛。

〔八〕古本、中本、明北本、糧並作「粮」，同。

〔九〕居人，古本、中本作「君人」；石本作「人君」。

〔一〇〕石本斗作「升」。

〔一一〕泉流白水，石本作「白水流泉」。

〔一二〕原本執作「報」，今從資福本、元本、明南本、徑山本改。

阿波邏羅龍泉西南三十餘里，水〔一〕北岸大磐石上有如來足所履迹，隨人福力，量有短長。是如來伏此龍已，留迹而去，後人於上積石爲室，遐邇相趍，花香供養。順流而下三十餘里，至如來濯衣石，袈裟之文煥〔二〕焉如鏤。

校勘

〔一〕石本水上校補「白」字。

〔二〕宋本、資福本、元本、明南本煥作「懦」；徑山本作「宛」。明北本作「煥」，與此同。懦字非。慈恩傳作「文相宛然」。

三、醯羅山

瞢揭釐城南四百餘里至醯〔一〕羅山，谷水西派〔二〕，逆流東上。雜花異果，被澗緣崖。峯巖危險，谿谷盤紆〔三〕，或聞諠語之聲，或聞音樂之響。方石如榻〔四〕，宛若工成，連延相屬，接布崖〔五〕谷。是如來在昔爲聞半頌舊曰偈〔六〕，梵文〔七〕略也。或曰偈他〔八〕，梵音訛也。今從正音，宜云伽他。伽他〔九〕者，唐言頌，頌三十二言也〔一〇〕。之法，於此捨身命焉。

校勘

〔一〕石本醯作「醘」，讀爲醯。按玉篇酉部有醯䤈二字同，音呼啼切。又有醘字音口盍切，義亦不同。石本不詳所據。

〔二〕古本、石本、中本派作「流」。

〔三〕原本紆作「紆」，宋本、資福本、元本、明南本作「紆」，同，但紆較通行，今改從之。下同。石本誤作「姧」。

〔四〕原本榻作「塔」，今從石本、宋本、資福本、元本、明南本、徑山本、中本改。慧琳音義亦作「榻」。

〔五〕中本崖作「岸」。

〔六〕原本偈作「伽」，今從石本、宋本、資福本、元本、明南本、徑山本、中本改。慈恩傳、翻譯集亦作「偈」。

〔七〕翻譯集文作「本」。

〔八〕宋本、資福本、元本、明南本他作「陁」；徑山本作「陀」，下並同。

〔九〕資福本、元本、明南本、徑山本不重「伽陁」二字。慈恩傳有，但無「者」字。翻譯集無「伽他者」三字。

〔一〇〕石本、宋本、資福本、元本、明南本、徑山本、中本並無「也」字。翻譯集亦無。

四、摩訶伐那伽藍

瞢揭釐城南二百餘里大山側，至〔一〕摩訶伐那唐言大林。伽藍。是如來昔修菩薩行，號薩縛達多〔二〕王，唐言一切施。避敵棄國，潛行至此，遇貧婆羅門方來乞匃〔三〕，既失國位，無以爲施，遂令覊縛，擒往敵王，冀以賞財，迴爲惠施。

校勘

〔一〕古本至作「有」。石本至上有「有」字，疑其一爲校文，誤併入正文。方志作「有」。

〔二〕原木多作「之」。中本、金陵本作「多」。石本作「々」，爲達之重文；明北本、徑山本作「達」。方志作「薩縛達羅」。向達云：「按作羅字當由於多字寫作多字，誤讀爲羅，遂成薩縛達羅耳。此字梵文作Sarvadatta，自以作薩縛達多爲是。」今從其說改。

〔三〕原本匃作「匄」，乃匃之或作，見龍龕手鑑卷一，不如匃通行，今從諸本改。下同。

五、摩愉伽藍

摩訶伐〔一〕那伽藍西北，下山三四十里，至摩愉唐〔二〕言豆。伽藍。有窣堵波高百餘尺，其側大方石上有如來足蹈之迹〔三〕。是佛昔蹈此石，放拘胝光明，照摩訶伐那伽藍，爲諸人天説本生事。其窣堵波基下有石，色帶黄白，常有津膩。是如來在昔修菩薩行，爲聞正法，於此析〔四〕骨書寫經典。

校勘

〔一〕石本伐作「代」，下同。按上文作「伐」，此顯爲筆誤。

〔二〕新麗本原本唐作「摩」，京大本從石本及宋本改。

〔三〕古本、中本迹作「趾跡」二字。

〔四〕石本、中本析作「折」，舊寫本從木從手常淆。

六、尸毗迦王本生故事

摩愉伽藍西六七十里，至〔一〕窣堵波，無憂王之所建也。是如來昔修菩薩行，號尸〔二〕毗迦王，唐言與〔三〕。舊曰尸毗王，訛〔四〕。爲求佛果，於此割身，從鷹代鴿。

校勘

〔一〕古本、石本、中本至作「有」。

〔二〕原本無「尸」字，今從石本、宋本、資福本、元本、徑山本、中本補。方志、珠林三十八及翻譯集引並有「尸」字。

〔三〕古本與作「典」；　方志作「輿」，並形近而訛。
〔四〕石本、宋本、資福本、元本、明南本、徑山本、中本訛並作「略也」二字。　翻譯集亦作「略也」。

七、薩裒殺地僧伽藍等及佛本生故事

代鴿西北二百餘里，入珊尼羅闍川，至薩裒〔一〕殺地唐言蛇〔二〕藥。僧伽藍。有〔三〕窣堵波高八十餘尺。是如來昔爲帝釋，時遭饑〔四〕歲，疾疫流行，醫療無功，道死〔五〕相屬。帝釋悲愍，思所救濟，乃變其形爲大蟒身，僵〔六〕屍川谷，空中遍告。聞者感〔七〕慶，相率奔赴，隨割隨生，療飢療疾。其側不遠有蘇摩大窣堵波。是如來昔爲帝釋，時世疾疫，愍諸含識，自變其身爲蘇摩蛇，凡有噉食，莫不康豫〔八〕。珊尼羅闍川北石崖邊，有窣堵波，病〔九〕者至求，多蒙除差〔一〇〕。如來在昔爲孔雀王，與其羣而至此，熱渴所逼，求水不獲。孔雀王以觜啄崖〔一一〕，涌泉流注，今遂〔一二〕爲池，飲沐愈疾。石上猶有孔雀蹤〔一三〕迹。

校勘

〔一〕慧琳音義及音釋裒作「褎」。
〔二〕原本蛇作「地」，今據石本、宋本、資福本、元本、明南本、徑山本改。　方志亦作「蛇」。

〔三〕元本脱「有」字。

〔四〕翻譯集引饑作「飢」，下同。

〔五〕石本、宋本、資福本、元本、明南本、徑山本、中本及音釋死並作「殣」。翻譯集亦作「殣」，注音「渠希切」。

〔六〕翻譯集僵作「殭」，通用。

〔七〕中本感作「咸」。

〔八〕隨函録豫作「悆」，通用。

〔九〕石本病作「痾」。

〔一〇〕宋本、資福本、元本、明南本、徑山本差並作「瘥」，通用。

〔一一〕中本崕作「岸」，非。上文「石崕」與此相應。崕或作崖，因誤作岸。

〔一二〕石本遂作「逐」，形近而誤。

〔一三〕石本、宋本、資福本、元本、明南本、徑山本、中本蹤並作「跡」。

八、上軍王窣堵波

瞢揭釐城西南行六七十里，大河東有窣堵波，高六十餘尺，上軍王之所建也。昔如來將寂滅，告諸大衆：「我涅槃後，烏仗那國上軍王宜與舍利之分。」及諸王將欲均量，上軍王後來，遂有輕鄙之議。是時天人大衆重宣如來顧命之言，乃預同分，持歸本國，式遵崇建。窣堵波側大河濱有大石，狀如象，昔上軍王以大白象負舍利歸，至於此地，象忽蹎仆，因而自斃〔一〕，遂變爲石，即於其側起窣堵波。

校勘

〔一〕慧琳音義云：「斃，俗字，正作獘。」

九、赤塔、奇特塔及觀自在菩薩精舍

瞢揭釐城西五十餘里，渡大河，至盧醯〔一〕呾迦唐言赤。窣堵波，高五十餘尺〔二〕，無憂王之所建也。昔〔三〕如來修菩薩行，爲大國王，號曰慈力，於此刺身血以飤〔四〕五藥叉〔五〕。舊曰夜叉，訛也〔六〕。

校勘

〔一〕石本醯作「醯」，疑形之訛，説見上。

〔二〕慈恩傳高五十餘尺作「高十餘丈」。

〔三〕石本昔作「是」，又校作「是昔」二字。

〔四〕宋本、資福本、元本、明南本、徑山本飤作「飼」。中本作「飲」。慧琳音義云：「(飤)或作飼，俗字也。」

〔五〕徑山本此及小注叉字並誤作「又」。

〔六〕石本無「也」字。

瞢揭釐城東北三十餘里，至遏部多唐言奇特。石窣堵波，高四〔一〕十餘尺。在昔如來爲諸人天説法開導，如來去後，從地踊出，黎庶崇敬，香花不替。

校勘

〔一〕慈恩傳四作「三」。

石窣堵波西渡大河三四十〔一〕里，至一精舍，中有阿縛〔二〕盧枳低〔三〕濕伐羅菩薩像，唐言觀自在。合字連聲，梵語如上；分文散音，即阿縛盧枳多，譯曰觀，伊濕伐羅，譯曰自在。舊譯爲光世音，或云〔四〕觀世音，或觀世〔五〕自在，皆訛謬也。威靈潛被，神迹昭〔六〕明，法俗〔七〕相趨，供養無替。

校勘

〔一〕慈恩傳無「十」字。方志作「四十里」。

〔二〕宋本、資福本、元本、明南本、徑山本縛作「嚩」。慈恩傳亦作「嚩」。下注並同。

〔三〕低爲「多伊」二字連聲。慈恩傳低作「多伊」二字，翻譯集引亦作「多伊」。按小注正作「多伊」。方志低作「抵」，其下有「伊」字。低、抵聲同通用。

〔四〕石本、宋本、資福本、元本、明南本、徑山本並無「云」字。慈恩傳亦無「云」字。

〔五〕慈恩傳世下有「音」字。翻譯集引無「觀」字，誤脱。

〔六〕中本昭作「照」。

〔七〕宋本、資福本、元本、明南本、徑山本俗並作「侶」，亦通。

十、藍勃盧山龍池及烏仗那國王統傳説

觀自在菩薩像西北百五十里〔一〕至藍勃盧山。山嶺有龍池，周三十餘里，淥波浩汗〔二〕，清流皎鏡。

校勘

〔一〕百五十里，石本、宋本、資福本、元本、明南本、徑山本、中本並作「百四五十里」。方志作「西百五十里」。

〔二〕元本汗誤作「汙」。

昔毗盧擇〔一〕迦王前伐諸釋，四人拒軍者，宗親擯逐，各事分飛。其一釋種，既出國都，跋涉疲弊，中路而止。時有一鴈飛趣其前，既以馴狎，因即乘焉。其鴈飛翔，下此池側。釋種虚遊，遠適異國，迷不知路，假寐樹陰。池龍少女遊覽水濱，忽見釋種，恐不得當也，變爲人形，即而摩拊。釋種驚寤，因即謝曰：「羈旅羸人，何見親拊〔二〕？」遂欵殷勤，凌逼野合。女曰：「父母有訓，祇奉無違。雖蒙惠顧，未承高命。」釋種曰：「山谷杳冥，

爾家安在？」曰：「我此池之龍女也，敬聞聖族流離逃難，幸因遊覽，敢慰勞弊。命有讌〔三〕私，未聞來旨。況乎積禍，受此龍身，人畜殊途，非所聞也。」釋種曰：「一言見允，宿心斯畢。」龍女曰：「敬聞命矣，唯所去就。」釋種乃誓心曰：「凡我所有福德之力，令此龍女舉體成人！」福力所感，龍遂改形，既得人身，深自慶悅，乃謝釋種曰：「我積殃運，流轉惡趣，幸蒙垂顧，福力所加，曠劫弊身，一旦改變。欲報此德，糜〔四〕軀未謝。心願陪遊，事拘物議。願白父母，然後備禮。」龍女還池，白父母曰：「今者遊覽，忽逢釋種，福力所感，變我爲人。情存好合，敢陳事實！」龍王心欣人趣，情重聖族，遂從女請。乃出池而謝釋種曰：「不遺非類，降尊就卑，願臨我室，敢供灑掃！」釋種受龍王之請，遂即其居。於是龍宮之中，親迎〔五〕備禮，燕〔六〕爾樂會，肆極歡娛。釋種覩龍之形，心常畏惡，乃欲辭出。龍王止曰：「幸無遠舍，鄰此宅居，當令〔七〕據疆土，稱大號，總有臣庶，祚延長世。」釋種謝曰：「此言非冀。」龍王以寶劍置篋中，妙好白氎而覆其上，謂釋種曰：「幸持此氎以獻國王，王必親受遠人之貢，可於此時害其王也。因據其國，不亦善乎？」釋種受龍指誨，便往行獻。烏仗那王躬舉其氎，釋種執其袂而刺之。侍臣衛兵諠亂階陛，釋種麾劍告曰：「我所杖〔八〕劍，神龍見授，以誅後伏，以斬不臣。」咸懼神武，推尊大位。於是沿弊立政，表賢恤患。已而動大衆，備法駕，即龍宮而報命，迎龍女以還都。龍女宿業未盡，餘報猶在，每至讌私，首出九龍之頭。釋種畏惡，莫知圖計，伺其寐也，利刃斷之。龍女驚寤〔九〕曰：「斯非後嗣之利，非徒我命〔一〇〕有少損傷，而汝子孫〔一一〕當苦頭痛。」故此國族常有斯患，雖不連綿，時一發動。釋種既没，其子嗣位，是〔一二〕嗢呾羅犀那王。唐言上軍。

校勘

〔一〕擇原本作「釋」，中本及金陵本作「擇」。本書卷六室羅伐悉底國下毗盧擇迦，麗本、方志、珠林及翻譯集擇作「釋」，石本、宋本、酬本、明南本、明北本、徑山本、金陵本並作「擇」，二文互異。按毗盧擇迦梵文作Virūḍhaka，擇今音場伯切（據廣韻），入澄紐，古讀舌頭音定紐，與ḍha音諧，今據改。

〔二〕宋本、資福本、元本、明南本、徑山本拊作「附」。

〔三〕宋本、資福本、元本、明南本、徑山本讌作「燕」，下同，二字通用。

〔四〕石本縻作「靡」，非。

〔五〕中本迎作「近」。

〔六〕中本燕作「讌」。

〔七〕中本令作「合」。

〔八〕宋本、資福本、元本、明南本、徑山本杖作「仗」，可通用。中本作「持」。

〔九〕原本寤作「寐」，今據石本、宋本、資福本、元本、明南本、徑山本、中本改。

〔一〇〕古本、石本、中本命作「今」。

〔一一〕石本孫下重「孫」字。

〔一二〕石本、宋本、資福本、元本、明南本、徑山本是下有「爲」字。

上軍王嗣位之後，其母喪明。如來伏阿波邏羅龍還也，從空下其宮中，上軍王適從遊獵。如來因爲其母，略説法要。遇聖聞法，遂得復明。如來問曰：「汝子我之族也，今何所在？」母曰：「旦出畋〔一〕遊，今將返駕。」如來與諸大衆尋欲發引，王母曰：「我惟福遇，生育聖族，如來悲愍，又親降臨，我子方還，願少留待！」世尊曰：「斯人者我之〔二〕族也，可聞教而信悟，非親誨以發心。我其行矣。還語之曰：如來從此往拘尸城娑羅樹間〔三〕入涅槃，宜取舍利，自爲供養。」如來與諸大衆凌虚而去。上軍王方遊獵，遠見宮中光明赫奕，疑有火災，罷獵而返。乃見其母復明，慶而問曰：「我去幾何，有斯祥感，能〔四〕令慈母復明如昔！」母曰：「汝出之後，如來至此，聞佛説法，遂得復明。如來從此至拘尸城娑羅樹間，當入〔五〕涅槃，召汝速來，分取舍利。」時王聞已，悲號頓〔六〕躃，久而醒悟，命駕馳赴，至雙樹間，佛已涅槃。時諸國王輕其邊鄙，寶重舍利，不欲分與。是時天人大衆重宣佛意，諸王聞已，遂先均授。

校勘

〔一〕石本、中本畋作「田」，通用。

〔二〕中本無「之」字。

〔三〕石本、宋本、資福本、元本、明南本、徑山本、中本間下並有「當」字。

〔四〕中本能上有「非」字。按此句作爲反詰語氣解，有「非」字亦通。
〔五〕宋本、資福本、元本、明南本、徑山本取作「入」。
〔六〕古本頓作「頣」。頣，古履字，見集韻。但履躡不詞，頣疑爲頓之形訛。

十一、達麗羅川

曹揭釐城東北，踰山越谷，逆上信度河。途路危險，山谷杳冥，或履緪〔一〕索，或牽鐵鏁〔二〕。棧道虛臨，飛梁危構，椽杙〔三〕躡蹬〔四〕，行千餘里，至達麗羅川，即烏仗那國舊都也。多出黄金及鬱金香。達麗羅〔五〕川中大伽藍側，有刻木慈氏菩薩像，金色晃昱〔六〕，靈鑒潛通，高百餘尺，末田底迦舊曰末〔七〕田地，訛略也〔八〕。阿羅漢之所造也。羅漢以神通力，攜引匠人升覩〔九〕史多天，舊曰兜率他〔一〇〕也〔一一〕，又曰兜術他，訛也。親觀妙相。三返之後，功乃畢焉。自有此像，法流東派。

校勘

〔一〕宋本、資福本、元本、明南本、徑山本緪作「絙」。按絙乃緪之俗書，緪正字亦當作縆。絚、縆二字同。
〔二〕石本鏁作「鎖」，同。
〔三〕椽杙，石本作「椓栰」。古本杙作「栰」。宋本、資福本、元本、明南本、徑山本、金陵本並作「椓棧」。隨函録作「椓栰」。向達校本作「椓杙」。按椓字義不合，「椽杙躡蹬」，正狀棧道架木之險。慧琳音義亦作

「椽杙」，與此同，當據爲正。栈、栰皆杙之訛。

〔四〕宋本、資福本、元本、明南本、徑山本蹬並作「隥」。方志亦作「隥」。但音釋作「蹬」，與此同，云：「正作登。」又玉篇隥「或作蹬」，是二字可通用。

〔五〕原本無「羅」字，資福本、元本、明南本、徑山本、中本並有之，據上文亦應有，今補。又石本無「麗」字。

〔六〕石本、宋本、資福本、元本、明南本、中本昱作「煜」。慧琳音義亦作「煜」。通用。

〔七〕原本末作「未」，資福本、元本及方志、珠林三十八作「末」。翻譯集總諸聲聞篇亦作「末田地」。今據改。

〔八〕石本無「也」字。

〔九〕中本覩作「都」。

〔一〇〕石本、宋本、資福本、元本、明南本他作「陁」；徑山本、中本作「陀」，下同。

〔一一〕資福本、元本、明南本、徑山本無「也」字。

從此東行，踰嶺越谷，逆上信度河，飛梁棧道，履危涉險，經五百餘里，至鉢露羅國。北印度境。

鉢露羅國

鉢露羅國周四千餘里，在大雪山間，東西長，南北狹。多麥豆，出金銀〔一〕，資金之利，國用富饒。時唯寒烈，人性獷暴，薄於仁義，無聞禮節。形貌麁弊，衣服毛褐。文字大同印度，言語異於諸國。伽藍數百所，僧徒數千人，學無專習，戒行多濫。

校勘

〔一〕釋帖二十一引「出金如火，有池四出」，與此不合，疑有誤。

從此復還烏鐸迦漢荼城南渡信度河。河廣三四里，西〔一〕南流，澄清皎鏡，汩淴〔二〕漂流，毒龍惡獸，窟穴其中。若持貴寶奇花果種及佛舍利渡者，船多飄没。渡河至呾叉始羅國。北印度境。

校勘

〔一〕原本無「西」字，石本、宋本、資福本、元本、明南本、徑山本及方志並有之，今據補。

〔二〕古本、石本、異本、宋本、資福本、元本、明南本、徑山本淴並作「澺」。説詳卷一跋禄迦國校記。

呾叉始羅國

呾叉始羅國周二千餘里。國大都城周十餘里。酋豪力競，王族絶嗣，往者役屬迦畢試國，近又附庸迦濕彌羅國。地稱〔一〕沃壤，稼穡殷盛，泉流多，花果〔二〕茂。氣序和暢，風俗輕勇。崇敬三寶，伽藍雖多，荒蕪已甚。僧徒寡少，並學大乘。

校勘

〔一〕古本、石本朱校稱作「利」。

〔二〕原本果作「草」，石本、宋本、資福本作「菓」，元本、明南本、徑山本作「果」。按此書各國下多言花果，不云花草（間有稱草木者），草字當誤，今改正。

一、醫羅鉢呾羅龍王池

大城西北七十餘里，有醫〔一〕羅鉢呾羅〔二〕龍王池，周百餘步。其水澄清，雜色蓮花同榮異彩。此龍者，即昔迦葉波佛時壞醫羅鉢呾〔三〕羅樹〔四〕苾蒭者〔五〕也。故今彼土請雨祈晴，必與沙門共至池所，彈指慰問，隨願必果。

校勘

〔一〕石本醫作「翳」，下同。

〔二〕資福本、元本、明南本、徑山本羅作「邏」，下同。

〔三〕原本無「呾」字，石本、宋本、資福本、元本、明南本、徑山本並有，與上文同，今從補。

〔四〕古本、石本、中本樹下有「葉」字。

〔五〕苾蒭者，石本苾蒭作「比丘」，以下皆如此。蒭字或本作「芻」，通用，不别出校。石本、宋本、資福本、元本、明南本、徑山本並無「者」字。

二、四寶藏之一所

龍池東南行三十餘里，入兩山間，有窣堵波，無憂王之所建也，高百餘尺。是釋迦如來懸記當來慈氏世尊出興之時，自然有四大寶藏，即斯勝地，當其一所。聞諸先志〔一〕曰：或時地震，諸山皆動，周藏〔二〕百步，無所傾摇。諸有愚夫妄加發掘，地爲震動，人皆蹎仆。傍有伽藍，圮損已甚，久絶僧徒。

校勘

〔一〕古本、石本諸先志三字作「之土俗」。中本先志作「土俗」。

〔二〕石本周藏作「藏周」。

三、捨頭窣堵波

城北十二三里有窣堵波，無憂王之所〔一〕建也。或至齋日，時放光明，神花天樂，頗有見聞。聞諸先志〔二〕曰：近有婦人，身嬰惡癩，竊至窣堵波，責躬禮懺。見其庭宇有諸糞穢，掬除灑掃，塗香散花，更〔三〕採青蓮，重布其地。惡疾除愈，形貌增妍，身出名香，青蓮同馥。斯勝地也，是如來在昔修菩薩行，爲大國王，號戰達羅鉢剌〔四〕婆，唐言月光。志求菩提，斷頭惠施。若此之捨，凡歷千生。

校勘

〔一〕原本無所字，今據中本補。古本之作「所」。石本、宋本、資福本、元本、明南本、徑山本並無之字。
〔二〕古本、石本、中本先志二字作「土俗」。
〔三〕原本無更字，今據石本、宋本、資福本、元本、明南本、徑山本、中本補。
〔四〕中本剌作「賴」，二字同聲紐，可通用。

四、童受論師製論處

捨頭窣堵波側有僧伽藍，庭宇荒涼，僧徒減少。昔經部拘摩羅邏〔一〕多唐言童受〔二〕。論師於此製述諸論。

校勘

〔一〕中本羅邏作「邏羅」。慈恩傳無「羅」字。
〔二〕慈恩傳受作「壽」。按翻譯集作「童受」，與此同。「鳩摩羅什婆」，譯名「童壽」，傳疑非。童受亦見卷十二羯盤陁國童受伽藍條。

五、南山窣堵波及拘浪拏太子故事

城外東南南山之陰，有窣堵波，高百餘尺，是無憂王太子拘浪拏爲繼母所誣抉目之處，無憂王所建也。盲人祈請，多有復明〔一〕。

校勘

〔一〕石本明作「眼」，非。

此太子正后生也，儀貌妍雅，慈仁夙著。正后終沒，繼室憍婬，縱其惛〔一〕愚，私逼太子。太子〔二〕瀝泣引責，退身謝罪。繼母見違，彌增忿怒，候王閑隙，從容言曰：「夫呾叉始羅，國之要領，非親子弟，其可寄乎？今者太子仁孝著聞，親賢之故，物議斯在。」王惑〔三〕聞説，雅悦姦〔四〕謀，即命太子而誡之曰：「吾承餘緒，垂統繼業，唯恐失墜，忝負先王。呾叉始羅國之襟〔五〕帶，吾今命爾作鎮彼國。國事殷〔六〕重，人情詭雜，無妄去就，有虧〔七〕基緒。凡有召命，驗吾齒印。印在吾口，其有謬乎？」於是太子銜命來鎮，歲月雖淹，繼室彌怒，詐發制書，紫泥〔八〕封記，候王眠睡〔九〕，竊齒爲印，馳使而往，賜以責書。輔臣跪讀，相顧〔一〇〕失圖。太子問曰：「何所悲乎？」曰：「大王有命，書責太子，抉去兩目，逐〔一一〕棄山谷，任其夫妻，隨時生死。雖有此命，尚未可依。今宜重請，面縛〔一二〕待罪。」太子曰：「父而賜死，其可〔一三〕辭乎？齒印爲封，誠無謬矣。」命旃荼羅抉去其眼。眼既失明，乞貸〔一四〕自濟，流離展轉，至父都城。其妻告曰：「此是王城。嗟乎，飢寒良苦！昔爲王子，今作乞人，願得聞知，重申〔一五〕先責！」於是謀計入王内廄〔一六〕，於夜後分，泣對清風，長嘯悲吟，箜篌鼓和。王在高樓，聞其雅唱，辭甚怨悲，怪而問曰：「箜篌歌聲，似是吾子。今以何故而來〔一七〕此乎？」即問内廄：「誰爲歌嘯？」遂將盲人而來對旨，王見太子，銜悲問曰：「誰害汝身，遭此禍釁！愛子喪明，猶自不覺〔一八〕，凡百黎元，如何究察？天乎天乎，何德之衰！」太子悲泣，謝而對曰：「誠以不孝，負責於天，某〔一九〕年日月，忽奉慈旨。無由致辭，不敢逃責。」其王心知繼室爲不軌也，無所究察，便加刑辟。時菩提樹伽藍有瞿沙〔二〇〕唐言妙音〔二一〕。大阿羅漢者，四辯無礙，三明具足。王將盲子陳告其事，唯願慈悲，令得復明。時彼羅漢受王請已，即於是日宣令國人：「吾於後日欲説妙理，人持一器，來此聽法，以盛〔二二〕泣淚也。」於是遠近相趨，士女雲集。是時阿羅漢説十二因緣，凡厥聞法，莫不悲耿〔二三〕，以所持器盛其瀝泣。説法既已，總收衆淚，置之金盤，而自誓曰：「凡吾所説，諸佛至理，理若不真，説有紕謬〔二四〕，斯則已矣。如其不爾，願以衆淚洗彼盲眼，眼得復明，眼視如昔！」發是語訖，持淚洗眼，眼遂復〔二五〕明。

王乃責〔二六〕彼輔臣，詰諸僚佐，或黜或放，或遷或死。諸豪世禄〔二七〕移居雪山東北沙磧之中。

校勘

〔一〕宋本、資福本、元本、明南本、徑山本惛作「昏」。
〔二〕中本無「太子」二字。
〔三〕原本惑作「或」，今從石本、宋本、資福本、元本、明南本、徑山本改。
〔四〕原本姦作「奸」，宋本、資福本、元本、明南本、徑山本作「姦」，同，姦字較通行，今據改，下同。
〔五〕隨函録襟作「衿」，同。
〔六〕石本、宋本、資福本、元本、明南本、徑山本慇並作「殷」，通用。
〔七〕石本虧作「虧」，下同，此疑虧之別字。
〔八〕中本泥作「涅」，同。
〔九〕中本眠睡二字作「睡眠」。
〔一〇〕資福本、元本、明南本顧誤作「願」。
〔一一〕明南本逐作「遂」，形之訛。
〔一二〕原本縛作「縛」，今從資福本、元本、明南本、徑山本改。
〔一三〕資福本、元本、明南本、徑山本可作「敢」。
〔一四〕異本、宋本、資福本、元本、明南本及音釋貸作「丐」，徑山本作「匄」，同。古本、石本貸作「貣」，隨函録作「貳」。中本及慧琳音義作「貣」。五經文字云：「貸相承或借爲貣字。」資、貳並爲貣之形訛。匄字義亦通。

〔一五〕宋本、資福本、元本、明南本、徑山本申作「伸」，同。

〔一六〕石本、宋本、資福本、元本、明南本、徑山本厩並作「廄」，下同。按厩乃廄之俗字。

〔一七〕中本來作「未」，形之訛。

〔一八〕猶自不覺，石本、宋本、資福本、元本、明南本、徑山本、中本並作「猶不覺知」。

〔一九〕中本某作「其」。

〔二〇〕瞿沙，古本、石本、隨函録作「寠沙」。中本作「寠」，無「沙」字。按翻譯集作「瞿沙」，同此本。

〔二一〕古本、石本、中本均無「妙」字，翻譯集亦無之。

〔二二〕石本、宋本、資福本、元本、明南本、徑山本、中本盛並作「承」。下同。

〔二三〕宋本、資福本、元本、明南本、徑山本耿並作「哽」。中本作「嗷」，誤。慧琳音義作「耿」，與此同，引文字集略云：「耿，憂也。」則唐本如此。

〔二四〕慧琳音義謬作「繆」，通用。

〔二五〕中本無「復」字。

〔二六〕中本責作「貴」，疑責之形訛。

〔二七〕原本禄作「俗」，古本、石本作「禄」，金陵本從之，是也。今據改。

從此東南越諸山谷，行七百餘里，至僧訶補羅國。北印度境。

僧訶補羅國

僧訶〔一〕補羅國周三千五六百里，西臨信度河。國大都城周十四五里，依山據嶺，堅峻險固。農務少功，地利多獲。氣序寒，人性猛〔二〕，俗尚驍勇，又多譎詐〔三〕。國無君長主位，役屬迦濕彌羅國。

校勘

〔一〕石本訶作「何」。方志作「伽」。

〔二〕中本猛上有「譎」字，字有誤。按本書述風俗及人性咸以四字爲句，此句猛上疑脱字。下烏剌尸國條云「人性剛猛」。卷四屈露多國條云「性剛猛」，猛上疑脱「剛」字。

〔三〕中本譎詐作「詐譎」。石本譎作「詭」，疑爲謟之譌。謟，疑也。

一、城附近寺塔及白衣外道本師初説法處

城南不遠有窣堵波，無憂王之所建也，莊飾有虧，靈異相繼。傍有伽藍，空無僧侣。

城東南四五十里至〔一〕石窣堵波，無憂王建也，高二百餘尺。池沼十數，暎〔二〕帶左右。彫石爲岸，殊形異類。激水清流，汩淴漂注〔三〕，龍魚水族，窟穴潛泳〔四〕。四色蓮花，

彌漫清潭。百果具繁，同榮異色。林沼交映，誠可遊玩。傍有伽藍，久絶僧侣。

校勘

〔一〕古本、石本、中本至作「有」。

〔二〕石本、宋本、資福本、元本、明南本、徑山本暎作「映」，同。

〔三〕古本注作「流」。

〔四〕宋本、資福本、元本、明南本、徑山本泳作「流」。

窣堵波側不遠，有白衣外道本師悟所求理初説法處，今有封記。傍建天祠。其徒苦行，晝夜精勤，不遑寧息。本師所説之法，多竊佛經之義，隨類設法，擬則軌儀，大者謂苾芻〔一〕，小者稱沙彌，威儀律行，頗同僧法。唯留少髮，加之露形，或有所服，白色爲異。據斯流别，稍用區分。其天師像，竊類如來，衣服爲差，相好無異。

校勘

〔一〕石本苾芻作「比丘」。

二、大石門及王子捨身飼虎處

從此復還呾叉始羅國北界，渡信度河，東南〔一〕行二百餘里，度大石門，昔摩訶薩埵王子於此投身飤〔二〕餓烏檡〔三〕。音徒。其南百四五十步有窣堵波，摩訶薩埵愍餓獸之無力也，行至此地，乾竹自刺，以〔四〕血啗〔五〕之，於是乎獸乃噉焉。其中地土洎諸草木，微帶絳色，猶血染也。人履其地，若負芒〔六〕刺，無云疑信，莫不悲愴。

校勘

〔一〕原本東南作「南東」，今從石本、宋本、資福本、元本、明南本、徑山本、中本及慈恩傳改。方志作「東行二百餘里」。

〔二〕資福本、元本、明南本、徑山本飤作「飼」，同。

〔三〕原本檡作「擇」，石本及慈恩傳作「檡」。元本、明南本、徑山本作「菟」，一本、宋本、資福本作「䖘」。按左氏宣四年傳：「楚人謂虎於菟。」廣韻模韻䖘字注云：「烏䖘，楚謂虎也。」菟與䖘爲一字，並音徒。漢書敘傳作「於檡」。顏注云：「於音烏。檡字或作菟，並音塗。」是菟、䖘、檡三字通用，擇爲檡之形誤，今正。向達云：「烏菟，虎也。唐人諱虎，故作烏菟。」

〔四〕石本無「以」字。

〔五〕原本啗作「啗」，宋本、資福本、元本、明南本作「噉」，徑山本作「啖」，啖即啗之異字。珠林三十八作「啗」。慧琳音義亦作「啗」，云：「或作啖也。」今據改。金陵本作「啗」。

〔六〕石本、中本芒作「荒」。

捨身北有石窣堵波，高二百餘尺，無憂王之所建也，彫刻奇製，時燭神光。小窣堵波及諸石龕動以百數，周〔一〕此塋域〔二〕。其有疾〔三〕病，旋繞多愈。

校勘

〔一〕中本周作「同」。

〔二〕古本、石本塋域作「塋城」，中本作「築城」。按慧琳音義亦作「塋域」，與此同。諸異作非。

〔三〕石本疾下有「縈」字。

三、孤山中伽藍

石窣堵波東有伽藍，僧徒百餘人，並學大乘教〔一〕。從此東行五十餘里，至孤山，中有伽藍，僧徒二百餘人，並學大乘法教。花菓繁茂，泉池澄鏡。傍有窣堵波，高二〔二〕百餘尺，是如來在昔於此化惡藥叉令不食肉。

校勘

〔一〕石本教上有「法」字，中本教下有「法」字。

〔二〕明南本、徑山本二作「三」。

從此東南山〔一〕行五百餘里，至烏剌尸國。北印度境。

校勘

〔一〕原本無「山」字。石本、宋本、資福本、元本、明南本、徑山本並有之。慈恩傳、方志亦有「山」字，今據補。

烏剌尸國

烏剌尸國周二千餘里，山阜連接，田疇隘狹。國大都城周七八里。無大君長，役屬迦濕〔一〕彌羅國。宜稼穡，少花果。氣序温和，微有霜雪。俗無禮義，人性剛猛，多行詭詐，不信佛法。大城西南四五里，有窣堵波，高二百餘尺，無憂王所建也。傍有伽藍，僧徒寡少，並皆學〔二〕大乘法教。從此東南，登山履險，度鐵橋，行千餘里，至迦濕彌羅國。舊曰罽賓，訛也。北印度境。

校勘

〔一〕原本濕作「隰」，諸本並作「濕」，下文亦如此，今從改，以歸畫一。

〔二〕石本、宋本、資福本、元本、明南本、徑山本學上並有「習」字。

迦濕彌羅國

迦濕彌羅國周七千餘里，四境負山。山極陗〔一〕峻，雖有門徑，而復隘狹，自古鄰敵無能攻伐。國大都城西臨大河，南北十二三里，東西四五里。宜稼穡，多花果。出龍種馬及鬱金香、火珠、藥草。氣序寒勁，多雪少風。服毛褐，衣白氎。土俗輕僄，人多〔二〕怯愞〔三〕。國爲龍護，遂雄鄰境。容貌妍美，情性詭詐，好學多聞，邪正兼信。伽藍百餘所，僧徒五千餘人。有四窣堵波，並無憂王建也，各有如來舍利升〔四〕餘。

校勘

〔一〕石本、宋本、資福本、元本、明南本、徑山本及華嚴鈔五十八引陗並作「峭」。

〔二〕中本多作「性」。

〔三〕石本愞作「煗」，古本作「愞」，並誤。異本、宋本、資福本、元本、明南本、徑山本作「懦」，同。

〔四〕石本升作「斗」。按方志、珠林三十八並作「一升餘」，「斗」字非。

一、開國傳説

國志〔一〕曰：國地〔二〕本龍池也。昔〔三〕佛世尊〔四〕自烏仗那國降惡神〔五〕已，欲還中國，乘空當此國上〔六〕，告阿難曰：「我涅槃之後，有末田底迦阿羅漢當於此地建國安人〔七〕，弘揚佛法。」如來寂滅之後第五十年，阿難弟子末田底迦羅〔八〕漢者，得六神通，具八解脫，聞佛懸記，心自慶悅，便來至此，於大山嶺〔九〕，宴坐林中，現大神變〔一〇〕。龍見深信，請資〔一一〕所欲。阿羅漢曰：「願於池内惠以容膝！」龍王於是縮水奉施。羅漢神通廣身，龍王縱力縮水，池空水盡，龍飜請地〔一二〕。阿羅漢於此西北爲留一池，周百餘里，自餘枝屬，別居小池。龍王曰：「池地總施，願恒受供！」末田底迦曰：「我今不久無餘涅槃，雖欲受請，其可得乎？」龍王重請：「五百羅漢常受我供，乃至法盡；法盡之後，還取此國，以爲居池。」末田底迦從其所請。時阿羅漢既得其地〔一三〕，運大神通〔一四〕力，立五百伽藍，於諸異國買鬻賤人，以充役使，以供僧衆。末田底迦入寂滅後，彼諸賤人自立君長。隣境諸國鄙其賤種，莫與交親，謂之訖利多。唐言買得。今時泉水已多流濫〔一五〕。

校勘

〔一〕古本、石本、中本及華嚴鈔五十八引國志曰三字作「昔此」二字。

〔二〕石本、中本、華嚴鈔無「地」字。

〔三〕華嚴鈔無「昔」字。

〔四〕石本、中本佛世尊三字作「如來」二字。

〔五〕釋帖十八引神作「龍」。按上文烏仗那國下有如來降阿波邏羅龍事，則似以作「龍」爲是。
〔六〕明南本上作「土」。
〔七〕釋帖安人作「安寺」。
〔八〕華嚴鈔羅上有「阿」字。
〔九〕華嚴鈔嶺作「巖」。
〔一〇〕華嚴鈔變作「通」。
〔一一〕華經鈔資作「恣」。
〔一二〕古本、石本、華嚴鈔地作「池」。
〔一三〕其地，華嚴鈔作「地巳」。
〔一四〕華嚴鈔無「通」字。
〔一五〕中本濫下有小注云：「盧散反，失也。」

二、五百羅漢僧傳説

摩揭陁國無憂王以如來涅槃之後第一百年，命世君臨，威被殊俗，深信三寶，愛育四生。時有五百羅漢僧，五百凡夫僧，王所敬仰，供養無差。有凡夫僧摩訶提婆〔一〕唐言大天。闊達多智，幽求名實，潭〔二〕思作論，理違聖教。凡有聞知，羣從異議。無憂王不識〔三〕凡聖，因〔四〕情所好，黨援所親，召集僧徒，赴殑伽河，欲沈深流，總從誅戮。時諸羅漢既逼命難，咸運神通，凌虚履空，來至此國，山棲〔五〕谷隱。時無憂王聞而悔〔六〕懼，躬來謝過，請還本國。彼諸羅漢確不從命。無憂王爲羅漢建〔七〕五百僧伽藍，總以此國持施衆僧。

校勘

〔一〕石本婆作「娑」。按「提婆」爲天，梵文deva，娑音不諧，非。

〔二〕宋本、資福本、元本、明南本、徑山本覃並作「覃」，通用。

〔三〕石本識作「議」。

〔四〕原本因作「同」，今從石本、宋本、資福本、元本、明南本、徑山本、中本改。

〔五〕原本棲作「樓」，資福本、元本、明南本並作「捿」，徑山本、金陵本作「棲」，捿乃棲之别體，今據改。

〔六〕原本無「悔」字，今從石本、宋本、資福本、元本、明南本、徑山本、中本補。

〔七〕中本建下有「立」字。

三、迦膩色迦王第四結集

健馱邏國〔一〕迦膩色迦王以如來涅槃之後第四百年，應期撫運，王風遠被，殊俗内附，機務餘暇，每習佛經〔二〕。日請一僧入宫説法，而諸〔三〕異議部執不同。王用深疑，無以去惑。時脇尊者曰：「如來去世，歲月逾〔四〕邈。弟子部執，師資異論，各據聞見，共爲矛楯〔五〕。」時王聞已，甚用感傷，悲歎良久，謂尊者曰：「猥以餘福，聿〔六〕遵前緒，去聖雖遠，猶爲有幸。敢忘庸鄙，紹隆法教，隨其部執，具釋三藏。」脇尊者曰：「大王宿殖善本，多資福祐，留情佛法，是所願也！」王乃宣令遠近，召集聖哲。於是四方輻湊〔七〕，萬里星馳，英賢畢萃，叡〔八〕聖咸集。七日之中，四事供養。既欲法議，恐其諠雜，王乃具懷白諸僧曰：「證聖果者住，具結縛〔九〕者還。」如此尚衆。又重宣令：「無學人住，有學人還。」猶復繁多。又更下令：「具三明、備六通者住，自餘各還。」然尚繁多。又更下令：「其有内窮〔一〇〕三藏、外達五明者住，自餘各還。」於是得四百九十九人。王欲於本國，苦其暑濕，又欲就王舍城大迦葉波結集石室。脇尊者等議曰：「不可。彼多外道，異論糾紛，酬對不暇，何功作論？衆會之心，屬意此國。此國四周山固，藥叉守衛，土地膏腴〔一一〕，物産豐盛，賢聖之所集往，靈仙之所遊止。」衆議斯在，僉曰：「允諧。」其王是時與諸羅漢自彼而至，建立伽藍，結集三藏，欲作毗婆沙論。是時尊者世友户外納衣，諸阿羅漢謂世友曰：「結使未除，諍〔一二〕議乖謬，爾〔一三〕宜遠迹，勿居此也。」世友曰：「諸賢於法無疑，代佛施化，方集大義，欲製正論。我雖不敏，粗達微言，三藏玄文，五明至理，頗亦沉研，得其趣矣。」諸羅漢曰：「言不可以若是，汝宜屏居，疾證無學，已而會此，時未晚也。」世友曰：「我顧無學，其猶涕唾〔一四〕。志求佛果，不趨小徑。擲此縷丸，未墜於地，必當證得無學聖果。」時諸羅漢重訶之曰：「增上慢人，斯之謂也。無學果者，諸佛所讚，宜可速證，以決衆疑。」於是世友即擲縷丸空中，諸天接縷丸而請曰：「方證佛果，次補慈氏，三界特尊，四生攸〔一五〕賴，如何於此欲證小果？」時諸羅漢見是事已，謝咎推德，請爲上座，凡有疑義，咸取決焉。是五百賢聖，先造十萬頌鄔波第〔一六〕鑠論，舊曰優波提舍〔一七〕論，訛也〔一八〕。釋素呾纜〔一九〕藏。舊曰修多羅藏，訛也〔二〇〕。次造十萬頌毗奈耶毗婆沙論，釋毗奈耶藏舊曰毘那耶〔二一〕藏，訛也〔二二〕。後造十萬頌阿毘達磨毘婆沙論，釋阿毘達磨藏。或曰阿毗曇藏，略也〔二三〕。凡三十萬頌，九〔二四〕百六十萬言，備釋三藏，懸諸千古，莫不窮其枝葉，究其淺深，大義重明，微言再顯，廣宣流布，後進賴焉。迦膩色迦王遂以赤銅爲鍱〔二五〕，鏤寫論文，石函緘封，建窣堵波，藏於其中。命藥叉神周衛其國，不令異學持此論出。欲求習學，就中受業。於是功既成畢，還軍本都〔二六〕。出此國西門之外，東面〔二七〕而跪，復以此國總施僧徒〔二八〕。

校勘

〔一〕華嚴鈔五十八引國下有「有」字。

〔二〕石本經作「法」。

〔三〕華嚴鈔諸作「法」。

〔四〕中本逾作「途」，非。

〔五〕宋本、資福本、元本、明南本、徑山本及華嚴鈔楯並作「盾」，同。

〔六〕石本及華嚴鈔聿作「幸」。

〔七〕音釋輻湊云：「亦作輳。輻湊，併聚也。」

〔八〕宋本、資福本、元本、明南本、徑山本叡並作「睿」，同。

〔九〕原本縛誤作「縛」，今從諸本正。

〔一〇〕華嚴鈔窮作「閑」。

〔一一〕原本腴誤作「腴」，今從諸本正。下同。

〔一二〕原本静作「浄」，石本、宋本、資福本、元本、明南本、徑山本、中本作「静」，今從正。

〔一三〕石本無「爾」字。

〔一四〕石本、宋本、資福本、元本、明南本、徑山本涕並作「洟」。中本涕唾作「夷垂」，並省右旁。

〔一五〕石本攸作「所」。

〔一六〕慈恩傳、珠林三十八第作「弟」。石本作「苐」。

〔一七〕珠林波作「婆」，舍作「捨」。

〔一八〕石本無「也」字。

〔一九〕翻譯集引呾纜作「怛覽」。

〔二〇〕石本無「也」字。

〔二一〕石本耶作「邪」。

〔二二〕石本無「也」字。

〔二三〕石本略作「畍」，形之訛。慈恩傳略也作「訛也」。

〔二四〕石本、宋本、資福本、元本、明南本、徑山本、中本九並作「六」。慈恩傳作「九十六萬言」，珠林則作「六百六十萬言」，與石本等同。

〔二五〕石本、宋本、資福本、元本、明南本、徑山本鍱作「鍱」，慧琳音義亦作「鍱」。

〔二六〕古木、石本本都作「本國都」三字。

〔二七〕石本面作「西」。資福本、元本、明南本、徑山本面上並有「西」字。

〔二八〕石本僧徒作「衆僧」。

四、雪山下王討罪故事

迦膩色迦王既死之後，訖利多種復自稱王，斥〔一〕逐僧徒，毀壞佛法。覩貨邏國呬摩呾羅王，唐言雪山下。其先釋種也，以如來涅槃之後第六百年，光〔二〕有疆土，嗣膺王業，樹心佛地，流情法海。聞訖利多毀滅佛法，招集國中敢勇之士，得三千人，詐爲商旅，多賫寶貨，挾隱軍器，來入此國。此國之君，特加賓禮。商旅〔三〕之中，又更選募得五百人，猛烈多謀，各袖〔四〕利刃，俱持重寶，躬賫所奉，持以獻上。時雪山下王去其帽〔五〕，即其座，訖利多王驚懾無措，遂斬其首，令群〔六〕下曰：「我是覩貨〔七〕邏國雪山下王也。怒此賤種，公行虐政，故於今者誅其有罪。凡百衆庶，非爾之辜〔八〕。」然其〔九〕國輔宰臣遷於異域〔一〇〕。既平此國，召集僧徒，式建伽藍，安堵如故。復於此國西門之外，東面而跪，持施衆僧。

其訖利多種，屢以僧徒覆宗滅祀，世〔一〕積其怨，嫉〔二〕惡佛法。歲月既遠，復自稱王，故今此國不甚〔三〕崇信。外道天祠，特留意焉。

校勘

〔一〕原本斥作「厈」。慧琳音義作「㡿」，云：「俗從厂從干，非也。屰音逆。」按各本㡿作「斥」，乃俗字。説文广部㡿字云：「卻屋也，從广屰聲。」段注：「卻屋之義引伸之爲㡿逐，爲充㡿。……俗作厈、作斥，幾不成字。」今從通行斥字改。

〔二〕明南本、徑山本光作「先」。

〔三〕石本無「旅」字，朱校補之。

〔四〕宋本、資福本、元本、明南本、徑山本袖作「抽」。石本、中本作「神」；石本校書作「抽」。按抽、神皆袖之形訛。慧琳音義亦作「袖」。

〔五〕石本帽作「埍」，字書無此字，當誤。

〔六〕古本群作「郡」，疑形之訛。

〔七〕原本無「貨」字，今據石本、宋本、資福本、元本、明南本、徑山本、中本補。

〔八〕中本辜作「事」。

〔九〕異本、宋本、資福本、元本、明南本、徑山本其並作「典」。

〔一〇〕石本域作「城」。

校勘

〔一〕中本世下重「世」字。

〔二〕資福本、元本、明南本、徑山本、中本嫉作「疾」，通用。

〔三〕古本甚作「堪」。

五、佛牙伽藍及傳説

新城東南十餘里，故城北大山陽，有僧伽藍，僧徒三百餘人。其窣堵波中有佛牙，長可寸半，其色黄白，或至齋日，時放光明。昔訖利多種之滅佛法也，僧徒解散，各隨利〔一〕居。有一沙門遊諸印度，觀禮聖迹，申〔二〕其至誠。後聞本國平定，即事歸途，遇諸羣象横行草澤，奔馳震吼。沙門見已，昇〔三〕樹以避。是時羣象相趨奔赴，競吸池水，浸漬樹根，互共排掘，樹遂蹎仆。既得沙門，負載而行，至大林中，有病象瘡痛而卧。引此僧手，至所苦處，乃枯竹所刺也。沙門於是拔竹傅藥，裂其裳，裹其足。别有大象持金函授與〔四〕病象，象既得已，轉授沙門。沙門開函，乃佛牙也〔五〕。諸象圍繞，僧出無由。明日齋時，各持異果，以爲中饌。食已，載僧出〔六〕林數百里外，方乃下之，各跪拜而去。沙門至國西界，渡一駛〔七〕河，濟乎中流，船將覆没。同舟之人互相謂曰：「今此船覆，禍是沙門〔八〕。必有如來舍利，諸龍利之。」船主檢驗，果得佛牙。時沙門舉佛牙俯謂龍曰：「吾今寄汝，不久來取。」遂不渡河，迴船而去，顧河歎曰：「吾無禁術，龍畜所欺。」重往印度，學禁龍法。三歲之後，復還本國，至河之濱，方設壇埸，其龍於是捧佛牙函以授沙門。沙門持歸，於此伽藍而修供養。

校勘

〔一〕石本利作「别」。
〔二〕宋本、資福本、元本、明南本、徑山本申作「伸」，下同。
〔三〕石本、宋本、資福本、元本、明南本、徑山本昇作「升」，同。
〔四〕石本、中本無「與」字。
〔五〕慈恩傳五記病象授佛牙在沙門臨去之時，與此稍異。
〔六〕石本、宋本、資福本、元本、明南本、徑山本、中本出並作「去」。
〔七〕原本駛作「駃」，宋本、資福本、元本、明南本、徑山本並作「駛」，慧琳音義及音釋亦然，今從改。
〔八〕石本、宋本、資福本、元本、明南本、徑山本、中本沙門下並重「沙門」二字。

六、小伽藍及衆賢論師遺迹

伽藍南十四五里，有小伽藍，中有觀自在菩薩立像。其有〔一〕斷食誓死爲期願見菩薩者，即從像中出妙色身。

校勘

〔一〕石本無「有」字。

小伽藍東南三十餘里，至大山，有故伽藍，形製宏壯，蕪漫良甚。今唯一隅，起小重閣。僧徒三十餘人，並學大乘法教。昔僧伽跋陁羅唐言衆賢。論師於此製順正〔一〕理論。伽藍左右諸窣堵波，大阿羅漢舍利並〔二〕在。野獸山猨採花供養，歲時無替，如承指命。然此山中多諸靈迹，或石壁横分，峯留馬迹。凡厥此類，其狀譎詭，皆是羅漢沙彌〔三〕，羣從〔四〕遊戲，手指麾畫〔五〕，乘馬往來。遺迹若斯，難以詳述。

校勘

〔一〕石本、中本正作「道」。按衆賢所造阿毗達磨順正理論八十卷，玄奘譯，見大唐内典録及開元釋教録，「正」字爲是。

〔二〕石本、中本並作「兹」。

〔三〕古本彌作「門」。

〔四〕異本從作「徒」。

〔五〕徑山本、金陵本麾作「摩」。古本畫作「書」。似並非。

七、索建地羅論師及象食羅漢遺迹

佛牙伽藍東十餘里，北山崖間有小伽藍，是昔〔一〕索〔二〕建地羅大論師於此作衆事分毗婆沙論。

校勘

〔一〕石本無「昔」字。

〔二〕古本索作「塞」。

小伽藍中有石窣堵波，高五十餘尺，是阿羅漢遺身舍利也。先有羅漢，形量偉大，凡所飲食，與象同等。時人譏曰：「徒知飽食，安識是非？」羅漢將入寂滅也，告諸人曰：「吾〔一〕今不久當取無餘，欲説自身所證妙法。」衆人聞之，相更〔二〕譏笑，咸來集會，共觀得失。時阿羅漢告諸人曰：「吾今爲汝説本因緣，此身之前報受象身，在東印度，居王内廄〔三〕。是時此國有一沙門，遠遊印度，尋訪聖教諸經典論。時王持我施與沙門，載負佛經，而至於此。是後不久，尋即命終。乘其載經福力所致，遂得爲人，復鍾餘慶，早〔四〕服染衣，勤求出離，不遑寧居，得六神通，斷三界欲。然其所食，餘習尚然，每自節身，三分食一。〕雖有此說，人猶未信。即昇虚空，入火光定，身出煙焰，而入寂滅。餘骸墜下，起窣堵波。

校勘

〔一〕中本𠰥作「我」。
〔二〕石本、宋本、資福本、元本、明南本、徑山本、中本相更二字並作「更相」。
〔三〕慧琳音義厩作「廄」。按厩乃廄之俗字，説見前。
〔四〕石本早作「卑」，形近而誤。

八、圓滿與覺取論師遺迹

王城西北行二百餘里，至商林伽藍，布剌拏唐言圓滿〔一〕。論師於此作釋毗婆沙論。

校勘

〔一〕石本滿下有「也」字。

城西行百四五十里，大河北接山南，至大衆部伽藍，僧徒百餘人。佛地〔一〕羅唐言覺取〔二〕。論師於此作大衆部集真論。

校勘

〔一〕異本地作「陀」。

〔二〕原本無小注「唐言覺取」四字，今依宋本、資福本、元本、明南本、徑山本、中本及翻譯集補。石本亦有此四字，但覺誤作「學」。

從此西南，踰山涉險，行七百餘里，至半笯奴故反。嗟〔一〕國。北印度境。

校勘

〔一〕石本、宋本、資福本、元本、明南本、徑山本、中本等嗟並作「蹉」。下同，説詳目録校記。

半笯嗟國

半笯嗟國周二千餘里，山川多，疇壠〔一〕狹。穀稼時播，花菓繁茂，多甘蔗，無蒲萄。菴没羅果、烏淡〔二〕跋羅、茂遮等菓，家植成林，珍其味也。氣序温〔三〕暑，風俗勇烈。裳服所製，多衣氎布。人性質直，淳信三寶。伽藍五所，並多荒圮。無大君長，役屬迦濕彌羅國。城北伽藍，少有僧徒。伽藍北有石窣堵波，寔多靈異。

校勘

〔一〕石本巃作「隴」，同。

〔二〕宋本、資福本、元本、經山本淡作「談」。按本書卷二作「烏曇跋羅」。

〔三〕中本温作「濕」。

從此東南〔一〕行四百餘里，至曷邏闍補羅國。北印度境。

校勘

〔一〕慈恩傳無「南」字。

曷邏闍補羅國

曷邏〔一〕闍補邏國周四千餘里。國大都城周十餘里，極險固，多山阜。川原隘狹，地利不豐，土宜氣序，同半笯嗟國。風俗猛烈，人性驍勇。國無君長，役屬迦濕彌羅國。伽藍十所，僧徒寡少。天祠一所，外道甚多。自濫波國至於此土，形貌麁弊，情性獷〔二〕暴，語言庸鄙，禮義輕薄，非印度之正境，乃邊裔〔三〕之曲俗。

校勘

〔一〕石本邏作「逻」。

〔二〕原本獷作「猥」。石本、宋本、資福本、元本、明南本、徑山本並作「獷」。按「猥暴」義不順，作獷爲長，今據改。中本訛作「猪」。

〔三〕資福本、元本、明南本裔作「㐮」，同。

從此東南，下山渡水，行七百餘里，至磔迦國。北印度境。

大唐西域記卷第四

三藏法師玄奘奉詔譯
大總持寺沙門辯機撰

十五國

磔迦國
至那僕底國
闍爛達羅〔一〕國
屈居勿反露多〔二〕國
設多圖盧國
波理夜呾羅〔三〕國
秣菟羅國
薩他泥濕伐羅國
窣禄勤那國
秣底補羅國
婆〔四〕羅吸摩補羅國
瞿毗霜那國〔五〕
堊〔六〕醯〔七〕掣呾〔八〕羅國
毗羅刪〔九〕拏〔一〇〕國
劫比他國

校勘

〔一〕石本、中本及慈恩傳羅作「那」，方志亦同。

〔二〕方志多下有「羅」字；下文又作「窟露羅」，前後參差。

〔三〕羅原作「囉」，石本、崇本、宋本、資福本、明南本、明北本、徑山本並作「羅」，慈恩傳、方志亦同。下本文亦作「羅」。按羅、囉同音通用，下「婆羅吸摩補羅國」之羅字原亦作「囉」。

〔四〕崇本、明北本婆作「娑」，下本文亦作「婆」。則娑乃形訛。石本作「波」，通用。

〔五〕石本瞿毗霜那國、堊醯掣呾羅國順序互易，非。

〔六〕慈恩傳無「堊」字。

〔七〕新麗本醯原作「醢」，京大本從宋本改。石本作「醯」，方志作「醓」。醓、醯同字（醓或作醠），醢、醯字訛。音釋作「醯」，音「嗚兮反」。

〔八〕石本呾作「旦」。

〔九〕石本無「删」字。崇本删作「剻」，慈恩傳作「那」。

〔一〇〕原本拏作「那」，崇本、宋本、資福本、明南本、明北本、徑山本及方志並作「拏」。下本文亦作「拏」。慈恩傳則作「那」。拏那二字本聲同通用，但爲前後畫一，從諸本改。

磔迦國

磔迦國周萬餘里，東據毗播奢河，西臨信度河。國大都城周二十餘里。宜粳稻，多宿麥，出金、銀、鍮石、銅、鐵。時候〔一〕暑熱，土多風飈。風俗暴惡〔二〕，言辭鄙褻。衣服鮮白，所謂憍奢耶〔三〕衣、朝霞衣等。少信佛法，多事天神。伽藍十所，天祠數百。此國已往多有福舍，以贍貧匱。或施藥，或施食，口腹之資，行旅無累。

校勘

〔一〕古本、石本、中本候作「唯」。

〔二〕石本、中本惡作「忍」。崇本、資福本、明南本、明北本、徑山本作「急」。

〔三〕石本耶作「邪」，同。中本作「那」，形之訛。按憍奢耶衣見卷二印度總述，同作「耶」。

一、奢羯羅故城及大族王興滅故事

大城西南十四五里，至奢羯羅故城。垣堵雖壞，基趾〔一〕尚固，周二十餘里。其中更築小城，周六七里。居人富饒，即此國之故都也。

校勘

〔一〕宋本、資福本、明南本、明北本、徑山本趾作「址」。

數百年前，有王號摩醯〔一〕邏矩羅，唐言大族。都治此城，王諸印度。有才智，性〔二〕勇烈，鄰境諸國，莫不臣伏。機務餘閑，欲習佛法，令於僧中推一俊德。時諸僧徒莫敢應命。

少欲無爲，不求聞達。博學高明，有懼威嚴。是時王家舊僮染衣已久，辭論清雅，言談贍敏，衆共推舉，而以應命。王曰：「我敬佛法，遠訪名僧，衆推此隸〔三〕，與我談論。常謂僧中賢明肩比，以今知之，夫何敬哉！」於是宣令五印度國，繼〔四〕是佛法並皆毀滅，僧徒斥逐〔五〕，無復孑遺。摩揭陁國婆〔六〕羅阿迭多王，唐曰〔七〕幼日〔八〕。崇敬佛法，愛育黎元。以大族王淫刑虐政，自守疆埸，不恭〔九〕職貢。時大族王治兵將〔一〇〕討，幼日王知其聲問〔一一〕，告諸臣曰〔一二〕：「今聞寇至，不忍鬬其兵也，幸諸僚庶〔一三〕赦而不罪，賜此微軀，潛行草澤！」言畢出宮，依緣山野。國中感恩慕從者數萬餘人，棲〔一四〕竄海島。大族王〔一五〕以兵付弟〔一六〕，浮海往伐。幼日王守其阨〔一七〕險，輕騎誘戰，金鼓一震，奇兵四起，生擒大族，反接引見〔一八〕。大族王自愧失道〔一九〕，以衣蒙面。幼日王踞師子牀，羣官周衞，乃命侍臣告大族曰：「汝露其面，吾欲有辭。」大族對曰：「臣主〔二〇〕易位，怨敵相視，既非交好，何用面談？」再三告示，終不從命。於是宣令〔二一〕數其罪曰：「三寶福田，四生攸〔二二〕賴，苟任豺狼傾毀勝業。福不祐汝，見擒於我。罪無可赦，宜從〔二三〕刑辟。」時幼日王母博聞强識，善達占相，聞殺大族也，疾告幼日王曰：「我嘗聞大族奇姿多智，欲一見之。」幼日王命引大族至母宮中，幼日〔二四〕母曰：「嗚呼，大族，幸勿恥也！世間無常，榮辱更事，吾猶汝母，汝若吾子。宜去蒙衣，一言面對。」大族曰：「昔爲敵國之君，今爲俘囚〔二五〕之虜，隳廢王業，亡滅宗祀，上愧先靈，下慚黎庶，誠恥面目，俯仰天地。不勝〔二六〕自喪，故此蒙衣。」王母曰：「興廢隨時，存亡有運，以心齊物，則得喪俱忘；以物齊心，則毀譽更起。宜信業報，與時推移。去蒙〔二七〕對語，或存軀命。」大族謝曰：「苟以不才，嗣膺王業，刑政失道，國祚〔二八〕亡滅，雖在縲紲之中，尚貪旦夕之命。敢承大造，面〔二九〕謝厚恩！」於是去蒙衣，出其面。王母曰：「子其〔三〇〕自愛，當終爾壽。」已而告幼日王曰：「先典有訓，宥過好生。今大族王積惡雖久〔三一〕，餘福未盡。若殺此人，十二年中，菜色相視。然有〔三二〕中興之氣，終非大國之王，當據北方，有小〔三三〕國土。」幼日王承慈母之命，愍失國之君，娉以稚女，待〔三四〕以殊禮，總其遺兵，更加衛從。來〔三五〕出海島。

校勘

〔一〕新麗本醯原作「醘」，京大本從宋本改作「醯」。

〔二〕石本無「性」字。

〔三〕崇本、宋本、資福本、明南本、明北本、徑山本隸作「隸」。隸乃隸之異體。

〔四〕崇本繼作「經」，非。古本、石本、異本、中本並作「絓」。音釋亦作「絓」，云：「音畫字。」

〔五〕徑山本有夾注云：「斥當用黜，後同。」蓋校者之語，其實斥字自通。

〔六〕古本、石本婆作「波」。

〔七〕石本、崇本、宋本、資福本、明南本，明北本、徑山本、中本曰並作「言」。

〔八〕崇本、宋本、資福本、明南本、明北本、徑山本幼並作「幻」，下同。釋帖一引亦作「幻日」。按婆羅阿迭多是梵文bālāditya的譯音。「婆羅」義云「幼」，「阿迭多」義云「日」。以「幼日」爲是。

〔九〕宋本、資福本、明南本、明北本、徑山本恭作「供」。釋帖一作「恭」，與此同。向達云：「似以作恭爲勝。」

〔一〇〕釋帖將作「來」。

〔一一〕中本問作「聞」。

〔一二〕石本無「曰」字。

〔一三〕中本無「庶」字。釋帖僚庶作「臣僚」。

〔一四〕原本棲作「捿」，今從諸本改正。

〔一五〕釋帖引王下有「得國」二字。

〔一六〕石本弟作「苐」，非。

〔一七〕慧琳音義云：「阸或作隘。」

〔一八〕崇本反誤作「及」。原本見作「現」，金陵本作「見」，義較長，據改。

〔一九〕釋帖道作「國」，義似勝。

〔二〇〕中本主作「王」。

〔二一〕中本及釋帖令作「命」。

〔二二〕釋帖攸作「依」。

〔二三〕釋帖從作「行」。

〔二四〕石本朱校日下有「王」字。

〔二五〕崇本囚作「罔」。

〔二六〕石本、崇本、宋本、資福本、明南本、明北本、徑山本、中本勝並作「能」。

〔二七〕中本蒙下有「衣」字。

〔二八〕中本祚作「社」。

〔二九〕釋帖面作「而」。

〔三〇〕釋帖其作「宜」。

〔三一〕中本久作「多」；釋帖作「大」。

〔三二〕釋帖有作「存」。

〔三三〕石本小作「少」。

〔三四〕石本待作「侍」，形之訛。

〔三五〕原本來作「未」，今從崇本、宋本、資福本、明南本、明北本、徑山本、金陵本改。向達校作「未」，云：「似以作未爲勝。」恐未然。「來出海島」與下「大族失位，藏竄山野」語相應。

大族王弟還國自立。大族失位，藏竄山野，北投迦濕彌羅國。迦濕彌羅王深加禮命，愍以失國，封以土邑。歲月既淹，率其邑人，矯殺迦濕彌羅王，而自尊立。乘其戰勝之威，西討健馱邏國，潛兵伏甲，遂殺其王。國族大臣，誅鋤〔一〕殄滅。毀窣堵波，廢僧伽藍，凡一千六百所。兵殺之外，餘有九億人，皆欲誅戮，無遺噍〔二〕類。時諸輔佐咸進諫曰：

「大王威懾强敵，兵不交鋒，誅其首惡。黎庶何咎？願以微躬，代所應死。」王曰：「汝信佛法，崇重冥福，擬成佛果，廣説本生，欲傳我惡於未來世乎？汝宜復位，勿有再辭！」於是以三億上族臨信度河流〔三〕殺之，三億中族下〔四〕沈信度河流殺之，三億下族分賜兵士。於是持其亡國之貨，振旅而歸。曾未改歲，尋即徂〔五〕落。于時〔六〕雲霧冥晦，大地震動，暴風奮發。時證果人愍而歎曰：「枉〔七〕殺無辜，毁滅佛法，墮無間獄，流轉未已！」

校勘

〔一〕石本鋤作「剗」。

〔二〕石本𪈼作「種」；崇本、宋本、資福本、明南本、明北本、徑山本及音釋並作「噍」。按卷一屈支國大龍池條「噍類」宋本作「𪈼類」，與𪈼當爲一字。説詳彼校。

〔三〕石本、宋本、崇本、資福本、明南本、明北本、徑山本、中本流並作「岸」。

〔四〕石本無「下」字。

〔五〕崇本、宋本、資福本、明南本、明北本、徑山本徂並作「殂」，通用。中本誤作「祖」。

〔六〕于時，石本、宋本作「徂落之時」四字；崇本、資福本、明南本、明北本、徑山本並作「殂落之時」四字。中本于前有「落之」二字。

〔七〕新麗本原書枉作「抂」，京大本從石本、宋本改。

二、世親製論及其他遺迹

奢羯羅故城中有一伽藍，僧徒百餘人，並學小乘法。世親菩薩昔於此中製勝義諦論。其側窣堵波，高二百餘尺，過去四佛於此説法，又有四佛經行遺迹之所。伽藍西北五六里有窣堵波，高二〔一〕百餘尺，無憂王之所建也，是過去四佛説法之處。

校勘

〔一〕石本二作「三」。按方志作「塔高二十餘丈」，與此「高二百餘尺」合。

新都城東北十餘里，至石窣堵波，高二百餘尺，無憂王之所建也，是如來往北方行化中路止處。印度〔一〕記曰：窣堵波中有多舍利，或有齋日，時放光明。

校勘

〔一〕古本、石本、中本印度二字作「先賢」。

從此東行五百餘里，至〔一〕至那僕底國。北印度境。

校勘

〔一〕原本無「至」字，今從石本、徑山本、金陵本補。徑山本有校注云：「至，闕一字，今補。」

至那僕底國

至那僕底國周二千餘里。國大都城周十四五里。稼穡滋茂，菓木稀疎。編户安業，國用豐贍。氣序温暑，風俗怯弱。學綜真俗，信兼邪〔一〕正。伽藍十所，天祠八所。

校勘

〔一〕徑山本、金陵本邪作「衺」，同。

一、國號由來

昔迦膩色迦王之〔一〕御宇〔二〕也，聲〔三〕振鄰國，威被殊俗，河西蕃維，畏威送質〔四〕。迦膩色迦王既得質子，賞遇隆厚，三時易舘〔五〕，四兵警衛。此國則〔六〕冬所居也，故曰至那僕底。唐言漢封。質子所居，因爲國號。此境已往洎〔七〕諸印度，土無梨、桃，質子所植，因謂桃曰至那你，唐言漢持來。梨曰至那羅闍弗呾邏。唐言漢王子。故此國人深敬東土〔八〕，更相指〔九〕語：「是我先王本國人也。」

校勘

〔一〕中本無「之」字。

〔二〕中本字下有「彼」字，似非。

〔三〕中本聲下有「名」字。

〔四〕中本質下有「子」字。

〔五〕宋本、資福本、明南本、明北本、徑山本舘作「館」，下同。按舘、館同字。

〔六〕崇本、宋本、資福本、明南本、明北本、徑山本則下並有「質子」二字。

〔七〕原本洎作「泊」，今從崇本、明南本、明北本、徑山本改。

〔八〕向達云：「東土，諸本同，一本作東士。據下文『更相指告云』，則作東士，語實可通也。」按向所云一本，不詳何本。

〔九〕資福本、明南本、明北本、徑山本指下有「告」字。

二、闍林伽藍及迦多衍那論師遺迹

大城東南行五百餘里，至荅秣蘇伐那僧伽藍。唐言闇〔一〕林。僧徒三百餘人，學說一切有部，衆儀肅穆，德行清高。小乘之學，特爲博究。賢劫〔二〕千佛，皆於此地集天人衆，說深妙法。釋迦如來涅槃之後，第三百年中，有迦多〔三〕衍那舊曰〔四〕迦旃延，訛也〔五〕。論師者，於此製發智論〔六〕焉。闇林伽藍中有窣堵波，高二百餘尺，無憂王之所建也，其側則〔七〕有過去四佛坐及經行遺迹之處。小窣堵波、諸大石室，鱗次相望，不詳其數，並是劫初已來諸〔八〕果聖人於此寂滅，差〔九〕難備舉，齒骨猶在。繞山伽藍周二十里，佛舍利窣堵波數百千所，連隅接影。

校勘

〔一〕原本闇作「闍」，今從石本，明南本、明北本、徑山本、中本及翻譯集引改，下同。崇本、資福本及珠林三十八作「暗」，暗、闇同字。中本及明諸本下文並作「闇」，宋本、資福本則作「闍」，與此同訛。荅秣蘇伐那，梵文作Tamasāvana，足立喜六謂Tamasā闇也，vana義爲林園，「闇林」爲是。

〔二〕中本劫下有「中」字。

〔三〕翻譯集引多作「陀」。

〔四〕石本曰作「言」。

〔五〕石本無「也」字。

〔六〕珠林三十八引「發智論」作「大智論」，誤。

〔七〕崇本無「則」字。

〔八〕古本諸作「證」。石本諸下有「證」字。

〔九〕資福本差作「羗」，乃差字書寫異體，或以爲羌字，非也。金陵本及隨函録遂訛爲「羗」。

從此東北行百四五十里，至闍爛達羅〔一〕國。北印度境。

校勘

〔一〕石本、中本及慈恩傳、方志羅作「那」。

闍爛達羅國

闍爛達羅國東西千餘里，南北八〔一〕百餘里。國大都城周十二三里。宜穀稼，多粳稻，林樹扶疎，花菓茂盛。氣序温暑，風俗剛烈，容貌鄙陋，家室富饒〔二〕。伽藍五十餘所，僧徒二千餘人，大小二乘，專門習學。天祠三所，外道五百餘人，並塗灰之侶也。此國先王，崇〔三〕敬外道，其後遇羅漢，聞法信悟，故中印度王體其淳信，五印度國三寶之事，一以總監。混彼此，忘愛惡，督察僧徒，妙窮淑慝。故道德著聞者，竭誠敬仰；戒行虧犯者，深加責罸。聖迹之所，並皆旌建，或窣堵波，或僧伽藍，印度境内無不周遍。

校勘

〔一〕方志八作「六」。

〔二〕崇本饒作「餘」。
〔三〕中本崇作「宗」。

從此東北，踰峻嶺，越洞〔一〕谷，經危途，涉險〔二〕路，行七百餘里，至屈居勿反。露多國〔三〕。北印度境。

校勘

〔一〕異本洞作「澗」。
〔二〕崇本、資福本、明南本、明北本險作「嶮」。
〔三〕方志多下有「羅」字。

屈露多國

屈露多國周三千餘里，山周四境。國大都城周十四五里。土地沃壤，穀稼時播，花果茂盛，卉木滋榮。既鄰雪山，遂多珍藥，出金、銀、赤銅及火珠、雨石〔一〕。氣序逾〔二〕寒，霜雪微降。人貌麁弊，既癭且尰，性剛猛，尚氣勇。伽藍二十餘所，僧徒千餘人，多學大乘，少習諸部。天祠十五〔三〕，異道雜居。依巖據嶺，石室相距〔四〕，或羅漢所居，或仙人所止。

國中有窣堵波，無憂王之〔五〕建也，在昔如來曾至此國說法度人，遺迹斯記。

校勘

〔一〕徑山本「雨石」校記云：「雨疑鍮誤。」金陵本據之作「鍮石」。按本書所記各國物産無雨石之名，鍮與雨音近易誤，似以作「鍮」爲是。但各舊本及方志皆作「雨石」，不宜輒改，今仍之。

〔二〕石本、崇本、宋本、資福本、中本逾作「漸」。

〔三〕石本、中本五下有「所」字。

〔四〕崇本、宋本、資福本、明南本、明北本距作「岠」。徑山本、金陵本作「歫」。石本作「岠」，乃岠之訛。按距、歫、岠爲同字。

〔五〕崇本、資福本、明南本、明北本、徑山本、中本之下並有「所」字。

從此北路千八九百里，道路危險，踰山越谷，至洛護羅國。

此北二千餘里，經途艱〔一〕阻，寒風飛雪，至秣〔二〕邏〔三〕娑國。亦謂三波訶國。

校勘

〔一〕中本艱作「難」。

〔二〕石本秣作「秼」，訛。

〔三〕資福本、明南本、明北本、徑山本及方志邏並作「羅」。

自屈露多國南行七百餘里，越大山，濟大〔一〕河，至設多圖盧國。北印度境。

校勘

〔一〕中本無「大」字。

設多圖盧國

設多圖盧國周二千餘里，西臨大河。國大都城周十七八里。穀稼殷盛，果實〔一〕繁茂。多金銀，出珠珍〔二〕。服用鮮素，裳衣〔三〕綺靡。氣序暑熱，風俗淳和，人性善順，上下有序。敦信佛法，誠心質敬。

校勘

〔一〕石本無「實」字。

〔二〕徑山本校記云：「珠珍疑倒。」

〔三〕徑山本校記云：「裳衣疑倒。」

王城内外伽藍十所，庭宇荒涼，僧徒尠少。

城東南三四里，有窣堵波，高二百餘尺，無憂王之所建也，傍有過去四佛坐及經行遺迹之所。

復從此西南，行八百餘里，至波理〔一〕夜呾羅國。中印度境。

校勘

〔一〕慈恩傳理作「里」，方志作「貍」，音同，通用。

波理夜呾羅國

波理夜呾羅國周三千餘里。國大都城周十四五里。宜穀稼，豐宿麥，有異稻，種六十日而收穫焉。多牛羊，少花菓。氣序暑熱，風俗剛猛，不尚學藝，信奉外道。王，吠奢種也，性勇烈，多武畧。伽藍八所，傾毁已甚，僧徒寡少，習學小乘。天祠十餘所，異道千餘人。

從此東行五百餘里，至秣菟〔一〕羅國。舊名摩偷羅國〔二〕。中印度境。

校勘

〔一〕金陵本菟作「兔」，下同。慧琳音義亦作「兔」，通用。

〔二〕原本無「舊名摩偷羅國」六字，珠林三十八引有此六字，但偷訛作「偷」。方志作「古云摩偷羅」。今據珠林補。華嚴經疏云：「摩偷羅，此云孔雀，亦云密蓋，並是古世因事。」疏鈔云：「（西域）記中不説孔雀之緣。」

秣菟羅國

秣菟羅國周五千餘里。國大都城周二十餘里。土地膏腴，稼穡是務。菴没羅菓家植成林，雖同一名而有兩種，小者生青熟黃，大者始終青色。出細班氎及黃金。氣序暑熱，風俗善順，好修冥福，崇德尚學。伽藍二十餘所，僧徒二千餘人，大小二乘兼功〔一〕習學。天祠五所，異道雜居。

校勘

〔一〕崇本、宋本、資福本、明南本、明北本、徑山本、異本功並作「攻」。

一、釋迦弟子等遺迹

有三窣堵波，並無憂王所建也。過去四佛遺迹甚多。釋迦如來諸聖弟子遺身窣堵波，謂舍利子、舊曰舍梨子〔一〕，又曰舍利弗，訛略也。没特伽羅子、舊曰目乾〔二〕連，訛〔三〕也。布剌拏梅呾麗衍尼弗呾羅、唐言滿慈子。舊曰彌多羅尼子，訛略也〔四〕。鄔波釐〔五〕、阿難陁〔六〕、羅怙羅、舊曰羅睺羅〔七〕，又曰羅云〔八〕，皆訛略也。曼殊室利唐言妙吉祥。舊曰濡首，又曰文殊師利，或言曼殊尸利，譯曰妙德，訛〔九〕也。諸菩薩窣堵波等〔一〇〕。每歲三長及月六齋，僧徒相競，率其同好，賫持供具，多營奇玩，隨其所宗，而致像〔一一〕設。阿毗達磨衆供養舍利子，習定之徒供養没特伽羅子，誦持經者供養滿慈子，學毗奈耶衆供養鄔波釐，諸苾芻尼供養阿難，未受具戒者供養羅怙羅，其學大乘者供養諸菩薩。是日也，諸窣堵波競修供養，珠旛布列〔一二〕，寶蓋駢羅，香煙若雲，花散如雨，蔽虧日月，震蕩谿谷。國王大臣，修善爲務。

校勘

〔一〕原本梨作「利」，石本、崇本、宋本、資福本、明南本、明北本、徑山本利並作「梨」。按若作「舍利子」，與正文無異，不當作「舊曰」云云，顯非。今從各本改。

〔二〕翻譯集乾作「犍」。

〔三〕石本、崇本、宋本、資福本、明南本、明北本、徑山本訛下並有「略」字。翻譯集亦有。

〔四〕石本無「也」字。

〔五〕石本、崇本、宋本、資福本、明南本、明北本、徑山本鄔並作「優」，下同。方志作「優婆釐」，夾注云：「優波離也。」珠林三十八亦作「優婆釐」，夾注云：「舊名優波離。」按翻譯集十大弟子篇作「鄔波離」，云：「鄔，安古切。……或翻近執，以佛爲太子時，彼爲親近執事之臣。……訛云優波離。」然則有作「鄔」者。鄔優音近，譯文通用。

〔六〕崇本無「陁」字。
〔七〕原本無「羅」字，今據石本、崇本、宋本、資福本、明南本、明北本、徑山本及翻譯集補。
〔八〕石本、崇本、宋本、資福本、明南本、明北本、徑山本云並作「雲」，同。
〔九〕古本、石本、中本訛上有「皆」字。翻譯集訛下有「略」字。
〔一〇〕珠林此下有夾注云：「尋此諸塔，未必遺身，但應立像設供呈心。如羅怙羅、文殊室利等，依經未滅度，准可知也。」方志所記略同。
〔一一〕中本像下有「所」字。
〔一二〕崇本、宋本、資福本等列誤作「烈」。

二、鄔波毱多遺迹

城東行五六里，至一山伽藍，疏崖爲室，因谷爲門，尊者鄔〔一〕波毱多唐言近護。之所建也。其中則有如來指爪窣堵波。

伽藍北巖間有〔二〕石室，高二十餘尺，廣三十餘尺。四寸細籌，填積其內。尊者近護

校勘

〔一〕石本、慈恩傳、方志、珠林三十八、華嚴鈔五十八及翻譯集引鄔並作「烏」，同。

説法，化導夫妻俱證羅漢果者，乃下一籌，異室别族，雖證不記。

校勘

〔一〕崇本有作「右」。

三、獼猴獻蜜及釋迦等遺迹

石室東南二十四五里，至大泀池，傍有窣堵波。在昔如來行經此處，時有獼猴持蜜奉佛，佛令水和，普遍大衆。獼猴喜躍〔一〕，墮坑而死；乘兹福力，得生人中〔二〕。

校勘

〔一〕石本躍作「踊」。

〔二〕中本此句下有「成阿羅漢」四字。

池北不遠大林中，有過去四佛經行遺迹，其側有舍利子、没特伽羅子等千二百五十大阿羅漢習定之處，並建窣堵波，以記遺迹。如來在世，屢遊此國，説法之所並有封樹。

從此東北行五百餘里，至薩他〔一〕泥濕伐羅國。中印度境。

校勘

〔一〕石本他作「陀」，方志同。

薩他泥濕伐羅國

薩他泥濕伐羅國周七千〔一〕餘里。國大都城周二十餘里。土地沃壤，稼穡滋盛。氣序温暑，風俗澆薄。家室富饒，競爲奢侈。深閑幻術，高尚異能。多逐利，少務農，諸方奇貨多聚其國。伽藍三所，僧徒七百餘人，並皆習學小乘法教。天祠百餘所，異道甚多〔二〕。

校勘

〔一〕石本千作「十」。按方志亦作「七千餘里」，「十」字訛。

〔二〕石本多下有「也」字。

一、福　地

大城四周二百里内，彼土之人謂爲福地。聞諸先志〔一〕曰：昔五印度國二王分治，境壤相侵，干戈不息。兩主合謀，欲決兵戰，以定雌雄，以寧氓〔二〕俗。黎庶胥怨，莫從君命。王以爲衆庶者難與慮始也，神可動物，權可立功。時有梵志素知高才，密賫束帛，命入後庭，造作法書，藏諸巖穴。歲月既久，樹皆合拱。王於朝坐，告諸臣曰：「吾以不德，忝居大位，天帝垂照，夢賜靈書，今在某山〔三〕，藏於某嶺。」於是下令營求，得書山林之下。群官稱慶，衆庶悦豫，宣示遠近，咸使聞知。其大略曰：「夫生死無崖〔四〕，流轉無極〔五〕，含靈淪溺，莫由自濟。我以奇謀，令離諸苦。今此王城周二百里，古先帝世福利之地。歲月極遠，銘記堙滅〔六〕。生靈不悟，遂沈苦海。溺而不救，夫何謂歟？汝諸含識，臨敵兵死，得生人中，多殺無辜，受天福樂。順孫孝子，扶侍親老，經遊此地，獲福無窮。功少福多，如何失利？一喪人身，三途冥漠。是故含生各務修業！」於是人皆〔七〕兵戰，視死如歸。王遂下令招募勇烈，兩國合戰，積屍如莽〔八〕。迄于今時，遺骸遍野。時既古昔，人骸偉大，國俗相傳，謂之福地。

校勘

〔一〕古本、石本、中本先志二字作「耆舊」。

〔二〕石本氓作「民」，義同。

〔三〕中本山下有「嶺」字。按下有「某嶺」，此不當有，疑涉下文而衍。

〔四〕崇本、宋本、資福本、明南本、明北本、徑山本崖作「涯」。按莊子養生主「吾生也有涯」。釋文：「涯，本又作崖。」是涯崖二字固通用也，今則習用涯字。

〔五〕古本、崇本、一本及隨函録極作「亟」。音釋亦作「亟」，音「去記反」又「音棘」，云：「遽也。」義亦可通。

此同。

〔六〕明南本、明北本、徑山本堙作「湮」，通用。崇本、宋本、資福本湮作「煙」。慧琳音義及音釋則作「湮」，與此同。

〔七〕古本、石本、中本皆作「習」。

〔八〕隨函録莽作「莽」，同字異體。

二、佛舍利窣堵波及俱昏荼僧伽藍

城西北四五里，有窣堵波，高二百餘尺，無憂王之所建也。甎皆黄赤色，甚光浄。中有如來舍利一升〔一〕，光明時照，神迹多端。

校勘

〔一〕原本升作「斗」，石本、崇本、宋本、資福本、明南本、明北本、徑山本、中本並作「升」，今從改。

城南行百餘里，至俱昏去聲。荼〔一〕僧伽藍，重閣連甍，層臺間峙。僧徒清肅，威儀閑雅。

校勘

〔一〕崇本、宋本、資福本、明南本、明北本、徑山本荼並作「茶」。按唐初不用「茶」字，説詳前校記。

從此東北〔一〕行四百餘里，至窣祿勤那國〔二〕。中印度境。

校勘

〔一〕慈恩傳無「北」字。

〔二〕窣祿勤那國，慈恩傳無「窣」字。方志、珠林三十八勤作「勒」。

窣祿勤那國

窣祿勤那國周六千餘里，東臨殑伽河，北背大山，閻牟那河中境而流。國大都城周二十餘里，東臨閻牟那河，荒蕪雖甚，基趾〔一〕尚固。土地所產，風氣所宜，同薩他泥濕伐羅國。人性淳質，宗信外道。貴〔二〕藝學，尚福慧。伽藍五所，僧徒千餘人，多學小乘，少習餘部。商攉微言，清〔三〕論玄奧。異方俊彥，尋論稽疑。天祠百所，異道甚多。

校勘

〔一〕崇本、資福本、明南本、明北本、徑山本趾並作「址」，同。

〔二〕石本貴作「遺」，非。

〔三〕石本清作「請」。

一、如來及羅漢髮爪窣堵波

大城東南閻牟那河西，大伽藍東門外有窣堵波，無憂王之所建也。如來在昔曾於此處説法度人。其側又一窣堵波，中有如來髮爪也。舍利子、没特伽羅諸阿羅漢髮爪窣堵波周其左右，數十餘所。如來寂滅之後，此國爲諸外道所詿誤焉，信受邪法，捐廢正見。今有五伽藍者，乃異國論師與〔一〕諸外道及婆羅門論義勝處，因此建焉。

校勘

〔一〕原本與作「致」，崇本、資福本、明南本、明北本、徑山本、金陵本並作「與」，今從改。

二、殑伽河源及提婆誘化故事

閻牟那河東行八百餘里，至殑伽河。河〔一〕源廣三四里，東南流，入海處廣十餘里。水色滄浪，波流〔二〕浩汗，靈怪雖多，不爲物害。其味甘美，細沙隨流，彼俗書記謂之福水。罪咎雖積，沐浴便除。輕命自沈，生天受福〔三〕。死而投骸，不墮惡趣。揚波激流〔四〕，亡魂獲濟。時執師子國提婆菩薩深達實相，得諸法性，愍諸愚夫，來此導〔五〕誘。當是時也，士女咸會，少長畢萃，於河之濱，揚波激流。提婆菩薩和光汲引，俯首反激〔六〕，狀異衆人。

有外道曰：「吾子何其異乎？」提婆菩薩曰：「吾父母親宗在執師子國，恐苦飢渴，冀斯遠濟。」諸外道曰：「吾子謬矣，曾不再思，妄行此事。家國綿〔七〕邈，山川遼敻，激揚此水，給濟彼飢，其猶却行以求前及，非所聞也。」提婆菩薩曰：「幽途罪累，尚蒙此水。山川雖阻，如何不濟〔八〕？」時諸外道知難謝屈，捨邪見，受正法，改過自新，願奉教誨。

校勘

〔一〕中本無「河」字。
〔二〕崇本、宋本、資福本、明南本、明北本、徑山本流作「濤」。
〔三〕方志、珠林三十八受福作「受樂」。
〔四〕中本無「激流」二字。
〔五〕石本導作「道」，通用。
〔六〕釋帖十八引作「逆擊其水」。
〔七〕石本綿作「懸」。中本綿作「縣」。
〔八〕幽途……不濟，釋帖作「幽夜上天，豈能及乎」。蓋約取其意，非原文也。

渡河東岸，至秣底補羅國。中印度境。

秣底補羅國

秣底補羅國周六千餘里。國大都城周二十餘里。宜穀麥，多花果。氣序和暢，風俗淳質。崇尚學藝，深閑呪術，信邪正者，其徒相半。王，戍陀〔一〕羅種也，不信佛法，敬事天神。伽藍十餘所，僧徒八百餘人，多學小乘教説一切有部。天祠五十餘所，異道雜居。

校勘

〔一〕原本陀作「達」，石本、崇本、宋本、資福本、明南本、明北本、徑山本、中本並作「陀」，慈恩傳亦然，今從改。「戍陀羅」見卷二印度總述。達、陀聲同紐，可通用。

一、德光伽藍及傳説

大城南四五里，至小伽藍，僧徒五十餘人。昔瞿拏鉢刺〔一〕婆唐言德光。論師於此作辯真等論，凡百餘部。論師少而英傑，長而弘敏，博物强識，碩學多聞。本習大乘，未窮玄奧，因覽毗婆沙論，退業而學小乘，作數十部論，破大乘綱紀，成小乘執着。又製俗書數十餘部，非斥先進所作典論，覃〔二〕思佛經，十數不決。研精雖久，疑情未除。時有提婆犀那唐言天軍。羅漢往來覩史多天，德光願見慈氏，決疑請益。天軍以神通力接上天宮。既見慈氏，長揖不禮。天軍謂曰：「慈氏菩薩次紹佛位，何乃自高，敢不致敬！方欲受業，如何不屈？」德光對曰：「尊者此言，誠爲指誨。然我具戒苾芻，出家弟子，慈氏菩薩受天福樂，非出家之侶，而欲〔三〕作禮，恐非所宜。」菩薩知其我慢心固，非聞法器，往來三返，不得決〔四〕疑。更請〔五〕天軍重欲覲禮，天軍惡其我慢，蔑〔六〕而不對。德光既不遂心，便起恚恨，即趣山林，修發通定，我慢未除，不證道果〔七〕。

校勘

〔一〕崇本、宋本、資福本剌作「賴」，翻譯集作「類」。剌、賴、類三字聲同紐，通用。

〔二〕石本、中本覃作「潭」。

〔三〕石本無「而欲」二字。

〔四〕石本、崇本、中本決作「請」。翻譯集引亦作「請」。

〔五〕石本、崇本、中本請作「謂」。

〔六〕明南本、明北本、徑山本蔑作「懱」，同。

〔七〕不證道果，石本、崇本、宋本、明南本、明北本、徑山本、中本並作「不時證果」。徑山本校記云：「時當作得。」按二語皆通，徑山校記則爲蛇足。

二、大伽藍及衆賢與世親故事

德光伽藍北三四里，有大伽藍，僧徒二百餘人，並學小乘法教，是衆賢論師壽終之處。論師迦濕彌羅國人也，聰敏博達，幼傳雅〔一〕譽，特深研究説〔二〕一切有部毗婆沙論。時有世親菩薩一〔三〕心玄道，求解言外，破毗婆沙師所執，作阿毗達磨俱舍論。辭義〔四〕善巧，理致精高。衆賢循〔五〕覽，遂有心焉，於是沈研鑽極十有二歲，作俱舍雹論二萬五千頌，凡八十萬言矣〔六〕。所謂言深致遠，窮幽洞微。告門人曰：「以我逸才，持我正論，逐〔七〕斥世親，挫其鋒鋭，無令老叟〔八〕獨擅先名！」於是學徒四三俊彦持所作論，推訪世親。世親〔九〕是時在磔迦國奢羯羅城，遠傳聲問〔一〇〕衆賢當至。世親聞已，即治行裝。門人懷疑，前進諫曰：「大師德高先哲，名擅當時，遠近〔一一〕學徒，莫不推謝。今聞衆賢，一何惶遽？必有所下，我曹厚顔。」世親曰：「吾今遠遊，非避此子。顧此國中無復監達〔一二〕。衆賢後進也，詭辯若流。我衰耄矣，莫能持論，欲以一言頽其異執，引至中印度，對諸髦彦，察乎真僞，詳乎得失。」尋即命侶負笈遠遊。衆賢論師當〔一三〕後一日至此伽藍，忽覺氣衰〔一四〕。於是裁書謝世親曰：「如來寂滅，弟子部執，傳其宗學，各擅專門，黨同道，疾〔一五〕異部。愚以寡昧，猥承傳習，覽所製阿毗達磨俱舍論，破毗婆沙師大義，輒不量力，沈究彌年，作爲此論，扶正宗學。智小謀大，死其〔一六〕將至！菩薩宣暢微言，抑揚至理，不毁所執，得存遺文，斯爲幸矣，死何悔哉！」於是歷選門人有辭辯者，而告之曰：「吾誠後學，輕凌先達，命也如何，當從斯没。汝持是書及所製論，謝彼菩薩，代我悔過。」授辭適畢，奄爾云亡。門人奉[一七]書，至世親所而致辭曰：「我師衆賢已捨壽命，遺言致書，責躬謝咎，不墜其名，非所敢望！」世親菩薩覽書閲論，沈吟久之，謂門人曰：「衆賢論師聰敏後[一八]進，理雖不足，辭乃有餘。我今欲破衆賢之論，若指諸掌。顧以垂終之託，重其知難之辭，苟緣大義，存其宿志。況乎此論發明我宗。」遂爲改題爲順正[一九]理論。門人諫曰：「衆賢未没，大師遠迹。既得其論，又爲改題。凡厥學徒，何顔受愧？」世親菩薩欲除衆疑而説頌曰：「如師子王，避豕遠逝[二〇]。二力勝負，智者應知。」衆賢死已，焚屍收骨，於伽藍西北二百餘步菴没羅林中，起窣堵波，今猶現在。

校勘

〔一〕中本雅作「邪」。按此處爲褒美語，不當着貶辭，邪字誤。

〔二〕石本説作「論」，非。

〔三〕石本、崇本、中本一作「業」。

〔四〕石本、中本辭義二字作「論辭」。

〔五〕石本、中本循作「脩」，字形相近之訛。

〔六〕石本、中本矣作「允」，屬下讀亦通。

〔七〕中本、一本逐作「遂」。
〔八〕慧琳音義云：「(叟)俗字也，或作傁，古作叜、寏，皆古字也。今俗通用作叟。」
〔九〕石本不重「世親」二字。
〔一〇〕石本、中本問作「聞」。
〔一一〕崇本、資福本、明南本、徑山本近作「邇」。
〔一二〕石本監達二字作「鑒遠」。崇本、宋本、資福本、明南本、明北本、徑山本、中本監並作「鑒」。監鑒二字通用。詩大雅蕩「殷鑒不遠」。漢書劉向傳鑒作「監」。
〔一三〕崇本、宋本、資福本、明南本、明北本、徑山本當並作「常」。
〔一四〕原本作「忽衰氣覺」，不通，顯有訛倒，崇本、資福本、明南本、明北本、徑山本並作「忽覺氣衰」，今從正。
〔一五〕石本疾作「嫉」，同。
〔一六〕徑山本其作「期」，校記云：「藏作其，今正。」按其猶殆也，不必改。
〔一七〕中本奉作「捧」，同。
〔一八〕中本後作「俊」，疑形之譌。
〔一九〕石本、中本正作「道」。
〔二〇〕石本逝作「遊」。

三、無垢友故事

菴沒羅林側有窣堵波，毗末羅密〔一〕多羅唐言無垢友〔二〕。論師之遺身。論師迦濕彌羅〔三〕國人也，於説一切有部而出家焉。博綜衆經，研究異論，遊五印度國，學三藏玄文，名立業成，將歸本國。途次衆賢論師窣堵波也，拊〔四〕而歎曰：「惟論師雅量清高〔五〕，抑揚大義，方欲挫異部，立本宗業〔六〕也，如何降〔七〕年不永！我無垢友〔八〕猥承末學，異時慕義，曠代懷德。世親雖没，宗學尚傳。我盡所知，當製〔九〕諸論，令贍〔一〇〕部洲諸學人等，絶大乘稱，滅世親名，斯爲不朽〔一一〕，用盡宿心。」説是語已，心發狂亂，五舌重出，熱血流涌。知命必終，裁書悔曰：「夫大乘教者，佛法之中究竟説也。名味泯絶，理致幽玄。輕以愚昧，駁斥先進，業報皎然，滅身宜矣。敢告學人，厥鑒斯在。各慎爾志，無得懷疑！」大地爲震，命遂終焉。當其死處，地陷爲坑。同旅〔一二〕焚屍，收骸旌建。時有羅漢見而歎曰：「惜哉！苦哉！今此論師任情執見，毁惡大乘，墮無間獄！」

校勘

〔一〕崇本、資福本、明南本、明北本、徑山本密作「蜜」。

〔二〕慈恩傳友作「稱」。按毗摩羅詰，唐言無垢稱，見卷七吠舍釐國。此作「毗末羅蜜多羅」，不同。故譯爲「無垢友」（毗摩羅與毗末羅爲同字）。「稱」字恐誤。

〔三〕中本羅作「邏」。

〔四〕慧琳音義拊作「撫」。云：「説文從付作『拊』，亦通用，非本字也。」

〔五〕石本高作「亮」。

〔六〕古本、石本業作「義」。

〔七〕古本、中本降作「隆」，形之訛。

〔八〕徑山本校記云：「友字疑誤。」按無垢友自名，不誤，校記非。

〔九〕宋本、資福本、明南本、明北本、徑山本製作「制」，可通用。

〔一〇〕石本贍作「瞻」。

〔一一〕原本杇作「朽」，今從崇本、資福本、明南本、明北本、徑山本改。

〔一二〕崇本、宋本、資福本、明南本、明北本、徑山本旅並作「侶」。

四、摩裕羅城

國西北境殑伽河東岸有摩裕〔一〕羅〔二〕城，周二十餘里，居人殷盛。清流交帶，出鍮石、水精寶器。去城不遠，臨殑伽河，有大天祠，甚多靈異。其中〔三〕有池，編石爲岸，引殑伽水爲浦〔四〕，五印度人謂之殑伽河門，生福滅罪之所〔五〕。常有遠方數百千人集此澡濯。樂善諸王建立福舍，備珍羞，儲醫藥，惠施鰥寡〔六〕，周給孤獨。

校勘

〔一〕崇本裕作「格」。按各本皆作「裕」，方志、慧琳音義亦同，格當是裕之形訛。

〔二〕慧琳音義云：「（摩裕羅）梵語也，唐云孔雀。」

〔三〕石本無「中」字。

〔四〕原本浦作「補」，今據古本、石本、崇本、宋本、資福本、明南本、明北本、徑山本、中本改。

〔五〕古本、石本所作「處」。

〔六〕新麗本原書寡作「京」，京大本改從宋本，以下同。按京字亦見北魏司馬景和妻墓誌，即寡字也。

從此北行三百餘里，至婆〔一〕羅吸摩補羅國。北印度境〔二〕。

校勘

〔一〕石本婆作「波」，下同。

〔二〕北印度境，慈恩傳及方志作「中印度境」。按自本卷波理夜呾羅國入中印度境，至此已歷五國，後文瞿毗霜那國以下並爲中印度國，此似當爲中印度國。然以下文「此國境北大雪山中」云云觀之，則又應在北印度境。疑此國幅員較廣，界於二者之間，故或云北或云中也。

婆羅吸摩補羅國

婆羅吸摩補羅國周四千餘里〔一〕，山周四境。國大都城周二十餘里。居人殷盛，家室富饒。土地沃壤，稼穡時播。出鍮石、水精。氣序微寒，風俗剛猛，少學藝，多逐利。人性獷烈，邪正雜〔二〕信。伽藍五所，僧徒寡少。天祠十餘所，異道雜居。

校勘

〔一〕新唐書西域傳作「縣地四千里」。

〔二〕中本雜作「親」。

此國境北大雪山中〔一〕，有蘇伐剌拏瞿呾羅國，唐言金氏。出上黄金，故以名焉。東西長，南北狹，即東女國也。世以女爲王，因以女稱國〔二〕。夫亦爲王，不知政事。丈夫唯〔三〕征伐田種而已〔四〕。土宜宿麥〔五〕，多畜羊馬。氣候寒烈，人性躁暴。東接吐〔六〕蕃國，北接于闐國，西接三波訶國。

校勘

〔一〕西域傳云：「北大雪山，即東女也。」通典卷一九三云：「女國，在葱嶺之南。」

〔二〕原文此二句作「世以女稱國」五字。古本、石本、中本作「世以女爲王因以女稱國」十字，今從補。崇本、資福本、明南本、明北本、徑山本同古本等，但稱字作「爲」。通典云：「其國代以女爲國王。」

〔三〕中本唯作「唯從」二字。

〔四〕釋帖十六引「男子不親國事，唯務羊馬」，蓋約引其文耳。

〔五〕徑山本「宿麥」校記云：「宿字疑粟誤。」向達云：「非是。漢書武帝紀『勸民種宿麥』。師古曰：『歲冬種之，經歲乃熟，故云宿麥。』」

〔六〕宋本、資福本、明南本、明北本、徑山本吐作「土」。

從秣底補羅國〔一〕東南行四百餘里，至瞿毗霜那國。中印度境。

校勘

〔一〕原本無「國」字，今從崇本、資福本、明南本、明北本、徑山本、中本補。

瞿毗霜那國

瞿毗霜那國周二千餘里。國大都城周十四五里，崇峻險固。居人殷盛。花林池沼，往往相間。氣序土宜，同秣底補羅。風俗淳質，勤學好福，多信外道，求現在樂。伽藍二所，僧衆百餘人，並皆習學小乘法教。天祠三十餘所，異道雜居。

大城側故伽藍中，有窣堵波，無憂王之所建也，高二百餘尺。如來在昔於此一月說諸法要。傍有過去四佛坐及經〔一〕行遺迹之〔二〕處。其側〔三〕有如來髮爪二窣堵波，各高一丈餘。

校勘

〔一〕石本經下衍一「經」字。

〔二〕原本無「之」字，今從石本、崇本、宋本、資福本、明南本、明北本、徑山本、中本補。依其他同例皆有之字。

〔三〕石本、崇本、宋本、資福本、明南本、明北本、徑山本、中本側下並有則字。

自此東南行四百餘里，至堊醯〔一〕掣呾邏〔二〕國。中印度境。

校勘

〔一〕新麗本原書堊醯二字作「惡醓」，京大本從宋本改之，次同。石本作「堊醘」。慈恩傳無「堊」字。方志作「堊醓」，慧琳音義同，云：「（醓）音馨雞反。」隨函録作「惡醘」。説詳目録校記。

〔二〕石本邏作「羅」，次同。方志亦作「羅」。慈恩傳呾邏二字作「怛羅」。並通用。

堊醯掣呾邏國

堊醯掣呾邏國周三千餘里。國〔一〕大都城周十七八里，依據險固。宜穀麥，多林泉。氣序和暢，風俗淳質。翫道篤學，多才博識。伽藍十餘所，僧徒千餘人，習學小乘正量部法。天祠九所，異道三百餘人，事自在天，塗灰之侶也。

校勘

〔一〕原本無「國」字，今從石本、崇本、宋本、資福本、明南本、明北本、徑山本、中本補。按其他同例句當有「國」字。

城外〔一〕龍池側，有窣堵波，無憂王之所建也，是如來在昔爲龍王七日於此説法。其側有四小窣堵波，是過去四佛坐及經行遺迹之所。

校勘

〔一〕中本外下有「部」字。部或郊之訛。

自此南〔一〕行二百六七十里，渡殑伽河西〔二〕南至毗羅删〔三〕拏國。中印度境。

校勘

〔一〕原本南作「東」，石本、崇本、宋本、資福本、明南本、明北本、徑山本、中本及慈恩傳、方志等皆作「南」，今從改。

〔二〕原本無「西」字，石本、崇本、宋本、資福本、明南本、明北本、徑山本、慈恩傳、方志皆有之，今據補。

〔三〕原本删作「那」，古本、宋本、資福本、明南本、明北本、徑山本及方志並作「删」，次同；本書目録亦作

「刪」，今據正。以下同。石本作「删」，下文則作「刪」，删亦刪之謁。崇本作「剛」，疑亦字形之訛。

毗羅刪拏國

毗羅刪拏國周二千餘里。國大都城周十餘里。氣序土宜同堊醯掣呾邏國。風俗猛暴，人知學藝，崇信外道，少敬佛法。伽藍二所，僧徒三百〔一〕人，並皆習學大乘法教〔二〕。天祠五所，異道雜居。

校勘

〔一〕古本、石本百下有「餘」字。

〔二〕石本無「教」字。

大城中故伽藍內，有窣堵波，基雖傾圮，尚百餘尺，無憂王之所建也，如來在昔於此七日説蘊界處經之所。其側則〔一〕有過去四佛座及經行遺迹斯在。

校勘

〔一〕異本無「則」字。

從此東南〔一〕行二百餘里，至劫比他國。舊謂〔二〕僧迦舍國，中印度境。

校勘

〔一〕慈恩傳、方志東南二字作「東」。珠林作「東南」，與此同。

〔二〕古本、石本謂作「曰」。

劫比他國

劫比他國周二千餘里。國大都城周二十餘里。氣序土宜，同毗羅删拏國。風俗淳和，人多學藝。伽藍四所，僧徒千餘人，並學小乘正部量法。天祠十所，異道雜居，同共遵〔一〕事大自在天〔二〕。

校勘

〔一〕石本遵作「尊」。

〔二〕現行本大唐西域記此處有闕文，現據方志及珠林三十八引補二十七字。二書所載文字全同，當是本諸奘記：「皆作天像，其狀人根，形甚長偉。俗人不以爲惡，謂諸衆生從天根生也。」（釋迦方志及法苑珠林）按崇拜生殖器之風習各民族多有之。此大自在天像奇形詭製本不足怪，與後來西藏黄教之歡喜佛比，性質或相類似。今本脱去，殆是後來僧徒嫌其瀆褻而刪之。道宣、道世與玄奘並時，得見初本，猶存其舊。餘詳拙作大唐西域記闕文考。又卷七婆羅痆斯國下記大自在天祠，方志亦有天根之文，與此類似，疑同是闕文。

一、大伽藍三寶階及其傳説

城東〔一〕二十餘里，有大伽藍，經製輪奐，工窮剞劂。聖形尊〔二〕像，務極莊嚴。僧徒數百人，學正量部法。數萬浄人宅居其側。伽藍大垣内有三寶階，南北列，東面下〔三〕，是如來自三十三天降還所〔四〕也〔五〕。昔如來起自勝林〔六〕，上昇天宫，居善法堂，爲母説法。過三月已，將欲下降，天帝釋乃縱神力，建立寶階。中階黄金，左水精，右白銀。如來起善法堂，從諸天衆，履中階而下。大梵王執白拂，履銀階而右侍；天帝釋持寶蓋，蹈水精階而左侍。天衆凌虚，散花讚德。數百年前猶有階級，逮至今時，陷没已盡。諸國君王悲慨不遇，疊〔七〕以塼石，飾以珍寶，於其故基，擬昔寶階。其高七十餘尺，上起精舍〔八〕，中有石佛像，而左右之階，有釋梵之像，形擬厥初，猶爲下勢。傍有石柱高七十餘尺，無憂王所建〔九〕。色紺光潤，質堅密理。上作師子蹲踞向階，彫鏤奇形。周其方面，隨人罪福，影現〔一〇〕柱中。

校勘

〔一〕原本東作「西」，今從石本、崇本、宋本、資福本、明南本、明北本、徑山本、中本、慈恩傳、方志及珠林引改。

〔二〕中本「形尊」二字互倒。

〔三〕慈恩傳東面下三字作「面東西下」四字；方志及珠林作「東西下地」四字。

〔四〕原本無「所」字，古本、石本有「所」字。有之義足，今據補。

〔五〕徑山本校記云：「還也，疑還地。」按「也」上有「所」字，「也」字不誤。

〔六〕方志及珠林勝林二字作「逝多林」三字，並夾注云：「即祇陀林。」按逝多林，唐言勝林，見卷六室羅伐悉底國。

〔七〕崇本、宋本、資福本、明南本、明北本、徑山本疊作「壘」。

〔八〕崇本、宋本、資福本、明南本、明北本、徑山本精舍下重「精舍」二字，屬下讀。中本舍下有「精」字，精下當脱「舍」字。

〔九〕石本、建本、崇本、宋本、資福本、明南本、明北本、徑山本建下並有「也」字。

〔一〇〕方志及珠林現作「出」。

寶階側不遠，有窣堵波，是過去四佛坐及經行遺迹之所。其側窣堵波，如來在昔於此澡浴。其側精舍，是如來入定之處。精舍側有大石基，長五十步，高七尺，是如來經行之處，足所履迹，皆有蓮花之文。基左右各有小窣堵波，帝釋、梵王之所建也。

二、蓮花色尼見佛處及傳説

釋梵窣堵波前，是蓮花色苾芻尼欲先見佛，化作轉輪王處。如來自〔一〕天宮還贍部州也〔二〕，時蘇部底唐言善現。舊曰須扶提，或曰須菩提，譯曰善吉〔三〕，皆訛也〔四〕。宴坐石室，竊自思曰：「今佛還降，人天導從，如我今者何所宜行？嘗聞佛説，知諸法空，體諸法性。是則以慧眼觀法身也。」時蓮華色苾芻尼欲初見佛，化爲轉輪王，七寶導〔五〕從，四兵警衛，至世尊所，復苾芻尼。如來告曰：「汝非初見。夫善現〔六〕者，觀諸法空，是見法身。」

校勘

〔一〕宋本、資福本、明南本、明北本、徑山本自下並有「在」字。
〔二〕徑山本校記云：「州也，疑州地。」非。
〔三〕崇本、宋本、資福本、明南本、明北本、徑山本吉下有「也」字。
〔四〕石本無「也」字。
〔五〕石本導作「遵」。疑道之誤，道與導通。
〔六〕崇本現作「見」。按以上文「初見」及下「見法身」推之，似作「見」爲是。

聖迹垣内，靈異相繼。其大窣堵波東南有一池龍，恒護聖迹，既有冥衛，難以輕犯。歲久自壞，人莫能毁。

從此東南〔一〕行減二百里，至羯若鞠闍國。唐言〔二〕曲女城國。中印度境〔三〕。

校勘

〔一〕石本、崇本、宋本、資福本、明南本、明北本、徑山本、中本東南作「西北」；慈恩傳及方志亦然，珠林作「北」字。按羯若鞠闍國位於劫比他國東南方，作東南是。

〔二〕石本無「言」字，疑脱去。

〔三〕崇本、宋本、資福本、明南本、明北本、徑山本、中本境下並有「也」字。

大唐西域記卷第五

三藏法師玄奘奉詔譯
大總持寺沙門辯機撰

六國

羯若鞠闍國　阿踰陁國
阿耶〔一〕穆佉國　鉢邏耶伽國
憍賞彌國　鞞索山格反迦國

校勘

〔一〕石本耶作「邪」，後阿耶穆佉之耶石本均作「邪」。

羯若鞠闍國

羯若鞠闍國周四〔一〕千餘里。國大都城西臨殑伽河，其長二十餘里，廣四五里。城隍堅〔一〕峻，臺閣相望。花林池沼，光鮮澄鏡。異方奇貨，多聚於此。居人豐樂，家室富饒。花菓具繁，稼穡時播。氣序和洽〔三〕，風俗淳質。容貌妍雅，服飾鮮綺。篤學遊藝，談論清遠。邪正二道，信者相半。伽藍百餘所，僧徒萬餘人，大小二乘兼功〔四〕習學。天祠二百餘所，異道數千餘人。

校勘

〔一〕石本無「四」字，誤脱。

〔二〕舊麗本堅作「竪」，形之訛。

〔三〕宋本、資福本洽作「泠」。和泠不協，泠疑形之訛。

〔四〕異本、一本、宋本、資福本、元本、明南本、徑山本功並作「攻」，通用。

一、國號由來

羯若鞠闍國人長壽時，其舊王城號拘蘇磨〔一〕補邏〔二〕，唐言花宮〔三〕。王號梵授，福智宿資，文武允備，威懾贍〔四〕部，聲震隣國。具足千子，智勇弘〔五〕毅〔六〕。復有百女，儀貌妍雅。時有仙人居殑伽河側，棲神入定，經數萬歲，形如枯木。遊禽棲集，遺尼拘律果於仙人肩上。暑往寒來，垂蔭合拱。多歷年所〔七〕，從定而起，欲去其樹，恐覆鳥巢，時人美其德，號大樹仙人。仙人寓目河濱，遊觀林薄〔八〕，見王諸女相從嬉戲，欲界愛起，染著心生。便詣花宮，欲事禮請。王聞仙至，躬迎慰曰：「大仙棲情物外，何能輕舉？」仙人曰：「我棲林藪，彌積歲時。出定遊覽，見王諸女，染愛心生，自遠來請〔九〕！」王聞其辭，計無所出，謂仙人曰：「今還所止，請俟嘉〔一〇〕辰。」仙人聞命，遂還林藪。王乃歷問諸女，無肯應娉〔一一〕。王懼仙威，憂愁毀悴。其幼稚女候王事隙，從容問曰：「父王千子具足，萬國慕化，何故憂愁，如有所懼？」王曰：「大樹仙人幸顧求婚，而汝曹輩莫肯從命。仙有威力，能作災祥，儻不遂心，必起瞋怒，毀國滅祀，辱及先王。深惟此禍，誠有所懼。」稚女謝曰：「遺此深憂，我曹罪也。願以微軀，得延國祚！」王聞喜悅，命駕送歸。既至仙廬，謝仙人曰：「大仙俯方外之情，垂世間之顧，敢奉稚女，以供灑掃！」仙人見而不悅，乃謂王曰：「輕吾老叟〔一二〕，配此不妍。」王曰：「歷問諸女，無肯從命，唯此幼稚，願充給使。」仙人懷怒，便惡呪曰：「九十九女，一時腰曲〔一三〕，形既毀弊，畢世無婚！」王使往驗，果已背傴。從是之後，便〔一四〕名曲女城焉。

校勘

〔一〕古本及翻譯集引磨作「摩」。

〔二〕資福本、元本、明南本、徑山本邏作「羅」。翻譯集補邏二字作「捕羅」。

〔三〕翻譯集花宮二字作「香華宮城」四字。

〔四〕石本贍作「瞻」。

〔五〕中本弘作「强」。

〔六〕新麗本原書毅作「毅」，京大本從石本、宋本改。

〔七〕釋帖二十一引此文作「既經年代，積土成塚，上生大樹，飛鳥爲巢，雛鳥將成，仙人出定，愍雛不移，雛成才起。」與此詳略大異，恐有增益。

〔八〕石本薄作「浦」，聲近而訛。

〔九〕中本請作「詣」。

〔一〇〕中本嘉作「喜」，疑形之譌。

〔一一〕新麗本原書娉作「㚥」，京大本從古本、異本改。按此字石本、宋本、資福本並作「㚥」；元本、明南本、徑山本則作「娉」。慧琳音義作「娉」字，云：「從女，甹聲。記中作㚥，俗字，非也。」㚥疑即「娉」字形訛，慧琳所譏爲俗字，而唐時傳寫本作此也。娉乃經校改之字。

〔一二〕古本叜作「叟」，同。

〔一三〕中本曲下有「背傴」二字。

〔一四〕中本便作「更」。

二、戒日王世系及即位治績

今王本吠奢種也，字曷〔一〕利沙伐彈那，唐言喜〔二〕增。君臨有土，二世三王。父字波羅羯羅〔三〕伐〔四〕彈那，唐言〔五〕光增〔六〕。兄字曷〔七〕邏闍伐彈那。唐言王增。王增以長嗣位，以德治政。時東印度羯羅拏蘇伐剌那唐言金耳。國設賞迦王唐言月〔八〕。每謂臣曰：「鄰有賢主，國之禍也。」於是誘請，會而害之。人既失君〔九〕，國亦荒亂。時大臣婆尼唐言辯了〔一〇〕。職望隆重，謂僚庶曰：「國之大計，定於今日。先王之子，亡君之弟，仁慈天性，孝敬因心，親賢允屬，欲以襲位。於事何如？各言爾志。」衆咸仰德，嘗無異謀。於是輔臣執事咸勸進曰：「王子垂聽。先王積功累德，光有國祚。嗣及王增，謂終壽考，輔佐無良，棄身讎手，爲國大恥，下臣罪也。物議時謠，允歸明德，光臨土宇，克復親讎，雪國之恥，光父之業，功孰大焉，幸無辭矣！」王子曰：「國嗣之重，今古爲難。君人之位，興立宜審。我誠寡德，父兄遐棄，推襲大位，其能濟乎？物議爲宜，敢忘虛薄！今者殑伽河岸有觀自在菩薩像，既多靈鑒，願往請辭！」即至菩薩像前斷食祈請。菩薩感其誠心，現形問曰：「爾何所求，若此勤懇？」王子曰：「我惟積禍，慈父云亡，重茲酷罰，仁兄見害。自顧寡德，國人推尊，令襲大位，光父之業。愚昧無知，敢希聖旨！」菩薩告曰：「汝於先身，在此林中爲練〔一一〕若苾芻〔一二〕，而精勤不懈。承茲福力，爲此王子。金耳國〔一三〕王既毁佛法，爾紹王位，宜重興隆，慈悲爲志，傷愍居懷。不久當王五印度〔一四〕境。欲延國祚，當從我誨，冥加景福，隣無强敵。勿昇師子之座，勿稱大王之號！」於是受教而退，即襲王位，自稱曰王子，號尸羅阿迭多〔一五〕。唐言戒日。於是命諸〔一六〕臣曰：「兄讎未報，鄰國不賓，終無右手進食之期。凡爾庶僚，同心勠力！」遂總率國兵，講習戰士，象軍五千，馬軍二萬，步軍五萬，自西徂東，征伐不臣。象不解鞍，人不釋甲，於六年中，臣〔一七〕五印度，既廣〔一八〕其地，更增甲兵，象軍六萬，馬軍十萬。垂三十年，兵戈不起，政教和平，務修節儉，營福樹善，忘寢與食。令五印度不得噉肉，若斷生命，有誅無赦。於殑伽河側建立數千〔一九〕窣堵波，各高百餘尺。於五印度城邑、鄉聚、達巷、交衢，建立精廬，儲飲食，止醫藥，施諸羈貧，周給不殆。聖迹之所，並建伽藍。五歲一設無遮大會，傾竭府庫，惠施羣有。唯留〔二〇〕兵器，不充檀捨。歲一集會〔二一〕諸國沙門，於三七日中，以四事供養，莊嚴法座，廣飾義筵，令相摧〔二二〕論，校其優劣，褒貶淑慝，黜陟幽明。若戒行貞固，道德淳〔二三〕邃，推昇師子之座，王親受法。戒雖清浄，學無稽古，但加敬禮〔二四〕，示〔二五〕有尊崇。律儀無紀，穢德〔二六〕已彰，驅出國境，不願聞見。隣國小王，輔佐大臣，殖福無殆〔二七〕，求善忘勞，即攜〔二八〕手同〔二九〕座，謂之善友。其異於此，面不對辭，事有聞議，通使往復。而巡方省俗，不常其居，隨所至止，結廬而舍。唯雨三月，多雨不行。每於行宮日修珍饌，飯諸異學，僧衆一千，婆羅門五百。每以一日分作三時，一時理務治政，二時營福修善，孜孜不倦，竭〔三〇〕日不足矣。

校勘

〔一〕異本曷作「喝」。

〔二〕石本喜作「嘉」。
〔三〕石本、宋本、資福本、元本、明南本、徑山本、中本羅作「邏」。
〔四〕石本伐作「代」。
〔五〕原本言下有「作」字，石本、宋本無之。按其他譯名釋義皆作唐言或唐曰某某，無綴作字者，今據删。
〔六〕慈恩傳光增作「增光」。
〔七〕翻譯集引無「曷」字。
〔八〕慈恩傳月作「日」，非。「月有多名」（本書卷二），設賞迦殆其一稱。
〔九〕石本人既失君四字作「既失其君」。
〔一〇〕石本、中本辯作「辨」。一本無「了」字。慈恩傳作「明了」。
〔一一〕石本、中本練作「蘭」，珠林三十八及感應録下引同。按練若即阿練若，亦翻作阿蘭若，義爲「遠離處」或「閑静處」，見翻譯集寺塔壇幢篇。練、蘭二字通用。
〔一二〕石本苾芻二字作「比丘」。
〔一三〕珠林引國用，「月」，方志同。
〔一四〕感應録引印度二字作「天竺」。按天竺乃舊譯，玄奘書作印度，見卷二印度總述。作天竺者，疑非濁所改。
〔一五〕珠林及方志尸羅阿迭多五字作「尸羅逸多」四字。此下作「王乃共童子王子殄外道月王徒衆；又約嚴令，有噉肉者當截舌，殺生者當斬手；乃與寡妹共知國事。」古人引文雖常簡約其辭，唯此與今本相距過多，疑道宣與道世同據最初本也。童子王子即迦摩縷波國拘摩羅王，見卷十。戒日王妹聰慧，見慈恩傳卷五。

〔一六〕原本命諸二字作「謂」字，資福本、元本、明南本、徑山本、中本、金陵本並作「命諸」二字，今從改。古本、石本則作「令諸」二字，亦可。

〔一七〕宋本、資福本、明南本、徑山本臣作「拒」。

〔一八〕異本廣作「度」，恐非。

〔一九〕珠林引數千二字作「千餘」；方志作「千」。

〔二〇〕石本無「留」字。

〔二一〕中本無「會」字。

〔二二〕原本擢作「攉」，今從宋本、資福本、中本改。攉疑推之誤，推與擢同。元本、明南本、徑山本作「推」，亦通。

〔二三〕宋本、資福本、元本、明南本、徑山本淳並作「純」。音釋：「淳邃，或作純粹。」

〔二四〕異本敬禮二字作「禮儀」。

〔二五〕中本亣作「不」，形近而訛。

〔二六〕中本德作「惡」。

〔二七〕宋本、資福本、元本、明南本、徑山本殆並作「怠」。

〔二八〕慧琳音義攜作「擕」，云：「記文從乃作携，俗字。有作擕。」按由此携字與上文娉字觀之，唐寫本固多俗字也。

〔二九〕石本同作「間」。

〔三〇〕中本竭作「渴」。

三、玄奘會見戒日王

初，受拘摩羅王請白〔一〕，自摩揭陁國往迦摩縷波國。時戒日王巡方在羯朱〔二〕嗢祇〔三〕邏國，命拘摩羅王曰：「宜與那爛陁遠客沙門速〔四〕來赴會！」於是遂與拘摩羅王往會見焉。戒日王勞苦已曰：「自何國來？將何所欲？」對曰：「從大唐國來，請求佛法。」王曰：「大唐國在何方？經〔五〕途所亘，去斯遠近？」對曰：「當此東北數萬餘里，印度所謂摩訶至那國是也。」王曰：「嘗聞摩訶至那國有秦王天〔六〕子，少而靈鑒，長而神武。昔先代喪亂，率土分崩，兵戈競起，羣生荼毒，而秦王天子早懷遠略，興大慈悲，拯濟含識，平定海内，風教遐被，德澤遠洽，殊方異域，慕化稱臣。氓〔七〕庶荷其亭育，咸歌秦王破陣樂。聞其雅頌，于兹久矣。盛德之譽，誠有之乎？大唐國者，豈此是耶？」對曰：「然。至那者，前王之國號；大唐者，我君之國稱。昔未襲位，謂之秦王，今已承統，稱曰天子。前代運終，羣生無主，兵戈亂起，殘害生靈。秦王天縱含弘，心發慈愍，威風鼓扇，羣凶殄滅，八方静謐，萬國朝貢。愛育四生，敬崇三寶，薄賦斂，省刑罰，而國用有餘，氓〔八〕俗無宄〔九〕，風猷大化，難以備舉。」戒日王曰：「盛矣〔一〇〕哉，彼土羣生，福感聖主！」

校勘

〔一〕原本白作「曰」，宋本、資福本、金陵本作「白」，今據改。古本、石本、中本並無此字，義似長。

〔二〕宋本、資福本、元本、明南本朱作「末」；徑山本作「未」。按羯朱嗢祇邏國見本書卷十，作「末」作「未」，並非。金陵本羯朱作「竭末」，則二字並訛。

〔三〕新麗本衹原書作「祇」，石本同；京大本據宋本改。

〔四〕石本速作「遠」，疑涉上文遠字而誤。

〔五〕中本經作「徑」。

〔六〕石本天作「太」。下文不然，此太字當誤。

〔七〕原本氓作「民」，宋本、資福本、元本、徑山本並作「氓」。民、氓義可通用，但民爲太宗名諱，玄奘進呈之書，安得不避？今據改正。下文「氓俗」不誤。明南本作「珉」，乃氓之形訛。

〔八〕明南本氓又誤作「珉」。

〔九〕新麗本宂原書作「穴」，京大本從古本、異本及宋本改。明南本訛作「究」。

〔一〇〕原本無「矣」字，石本、宋本、資福本、元本、明南本、徑山本並有之。按矣字加强語氣，有之爲長，今據各本補。

四、曲女城法會

時戒日王將還曲女城設法會也，從數十萬衆，在殑伽河南岸；拘摩羅王從數萬之衆，居北岸。分河中流，水陸並進。二王導〔一〕引，四兵嚴衛，或泛舟，或乘象，擊鼓鳴螺，拊弦奏管，經九十日，至曲女城，在殑伽河西大花林中。是時諸國二十餘王先奉告命，各〔二〕與其國髦俊沙門及婆羅門、羣官、兵士，來集大會。王先於河西建大伽藍。伽藍〔三〕東起寶臺，高百餘尺，中有金佛像，量等王身。臺南起寶壇，爲浴佛像之處。從此東北十四五里，別築行宫。是時仲春月也，從初一日以珍味饌諸沙門、婆羅門，至二十一日，自行宫屬伽藍，夾道爲閣，窮諸瑩飾，樂人不移，雅聲遞奏。王於〔四〕行〔五〕宫出一金像，虚〔六〕中隱起，高餘三尺〔七〕，載以大象，張以寶幰〔八〕。戒日王爲帝釋之服，執寶蓋以左侍；拘摩羅王作梵王之儀，執白拂而右侍。各五百象軍，被鎧周衛。佛像前後各百〔九〕大象，樂人以乘，鼓奏音樂。戒日王以真珠雜寶及金銀諸花，隨步四散，供養三寶〔一〇〕。先就寶壇，香水浴像。王躬負荷，送上西臺，以諸珍寶、憍奢耶衣數十〔一一〕百千，而〔一二〕爲供養。是時唯有沙門二十餘人預從，諸國王爲侍衛。饌食已訖，集諸異學，商搉〔一三〕微言，抑揚至理。日將曛暮，回駕行宫。如是日送金像，導從如初，以至散日。

校勘

〔一〕石本導作「道」，通用。

〔二〕石本各作「若」，非。

〔三〕石本無「伽藍」二字。

〔四〕古本於作「自」。
〔五〕石本無「行」字。
〔六〕中本虛作「宫」。
〔七〕方志此文作「又以三尺隱起金像」。
〔八〕石本𢣷作「幔」。方志作「𢣷」，與此同。
〔九〕異本百作「五百」二字。按方志亦作「百大象」。五百二字疑涉上文「五百象軍」而誤。
〔一〇〕方志無以下文，而此下有「其五印度，尼寺稀少，縱有尼者，與僧同門，食亦同處，無虧戒約。然童子王剎帝利姓，語使人李義表曰：『上世相承四千年，先人神聖，從漢地飛來土於此土。』」今本所無。以「語使人李義表」推之，似非奘記之文。
〔一一〕中本十作「千」。
〔一二〕古本、石本、中本無「千而」二字。
〔一三〕原本擢作「䆻」，義不合，今從石本、宋本、資福本改。中本、元本、明南本、徑山本並作「㩧」，與擢同。

其大臺忽然火起，伽藍門樓煙焰方熾。王曰：「罄捨國珍，奉爲先王建此伽藍，式昭〔一〕勝業。寡德無祐，有斯災異！咎徵若此，何用生爲！」乃焚香禮請而自誓曰：「幸以宿善，王諸印度，願我福力，禳〔二〕滅火災！若無所感，從此喪命。」尋即奮身跳履門閫，若有撲滅，火盡煙〔三〕消。諸王覩異〔四〕，重增祗懼。已而顏色不動，辭語如故，問諸王曰：「忽此災變，焚燼〔五〕成功，心之所懷，意將何謂？」諸王俯伏悲泣，對曰：「成功勝迹，冀傳來葉，一旦灰燼，何可爲懷！況諸外道，快心相賀。」王曰：「以此觀之，如來所説誠也。外道異學守執常見。唯我大師，無常是誨。然我檀捨已周〔六〕，心願諧遂，屬斯變滅，重知如來誠諦之説。斯爲大善，無可深悲。」

校勘

〔一〕中本昭作「照」。
〔二〕古本、石本、異本、中本禳作「攘」。音釋亦作「攘」，云：「却也。」
〔三〕石本「盡煙」二字互倒。
〔四〕石本覩異二字作「曰覩忽異」四字，不辭，非。
〔五〕慧琳音義燼作「⿱聿火」，云：「記文作『燼』，俗字。」
〔六〕石本周作「用」。

於是從諸王東上大窣堵波，登臨觀覽。方下階陛，忽有異人持刃逆王。王時窘迫，却行進級，俯執此人，以付羣官。是時羣官惶遽，不知進救。諸王咸請誅戮此人。戒日王殊無忿色，止令不殺。王親〔一〕問曰：「我何負汝，爲此暴惡？」對曰：「大王德澤無私，中外荷負〔二〕。然我狂愚，不謀大計，受諸外道一言之感〔三〕，輒爲刺客，首圖逆害。」王曰：

「外道何故興此惡心？」對曰：「大王集諸國，傾府庫，供養沙門，鎔鑄佛像。而諸外道自遠召集，不蒙省問，心誠愧恥，乃令狂愚，敢行凶詐。」於是究問外道徒屬，有五百婆羅門，並諸高才，應命召集，嫉諸沙門蒙王禮重，乃射火箭焚燒寶臺，冀因救火，衆人潰亂，欲以此時殺害大王。既無緣隙，遂雇此人趨隘行刺。是時諸〔四〕王大臣請誅外道。王乃罰其首惡，餘黨不罪。遷五百婆羅門出印度之境。於是乃還都也。

校勘

〔一〕原本親作「觀」，今從資福本、元本、明南本、徑山本改。

〔二〕石本、宋本、資福本、元本、明南本、徑山本、中本負並作「福」。

〔三〕異本、宋本、資福本感作「惑」。

〔四〕舊麗本脫「諸」字。

五、曲女城附近諸佛迹

城西北窣堵波，無憂王之所建也，如來在昔於此七日說諸妙法。其側則有過去四佛座及經行遺迹之所，復有如來髮爪小窣堵波。

說法窣堵波南，臨殑伽河，有三伽藍，同垣異門。佛像嚴麗，僧徒肅穆，役使淨人數千餘户。

精舍寶函中有佛牙，長餘寸半，殊光異色，朝變夕改〔一〕。遠近相趨，士庶咸集，式修瞻仰，日百千衆。監守者繁其諠雜，權立重税，宣告遠近，欲見佛牙，輸大金錢。然而瞻禮之徒，寔繁其侣。金錢之税，悦以心競。每於齋日，出置高座，數百千衆燒香散花。花雖盈積，牙函不没。伽藍前左右各有精舍，高百餘〔二〕尺，石基塼室。其中佛像，衆寶莊飾〔三〕，或鑄金銀，或鎔鍮石〔四〕。二精舍前各有小伽藍。

校勘

〔一〕方志及珠林三十八引此下有「寶函盛之」四字；但無前「寶函」字。

〔二〕石本無「餘」字。

〔三〕古本飾作「嚴」。

〔四〕元本、明南本石作「鉐」。

伽藍東南不遠，有大精舍，石基塼室，高二百餘尺。中作如來立像，高三十餘尺，鑄以鍮石，飾諸妙寶。精舍四周石壁之上，彫畫如來修菩薩行所經事迹，備盡鐫鏤。

石精舍南不遠，有日天祠。祠南不遠〔一〕，有大自在天祠。並瑩青石，俱窮彫刻，規摹度量，同佛精舍。各有千户，充其灑掃。鼓樂絃歌，不捨晝夜〔二〕。

校勘

〔一〕石本脱「祠南不遠」四字。

〔二〕原本此四字作「晝夜無徙」，舊麗本、石本、宋本、資福本、元本、明南本、徑山本作「不捨晝夜」，今從改。中本作「不比晝夜」，比字誤。

大城東南六七里，殑伽河南，有窣堵波，高二百餘尺，無憂王之所建也，在昔如來於此六月説身無常苦空不净。其側則〔一〕有過去四佛坐及經行遺迹之所，又有如來髮爪小窣堵波，人有染疾，至誠旋繞，必得痊愈〔二〕，蒙其福利。

校勘

〔一〕石本無「則」字。

〔二〕古本、石本、中本愈作「豫」。

六、納縛提婆矩羅城

大城東南行百餘里，至納縛提婆矩羅城，據殑伽河東岸，周二十餘里。花林清池，互相影照。

納縛提婆矩羅城西北，殑伽河東，有一天祠，重閣層臺，奇工異製。城東五里，有三伽藍，同垣異門。僧徒五百餘人，並學小乘説一切有部。伽藍前二百餘步，有窣堵波，無憂王之所建也。基雖傾陷，尚高百餘尺〔一〕，是如來昔於此處七日説法。中有舍利，時放光明。其側則有過去四佛坐及經行遺迹之所。

校勘

〔一〕尚高百餘尺，方志作「高二十餘丈」。

伽藍北三四里，臨殑伽河岸，有窣堵波，高二百餘尺，無憂王之所建也。昔如來在此七日説法，時有五百〔一〕餓〔二〕鬼來至佛所，聞法解悟，捨鬼生天。説法窣堵波側有過去四佛坐及經行遺迹之所，其側復有如來髮爪窣堵波。

校勘

〔一〕方志五百作「四百」。

〔二〕異本、宋本、資福本、元本、明南本、徑山本餓並作「餘」。方志及珠林三十八作「餓」，與此同。

自此東南行六百餘里，渡殑伽河，南至阿踰〔一〕陁國。中印度境。

校勘

〔一〕方志、珠林踰作「輸」。

阿踰陁國

阿踰陁國周五千餘里。國大都城周二十餘里。穀稼豐盛，花菓繁茂。氣序和暢，風俗善順，好營福，勤學藝。伽藍百有餘所，僧徒三千餘人，大乘小乘，兼功〔一〕習學。天祠十所，異道寡少。

校勘

〔一〕宋本、資福本、元本、明南本、徑山本功並作「攻」。

一、世親、勝受及佛遺迹

大城中有故伽藍，是伐蘇畔度菩薩唐言世親。舊曰婆〔一〕藪盤豆，譯曰天親，訛謬也〔二〕。數十年中於此製作大小乘諸異論。其側故基，是世親菩薩爲諸國王、四方俊彦、沙門、婆羅門等講義説法堂也。

校勘

〔一〕石本婆作「波」。

〔二〕宋本、資福本、元本、明南本、徑山本並無「也」字。翻譯集亦無。

城北四五里，臨殑伽河岸大伽藍中，有窣堵波，高二百餘尺，無憂王之所建也，是如來爲天人衆於此三月説諸妙法。其側窣堵波，過去四佛坐及經行遺迹之所。伽藍西四五里，有如來髮爪窣堵波。

髮爪窣堵波北，伽藍餘趾〔一〕，昔經部室利邏多唐言勝受〔二〕。論師於此製造經部毗婆沙論。

校勘

〔一〕宋本、資福本趾作「跡」。元本、明南本、徑山本作「址」。址與趾通用。

〔二〕古本受作「友」；中本作「定」。按翻譯集作「勝受」，與此同。

二、無著與世親故事

城西南五六里，大菴没羅林中有故伽藍，是阿僧伽唐言無著。菩薩請益導凡之處。無著菩薩夜昇天宮，於慈氏菩薩所受瑜伽師地論、莊嚴大乘經論、中邊分別論等，晝〔一〕爲大衆講宣妙理。菴没羅林西北百餘步，有如來髮爪窣堵波。其側故基，是世親菩薩從覩〔二〕史多天下見無著菩薩處。無著菩薩健馱邏〔三〕國人也，佛去世後一千年中，誕靈利見，承風悟道，從彌沙〔四〕塞部出家修學，頃之迴信大乘。其弟世親菩薩於説一切有部出家受業，博聞强識，達學研機。無著弟子佛陀僧〔五〕訶唐言師子覺〔六〕。者，密行莫測，高才有聞。二三賢哲〔七〕每相謂曰：「凡修行業〔八〕，願覲〔九〕慈氏。若先捨壽，得遂宿心，當相報語，以知所〔一〇〕至。」其後師子覺先捨壽命，三年不報。世親菩薩尋亦捨壽，時經六月，亦無報命〔一一〕。時諸異學咸皆譏誚，以爲世親菩薩及師子覺流轉惡趣，遂無靈鑒。其後無著菩薩於夜初〔一二〕分，方爲門人教授定法，燈光忽翳，空中大明。有一天仙乘虚〔一三〕下降，即進階庭，敬禮無著。無著曰：「爾來何暮！今名〔一四〕何謂？」對曰：「從此捨壽命往覩史多天慈氏内衆蓮花中生。蓮花纔開，慈氏讚曰：『善來廣慧，善來廣慧！』旋繞纔周，即來報命。」無著菩薩曰：「師子覺者，今何所在〔一五〕？」曰：「我旋繞時，見師子覺在外衆中，躭〔一六〕著欲樂，無暇相顧，詎〔一七〕能來報？」無著菩薩曰：「斯事已矣，慈氏何相？演説何法？」曰：「慈氏相好，言莫〔一八〕能宣。演説妙法，義不異此。然菩薩妙音，清暢和雅，聞者忘倦，受者無厭。」

校勘

〔一〕宋本、資福本、元本、明南本、徑山本晝作「盡」。按晝與上文「夜昇」相應，於義爲長。翻譯集引三藏傳云：「(無著)夜升覩史陀天，於慈氏所，受瑜伽師地論、莊嚴大乘論、中邊分别論。晝則下天爲衆説法。」與此相合。珠林亦作「晝」。方志作「曉爲衆説」。曉亦晝義。

〔二〕石本覩作「都」。

〔三〕石本邏作「羅」。

〔四〕石本無「沙」字。按彌沙塞爲律宗五部之一，沙字不當無。

〔五〕石本無「僧」字。按翻譯集亦有「僧」字。

〔六〕石本覺作「學」，下同，並形之譌。

〔七〕釋帖六引哲作「喆」，同。

〔八〕釋帖行業二字作「片善」。

〔九〕釋帖覲作「近」。

〔一〇〕翻譯集所作「其」。

〔一一〕釋帖作「師子覺先捨壽命，時經六月，並無消息；天親續捨壽命，三月方來。」校此文頗有出入，而三年、六月與六月、三月違異尤甚。

〔一二〕古本、石本、中本「夜初」二字互倒。

〔一三〕中本虚作「靈」；釋帖作「空」。

〔一四〕翻譯集名作「至」。義似長。

〔一五〕翻譯集今何所在四字作「今在何處」。

〔一六〕宋本、資福本、元本、明南本、徑山本及翻譯集躭並作「耽」，同。釋帖躭作「深」。

〔一七〕釋帖詎作「何」。

〔一八〕翻譯集莫作「不」。

無著講堂故基西北四十餘里，至故伽藍，北臨殑伽河，中有塼窣堵波，高百餘尺，世親菩薩初發大乘心處。世親菩薩自北印度至於此也，時無著菩薩命其門人，令往迎候，至此伽藍，遇而會見。無著弟子止户牖外，夜分之後，誦十地經。世親聞已，感悟追悔，甚深妙法，昔所未聞，誹〔一〕謗之僁〔二〕，源發於舌。舌爲罪本，今宜除斷。即執銛刀，欲〔三〕自斷舌。乃見無著住立告曰：「夫大乘教者，至真之理也。諸佛所讚，衆聖攸〔四〕宗。吾欲誨爾〔五〕，爾今自悟。悟其時矣，何善如之！諸佛聖教，斷舌非悔。昔以舌毀大乘，今以舌讚大乘，補過自新，猶爲善矣！杜口絶言，其利安在？」作是語已，忽不復〔六〕見。世親承命，遂不斷舌，旦詣無著，諮受大乘。於是研精覃〔七〕思，製大乘論，凡百餘部，並盛宣行〔八〕。

校勘

〔一〕翻譯集誹作「毀」。

〔二〕宋本、資福本、元本、明南本、徑山本及翻譯集僁並作「愆」。按僁乃愆之俗字，見廣韻仙韻。

〔三〕資福本、元本、明南本、徑山本及翻譯集欲作「將」。

〔四〕中本攸作「欣」。

〔五〕宋本、資福本、元本、明南本、徑山本及翻譯集爾並作「汝」。

〔六〕翻譯集不復二字作「復不」。

〔七〕石本、中本覃作「潭」。

〔八〕華嚴鈔七引此文大異，如謂無著令世親讀華嚴，又世親入山披覽大乘，造十地論等。按玄奘師事戒賢，傳無著、世親之學，本瑜伽師地論，開慈恩一宗，但與華嚴無涉。此蓋華嚴派僧徒（澄觀）所增益以崇重其書耳，不足信也。

從此東行三百餘里，渡殑伽河，北至阿耶穆佉國。中印度境。

阿耶穆佉國

阿耶穆佉國周二千四五百里。國大都城臨殑伽河，周二十餘里。其氣序土宜，同阿踰陁國。人淳俗質，勤學好福。伽藍五所，僧徒千餘人，習學小乘正量部法。天祠十餘所，異道雜居。

城東南不遠，臨殑伽河岸，有窣堵波，無憂王之所建也，高二百餘尺，是如來昔於此處三月説法。其側則有過去四佛座及經行遺迹之所，復有如來髮爪青石窣堵波。其側伽藍，僧徒二〔二〕百餘人。佛像莊飾，威嚴如在。臺閣宏麗，奇製鬱起。是昔佛陀馱娑〔二〕唐言覺〔三〕使。論師於此製説一切有部大毗婆沙論。

校勘

〔一〕石本二作「三」。

〔二〕原本娑作「婆」，中本、金陵本及翻譯集作「娑」。向達云：「馱娑，梵文作dāsa，僕使之義。作娑是也。」今改。

〔三〕石本覺作「學」。翻譯集作「覺」，學當是形訛。

從此東南行七百餘里，渡殑伽河南、閻牟那河北，至鉢邏耶伽〔一〕國。中印度境。

校勘

〔一〕宋本、資福本、元本、明南本、徑山本耶並作「那」，下同。慈恩傳作「耶」，同此。方志、珠林三十八耶伽二字作「伽耶」。向達云：「作耶爲是。梵文作Prayāga。」

鉢邏耶伽國

鉢邏耶伽國周五千餘里。國大都城據兩河交，周二十餘里。稼穡滋盛，菓木扶疎。

氣序和暢，風俗善順，好學藝，信外道。伽藍兩所，僧徒寡少，並皆習學小乘法教。天祠數百，異道寔多。

一、如來遺迹及提婆故事

大城西南瞻博迦花林中，有窣堵波〔一〕，無憂王之所建也。基雖傾陷，尚百餘尺。在昔如來於此處降〔二〕伏外道。其側則有髮爪窣堵波、經行遺迹。

校勘

〔一〕珠林三十八引作「城西南臨閻牟河曲中有塔」。方志無「中有塔」三字，餘同。與此異。

〔二〕徑山本降作「夅」。

髮爪窣堵波側，有故伽藍，是提婆唐言天〔一〕。菩薩作廣百論，挫小乘〔二〕，伏外道處。初提婆菩薩自南印度至此伽藍，城中有外道婆羅門，高論有聞，辯才無礙，循名責實，反質窮辭。雅知提婆博究玄奧，欲挫其鋒。乃循名問曰：「汝爲何名？」提婆曰：「名天。」外道曰：「天是誰？」提婆曰：「我。」外道曰：「我是誰？」提婆曰：「狗。」外道曰：「狗是誰？」提婆曰：「汝。」外道曰：「汝是誰？」提婆曰：「天。」外道曰：「天是誰？」提婆曰：「我。」外道曰：「我是誰？」提婆曰：「狗。」外道曰：「誰是狗〔三〕？」提婆曰：「汝。」外道曰：「汝是誰？」提婆曰：「天。」如是循環，外道方悟。自時厥後，深敬風猷。

校勘

〔一〕原本天下有「受」字，石本、中本、明南本、徑山本、金陵本無。翻譯集亦無「受」字。按無者是也。提婆梵文作deva，義譯爲天，故下文外道循名問曰：「汝爲何名？」提婆曰：「名天。」今删。

〔二〕古本乘下有「論」字。

〔三〕古本、石本、中本誰是狗三字作「狗是誰」，與上問相同。

二、天祠及傳説

城中有天祠，瑩飾輪煥，靈異多端。依其典籍，此處是衆生殖〔一〕福之勝地也。能於此祠捐捨一錢，功踰他所惠施千金。復能輕生，祠中斷命，受天福樂，悠永無窮。天祠堂前有一大樹，枝葉扶疎，陰影蒙密。有食人鬼依而棲宅，故其左右多有遺骸。若人至此祠中，無不輕捨身命。既怵〔二〕邪説，又爲神誘，自古迄今，習謬無替。近有婆羅門，族姓子也，闊達多智，明敏高才，來至祠中，謂衆人曰：「夫曲俗鄙志，難以導誘。吾方同事，然後攝化。」亦既登臨，俯謂友曰：「吾有死矣！昔謂詭妄，今驗真實。天仙伎樂，依空接引，當從勝境，捐此鄙形。」尋欲投〔三〕身，自取殞絶。親友諫喻〔四〕，其志不移。遂布衣服遍周樹下，及其自投，得全軀命。久而醒曰：「唯見空中諸天召命，斯乃邪神所引，非得天樂也。」

校勘

〔一〕宋本、資福本、元本、明南本、徑山本殖作「植」。

〔二〕元本、明南本、徑山本怵作「訹」，同。

〔三〕中本投作「捉」。

〔四〕徑山本、金陵本喻作「諭」，同。

三、大施場及修苦行者

大城東，兩河交，廣十餘里，土地爽塏〔一〕，細沙彌漫。自古至今，諸王豪族，凡有捨施，莫不至止〔二〕，周給不計，號大施場。今戒日王者，聿修前緒，篤述惠施，五年積財，一旦傾捨。於其施場，多聚珍貨。初第一日，置大佛像，衆寶莊嚴，即持上妙奇珍而以奉施。次常住僧，次見〔三〕前衆，次高才碩學、博物多能，次外道學徒、隱淪肥遁，次鰥寡孤獨、貧窮乞人。備極珍玩，窮諸上饌。如是節級，莫不周施。府庫既傾，服玩都盡，髻〔四〕中明珠，身諸瓔珞，次第施與，初無所悔〔五〕。既捨施已，稱曰：「樂哉！凡吾所有，已入金剛堅固藏矣。」從此之後，諸國君王各獻珍服，嘗不踰旬，府庫充仞〔六〕。

校勘

〔一〕方志爽塏二字作「平塏」，珠林三十八作「平豊」。豊疑豈之訛，豈同塏。慈恩傳作「平正」。

〔二〕古本、石本、中本止作「此」。

〔三〕宋本、資福本、元本、明南本、徑山本見作「現」，通用。

〔四〕石本髻作「髮」。按髻字爲長，慈恩傳亦作「髻」。

〔五〕古本、石本所悔二字作「悔心」。

〔六〕宋本、資福本、元本、明南本、徑山本仞作「牣」，可通用。石本作「滿」。

大施場東合流口，日數百人〔一〕自溺而死。彼俗以爲欲〔二〕求生天，當於此處絶粒自沈，沐浴中流，罪垢消滅。是以異國遠方，相趨萃止，七日斷食，然後絶命。至於山猨野鹿，羣遊水濱，或濯流而返，或絶食而死。當戒日王之大施也，有一獼猴居河之濱，獨在樹下，屏迹絶食，經數日後，自餓而死〔三〕。故諸外道修苦行者，於河中立高柱，日將旦也，便即昇之。一手一足，執柱端、躡傍杙〔四〕；一手一足，虛懸外申〔五〕，臨空不屈；延頸張目，視日右轉，逮乎曛暮，方乃下焉。若此者其徒數十，冀斯勤苦，出離生死，或數十年未嘗懈息。

校勘

〔一〕珠林數百人三字作「數人」二字。方志作「數百人」，與此同。
〔二〕宋本、資福本、元本、明南本、徑山本欲並作「願」。
〔三〕方志及珠林引此文作「有二獮猴，雌爲狗殺，雄者負屍擲此河中；其（珠林作雄者）又自餓累日而死」，頗異。
〔四〕音釋云：「杙，或作棧，非也。」
〔五〕宋本、資福本、元本、明南本、徑山本申並作「伸」，通用。

從此西南入大林中，惡獸野象，羣暴行旅，非多徒黨，難以經涉。行五百餘里，至憍賞彌國。舊曰拘〔一〕睒彌國，訛也。中印度境〔二〕。

校勘

〔一〕慈恩傳拘作「俱」。
〔二〕石本境下有「也」字。

憍賞彌國

憍賞彌國周六千餘里。國大都城周三十餘里。土稱沃壤，地利豐植，粳稻多，甘蔗茂。氣序暑熱，風俗剛猛。好學典藝，崇樹福善。伽藍十餘所，傾頓荒蕪。僧徒三百餘人，學小乘教。天祠五十餘所，外道寔多〔一〕。

校勘

〔一〕古本、中本多作「繁」字。

一、刻檀佛像

城內故宮中有大精舍，高六十餘尺，有刻檀佛像，上懸石蓋，鄔陀衍那王唐言出愛〔一〕。舊云優填王，訛也。之所作也。靈相間起，神光時照〔二〕。諸國君王恃力欲舉，雖多人衆，莫能轉移，遂圖供養，俱言得真，語其源迹，即此像也。初如來成正覺已，上昇天宮爲母說法，三月不還，其王思慕，願圖形像。乃請尊者没特伽羅子以神通力接工人上天宮，親觀妙相，彫刻栴檀。如來自天宮〔三〕還也，刻檀之像起迎世尊。世尊慰曰：「教化勞耶〔四〕？開導末世，寔此爲冀〔五〕！」

校勘

〔一〕翻譯集愛訛作「受」。出愛王亦見卷六室羅伐悉底國條。

〔二〕中本照下有「曜」字。

〔三〕石本無「宫」字。

〔四〕石本耶作「邪」，同。

〔五〕宋本、資福本冀作「異」。

精舍東百餘步，有過去四佛坐及經行遺迹之所。其側不遠，有如來井及浴室。井猶充汲，室以〔一〕頽毁。

校勘

〔一〕石本、宋本、資福本、元本、明南本、徑山本、中本以作「已」，古通用。

二、具史羅、世親、無著及諸遺迹

城内東南隅有故宅餘趾〔一〕，是具史羅舊云瞿師羅，訛也。長者故宅也〔二〕，中有佛精舍及髮爪窣堵波。復有故基，如來浴室也。

校勘

〔一〕古本、石本趾作「跡」。徑山本趾作「址」，同。

〔二〕中本無「也」字。

城東南不遠，有故伽藍，具史羅長者舊園也。中有窣堵波，無憂王之所建立〔一〕，高二百餘尺，如來於此數年説法。其側則有過去四佛座及經行遺迹之所，復有如來髮爪窣堵波。伽藍東南重閣上，有故塼室，世親菩薩嘗住此中作唯識論，破斥小乘，難諸外道。伽藍東菴没羅林中，有故基，是無著菩薩於此作顯揚聖教論。

校勘

〔一〕古本、中本立作「也」。

城西南八九里毒龍石窟，昔者如來伏此毒龍於中留影。雖則傳記，今無所見。其側有窣堵波，無憂王之所建也，高二百餘尺。傍有如來經行遺迹及髮爪窣堵波，病苦之徒，求願多愈〔一〕。

校勘

〔一〕元本、明南本愈作「兪」。

釋迦法盡，此國最後。故上自君王，下及衆庶，入此國境，自然感傷，莫不歆泣悲歎而歸。

三、迦奢布羅城及護法伏外道遺迹

龍窟東北大林中，行七百餘里，渡殑伽河，北至迦奢布羅城，周十餘里，居人富樂。城傍有故伽藍，唯餘基址〔一〕，是昔護法菩薩伏外道處。此國先王扶〔二〕於邪説，欲毁佛法，崇敬外道。外道衆中召一論師，聰敏高才〔三〕明達幽微者，作僞〔四〕邪〔五〕書千頌，凡三萬二千言，非毁佛法，扶正本宗。於是召集僧衆，令相搉〔六〕論。外道有勝，當毁佛法，衆僧無負，斷舌以謝。是時僧徒懼有退負，集而議曰：「慧日已沈，法橋將毁，王黨外道，其可敵乎？事勢若斯，計將安出？」衆咸默然，無竪〔七〕議者。護法菩薩年在幼稚，辯慧多聞，風範弘遠，在大衆中揚言讚曰：「愚雖不敏，請陳其略，誠宜以我疾應王命。高論得勝，斯靈祐也。徵〔八〕議墮負，乃稚齒也。然則進退有辭，法僧無咎〔九〕。」僉曰：「允諧。」如其籌策，尋應王命，即昇論座〔一〇〕。外道乃提頓綱網，抑揚辭義，誦其所執，待彼異論。護法菩薩納其言而笑曰：「吾得勝矣。將覆逆而誦耶〔一一〕？爲亂辭而誦耶？」外道憮然而謂曰：「子無自高也！能領語盡，此則爲勝。順受其文，後釋其義。」護法乃隨其聲調，述其文義，辭理不謬，氣韻無差。於是外道聞已，欲自斷舌。護法曰：「斷舌非謝，改執〔一二〕是悔。」即爲説法，心信意悟。王捨邪道，遵崇正法。

校勘

〔一〕古本、石本、資福本、明南本址作「趾」。徑山本基址作「其址」。

〔二〕古本、石本、中本扶作「怵」，亦通。

〔三〕原本無「才」字，資福本、元本、明南本、徑山本、金陵本並有之，今據補。

〔四〕古本、石本、中本、宋本、資福本、元本、明南本、徑山本僞並作「爲」。

〔五〕徑山本邪作「衺」，同。

〔六〕原本擢作「擢」，今從宋本、資福本改。元本、明南本作「榷」。擢、榷同字。

〔七〕中本竪作「豎」。

〔八〕石本、元本、明南本、徑山本徵作「微」。

〔九〕中本咎作「耻」。

〔一〇〕舊麗本、石本、宋本、資福本、元本、明南本、徑山本、中本座並作「席」。

〔一一〕石本耶作「邪」，次同。

〔一二〕舊麗本、石本、宋本、資福本、元本、明南本執作「軌」。徑山本訛作「斬」。

護法伏外道側有〔一〕窣堵波，無憂王所建也，基雖傾陷，尚高二百餘尺，是如來昔於此處六月説法。傍有經行之迹及髮爪窣堵波。

校勘

〔一〕中本、宋本、資福本、元本、明南本、徑山本有上並有「則」字。

自此北行〔一〕百七八十里，至鞞索〔二〕山格反。迦國。中印度境。

校勘

〔一〕慈恩傳北行二字作「東北行」三字。

〔二〕石本索作「𡩧」，次同。按𡩧乃𡨋之訛，𡨋爲索之古作。

鞞索迦國

鞞索迦國周四千餘里。國大都城周十六里。穀稼殷盛，花果具繁。氣序和暢，風俗淳質，好學不倦，求福不回。伽藍二十餘所，僧衆〔一〕三千餘人，並學小乘正量部法。天祠五十餘所，外道甚多。

校勘

〔一〕宋本、資福本、元本、明南本、徑山本衆並作「徒」。

大城附近諸遺迹

城南〔一〕道左有大伽藍，昔提婆設摩阿羅漢於此造識身論，説無我人；瞿波阿羅漢作聖教要實論，説有我人。因此法執，遂深諍論。又是護法菩薩於此七日中，摧伏小乘一百論師。伽藍側有窣堵波，高二百餘尺，無憂王所建也，如來昔日六年於此説法導化。説法側有奇樹，高六七尺〔二〕，春秋遞代，常無增減，是如來昔嘗浄齒〔三〕，棄其遺枝，因植根柢，繁茂至今。諸邪見人及外道衆競來殘伐，尋生如故。其側不遠，有過去四佛座及經行遺迹之所，復有如來髮爪窣堵波。靈基連隅，林沼交映〔四〕。

校勘

〔一〕慈恩傳南作「東南」。

〔二〕慈恩傳、方志及珠林三十八引六七尺三字並作「七十尺」。

〔三〕慈恩傳、方志及珠林齒下並有「木」字。傳云：「昔佛因淨齒木棄其餘枝。」齒木詳見義淨南海寄歸內法傳朝嚼齒木篇。

〔四〕石本映作「影」。

從此東北行五百餘里，至室羅伐悉底國。舊曰舍衛〔一〕，訛也〔二〕。中印度境。

校勘

〔一〕石本、宋本、資福本、元本、明南本、徑山本衛下並有「國」字。

〔二〕釋帖二十一引此下又有「具足應云室羅伐城悉底國，此云豐德；一解脱德，理事無異；二名稱德，世出世間名稱遠故；三財寶德，世法二財皆具足故；四曰色塵德，物景豐滿故。」翻譯集諸國篇引作「室羅伐悉底，舊訛云舍衛，此云聞物，寶物多出此城；亦翻豐德，一具財寶，二妙五欲，三饒多聞，四豐解脱。」二書相較，詳略雖異，大體則相似，皆引西域記，疑今本有脱文也。

大唐西域記卷第六

三藏法師玄奘奉詔譯
大總持寺沙門辯機撰

四國

室羅伐悉底國　劫比羅伐窣〔一〕堵國
藍摩國　拘尸那揭羅國

校勘

〔一〕石本窣作「綷」。按干祿字書卒之俗字作「䜌」，綷當是䜌之譌，又誤窣爲卒。

室羅伐悉底國

室羅伐悉底國周六千餘里。都〔二〕城荒頓〔三〕，疆場無紀。宮城故基周二十〔三〕餘里。雖多荒圮〔四〕，尚有居人。穀稼豐，氣序和。風俗淳質，篤學好福。伽藍數百，圮壞良多。

僧徒寡少〔五〕，學正量部。天祠百所，外道甚多。

校勘

〔一〕中本都上有「國大」二字；石本都上有「大」字。

〔二〕中本、金陵本頓作「頽」；餘本並作「頓」。向達云：「頓亦有壞義，見左傳襄公四年注。本書卷五憍賞彌國條有傾頓荒蕪之語，義應同此也。」

〔三〕石本十作「千」，當訛。

〔四〕石本、中本圮作「地」。

〔五〕石本寡作「寘」。按寡之俗字「寡」，與寘形近易誤。方志作「僧徒少」，與此同。慈恩傳作「僧徒數千」。以數百寺有數千僧，爲數固少也。

一、勝軍王

此則如來在世之時，鉢邏犀〔一〕那恃多王唐言勝軍〔二〕。舊曰波斯匿，訛略也〔三〕。所治國都也。故宮城内有故基，勝軍王殿餘址也。次東不遠，有一故基，上建小窣堵波，昔勝軍王爲如來所建大法堂也。

校勘

〔一〕慈恩傳犀作「斯」。

〔二〕中本軍下有「王」字。

〔三〕宋本、明南本、明北本、徑山本、酬本並無「也」字。

法堂側不遠故基上有窣堵波，是佛姨母鉢邏闍鉢〔一〕底唐言生〔二〕主。舊云波〔三〕闍波提〔四〕，訛也〔五〕。苾芻〔六〕尼精舍，勝軍王之所建立。次東窣堵波，是蘇達多唐言善施。舊曰須達，訛也。故宅也。

校勘

〔一〕石本無「鉢」字。

〔二〕石本無「生」字，脱去。

〔三〕石本波作「婆」，通用。

〔四〕翻譯集提下有「者」字。

〔五〕酬本無「也」字。

〔六〕石本苾芻作「比丘」。比丘乃苾芻之異譯。

二、指鬘捨邪處

善施長者宅側有大窣堵波，是鴦窶利摩羅唐言〔一〕指鬘。舊曰央掘摩羅，訛也。捨邪之處。鴦窶利摩羅者，室羅伐悉底之凶人也，作害生靈，爲暴城國，殺人取指，冠首爲鬘。將欲害母，以充指數。世尊悲愍，方〔二〕行導化。遥見世尊，竊自喜曰：「我今生天必矣。先師有教，遺言在兹，害佛殺母，當生梵天。」謂其母曰：「老今且止，先當害彼大沙門。」尋即〔三〕杖〔四〕劍往逆世尊。如來於是徐行而退，凶人指鬘疾驅不逮。世尊謂曰：「何守鄙志，捨善本，激惡源？」時指鬘聞誨，悟所行非，因即歸命，求入法中。精勤不怠，證羅漢果。

校勘

〔一〕石本言作「云」。

〔二〕石本方下有「便」字。

〔三〕石本即作「善」，非。

〔四〕石本、中本杖作「拔」。宋本、異本、酬本、明南本、明北本、徑山本作「仗」。仗、杖通用。

三、逝多林給孤獨園

城南五六里有〔一〕逝多林，唐言勝林，舊曰祇陁，訛也。是給孤獨園，勝軍王大臣善施爲佛建精舍。昔爲伽藍，今已荒廢。東門左右各建石柱，高七十餘尺。左柱鏤輪相於其端，右柱刻牛形於其上，並無憂王之所建也。室宇傾圮，唯餘故基，獨一甎室巋然獨在〔二〕。中有佛像〔三〕。昔者如來昇三十三天爲母說法之後，勝軍王聞出愛王刻檀像佛，乃造此像。善施長者仁而聰敏，積而能散，拯〔四〕乏濟貧，哀孤恤老，時美其德，號給孤獨焉。聞佛功德，深生尊敬，願建精舍，請佛降臨，世尊命舍利子隨瞻揆焉。唯太子逝多園地爽〔五〕塏。尋詣太子，具以情告。太子戲言〔六〕：「金遍〔七〕乃賣。」善〔八〕施聞之，心豁如也，即出藏金，隨言布地。有少未滿，太子請留曰：「佛誠良田，宜植善種。」即於空地建立精舍，世尊即之，告阿難曰：「園地善施所買，林樹逝多所施，二人同心，式崇功業。自今已去〔九〕，應謂此地爲逝多林〔一〇〕給孤獨園。」

校勘

〔一〕石本無「有」字。

〔二〕石本、中本、宋本、酬本、元本、明南本、徑山本在作「存」。

〔三〕慈恩傳、方志及珠林三十八引佛像二字作「金像」。

〔四〕異本拯作「賑」。

〔五〕石本爽作「文夾」二字。疑先誤作「文」字，後改爲「夾」字而未將「文」字塗去。爽字或作「奭」（見干禄字書），夾殆爲奭之俗作。

〔六〕石本言作「云」。
〔七〕中本遍下有「豎」字，疑衍。
〔八〕石本善上有「明」字，疑衍文。
〔九〕石本、中本及翻譯集引去並作「來」。
〔一〇〕舊麗本、宋本、磧本、元本、明南本、徑山本及翻譯集林並作「樹」。

四、如來洗病比丘處

給孤獨園東北有窣堵波，是如來洗〔一〕病苾芻〔二〕處。昔如來之在世也，有病苾芻含苦獨處。世尊見而問曰：「汝何所苦？汝何獨居？」曰：「我性疎嬾〔三〕，不耐看病，故今嬰疾〔四〕，無人瞻視。」如來是時愍而告曰：「善男子，我今看汝。」以手拊摩，病苦皆愈。扶出户外，更易敷蓐〔五〕，親爲盥洗，改着新衣。佛語苾芻：「當自勤勵。」聞誨感恩，心悦身豫。

校勘

〔一〕徑山本洗作「洒」。洗、洒通用，見干禄字書。
〔二〕石本苾芻作「比丘」，次同。
〔三〕古本嬾作「懶」，同。石本作「躝」。集韻有躝字，義不同，此或借用。

〔四〕石本疾作「病」。
〔五〕宋本、醐本、元本、明南本、徑山本蓐並作「褥」，通用。

五、舍利弗與目連試神通處及諸佛迹

給孤獨園西北有小窣堵波，是沒特伽羅〔一〕子運神通力舉舍利子衣帶不動之處。昔佛在無熱惱池，人天咸集，唯舍利子不時從會。佛命沒特伽羅往召來集，沒特伽羅承命而往。舍利子方〔二〕補護法衣，沒特伽羅曰：「世尊今〔三〕在無熱惱池，命我召爾。」舍利子曰：「且止，須我補竟〔四〕，與子偕行。」沒特伽羅曰：「若不速行，欲運神力舉爾石室，至大會所。」舍利子乃解衣〔五〕帶置地曰：「若舉此帶，我身或動。」時沒特伽羅運大神通，舉帶不動，地爲之震。因以神足還詣佛所，見舍利子已在會坐。沒特伽羅俛而歎曰：「乃今以知神通之力不如智慧之力矣！」

校勘

〔一〕石本羅作「邏」。
〔二〕原本無「方」字，石本、中本、宋本、醐本、元本、明南本、徑山本並有「方」字，有之義足，據補。
〔三〕中本今下有「者」字。
〔四〕石本竟下有「衣」字。

〔五〕古本、石本無「衣」字。

舉帶窣堵波側不遠有井，如來在世，汲充佛用。其側有窣堵波，無憂王之所建也，中有如來舍利。經行之迹，説法之處〔一〕，並樹旌表，建窣堵波。冥祇警衛，靈瑞間起，或鼓天樂，或聞神香。景福之祥，難以備敍。

校勘

〔一〕中有如來舍利經行之迹説法之處，方志及珠林三十八引此文作「不遠井塔，佛所汲用。又(珠林又下有有字)舍利弗與佛經行道説法之處。」二書雖隱括引文，但「舍利弗」句似不誤。疑此文本作「中有如來舍利。如來、舍利弗經行之迹説法之處，……」因「如來舍利」四字重複，敓去，後來又以「弗」字爲衍文而删之。

六、伽藍附近三坑傳説

伽藍後不遠，是外道梵志殺婬女以謗佛處。如來十力無畏，一切種智，人天宗仰〔一〕，聖賢遵〔二〕奉。時諸外道共相議曰：「宜行詭詐，衆中謗辱。」乃誘雇婬女，詐爲聽法，衆所知已，密而殺之，埋屍樹側，稱怨告王。王〔三〕命求訪，於逝多園得其屍焉。是時外道高聲唱言：「喬答摩大沙門常稱戒忍，今私此女，殺而滅口〔四〕。既婬既殺，何戒何忍？」諸天空中隨聲唱曰：「外道凶人，爲此謗耳。」

校勘

〔一〕古本仰作「敬」。
〔二〕石本遵作「尊」。
〔三〕中本無「王」字。
〔四〕石本、中本滅口作「緘口」。

伽藍東百餘步有大深坑，是提婆達多欲以毒藥害佛，生身陷入地獄處。提婆達多，唐言天授。斛飯王之子也，精勤十二年，已誦持八萬法藏。後爲利故，求學神通，親近惡友，共相議曰：「我相三十，減佛未幾。大衆圍繞，何異如來。」思惟是已，即事破僧。舍利子、没特伽羅子奉佛指告，承佛威神，説法誨喻，僧復和合。提婆達多惡心不捨，以惡毒藥置指爪中，欲因作禮以傷〔一〕害佛。方行此謀，自遠而來，至於此也，地遂坼焉，生陷地獄。

校勘

〔一〕石本以傷作「傷以」，誤倒。

其南復有大坑，瞿伽梨〔一〕苾芻〔二〕毁謗如來，生身陷入地獄〔三〕。

校勘

〔一〕慈恩傳、方志及珠林引梨作「離」。

〔二〕石本苾芻作「比丘」，次同。

〔三〕中本獄下有「處」字。

瞿伽梨陷坑南八百餘步，有大深坑，是戰遮婆羅門女毁謗如來，生身陷入地獄地處。佛爲人天説諸法要，有外道弟子遥見世尊，大衆恭敬，便自念曰：「要於今日辱喬答摩，敗其善譽，當令我師獨擅芳聲。」乃懷繫木盂，至給孤獨園，於大衆中揚聲唱曰：「此説法人與我私通，腹中之子，乃釋種也。」邪見者莫不信然，貞固者知爲訕〔一〕謗。時天帝釋欲除疑故，化爲白鼠，齧斷盂系〔二〕。系斷之聲，震動大衆，凡諸見聞，增深喜悦。衆中一人起持木盂，示彼女曰：「是汝兒耶？」是時也，地自開坼，全身墜〔三〕陷，入無間獄，具受其殃。凡此三坑，洞無崖底。秋夏霖雨，溝池泛溢，而此深坑嘗無水止。

校勘

〔一〕石本、中本訕作「誹」。

〔二〕石本、中本系作「糸」，次同，俗訛寫。
〔三〕石本無「墜」字。

七、影覆精舍

伽藍東六七十步有一精舍〔一〕，高六十餘尺，中有佛像，東面而坐。如來在昔於此與諸外道論議。次東有天祠，量等精舍。日旦流光，天祠之影不〔二〕蔽精舍。日將落照，精舍之陰遂覆天祠〔三〕。

校勘

〔一〕方志及珠林三十八引精舍下有「名曰影覆」四字。
〔二〕感應録上引不下有「能」字。
〔三〕感應録引祠下有「影覆矣」三字，不辭，疑涉下文「影覆」而誤衍。

影覆精舍東三四里有窣堵波，是尊者舍利子與外道論議處。初善施長者買逝多太子園，欲爲如來建立精舍，時尊者舍利子隨長者而瞻揆，外道六師求角〔一〕神力。舍利子隨事攝化，應物降伏。

校勘

〔一〕宋本、酬本、明南本、明北本、徑山本角並作「捔」，通用。

其側精舍前，建窣堵波，如來於此摧諸外道，又受毗舍佉母請。

八、毗盧擇迦王傳説

受請窣堵波南，是毗盧〔一〕擇〔二〕迦王舊曰毗琉〔三〕離王〔四〕，訛也。興甲兵誅釋種至此見佛歸兵之處。毗盧擇迦王嗣位之後，追怨前辱，興甲兵，動大衆，部署已畢，申〔五〕命方行。時有苾芻〔六〕聞以〔七〕白佛。世尊於是坐枯樹下，毗盧擇迦王遥見世尊，下乘禮敬，退立〔八〕言曰：「茂樹扶疎，何故不坐？枯株〔九〕朽蘖〔一〇〕，而乃游止？」世尊告曰：「宗族者，枝葉也。枝葉將危，庇蔭〔一一〕何〔一二〕在？」王曰：「世尊爲宗親耳，可以迴駕。」於是覩聖感懷，還軍返國。

校勘

〔一〕中本盧作「慮」。

〔二〕原本擇作「釋」，舊麗本、石本、宋本、酬本、明南本、明北本、徑山本釋並作「擇」，今據改，下同。方志、珠林及翻譯集引則作「釋」。

〔三〕石本、宋本、酬本、明南本、明北本、徑山本及翻譯集琉並作「流」。

〔四〕原本王作「主」，石本、宋本、酬本、明南本、明北本、徑山本及翻譯集並作「王」。珠林亦然，今據改。

〔五〕宋本、酬本、明南本、明北本、徑山本申並作「伸」，同。

〔六〕石本苾芻作「比丘」。

〔七〕古本、石本以作「已」，通用。

〔八〕宋本、酬本、明南本立作「而」。

〔九〕石本株作「林」。株與上文枯樹相應，林字義遜。

〔一〇〕原本朽作「杇」，非，今從諸本正。明北本、徑山本蘖作「葉」。

〔一一〕徑山本蔭作「廕」，同。

〔一二〕中本何下有「異」字，疑衍。

還軍之側，有窣堵波，是釋女被戮處。毗盧擇迦王誅釋克勝，簡五百女充實宮闈〔一〕。釋女憤恚，怨言不遜，詈其王「家人之子也」。王聞發怒，命令誅戮。執法者奉王教，刖〔二〕其手足，投諸阬穽。時諸釋女含苦稱佛。世尊聖鑒〔三〕，照其苦毒，告命苾芻〔四〕，攝衣而往，爲諸釋女說微〔五〕妙法，所謂羈纏五欲，流轉三途，恩愛別離，生死長遠。時諸釋女〔六〕聞佛指誨，遠塵離垢，得法眼浄，同時命終，俱生天上。時天帝釋化作婆羅門，收骸火葬，後人記焉。

校勘

〔一〕中本闡作「閣」。
〔二〕古本、石本刖作「刑」。
〔三〕古本鑒作「監」，通用。
〔四〕石本苾芻作「比丘」。
〔五〕中本無「微」字。
〔六〕原本無「女」字，石本有之，義長，今據補。

誅釋女窣堵波側不遠，有大涸池，是毗盧擇迦王陷身〔一〕入地獄處。世尊觀釋女已，還給孤獨園，告諸苾芻〔二〕：「今毗盧擇迦王却後七日，爲火所燒。」王聞佛記〔三〕，甚〔四〕懷惶懼。至第七日，安樂無危。王用歡慶，命諸宮女往至池〔五〕側，娱遊樂飲。猶懼火起，鼓棹清流，隨波泛濫。熾焰飈〔六〕發，焚輕舟，墜王身，入無間獄，備受諸苦。

校勘

〔一〕石本陷身二字作「生身陷」三字。

〔二〕石本苾芻作「比丘」。
〔三〕石本、中本記作「説」。
〔四〕中本甚作「其」。其讀作綦，與甚同義。
〔五〕原本池作「河」，宋本、醐本、明南本、明北本、徑山本並作「池」。按上文云「大涸池」，以池字爲長，今從正。
〔六〕慧琳音義云：「(飇)或從三犬作猋音。有從三焱作飇也。」

九、得眼林

伽藍西北三四里，至得眼林，有如來經行之迹，諸聖習定之所，並樹封記，建窣堵波。昔此國羣盜五百，横行邑里，跋扈城國。勝軍王捕獲已，抉〔一〕去其眼，棄於深林。羣盜苦逼，求哀稱佛。是時如來在逝多精舍，聞悲聲，起慈心，清風和暢，吹雪山藥，滿其眼已，尋得復明。而見世尊在其前住，發菩提心，歡喜頂禮，投〔二〕杖而去，因植〔三〕根焉。

校勘

〔一〕中本抉作「掘」。
〔二〕中本投作「授」，非。方志、珠林作「捨杖」。
〔三〕石本植下有「善」字。

十、故城

大城西北六十餘里有故城，是賢劫中人壽二萬歲時迦葉波佛本生城〔一〕也。城南有窣堵波，成正覺已初見父處。城北有窣堵波，有〔二〕迦葉波佛全身舍利，並無憂王所建也。

校勘

〔一〕中本「生城」二字互倒。

〔二〕古本、石本有上有「中」字。

從此東南行五百餘里〔一〕，至劫比羅伐窣堵國。舊曰迦毗〔二〕羅衛國，訛〔三〕。中印度境。

校勘

〔一〕五百餘里，慈恩傳作「八百餘里」，續僧傳玄奘傳作「將七百里」。

〔二〕原本無「毗」字，石本、宋本、酬本、明南本、明北本、徑山本並有之，慈恩傳、方志、珠林及翻譯集亦有，今據補。

〔三〕石本、宋本、酬本、明南本、明北本、徑山本及翻譯集訛下並有「也」字。

劫比羅伐窣堵國

劫比羅伐窣堵國周四千餘里。空〔一〕城十數，荒蕪已甚。王城頽圮，周量不詳。其内宫城周十四五里，壘甎而成，基址〔二〕峻〔三〕固。空荒久遠，人里稀曠。無大君長，城各立主。土地良沃，稼穡時播。氣序無愆〔四〕，風俗和暢。伽藍故基千有餘所，而宫城之側有一伽藍。僧徒三十〔五〕餘人，習學〔六〕小乘正量部教。天祠兩所，異道雜居。

校勘

〔一〕石本空作「宫」，疑形音相近之誤。方志亦作「空城」。慈恩傳作「都城千餘里」，疑有誤。

〔二〕原本作「跡」，石本、中本、宋本作「趾」，酬本、明南本、明北本、徑山本作「址」。址、趾相通。

〔三〕宋本、酬本峻作「峻」，誤。

〔四〕宋本、酬本、明南本、明北本、徑山本愆作「𠎝」。按愆乃𠎝之俗字，見干禄字書。

〔五〕原本十作「千」，古本、石本、酬本、明南本、明北本並作「十」，方志亦作「寺僧三十餘」，今據正。按此國「人里稀曠，」一寺豈容有三千僧？千字必誤。

〔六〕石本無「學」字。

一、釋迦爲太子時傳説

宮城内有故基，淨飯王正殿也，上建精舍，中作王像。其側〔一〕不遠有故基，摩訶摩〔二〕耶唐言大術〔三〕。夫人寢殿也，上建精舍，中作夫人〔四〕之像。其側〔五〕精舍，是釋迦菩薩降神母胎處，中作菩薩降神之像。上座部〔六〕菩薩以嗢呾羅頞沙茶〔七〕月三十日夜降神母胎，當此五月十五日。諸部則以此月二十三日夜降神〔八〕母胎，當此五月八日。

校勘

〔一〕慈恩傳其側二字作「次北」。方志及珠林作「其側」，與此同。

〔二〕石本脱「摩」字。

〔三〕翻譯集引術下有「或云大幻」四字。

〔四〕中本脱「人」字。

〔五〕石本側下有「有」字。

〔六〕石本部下有「曰」字。

〔七〕石本、宋本、酬本、明南本、明北本、徑山本荼並作「荼」。向達云：「嗢呾羅頞沙荼月，梵文作uttara-āṣāḍha，以作荼爲是。」按唐初不用茶字，詳見前，諸作茶者多涉形訛。

〔八〕原本降下無「神」字，古本、石本並有，依上下文例言，有之爲是，今據補。

菩薩降神東北有窣堵波，阿私多仙相太子處。菩薩誕靈之日，嘉祥輻湊。時淨飯王召諸相師而告之曰：「此子生也，善惡何若？宜悉乃心〔一〕，明言以對。」曰：「依先聖之記，考吉祥之〔二〕應，在家作轉輪聖〔三〕王，捨家當成等正覺。」是時阿私多仙自遠而至，叩門請見。王甚慶悦，躬迎禮敬，請就寶座，曰：「不意大仙今日降顧。」仙曰：「我在天宮，安居宴坐，忽見諸天群從蹈舞〔四〕。我時問言：『何悦豫之甚也？』曰：『大仙當知，贍部洲中，釋種淨飯王第一夫人今産太子，當證三菩提，圓明一切智。』我聞是語，故來瞻仰。所悲朽耄，不遭聖化。」

校勘

〔一〕原本心作「正」，舊麗本、石本、中本、宋本、酬本、明南本、明北本、徑山本並作「心」，今據正。心與正行書相近而誤。

〔二〕石本「祥之」二字互倒，誤。

〔三〕石本無「聖」字。

〔四〕中本舞下有「悦」字，疑涉下文悦字而衍。

城南門有窣堵波，是太子與諸釋角〔一〕力擲象之處。太子伎藝多能，獨拔倫匹。淨飯大王懷慶將返，僕夫馭象，方欲出城。提婆達多素負强力，自外而入，問馭者曰：「嚴駕此象，其誰欲乘？」曰：「太子將〔二〕還，故往奉馭。」提婆達多發憤引象，批其顙，蹴〔三〕其臆〔四〕，僵仆塞路，杜絶行途，無能轉移，人衆填塞。難陁後至而問之曰：「誰死此象？」曰〔五〕：「提婆達多。」即曳之避〔六〕路。太子至，又問曰：「誰爲不善，害〔七〕此象耶？」曰：「提婆達多害以杜門，難陁引之開徑〔八〕。」太子乃舉象高擲，越度城塹。其象墮地，爲大深坑，土〔九〕俗相傳爲象墮坑也。其側精舍中作太子像。其側又有精舍，太子妃寢宮也，中作耶輸陁羅，并有羅怙羅像。宮側精舍作受業之像，太子學堂故基也。

校勘

〔一〕宋本、酬本、明南本、明北方、徑山本角並作「捔」，同。慈恩傳、方志及珠林作「捔力」。

〔二〕中本將上有「遊」字。

〔三〕酬本蹴作「蹤」，非。

〔四〕古本臆作「胸」。胸疑胸之訛。

〔五〕古本、石本曰上有「馭者」二字。

〔六〕中本避作「僻」。

〔七〕石本害下有「死」字。

〔八〕原本徑作「徑」，今從宋本、酬本、明南本、明北本、徑山本改。徑爲徑之俗作。

〔九〕宋本、酬本、明南本、明北本、徑山本土並作「士」。依本書他例，作「土」爲是。

二、太子踰城處

城東南隅有一精舍，中作太子乘白馬淩虚之像，是踰城處也。城四門外各有精舍，中作老、病、死人、沙門之像，是太子遊觀，覩相增懷〔一〕，深厭塵俗，於此感悟，命僕迴駕。

校勘

〔一〕石本增懷二字作「壞增」，非。

三、二古佛本生處

城南行五十餘里，至故城，有窣堵波，是賢劫中人壽六万歲時迦羅迦〔一〕村馱佛本生城也。城南不遠，有窣堵波，成正覺已見父之處。城東南窣堵波，有彼如來遺身舍利。前建石柱，高三十餘尺，上刻師子之像，傍記寂〔二〕滅之事，無憂王〔三〕建焉。

校勘

〔一〕古本無「迦」字，次同。慈恩傳、方志、珠林三十八並作「迦羅迦村馱佛」，諸本同。翻譯集諸佛別名篇則作「迦羅鳩村馱」。

〔二〕石本寂作「㝂」，下同。字書無此字，疑宊之訛。宊爲寂之古字。

〔三〕石本王下有「所」字。

迦羅迦村馱佛城東北〔一〕行三十餘里，至故大城，中有窣堵波，是賢劫中人壽四万歲時迦諾迦牟尼〔二〕佛本生城也。東北不遠，有窣堵波，成正覺已度父之處。次北〔三〕窣堵波，有彼如來遺身舍利。前建石柱，高二十餘尺，上刻師子之像，傍記寂滅之事，無憂王〔四〕建也。

校勘

〔一〕古本無「北」字。

〔二〕迦諾迦牟尼，翻譯集諸佛別名篇作「迦那迦牟尼」。

〔三〕酬本、明南本、明北本、徑山本次北下並有「有」字。

〔四〕石本王下有「所」字；宋本、酬本、明南本、明北本、徑山本並有「之所」二字。

四、太子坐樹陰處

城東北四十餘里有窣堵波，是太子坐樹陰，觀耕田，於此習定而得離欲。淨飯王見太子坐樹陰入寂定，日光迴照，樹影不移，心知靈聖，更深珍敬。

五、釋種誅死處

大城西北有數百千窣堵波，釋種誅死處也。毗盧擇〔一〕迦王既克〔二〕諸釋，虜其族類，得九千九百九十万人，並從殺戮，積尸〔三〕如莽〔四〕，流血成池。天警〔五〕人心，收骸瘗〔六〕葬。

校勘

〔一〕擇原作「釋」，宋本、磧本、明南本等作「擇」，據改，下同。
〔二〕石本克作「尅」，同。
〔三〕古本尸作「屍」，同。
〔四〕石本莽作「芥」，非。
〔五〕石本警作「驚」，音之訛。
〔六〕石本瘗作「瘞」；宋本、磧本、明南本、明北本、徑山本並作「瘗」字。按瘗乃正作，干禄字書又有瘗、瘞二作。瘞疑爲瘗之别作也。

誅釋西南有四小窣堵波，四釋種拒軍處。初勝軍王嗣位也，求婚釋種，釋種鄙其非類，謬以家人之女〔一〕，重禮娉焉。勝軍王立爲正后，其産子男，是爲毗盧擇迦王。毗盧擇迦欲就舅氏請益受業，至此城南，見新講堂，即中憩〔二〕駕。諸釋聞之，逐而詈〔三〕曰：「卑賤婢子，敢居此室！此室諸釋建也，擬佛居焉。」毗盧擇迦嗣〔四〕位之後，追復先〔五〕辱，便興甲兵〔六〕，至此屯軍。釋種四人躬耕畎畝，便即抗拒，兵寇退散。已而入城，族人以爲承輪王之祚胤，爲法王之宗子，敢行凶暴，安忍殺害，汙辱宗門，絶親遠放。四人被逐，北趣雪山，一爲烏仗那國王，一爲梵衍那國王，一爲呬摩呾羅國王，一爲商彌〔七〕國王，奕世傳業，苗裔不絶。

校勘

〔一〕石本、宋本、酬本、明南本、明北本、徑山本女並作「子」。

〔二〕慧琳音義云：「（憩）説文從心作「愒」。愒亦歇也。」

〔三〕宋本、酬本、明南本、明北本、徑山本詈並作「罵」。

〔四〕石本嗣作「副」。

〔五〕徑山本先作「前」。

〔六〕石本「甲兵」二字互倒。

〔七〕石本彌下有「迦」字。按商彌國見卷十二。

六、釋迦證法歸見父王處

城南三四里尼拘律樹林，有窣堵波，無憂王建〔一〕也，釋迦如來成正覺已還國見父王爲説法處。淨飯王知如來降魔軍已，遊行化導，情懷渴仰，思得禮敬。乃命使請如來曰：「昔期成佛，當還本生。斯言在耳，時來降趾。」使至佛所，具宣王意。如來告曰：「却後七日，當還本生。」使臣還以〔二〕白王，淨飯王乃告命臣庶灑掃衢路，儲積花香，與諸群臣四十里外佇駕奉迎。是時如來與大衆俱，八金剛周衛，四天王前導，帝釋與欲界天侍左，梵王與色界天侍右，諸苾芻〔三〕僧列在其後。維佛在衆，如月映星，威神動三界，光明踰七曜，步虚空，至本〔四〕生國。王與從臣禮敬已畢，俱共還國，止尼拘盧陁僧伽藍。其側不遠，有窣堵波，是如來於大樹下東面而坐受姨母金縷袈裟。次此窣堵波，是如來於此度八王子及五百釋種處。

七、自在天祠及箭泉

城東門内路左有窣堵波，昔一切義成太子於此習諸技藝。門外有自在天祠。祠〔一〕

校勘

〔一〕石本建上有「所」字。

〔二〕石本、宋本、酬本、明南本、明北本、徑山本以並作「已」，通用。

〔三〕石本苾芻作「比丘」。

〔四〕原本無「本」字，據古本、石本、中本補。

中〔二〕石天像，危然起勢，是太子在襁褓〔三〕中所入祠也。淨飯王自臘伐尼園〔四〕迎太子還也，途次天祠。王曰：「此天祠多靈鑒，諸釋童稚求祐必效，宜將太子至彼修敬。」是時傅母抱而入祠，其石天像起迎太子。太子〔五〕已出，天像復坐。

校勘

〔一〕石本祠下有「之」字。

〔二〕宋本、酬本、明南本、明北本、徑山本中下有「有」字。

〔三〕石本襁褓二字作「繦緥」。按襁褓二字正作「襁緥」，俗或皆從衣作襁褓，或皆從糸作繦緥也（干禄字書繦與鏹通用）。

〔四〕原本園作「國」，宋本、酬本、明南本、明北本、徑山本並作「園」；石本作「薗」，與園通用。按臘伐尼又作藍毗尼、嵐毗尼，釋迦誕生之王園，下文「臘伐尼林」，即其地。法顯傳云：「園名論民」是也。國字顯誤，今正。

〔五〕徑山本無下「太子」二字。

城南門外路左有窣堵波，是太子與諸釋角〔一〕藝，射鐵鼓。從此東南三十餘里，有小窣堵波。其側有泉，泉〔二〕流澄鏡。是太子與諸釋引強〔三〕挍〔四〕能，弦矢既分〔五〕，穿鼓過〔六〕表，至地〔七〕没羽，因涌清流。時俗相傳，謂之箭泉。夫〔八〕有疾病，飲沐〔九〕多愈。遠方之人，持泥〔一〇〕以歸，隨其所苦，漬〔一一〕以塗額，靈神冥衛，多蒙痊愈。

校勘

〔一〕宋本、酬本、明南本、明北本、徑山本角並作「捔」，通用。

〔二〕古本、石本無下「泉」字。

〔三〕中本强下有「弓」字。

〔四〕石本、宋本、明南本、明北本挍作「校」，通用。

〔五〕中本分作「八」。按說文八字云：「别也，象分别相背之形。」分字云：「别也。」義可相通。

〔六〕石本「鼓過」二字互倒。

〔七〕原本地作「池」，石本、宋本、酬本、明南本、明北本、徑山本並作「地」，方志及珠林三十八引亦同，今據正。

〔八〕徑山本、金陵本夫作「人」。徑山本校記云：「人，今正。」

〔九〕古本沐作「浴」。

〔一〇〕中本、酬本、明南本、明北本泥作「涅」，同。

〔一一〕明南本、明北本漬作「潰」，上屬讀。珠林作「持泥附額」。

八、臘伐尼林及釋迦誕生傳説

箭泉東北行八九十里，至臘伐尼林，有釋種浴池。澄清皎鏡，雜花彌漫。其北二十四五步，有無憂〔一〕花樹，今已枯悴，菩薩誕靈之處。菩薩以吠舍佉月後半八日，當此三月八日，上座部則曰以吠舍佉月後半十五日，當此三月十五日。次東窣堵波，無憂王所建，二龍浴太子處也。菩薩生已，不扶而行於四方，各七步，而自言曰：「天上天下，唯我獨尊。今兹而往，生分已盡。」隨足所蹈，出大蓮花。二龍踊〔二〕出，住虚空中而各吐水，一冷一煖〔三〕，以浴〔四〕太子。浴太子〔五〕窣堵波東，有二清泉，傍建二窣堵波，是二龍從地踊出之處。菩薩生已，支屬宗親莫不奔馳，求水盥〔六〕浴。夫人之前，二泉涌出，一冷一煖，遂以浴洗〔七〕。其〔八〕南窣堵波，是天帝釋捧接菩薩處。菩薩初出胎也，天帝釋以妙天衣跪接菩薩。次有四窣堵波，是四天王抱持菩薩處也。菩薩從右脇生已，四大〔九〕天王以金色氎衣捧菩薩，置金机〔一〇〕上，至母前曰：「夫人誕斯福子，誠可歡慶！諸天尚喜，況世人〔一一〕乎？」

校勘

〔一〕珠林三十八無憂作「無意」，非。無憂花樹即阿輸迦樹。

〔二〕古本踊作「涌」。

〔三〕宋本、酬本、明南本、明北本、徑山本煖並作「煖」。下同。音釋作「煖」，云：「音暖。」與此合。

〔四〕石本浴下有「之」字。

〔五〕石本無「浴太子」三字。
〔六〕舊麗本盥作「與」。
〔七〕中本「浴洗」二字互倒。
〔八〕舊麗本其作「而」。
〔九〕宋本、醐本、明南本、明北本、徑山本並無「大」字。
〔一〇〕徑山本机作「几」，同。
〔一一〕石本、中本「世人」二字互倒。

四天王捧太子窣堵波側不遠，有大石柱，上作馬像，無憂王之所建也。後爲惡龍霹靂〔一〕，其柱中折仆地。傍有小河，東南流，土俗號曰油河。是摩耶夫人產孕已，天化此池，光潤澄淨，欲令夫人取以沐浴，除去風虛〔二〕。今變爲水，其流尚膩。

校勘

〔一〕石本、中本霹靂二字作「礔礰」。音釋亦作「礔礰」。
〔二〕古本、石本、中本、宋本、醐本、明南本、明北本、徑山本虛並作「塵」。方志及珠林引則作「虛」，與此同。

從此東行曠野荒林中，二百餘里，至藍摩國。中印度境。

藍摩國

藍〔一〕摩國空荒歲久，疆場無紀〔二〕，城邑丘墟，居人稀曠。

校勘

〔一〕珠林三十八引藍摩作「藍摩」。

〔二〕徑山本紀字有校記云：「紀作圮，非，今正。」按今所見諸本無作圮者，不知其何據。

一、佛舍利窣堵波

故城東南有甎窣堵波，高減百尺。昔者如來入寂滅已，此國先王分得舍利，持歸本國，式遵〔一〕崇建。靈異間起，神光時燭。

校勘

〔一〕石本遵作「尊」。

窣堵波側有一清池，龍每出遊，變形蛇服〔一〕，右旋〔二〕宛轉，繞窣堵波。野象羣行，採花以散，冥〔三〕力警察，初無間替。昔無憂王之分建窣堵波也，七國所建，咸已開發，至於此國，方欲興功〔四〕，而此池龍恐見陵〔五〕奪，乃變作婆羅門，前叩象曰：「大王情流佛法，廣樹福田，敢請紆駕，降臨我宅〔六〕。」王曰：「爾家安在，爲近遠乎？」婆羅門曰：「我此池之龍王也，承大王欲建勝福，敢來請謁！」王受其請，遂入龍宫。坐久之〔七〕，龍進〔八〕曰：「我惟惡業，受此龍身，供養舍利，冀消罪咎。願王躬往，觀而禮敬。」無憂王見已，懼〔九〕然謂曰：「凡諸供養之具，非人間所有也。」龍曰：「若然者，願無廢毀〔一〇〕！」無憂王自度力非其疇〔一一〕，遂不開發。出池之所，今有封記。

校勘

〔一〕變形蛇服，方志及珠林三十八作「龍變爲蛇」。慈恩傳則云：「龍數變身爲人」，不同。

〔二〕石本旋下有「遊」字。

〔三〕石本冥作「寘」，形之訛。

〔四〕宋本、酬本、明南本、明北本、徑山本功並作「工」。

〔五〕石本陵作「淩」，即淩字，與陵通用。

〔六〕石本、宋本、酬本、明南本、明北本、徑山本宅並作「室」。

〔七〕宋本、酬本、明南本、明北本、徑山本之下並有「間」字。

〔八〕石本進下有「諫」字。

〔九〕古本懼作「瞿」，明南本、明北本作「戄」。懼、瞿、戄三字通用。宋本、酬本作「霍」。

〔一〇〕石本毀作「敗」。

〔一一〕宋本、酬本、明南本、明北本、徑山本疇並作「儔」，通用。

二、沙彌伽藍

窣堵波側不遠，有一伽藍，僧衆尠矣，清肅皎然，而以沙彌總任衆務。遠方僧至，禮遇彌隆，必留三日，供養四事。聞諸先志〔一〕曰：昔有苾芻〔二〕同志相召，自遠而至，禮窣堵波。見諸羣象相趨往來，或以牙芟草，或以鼻灑水，各持異花，共爲供養。時衆見已，悲歎感懷。有一苾芻便捨具戒，願留供養，與衆辭曰：「我惟多福，濫迹僧中，歲月亟〔三〕淹，行業無紀。此窣堵波有佛舍利，聖德冥通，羣象踐灑。遺身此地，甘〔四〕與同群。得畢餘齡，誠爲幸矣！」衆告之曰：「斯盛事也，吾等垢重，智不謀此。隨時自愛，無虧勝業！」亦既離羣，重申〔五〕誠願，歡然獨居，有終焉之志。於是葺茅爲宇，引流成池，採掇時花，灑掃瑩域〔六〕，綿〔七〕歷歲序，心事無怠〔八〕。鄰國諸王聞而雅尚，競捨財寶，共建伽藍。因而勸請，屈知僧務。自爾相踵，不泯元功，而以沙彌總知僧事。

校勘

〔一〕古本、石本、中本先志二字作「耆舊」。

〔二〕石本苾芻二字作「比丘」，下同。

〔三〕古本亟作「遂」，石本作「㞕」，乃遂之草書耳。慧琳音義云：「亟，俗字也，正體作茍；或從革作鞫。」

〔四〕或本甘作「冀」。

〔五〕宋本、酬本、明南本、明北本、徑山本申並作「伸」，同。

〔六〕石本域作「城」，疑域之形誤。宋本、酬本、明南本、明北本、徑山本域並作「飾」。舊麗本作「拭」。

〔七〕石本綿作「懸」。

〔八〕原本怠作「殆」，從宋本、酬本、明南本、明北本、徑山本改。

三、太子解衣剃髮處

沙彌伽藍東大林中，行百餘里，至大窣堵波，無憂王之所建也，是太子踰城至此解寶衣去纓絡〔一〕命僕還處。太子夜半踰城，遲明至此，既允宿心，乃形言曰：「是我出籠樊〔二〕，去羈鏁〔三〕，最後釋駕之處也。」於〔四〕天冠中，解末尼寶，命僕夫曰：「汝持此寶還白父王，今茲〔五〕遠遁，非苟違離，欲斷無常，絕諸有漏。」闡鐸迦舊曰車匿，訛也。曰：「詎〔六〕有何心，空駕而返？」太子善言慰喻〔七〕，感〔八〕悟而還。迴駕窣堵波東，有贍〔九〕部樹，枝葉雖凋，枯株尚在。

校勘

〔一〕石本、明南本、明北本、徑山本纓絡二字作「瓔珞」。按瓔珞寶飾，正字宜從玉旁，纓絡乃假借詞。
〔二〕金陵本樊作「攀」，非。
〔三〕石本鏁作「鑽」，乃鎖之訛。鎖、鏁同字。
〔四〕石本無「於」字。
〔五〕明南本兹作「玄」。疑兹字壞損其半而誤爾。
〔六〕古本、石本詎作「巨」；中本作「臣」，乃巨之訛。詎，巨可通用。
〔七〕古本喻作「諭」，同。
〔八〕石本感作「減」，非。
〔九〕石本贍作「瞻」。

其傍復有小窣堵波，太子以餘寶衣易鹿皮衣處。太子既斷髮易裳，雖去瓔珞〔一〕，尚有天衣，曰：「斯服太〔二〕侈，如何改易？」時浄居天化作獵人，服鹿皮衣，持弓負羽。太子舉其衣而謂曰：「欲相貿易，願見允從！」獵人曰：「善。」太子解其上服，授與獵人。獵人得已，還復天身，持〔三〕所得衣，凌虚而去。

校勘

〔一〕宋本、酬本瓔珞二字作「纓絡」。

〔二〕慧琳音義太作「大」，大可讀作太。

〔三〕中本持作「投」。

太子易衣側不遠，有窣堵波，無憂王之所建也，是太子剃髮處。太子從闡鐸迦取刀自斷其髮，天帝釋接上天宮，以爲供養。時浄居天子化作剃髮人，執持銛刀，徐步而至。太子謂曰：「能剃髮乎？幸爲我浄之！」化人受命，遂爲剃髮。踰城出家時亦不定，或云菩薩年十九，或曰二十九，以吠舍佉月後半八日踰城出家，當此三月八日，或云以吠舍佉月後半十五日，當此三月十五日。

四、灰炭窣堵波

太子剃髮窣堵波東南，曠野中行百八九十里，至尼拘盧陁林，有窣堵波，高三十餘尺。昔如來寂滅，舍利已分，諸婆羅門無所得獲，於涅疊般那唐言焚燒。舊云闍維，訛也。地收餘灰炭，持至本國，建此靈基，而修供養。自兹已降，奇迹相仍，疾病之人，祈請多愈。灰炭窣堵波側故伽藍中，有過去四佛座及經行遺迹之所。故伽藍左右，數百窣堵波。其一大者，無憂王所建也，崇基雖陷，高餘百尺。

自此東北大林中行，其路艱險，經途危阻，山牛、野象、羣盜、獵師，伺求行旅，爲害不絶〔一〕。出此林已，至〔二〕拘尸那揭羅國。中印度境。

校勘

〔一〕古本、石本絶作「細」。

〔二〕珠林三十八至上有「行五百里」四字；方志有「五百里」三字。

拘尸那揭羅國

拘尸那揭羅國城郭頹毁，邑里蕭條，故城甎基，周十餘里。居人稀曠，閭巷荒蕪。

一、准陀故宅

城内〔一〕東北隅有窣堵波，無憂王所建，准陀舊曰純陀，訛也。之故宅也。宅中有井，將營獻供，方乃鑿焉。歲月雖淹，水猶清美〔二〕。

校勘

〔一〕徑山本内作「門」，誤。諸本皆作「内」，慈恩傳、珠林並作「城内」。

〔二〕石本美下有「也」字。

二、娑羅林及釋迦涅槃處

城西北三四里，渡阿〔一〕恃多伐底河，唐言無勝〔二〕，此世共稱耳。舊云阿利羅跋提河，訛也。典〔三〕謂言之尸賴〔四〕拏伐底河，譯曰有金〔五〕河〔六〕。西岸不遠，至娑〔七〕羅林。其樹類槲，而皮青白，葉甚光潤〔八〕。四樹特高，如來寂滅之所也。其大甎精舍中，作如來涅槃之像，北首而卧。傍有窣堵波，無憂王所建，基雖傾陷，尚高二〔九〕百餘尺。前建石柱，以記如來寂滅之事。雖有文記，不書日月。聞〔一〇〕諸先記曰：佛以生年八十，吠舍佉月後半十五日入般〔一一〕涅槃，當此三月十五日也。說一切有部則佛以迦剌底迦月後半八日入般涅槃，當此〔一二〕九月八日也。自佛涅槃，諸部異議，或云千二百餘年〔一三〕，或云千三百餘年〔一四〕，或云千五百餘年，或云已過九百〔一五〕、未滿千年〔一六〕。

校勘

〔一〕石本阿作「河」，非。各本及慈恩傳、方志、珠林等並作「阿」。梵文「阿恃多伐底」作Ajitavatī。

〔二〕石本勝校書作「稱」，疑涉下稱字而誤。

〔三〕古本、宋本、酬本、明南本、明北本、徑山本典作「舊」。翻譯集作「典」，與此同。上已云舊，此似作「典」爲是。

〔四〕石本尸賴二字作「⿰口尸剌」；翻譯集同，⿰口尸下注云「許梨切」；剌下注云「力葛切」。中本作「維剌」。維字音異，疑「雖」字之訛。

〔五〕石本、中本金下有「沙」字。方志、珠林作「有金」，無「沙」字。

〔六〕石本河下有「也」字。

〔七〕石本娑作「婆」。按各本及慈恩傳、方志、珠林皆作「娑」，唯翻譯集作「婆」。佛經中多作娑羅，與梵文 sāla 音合，婆當是形之訛。

〔八〕而皮青白葉甚光潤，慈恩傳作「而皮青葉白，甚光潤」，稍異。

〔九〕古本、石本二作「三」。慈恩傳、方志、珠林並作二，與此同。

〔一〇〕翻譯集林木篇引「聞諸先志」前有「菩薩以吠舍佉月後半八日，當此三月八日；上座部則以吠舍佉月後半十五日，當此三月十五日」三十八字。此文見於本書卷八摩揭陁國上所記菩提樹垣下，乃佛成等正覺之日，與涅槃月日不同。翻譯集併引之耳。

〔一一〕翻譯集引無「般」字，次同。

〔一二〕原本當此作「此當」，今從石本、宋本、酬本、明南本、明北本、徑山本及翻譯集改。上文亦作當此。

〔一三〕石本無「或云千二百餘年」七字。

〔一四〕古本年下有「或云千四百餘年」七字。

〔一五〕石本九百下有「年」字。

〔一六〕翻譯集引諸部異議下作「或云已過九百，未滿千年；　或云一千二百餘年；　或云一千三百餘年；　或云一千五百餘年」，先後有參差。　慈恩傳記此作「相傳云：　佛處世八十年，以吠舍佉月後半十五日入涅槃，當此二月十五日；　說一切有部復云佛以迦剌底迦月後半入涅槃，當此九月八日。　自涅槃以來，或云千二百歲或千五百；　或云過九百未滿千年。」方志作「石柱記佛滅相，有云當此土三月十五日者。　有部復云當此九月八日。　諸部異議云至今貞觀二十年，則經一千二百一十二年矣。　此依菩提寺石柱記也。或云千三百年或千五百餘年。　或云始過九百未千年者」。　珠林引與之大同，唯「諸部異議」下作「至今龍朔三年，則經一千二百年」，爲異耳。　按太宗貞觀二十年（公元六四六）乃西域記成書之時，道宣著此以明其所本。　高宗龍朔三年（公元六六三），相距十七年，疑爲道世轉録之時。　又珠林一二〇引王玄策西域行傳云：　「摩伽陀國菩提寺大德僧賒那去線陀據經算出云：　釋迦菩薩年至十九，四月十五日初夜出城，至三十成道，至七十九入般涅槃已來，算至咸亨二年（公元六七一），始有一千三百九十五年。」說各不同。

（一）雉王本生故事

精舍側不遠，有窣堵波，是如來修菩薩行時爲羣雉王救火之處。　昔於此地有大茂林，毛羣羽族，巢居穴處。　驚風四起，猛焰飈急〔一〕，時有一雉，有懷傷愍，鼓濯清流，飛空奮灑。時天帝釋俯而告曰：　「汝何守愚，虛〔二〕勞羽翮？　大火方起，焚燎林野，豈汝微軀所能撲滅？」雉曰：　「說者爲誰？」曰：　「我天帝釋耳。」雉曰：　「今天帝釋〔三〕有大福力，無欲不遂，救災拯難，若指諸掌，反誥〔四〕無功，其咎安在？猛火方熾，無得〔五〕多言。」尋復奮飛，往趣流水。天帝遂以掬水泛灑其林，火滅煙消，生類全命，故今謂之救火窣堵波也。

校勘

〔一〕石本、中本、宋本、酬本、明南本、明北本、徑山本急並作「逸」。

〔二〕石本、中本、宋本、明南本、明北本、徑山本虛並作「唐」。

〔三〕原文無「釋」字，宋本、酬本、明南本、明北本、徑山本有之，與上文相應，今據補。

〔四〕宋本、酬本、明南本、明北本、徑山本誥並作「詰」。

〔五〕石本得作「待」。

（二）救生鹿本生故事

雉救火側不遠，有窣堵波，是如來修菩薩行時爲鹿救〔一〕生之處。乃往古昔，此有大林，火炎中野，飛走窮窘，前有駃〔二〕流之阨〔三〕，後困猛火之難，莫不沈溺，喪棄身命。其鹿惻隱，身據橫流，穿皮斷骨，自强拯溺。蹇兔〔四〕後至，忍疲苦而濟之，筋力既竭，溺水而死。諸天收骸，起窣堵波。

校勘

〔一〕宋本、明南本、明北本、徑山本救作「殺」。方志、珠林三十八作「救生」，與此同。

〔二〕石本駃作「駄」； 宋本、明南本、明北本作「駚」； 酬本、徑山本、金陵本作「駛」。徑山本校記云：「駛譌作駚，今正。」按字書無駄字，當誤。駚字義不合，亦誤。駛字義通，似爲後來校改。駃有二音，音玦與快。廣韻夬韻駃下云：「駃馬日行千里。」駃馬即快馬。此處駃流即快流，自通。

〔三〕古本阨作「危」。

〔四〕石本兔作「菟」，同。

（三）善賢證果處

鹿拯溺西不遠，有窣堵波，是蘇〔一〕跋陁羅唐言善賢。舊曰須跋陁羅，訛也。入寂滅之處。善賢者本梵志師也，年百二十，耆舊多智，聞佛寂滅，至雙樹間，問阿難曰〔二〕：「佛世尊將寂滅，我懷〔三〕疑滯，願欲請問！」阿難曰：「佛將涅槃，幸無擾〔四〕也！」曰：「吾聞佛世難遇，正法難聞，我有深疑，恐無所請。」善賢遂入，先問佛言：「有諸〔五〕別衆，自稱爲師，各有異法，垂訓導俗。喬荅摩舊曰瞿曇，訛略〔六〕也。能盡知耶？」佛言：「吾悉深究。」乃爲演說。善賢聞已，心浄信解，求入法中受具足戒。如來告曰：「汝豈能耶？外道異學修梵行者，當試四歲，觀其行，察其性，威儀寂靜，辭語誠實，則可於我法中浄修梵行。在人行耳，斯何難哉！」善賢曰：「世尊悲愍，含濟無私。四歲試學，三業方順。」佛言：

「我先已説，在人行耳。」於是善賢出家，即受具戒，勤勵修習，身心勇猛。已而於法無疑，自身作證，夜分未久，果證羅漢。諸漏已盡，梵行已立，不忍見佛入大涅槃，即於衆中入火界定，現神通事，而先寂滅。是爲如來最後弟子，乃先滅度，即昔後渡〔七〕蹇兔〔八〕是也。

校勘

〔一〕翻譯集引蘇作「須」，下注文須則作「蘇」。
〔二〕石本曰作「白」。
〔三〕酬本懷作「慢」，非。
〔四〕古本擾作「憂」，石本作「懮」。懮同憂，並非。
〔五〕石本「有諸」二字互倒。
〔六〕石本無「略」字。
〔七〕宋本、酬本、明南本、明北本、徑山本渡並作「度」。
〔八〕石本兔作「菟」，同。

（四）執金剛躃地處

善賢寂滅側有窣堵波，是執金剛躃地之處。大悲世尊隨機利見，化功已畢，入寂滅樂，於雙樹間，北首而卧。執金剛神密迹力士見佛滅度，悲慟唱言：「如來捨我入大涅槃，無歸依，無覆護！」毒箭深入，愁火熾盛，捨金剛杵，悶絶〔一〕躃地。久而又起，悲哀戀慕，互相謂曰：「生死大海，誰作舟檝？無明長夜，誰爲燈炬？」

校勘

〔一〕石本絶作「然」。

（五）釋迦寂滅諸神異傳説

金剛躃地側有窣堵波，是如來寂滅已七日供養之處。如來之將寂滅也，光明普照，人天畢會，莫不悲感，更相謂曰：「大覺世尊今將寂滅，衆生福盡，世間無依！」如來右脇臥師子牀，告諸大衆：「勿謂如來畢竟寂滅，法身常住，離諸變易。當棄懈怠，早求解脱。」諸苾芻〔一〕等歔欷悲慟，時阿泥𢯱〔二〕盧骨反。陁舊曰阿那律，訛也。告諸苾芻〔三〕：「止，止，勿悲！諸天譏怪。」時末〔四〕羅衆供養已訖，欲舉金棺，詣涅〔五〕疊般那所。時阿泥𢯱〔六〕陁告言：「且止。諸天欲留七日供養。」於是天衆持妙天〔七〕花，遊虛空，讚聖德，各竭誠心，共興供養。

校勘

〔一〕石本諸苾芻三字作「比丘」二字。

〔二〕中本律作「律」。方志、珠林三十八阿泥律陁作「阿泥樓陀」。
〔三〕石本苾芻二字作「比丘」。
〔四〕石本末作「未」。
〔五〕石本涅下有「槃」字，涉下槃字而衍。涅疊槃那舊譯闍維，已見上文。珠林亦誤作「涅槃般那」，方志不誤。
〔六〕明北本、徑山本律作「律」，與上文異。
〔七〕古本妙天二字作「天妙」，誤倒。

停棺側有窣堵波，是摩訶摩耶夫人哭佛之處。如來寂滅，棺殮〔一〕已畢，時阿泥律〔二〕陁上昇〔三〕天宮，告摩耶夫人曰：「大聖法王〔四〕今已寂滅。」摩耶聞已，悲哽〔五〕悶絶，與諸天衆至雙樹間，見僧伽胝、鉢及錫杖，拊之號慟，絶而復〔六〕聲曰：「人、天福盡，世間眼滅，今此諸物，空無有主！」如來聖力，金棺自開，放光明，合掌坐，慰問慈母：「遠來下降，諸行法爾，願勿深悲！」阿難銜哀而請佛曰：「後世問我，將何以對？」曰：「佛已涅槃，慈母摩耶自天宮降，至雙樹間。如來爲諸不孝衆生，從金棺起，合掌説法。」

校勘

〔一〕原本殮作「斂」，宋本、酬本、明南本、明北本、徑山本並作「殮」，今從正。字書無斂字。下斂字同。

〔二〕徑山本捙作「律」。

〔三〕古本、石本昇作「升」，同。

〔四〕明南本、明北本、徑山本王作「主」。

〔五〕中本悲哽二字作「哭哽」。石本哽作「更」。

〔六〕石本復作「傷」。

城北渡河三百餘步，有窣堵波，是如來焚身之處。地今黄黑，上雜灰炭，至誠求請，或得舍利。如來寂滅，人天悲感，七寶爲棺，千氎纏身，設香花，建幡蓋，末〔一〕羅之衆奉〔二〕輿發引，前後導〔三〕從，北渡金〔四〕河，盛滿香油，積多香木，縱火以焚。二氎不燒，一極𢷾〔五〕身，一最覆外。爲諸衆生分散舍利，唯有髮爪，儼〔六〕然無損。

校勘

〔一〕石本末作「未」，形之誤。末羅，梵文作malla。

〔二〕古本、石本奉作「捧」，通用。

〔三〕石本導作「道」，通用。

〔四〕古本金作「速」；石本、中本作「連」。按金河即阿恃多伐底河，見上文。速與連並非。

〔五〕石本、宋本、酬本、明南本、明北本、徑山本𢷾並作「襯」。慧琳音義亦作「襯」。音釋作「𢷾」，云：「正作襯。」是攙乃襯之俗字。

〔六〕中本儭作「徹」，疑誤。

焚身側有窣堵波，如來爲大迦葉波現雙足處。如來金棺已下，香木已積，火燒不然〔一〕，衆咸警駭。阿泥㗚陁言：「待迦葉波耳。」時大迦葉波與五百弟子自山〔二〕林來，至拘尸城，問阿難曰：「世尊之身，可得見耶？」阿難曰：「千氎纏絡，重棺周〔三〕殮〔四〕，香木已積，即事焚燒。」是時佛於棺内爲出雙足，輪相之上，見有異色。問阿難曰：「何以有此？」曰：「佛初涅槃，人天悲慟，衆淚〔五〕迸染，致使異色。」迦葉波作禮，旋繞興讚。香木自然〔六〕，大火熾盛。故如來寂滅，三從棺出：初出〔七〕臂，問阿難治路；次起坐，爲母説法；後現〔八〕雙足，示大迦葉波。

校勘

〔一〕石本然作「燃」，同。

〔二〕宋本、酬本、明南本、明北本、徑山本山並作「出」。

〔三〕石本周作「固」；中本作同。

〔四〕原本殮作「斂」，今據諸本改，詳上。

〔五〕異本淚作「泪」，同。

〔六〕石本、中本然作「燃」，同。
〔七〕石本初出二字作「出初」，誤倒。
〔八〕宋本、𨱔本、明南本、明北本、徑山本現作「見」，通用。

（六）八王分舍利傳説

現足側有窣堵波，無憂王所建也，是八王分舍利處，前建石柱，刻記其事。佛入涅槃後，涅疊般那已，諸〔一〕八國王〔二〕備四兵至，遣直〔三〕性婆羅門謂拘尸力士曰：「天人導師，此國寂滅，故自遠來，請分舍利！」力士曰：「如來降尊，即斯下土〔四〕，滅世間明導，喪衆生慈父，如來舍利，自當供養。徒疲道路，終無得獲。」時諸大王遜辭以求，既不相允，重謂之曰：「禮請不從，兵威非遠。」直性婆羅門揚言曰：「念哉！大悲世尊忍修福善，彌歷曠劫，想所具聞。今欲相凌，此非宜也。今舍利在此，當均八分，各得供養，何至興兵？」諸力士依其言，即時均量，欲作八分。帝釋謂諸王曰：「天當有分，勿恃〔五〕力競。」阿那婆答多龍王、文隣龍王、醫〔六〕那鉢呾羅龍王復作是議：「無遺我曹，若以力者，衆非敵矣。」直性婆羅門曰：「勿諠諍也。宜共分之。」即作三分，一諸天，二龍衆，三留人間，八國重分。天、龍、人王，莫不悲感。

校勘

〔一〕古或本諸作「訖」，上屬讀。

〔二〕石本王下有「分舍利」三字。

〔三〕中本直作「真」，形之訛。

〔四〕新麗本原書土作「上」，京大本從石本、宋本改。

〔五〕石本恃作「持」。

〔六〕古本醫作「堅」；石本作「鋻」。

三、大邑聚及羅怙羅神蹟傳說

分舍利窣堵波西南行二百餘里，至大邑聚。有婆羅門，豪右巨富，確〔一〕乎不雜，學究五明，敬崇三寶，接其居〔二〕側，建立僧坊，窮諸資用，備盡珍飾。或有衆僧，往來中路，慇懃請留，罄心供養，或止一宿，乃至七日。其後設賞迦王毀壞佛法，衆僧絕侶，歲月驟淹，而婆羅門每懷懇惻。經行之次，見一沙門，庬〔三〕眉皓髮，杖錫而來。婆羅門馳往迎逆，問所從至，請入僧坊，備諸供養，旦以淳乳煮粥進焉。沙門受已，纔一嚌〔四〕齒，便即置鉢，沈吟〔五〕長息。婆羅門持〔六〕食跪而問曰：「大德慧〔七〕利隨緣，幸見臨顧，爲夕不安耶？爲粥不味乎？」沙門愍然告曰：「吾悲衆生福祐漸薄，斯言且置，食已方說。」沙門食訖，攝衣即路〔八〕。婆羅門曰：「向許有說，今何無言？」沙門告曰：「吾非忘〔九〕也〔一〇〕，談不容易，事或致疑。必欲得〔一一〕聞，今當略説。吾向所歎，非薄汝粥，自數百年不嘗此味。昔如來在世，我時預從，在王舍城竹林精舍，俯清流而滌器，或以澡漱，或以盥沐。嗟乎，今之淳〔一二〕乳，不及古之淡水！此乃人天福減〔一三〕，使之然也。」婆羅門曰：「然則大德乃親見佛耶？」沙門曰：「然。汝豈不聞佛子羅怙〔一四〕羅者，我身是也。爲護正法，未入寂滅。」説是語已，忽然不見。婆羅門遂以所宿之房，塗香灑掃，像設儀肅〔一五〕，其敬如在。

校勘

〔一〕石本、中本、酬本確作「礭」，音釋亦作「礭」，同。
〔二〕石本居下有「住」字。
〔三〕石本、中本庬作「疣」，訛。徑山本庬作「龐」，同。
〔四〕中本嚌作「齊」。慧琳音義作「嚌」，云：「考聲云：至齒也。嚌也。」
〔五〕中本吟作「唵」，義不合，非。
〔六〕石本、中本持作「待」。宋本、酬本、明南本、明北本、徑山本作「侍」。待疑侍之形訛。持疑侍之音訛，侍義較勝。
〔七〕石本、宋本、酬本、明南本、明北本、徑山本慧並作「惠」，同。
〔八〕原本路作「語」，酬本同，古本、石本作「路」，今從正。明南本、明北本、徑山本、金陵本並作「去」，亦通。
〔九〕異本忘作「妄」。

〔一〇〕中本也作「已」。

〔一一〕石本、中本得作「待」。

〔一二〕宋本、酬本、明南本、明北本、徑山本淳作「純」，通用。按唐憲宗初名淳，後改名純，此疑唐時寫本由先後避諱而參差。

〔一三〕原本滅作「㓕」，今從中本、宋本、酬本、明北本、徑山本改。石本作「咸」，亦滅之省誤。

〔一四〕石本恬誤作「枯」。

〔一五〕石本、中本、宋本、酬本儀肅二字作「肅然」。明南本、明北本、徑山本肅下有「然」字。

復大林中行五百餘里，至婆羅痆女黠反。斯〔一〕國。舊曰波〔二〕羅奈國，訛也。中印度境。

校勘

〔一〕方志、珠林三十八斯作「㪪」。

〔二〕石本波作「婆」。

大唐西域記卷第七

三藏法師玄奘奉詔譯
大總持寺沙門辯機撰

五國

婆羅痆女黠〔一〕反斯國　戰主國

吠舍釐〔二〕國　弗栗恃國

尼波〔三〕羅國

校勘

〔一〕石本、中本黠作「點」。慈恩傳亦作「點」。按痆字在廣韻黠韻女黠切下，點乃形訛。

〔二〕宋本、資福本、元本、明南本、徑山本釐下並有「力支反」三字。

〔三〕中本波作「婆」。

婆羅痆斯國

婆羅痆斯〔一〕國周四千餘里。國大都城西〔二〕臨殑伽河，長十八九里，廣五六里。閭閻櫛比〔三〕，居人殷盛，家積巨萬，室盈奇貨。人性温恭，俗重强〔四〕學。多信外道，少敬佛法。氣序和，穀稼盛〔五〕，果木扶踈，茂〔六〕草藿〔七〕靡。伽藍三十餘所，僧徒三千〔八〕餘人，並學小乘正量部法。天祠百餘所，外道萬餘人，並多宗事大自在天〔九〕，或〔一〇〕斷髮，或椎〔一一〕髻，露形無服，塗身以灰，精勤苦行〔一二〕，求出生死。

校勘

〔一〕婆羅痆斯，説郛七十七引西域志作「波羅奈斯」，與上文尾注舊稱相合，非玄奘本文。

〔二〕石本西下有「監」字。按監乃下臨字之誤衍。

〔三〕音釋云：「(比)正作枇。」

〔四〕中本强作「族」，疑非。

〔五〕中本盛上有「滋」字。

〔六〕石本無「茂」字。

〔七〕宋本、徑山本藿作「藋」，資福本、元本、明南本、明北本作「藿」。慧琳音義、音釋作「藿」，與此同，三字可通用。
〔八〕慈恩傳三作「二」。方志作「三」，與此同。元本千訛作「十」。
〔九〕方志大自在天下有「根也」二字。
〔一〇〕宋本、資福本、元本、明南本或並訛作「成」。
〔一一〕宋本、資福本椎作「堆」；中本、元本作「推」。推當是椎之誤（古寫本從木從才之字常淆），堆又推之訛。
〔一二〕古本、石本、中本行作「身」。

大城中天祠二十所〔一〕，層臺祠宇，彫石文木。茂林相蔭，清流交帶〔二〕。鍮石天像量減百尺，威嚴肅然，懔懔如在。

校勘

〔一〕方志所下有「天根高百餘尺」六字。按方志此文與上「大自在天根也」相應，正與其所記劫比他國大自在天像合，疑皆是道宣據西域記最初寫本而録之，其後爲人刪去。説詳卷四劫比他國闕文校記。
〔二〕古本交帶二字作「相交」。石本無「帶」字。

大城東北婆羅痆〔一〕河西，有窣堵波，無憂王之所建也，高百餘尺。前建石柱。碧鮮若鏡，光潤凝流。其中常現如來影像。

校勘

〔一〕古本及慈恩傳痆下有「斯」字，下同。

一、鹿野伽藍

婆羅痆河東北行十餘里，至鹿野伽藍。區界八分，連垣周堵，層軒重閣，麗窮規矩。僧徒一千五百人，並學小乘正量部法。大垣中有精舍，高二百餘尺，上以黄金隱起，作菴没羅果。石爲基階〔一〕，甎作層龕，翕〔二〕帀四周，節級百數，皆有隱起黄金佛像。精舍之中，有鍮石佛像，量等如來身，作轉法輪勢。

校勘

〔一〕石本、宋本、資福本、元本、明南本、徑山本階並作「陛」。慈恩傳作「石階甎龕」，與此相合。

〔二〕資福本、元本、明南本、明北本、徑山本、金陵本翕並作「龕」。義俱可通。

精舍西南有石窣堵波，無憂王建也，基雖傾陷，尚餘百尺。前建石柱，高七十餘尺。石含玉潤，鑒照〔一〕映徹。慇懃祈〔二〕請，影見衆像，善惡之相，時有見者，是如來成正〔三〕覺已初轉法輪處也。

校勘

〔一〕石本鑒照二字作「靈鑒照」三字，中本作「露鑒燭照」四字，露疑靈之訛。

〔二〕舊麗本無「祈」字。

〔三〕石本正下有「學」字，乃覺字之誤衍。

其側不遠〔一〕窣堵波，是阿若憍陳如等見菩薩捨〔二〕苦行，遂不侍衛，來至於此而自習定〔三〕。

校勘

〔一〕石本遠下朱校有「有」字。

〔二〕中本捨下有「身」字。

〔三〕石本定下有「所也」二字。

其傍窣堵波，是五百獨覺同入涅槃處。又三窣堵波，過去三佛坐及經行遺迹之所。

（一）慈氏及護明受記窣堵波

三佛經行側有窣堵波，是梅呾麗耶唐言慈〔一〕，即姓也。舊曰彌勒，訛略〔二〕也。菩薩受成佛記處。昔者如來在王舍城鷲峯山告諸苾芻〔三〕：「當來之世，此贍〔四〕部洲土地平正，人壽八萬歲，有婆羅門子慈氏者，身真金色，光明照朗，當捨家成正覺，廣爲衆生，三會説法，其濟度者，皆我遺法植福衆生也。其於三寶，深敬一心，在家出家，持戒犯戒，皆蒙化導，證果解脱。三會説法之中，度我遺法之徒，然後乃化同緣善友。」是時慈氏菩薩聞佛此説，從座〔五〕起，白佛言：「願我作彼慈氏世尊。」如來告曰：「如汝所言，當證此果。如上所説，皆汝教化之儀也。」

校勘

〔一〕翻譯集引言作「云」，慈下有「氏」字。

〔二〕宋本、資福本、元本、明南本、徑山本及翻譯集引並無「略」字。

〔三〕石本苾芻作「比丘」。

〔四〕石本贍作「瞻」。

〔五〕石本座下有「而」字。

慈氏菩薩受記西有窣堵波，是釋迦菩薩受記之處。賢劫中人壽二萬歲，迦葉波佛出現於世，轉妙法輪，開化含識，授護明〔一〕菩薩記曰：「是菩薩於當來世衆生壽命百歲之時，當得成〔二〕佛，號〔三〕釋迦牟尼。」

校勘

〔一〕中本護明二字作「灌頂」。按護明乃釋迦過去世之號，亦見傳法正宗記一。灌頂爲密教之傳法儀式，與此不合，當誤。慈恩傳、方志及珠林三十八並作「護明」。

〔二〕石本「得成」二字誤倒。

〔三〕中本號下有「曰」字。

釋迦菩薩受記南不遠，有過去四佛經行遺迹，長五十餘步，高可七尺，以青石積成，上作如來經行之像。像形傑異〔一〕，威嚴肅然，肉髻之上，特出髾〔二〕髮，靈相無隱，神鑒有徵。於其垣内，聖迹寔多。諸精舍、窣堵波數百餘所，略舉一二，難用詳述。

校勘

〔一〕元本異誤作「男」。

〔二〕原本髾作「鬒」，今從資福本、元本、明南本、徑山本及方志改。慧琳音義亦作「髾」，引埤蒼云：「作髾垂髮鬐也。」音釋亦作鬐，音「所交反」。石本作「鬠」，中本作「髻」，異本作「髻」。珠林引作「鬚」，與新麗本同。

（二）三龍池及釋迦遺迹

伽藍垣西有一清池，周二〔一〕百餘步，如來嘗中盥浴。次西大池，周一百八十步，如來嘗中滌器。次北有池，周百五十步，如來嘗中浣衣。凡此三池，並有龍止。其水既〔二〕深，其味又甘，澄净皎潔，常無增減。有人慢心濯此池者，金毗羅獸多爲之〔三〕害。若深恭敬，汲用無懼。浣衣池側大方石上，有如來袈裟之迹，其文明徹，煥如彫鏤。諸净信者每來供養。外道凶人輕蹈此石，池中龍王便〔四〕興風雨。

校勘

〔一〕珠林三十八引二作「三」。

〔二〕中本既作「更」。

〔三〕舊麗本之作「定」，非。

〔四〕方志、珠林便作「輒」。

（三）象、鳥、鹿王本生故事

池側不遠有窣堵波，是如來修菩薩行時爲六牙象王，獵人利〔一〕其牙也〔二〕，詐服袈裟，彎弧伺捕，象王爲敬袈裟，遂捩〔三〕牙而授焉。

校勘

〔一〕舊麗本、宋本、資福本、元本、明南本、徑山本利並作「剥」。

〔二〕石本無「也」字。

〔三〕古本、中本捩作「拔」；方志及珠林三十八亦作「拔」。

捩牙側不遠有窣堵波，是如來修菩薩行時愍世無禮，示爲鳥身，與彼獼猴、白象，於此相問誰先見是尼拘律樹，各言事迹，遂編長幼，化漸遠近，人知上下，道〔一〕俗歸依〔二〕。

校勘

〔一〕古本、中本、異本、宋本、資福本道作「導」。

〔二〕古本、石本、中本無「歸依」二字。

其〔一〕側不遠大林中有窣堵波，是如來昔與提婆達多俱爲鹿王斷事之處。昔於此處大林之中，有兩羣鹿，各五百餘。時此國王畋〔二〕遊原澤，菩薩〔三〕鹿王前請王曰：「大王挍〔四〕獵中原，縱燎〔五〕飛矢〔六〕，凡我徒屬，命盡茲晨〔七〕，不日腐臭，無所充膳。願欲次差，日輸一鹿。王有割鮮之膳，我延旦夕之命。」王善其言，迴駕而返。兩羣之鹿，更次輸命。提婆羣中有懷孕鹿，次當就死，白其王〔八〕曰：「身雖應死，子未次也。」鹿王怒曰：「誰不寶命？」雌鹿歎曰：「吾王不仁，死無日矣！」乃告急菩薩鹿王，鹿王曰：「悲哉慈母之心，恩及未形之子〔九〕！吾今代汝。」遂至王門，道路之人傳聲唱曰：「彼大鹿王今來入邑。」都人士庶莫不馳觀。王之聞〔一〇〕也，以爲不誠。門者白王〔一一〕，王乃信然，曰：「鹿王何遽來耶？」鹿〔一二〕曰〔一三〕：「有雌鹿當死，胎子未産，心不能忍，敢以身代！」王聞歎曰：「我人身鹿也，爾鹿身人也！」於是悉放諸鹿，不復輸命，即以其林爲諸鹿藪，因而謂之施鹿林焉。鹿野之號，自此而興。

校勘

〔一〕古本、石本、中本無「其」字。

〔二〕石本、中本畋作「田」，通用。

〔三〕中本無「菩薩」二字。

〔四〕石本、元本、明南本、徑山本挍作「校」。宋本、資福本作「狡」。按干祿字書有挍校二字，注云：「上比挍，下校尉。」據斯則此以作「挍」爲是，但古寫本常淆，二字當時固通用也。若狡字則音形相近而譌。

〔五〕石本燎作「獠」；中本、金陵本作「撩」。慧琳音義燎作「撩」，云：「漢書撩，取也，獵也，掠取也，從手。」

唐本蓋如此，獠亦撩之形訛。然獠義自通，因各存其本。

〔六〕石本矢作「失」。按此句燎如作撩，則失或可能，否則爲矢之形譌。

〔七〕中本晨作「辰」。

〔八〕石本、中本、宋本、資福本、元本、明南本、徑山本王並作「主」。

〔九〕舊麗本、石本、中本、宋本、資福本、元本、明南本、徑山本並無「之子」二字。

〔一〇〕中本之聞二字作「聞之」。

〔一一〕舊麗本、石本、宋本、資福本、元本、明南本、徑山本王並作「至」。中本無「王」字。

〔一二〕古本鹿下有「王」字。

〔一三〕石本曰作「白」。

（四）憍陳如等五人迎佛窣堵波

伽藍西南二三里，有窣堵波，高三百餘尺，基趾廣峙，瑩飾奇珍，既〔一〕無層龕，便置覆鉢，雖建表柱，而無輪鐸。其側有小窣堵波，是阿若憍陳如等五人棄制〔二〕迎佛處也。初薩婆曷剌他悉陁唐言一切義成。舊曰悉達多〔三〕，訛略也。太子踰城之後，棲山隱谷，忘身殉〔四〕法。净飯王乃命家族三人、舅氏二人曰：「我子一切義成捨家修學，孤遊山澤，獨處林藪，故命爾曹隨知所止。内則叔父伯舅，外則既君且臣，凡厥動静，宜知進止。」五人銜命，相望營衛，因即勤求，欲期出離。每相謂曰：「夫修道者，苦證耶？樂證耶？」二人曰：「安樂爲道。」三人曰：「勤苦爲道。」二三交争，未有以明。於是太子思惟至理，爲伏苦行外道，節〔五〕麻〔六〕米以支身。彼二人者見而言曰：「太子所行，非真實法。夫道也者，樂以證之，今乃勤苦，非吾徒也。」捨而遠遁，思惟果證。太子六年苦行，未〔七〕證菩提，欲驗苦行非真，受乳糜而證果。斯三人者聞而歎曰：「功垂成矣，今其退矣！六年苦行，一日〔八〕捐功〔九〕。」於是相從求訪二人，既相見已，匡坐高論，更相議曰：「昔見太子一切義成出王宫，就荒谷，去珍服，披鹿皮，精勤勵志，貞節苦心，求深妙法，期無上果；今乃受牧女乳糜，敗道虧志！吾知之矣，無能爲也。」彼二人曰：「君何見之晚歟？此猖獗〔一〇〕人耳。夫處乎深宫，安乎〔一一〕尊勝，不能静志，遠迹山林，棄轉輪王位，爲鄙賤人行，何可念哉，言增忉怛〔一二〕耳！」菩薩浴尼連禪〔一三〕河，坐菩提樹，成等正覺，號天人師，寂然宴默，惟察應度，曰：「彼鬱頭藍子者，證非想定，堪受妙法。」空中諸天〔一四〕尋聲報曰：「鬱頭藍子命終已來，經今七日。」如來歎〔一五〕惜：「如〔一六〕何不遇，垂聞妙法，遽從變化！」重更觀察，營求世界，有阿藍迦藍得無所〔一七〕有處定，可授至理。諸天又〔一八〕曰：「終已五日。」如來再歎，愍其薄祜〔一九〕。又更諦觀，誰應受教，唯施鹿林中有五人者，可先誘導。如來爾時起菩提樹，趣鹿野園，威儀寂静，神光晃曜，毫〔二〇〕含玉彩，身真金色，安詳前進，導彼五人〔二一〕。斯五人遥見如來，互相謂曰：「一切義成，彼來者是。歲月遽淹，聖果不證，心期已退，故尋吾徒。宜各默然，勿起迎禮。」如來漸近，威神動物，五人忘制，拜迎問訊，侍從如儀。如來漸誘，示之妙理，雨〔一三〕安居畢，方護果證。

校勘

〔一〕原本既作「上」，舊麗本、石本、中本、宋本、資福本、元本、明南本、徑山本並作「既」，今據改。

〔二〕石本制下有「佛」字，疑涉下佛字而衍。

〔三〕翻譯集引無「多」字。

〔四〕中本殉作「詢」，非。音釋云：「（殉）正作徇，以身從物。」

〔五〕石本朱校節作「服」，中本作「飡」。

〔六〕石本、中本麻作「糜」。

〔七〕中本未作「求」，不合。

〔八〕石本、中本、宋本、資福本、元本、明南本、徑山本日並作「旦」。

〔九〕中本捐功二字作「損巧」，並形近而訛。

〔一〇〕中本猖作「倡」。慧琳音義蹶作「厥」，云：「即猖狂顛厥也。」

〔一一〕古本乎作「于」。

〔一二〕古本、中本怛作「呾」。音釋作「忉怛」，與此同。

〔一三〕原本連下無「禪」字，古本、石本、中本並有之，今從補。

〔一四〕古本、石本、中本空中諸天四字作「諸天處空」。

〔一五〕古本、石本、中本歎下有「曰」字。疑當在「惜」下。

〔一六〕石本、中本、宋本、資福本、元本、明南本、徑山本如並作「斯」。

〔一七〕石本無「所」字。

〔一八〕石本又作「人」。

〔一九〕原本祜作「祐」，今從古本、石本改。向達云：「祜有福厚之義，作祜爲是。傳卷七玄奘基塔日自述誠願，首即云：『自惟薄祜』云云，可以證此。」按薄祜一詞古習用之，嵇康幽憤詩首亦云「嗟余薄祜」。祐涉形似而訛。

〔二〇〕中本毫作「豪」，通用。

〔二一〕舊麗本、中本導彼五人四字作「引導彼人」。資福本作「導以彼人」。

〔二二〕元本、明南本、徑山本、金陵本雨作「兩」。

二、烈士池及傳説

施鹿林東行二三里，至窣堵波，傍有涸池，周八十餘步，一名救命，又謂烈士。聞諸先志〔一〕曰：數百年前有一隱士，於此池側結廬屏迹，博習伎術，究極神理，能使瓦礫爲寶，人畜易形，但未能馭風雲，陪仙駕。閱圖考古，更求仙術，其方曰：「夫神仙〔二〕者，長生之術也，將欲求學，先定其志，築建壇場，周一丈餘。命一烈〔三〕士，信勇昭〔四〕著，執長刀，立壇隅，屏息絶言，自昏達旦。求仙〔五〕者中壇而坐，手按長刀，口誦神呪，收視反聽，遲〔六〕明登仙。所執銛刀變爲寶劒，凌虚履空，王〔七〕諸仙侶。執劒指麾，所欲皆從。無衰無老，不病不死。」是人既得仙方，行訪烈士，營求曠歲，未諧心願。後於城中遇見一人，悲號逐路。隱士覩其相，心甚慶悦，即而慰問：「何至怨傷？」曰：「我以貧窶，傭力自濟，其主見知，特深信用，期滿五歲，當酬重賞。於是忍勤苦，忘艱〔八〕辛，五年將周，一旦違失，既蒙笞辱，又無所得，以此爲心，悲悼誰恤！」隱士命與同〔九〕遊，來至草廬，以術力故，化具〔一〇〕肴饌。已而令入池浴，服以新衣。又以五百金錢遺之曰：「盡當來求，幸無外也。」自時厥後，數加重賂，潛行陰德，感激其心。烈士屢求効命，以報知己。隱士曰：「我求烈士，彌歷歲時，幸而會遇，奇貌應圖。非有他故，願一夕不聲耳！」烈士曰：「死尚不辭，豈徒屏息？」於是設壇場，受仙法，依方行事，坐待日曛。曛暮之後，各司其務。隱士誦神呪，烈士按銛刀。殆將曉矣，忽〔一一〕發聲叫。是時空中火下，煙焰雲蒸，隱士疾引此人入池避難。已而問曰：「誡子無聲，何以驚叫？」烈士曰：「受命後，至夜分，惛〔一二〕然若夢，變異更起。見昔事主躬來慰謝，感荷厚恩，忍不報語。彼人震怒，遂見殺害，受中陰身，顧屍歎惜。猶願歷世不言，以報厚德。遂見託生南印度大婆羅門家，乃至受〔一三〕胎出胎，備經苦厄〔一四〕。荷恩荷德，嘗不出聲。洎乎受業、冠婚、喪親、生子，每念前恩，忍而不語。宗親戚屬咸見怪異。年過六十有五，我〔一五〕妻謂曰：『汝可言矣。若不語者，當殺汝子』。我時惟念，已隔生世，自顧衰老，唯此稚子，因止〔一六〕其妻，令無殺〔一七〕害，遂發此聲耳。」隱士曰：「我之過也。此魔嬈耳。」烈士感恩，悲事不成，憤恚而死。免火災難，故曰救命；感恩而死，又謂烈士池〔一八〕。

校勘

〔一〕古本、石本、中本先志二字作「土俗」。

〔二〕中本仙下有「術」字。

〔三〕石本烈作「列」，下同。

〔四〕中本昭作「照」。

〔五〕中本仙下有「道」字。

〔六〕舊麗本遲作「達」。

〔七〕石本朱校王作「至」；中本作「即」。

〔八〕石本艱作「難」。

〔九〕石本朱校、中本同作「周」。

〔一〇〕中本化具二字作「貨」字，乃併合二字而訛。

〔一一〕宋本、資福本忽作「怱」。

〔一二〕宋本、資福本、元本、明南本、徑山本惛並作「昏」，通用。

〔一三〕舊麗本受作「無」，非。

〔一四〕石本、宋本、資福本、元本、明南本厄作「阨」；徑山本作「戹」，並同。

〔一五〕舊麗本五我二字作「五子其」三字，非。

〔一六〕中本止作「心」，草書相近而誤。

〔一七〕石本無「殺」字。

〔一八〕舊麗本、古本、石本無「池」字。

三、三獸窣堵波

烈士池〔一〕西有三獸窣堵波，是如來修菩薩行時燒身之處。劫〔二〕初時，於此林野有狐、兔〔三〕、猨〔四〕，異類相悦。時天帝釋欲驗修菩薩行者，降靈應〔五〕化爲一老夫，謂三獸曰：「二三子善安隱乎〔六〕？無驚懼耶？」曰：「涉豐草，遊茂林，異類同歡，既安且樂。」老夫曰：「聞二三子情厚意密，忘其老弊，故此遠尋。今正飢乏，何以饋〔七〕食？」曰：「幸少留此，我躬馳訪。」於是同心虛己，分路營求。狐沿水濱〔八〕銜一鮮鯉，猨於林樹採異花菓，俱來至止，同進老夫。唯兔空還，遊躍左右。老夫謂曰：「以吾觀之，爾曹未和〔九〕。猨狐同志，各能役心，唯兔空返〔一〇〕，獨無相饋。以此言之，誠可知也。」兔聞譏議，謂狐、猨曰：「多聚蕉〔一一〕蘇，方有所作。」狐、猨競馳，銜草曳木，既已蘊崇，猛焰將熾。兔曰：「仁者，我身卑劣，所求難遂，敢以微躬，充此一飡！」辭畢入火，尋即致死。是時老夫復帝釋身，除燼收骸，傷歎良久，謂狐、猨曰：「一何至此！吾感其心，不泯其迹，寄之月輪，傳乎〔一二〕後世。」故彼咸言，月中之兔自斯而〔一三〕有。後人於此建窣堵波。

校勘

〔一〕中本無「烈士池」三字。
〔二〕古本劫上有「昔」字。
〔三〕中本兔作「菟」，下同，通用。
〔四〕翻譯集引猨作「猿」，下同，通用。
〔五〕徑山本應作「變」。
〔六〕異本乎作「耶」。
〔七〕翻譯集饋下有小注「渠位切」三字。
〔八〕徑山本濱作「瀕」，同。
〔九〕元本、明南本、徑山本和作「如」。
〔一〇〕宋本、資福本、元本、明南本、徑山本及翻譯集返並作「還」。
〔一一〕宋本、資福本、元本、明南本、徑山本及翻譯集蕉作「樵」，同。慧琳音義亦作「樵」。
〔一二〕翻譯集乎作「於」。
〔一三〕石本朱校而下有「顯」字。

從此順殑伽河流東行三百餘里，至戰主國。中印度境。

戰主國

戰主國周二千餘里。都城臨殑伽河，周十餘里。居人豐樂，邑里相鄰。土地膏腴，稼穡時播。氣序和暢，風俗淳質。人性獷烈，邪正兼信。伽藍十餘所，僧徒減千人，並皆遵習小乘教法。天祠二十，異道雜居〔一〕。

校勘

〔一〕宋本、資福本、元本、明南本居下有「矣」字；徑山本有「之」字。

一、佛舍利窣堵波

大城西北伽藍中窣堵波，無憂王之所建也。印度〔一〕記曰：此中有如來舍利一升〔二〕。昔者世尊嘗於此處，七日之中，爲天、人衆顯説妙法。其側則有過去三佛〔三〕坐及經行遺迹之處。鄰此復有慈氏菩薩像，形量雖小，威神嶷然，靈鑒潛通，奇迹間起〔四〕。

校勘

〔一〕古本、石本、中本印度二字作「先賢」。

〔二〕原本升作「斗」，石本、中本、宋本、資福本、元本、明南本、徑山本並作「升」，方志及珠林三十八亦同，今據改。

〔三〕方志、珠林三佛作「四佛」。

〔四〕古本起下有「也」字。

二、不穿耳伽藍

大城東行〔一〕二百餘里，至阿避陁羯刺〔二〕拏僧伽藍，唐言不穿耳。周垣不廣，彫飾甚工，花池交影，臺閣連甍。僧徒肅穆，衆儀庠序。聞諸先志〔三〕曰：昔大雪山北覩貨邏國有樂學沙門，二三同志禮誦餘閑，每相謂曰：「妙理幽玄，非言談所究；聖迹昭著，可足趾所〔四〕尋。宜詢莫逆，親觀聖迹。」於是二三交友杖錫同〔五〕遊，既至印度，寓諸伽藍，輕其邊鄙，莫之見舍。外迫風露，内累口腹，顏色憔悴，形容枯槁。時此國王出遊近郊，見諸客僧，怪而問曰：「何方乞士，何所因來？耳既不穿，衣又垢弊。」沙門對曰：「我覩〔六〕貨邏國人也。恭承遺教，高蹈俗塵，率其同好，觀禮聖迹。慨以薄福，衆所同棄，印度沙門，莫顧羈旅。欲還本土，巡禮未周，雖迫勤苦，心遂後已。」王聞其説，用增悲感，即斯勝地建立伽藍，白氎題書爲之制曰：「我惟尊居世上，貴極人中，斯皆三寶之靈祐也。既爲人王，受佛付囑，凡厥染衣，吾當惠濟。建此伽藍，式招羈旅。自今已來，諸穿耳僧，我此伽藍不得止舍。」因其事迹，故以名焉。

校勘

〔一〕方志東行二字作「東北」。
〔二〕方志剌作「賴」。
〔三〕古本、石本、中本先志二字作「耆舊」。
〔四〕徑山本、金陵本所作「相」。
〔五〕石本同作「周」。
〔六〕中本覩作「都」。

三、摩訶姿羅邑及諸遺迹

阿避陁羯剌拏伽藍東南行百餘里，南渡殑伽河，至摩訶娑〔一〕羅邑，並婆羅門種，不遵〔二〕佛法。然見沙門，先訪學業，知其强識，方深禮敬。

校勘

〔一〕石本娑作「婆」。

〔二〕舊麗本遵作「導」，非。

殑伽河北有那羅延天祠，重閣層臺，奐其〔一〕麗飾。諸天之像，鐫石而成，工極人謀，靈應難究。

校勘

〔一〕原本其作「甚」，宋本、資福本、元本、明南本並作「其」，慧琳音義同，今據改。徑山本作「奐然」，與奐其義同。

那羅延天祠東行三十餘里，有窣堵波，無憂王之所建也，大半陷地。前建石柱，高餘二丈，上作師子之像，刻記伏鬼之事。昔於此處有曠野鬼，恃大威力，噉人血肉，作害生靈，肆極妖〔一〕祟。如來愍諸衆生不得其死，以神通力，誘化諸鬼，導以歸依之敬，齊以不殺之戒。諸鬼承教，奉以周旋，於是舉石請佛安坐，願聞正法，克念護持。自時〔二〕厥後，無信之徒競共推移鬼置石座，動以千〔三〕數，莫之能轉。茂林清池，周基〔四〕左右，人至其側，無不心懼。

校勘

〔一〕慧琳音義妖作「䄏」。干禄字書有妖祅二字，云：「上妖冶；下祅祥，今亦用上字。」䄏又祅之或作。

〔二〕宋本、資福本、元本、明南本、徑山本時並作「兹」。

〔三〕宋本、資福本、元本、明南本千作「万」。徑山本作「萬」，同万字。方志作「千數」。

〔四〕古本基作「其」。

伏鬼側不遠，有數伽藍，雖多傾毁，尚有僧徒，並皆遵習大乘教法。

從此東南行百餘里，至一窣堵波，基已傾陷，餘高數丈。昔者如來寂滅之後，八國大王分舍利也，量舍利婆羅門蜜塗瓶内，分授諸王，而婆羅門持瓶以歸，既得所黏舍利，遂建窣堵波，并瓶置内，因以名焉。後無憂王開取舍利瓶，改建大窣堵波。或至齋日，時燭〔一〕光明。

校勘

〔一〕徑山本燭作「放」。

從此東北渡〔一〕殑伽河，行百四五十里，至吠舍釐國。舊曰毗舍離國，訛也。中印度境。

校勘

〔一〕原本渡作「度」，今從石本、中本、宋本、資福本、元本、明南本、徑山本改。方志、珠林亦作「渡」。

吠舍釐國

吠舍釐國周五千餘里。土地沃壤，花菓茂盛。菴没羅菓、茂遮菓，既多且貴。氣序〔一〕和暢，風俗淳質，好福重學，邪正雜〔二〕信。伽藍數百，多已圮壞，存者三五。僧徒稀少。天祠數十，異道雜居，露形之徒，寔繁其黨。吠舍釐城已甚傾頽，其故基趾〔三〕周六七十里，宫城周四五里，少有居人。

校勘

〔一〕資福本無「序」字。

〔二〕古本雜作「雙」。

〔三〕元本、明南本、徑山本趾作「址」，通用。

一、佛説毗摩羅詰經所

宫城西北五六里，至一伽藍，僧徒寡少，習學小乘正量部法。傍有窣堵波，是昔如來說毗摩羅詰經〔一〕，長者子寶積等獻寶蓋處。其東有窣堵波，舍利子等於此證無學之果。

校勘

〔一〕方志毗摩羅詰經作「淨名經」；珠林作「維摩經」，乃一經異名。

二、佛舍利窣堵波及諸遺迹

舍利子證果東南，有窣堵波，是吠舍釐王之所建也。佛涅槃後，此國先王分得舍利，式修崇建。印度記曰：此中舊有如來舍利一斛，無憂王開取九斗，唯留一斗。後有國王復欲開取，方事興功〔一〕，尋則地震，遂不敢開。

校勘

〔一〕宋本、資福本、元本、明南本、徑山本功並作「工」。

其西北有窣堵波，無憂王之所建也，傍有石柱，高五六十尺，上作師子之像。石柱南有池，是羣獮猴爲佛穿也，在昔如來曾住於此。池西不遠，有窣堵波，諸獮猴持如來鉢上樹取蜜之處。池南不遠，有窣堵波，是諸獮猴奉佛蜜處。池西北隅猶有獮猴〔一〕形像。

校勘

〔一〕石本無「猴」字。

三、無垢稱及寶積故宅

伽藍東北三四〔一〕里有窣堵波，是毗摩羅詰唐言無垢稱，舊曰浄名，然浄則無垢，名則是〔二〕稱，義雖取同，名乃有異。舊曰維摩詰〔三〕，訛略〔四〕也。故宅基趾〔五〕，多有靈異。去此不遠，有一神舍，其狀壘〔六〕甎，傳云積石，即無垢稱長者現疾説法之處〔七〕。去此不遠有窣堵波，長者子寶積之〔八〕故宅也。去此不遠有窣堵波，是菴没羅女故宅，佛姨母等諸苾芻尼〔九〕於此證入涅槃。

校勘

〔一〕原本三下無「四」字，石本、中本、宋本、資福本、元本、明南本、徑山本並有之，今據補。方志及珠林三十八並作「寺東北四里」，可證應有「四」字。

〔二〕石本、中本是下有「舊」字。

〔三〕翻譯集引詰下有「者」字。

〔四〕翻譯集引無「略」字。

〔五〕石本、中本無「趾」字。方志及珠林三十八亦無「趾」字。

〔六〕中本、宋本、資福本壘作「疊」，方志同。
〔七〕方志此下有「近使者王玄策以笏量之，止有一丈，故方丈之名因而生焉」。珠林此下有「於大唐顯慶年中，勑使衛長史王玄策因向印度，過浄名宅，以笏量之，止有十笏，故號方丈之室也」。此蓋道宣、道世補記後事之文，附於奘記之下也。
〔八〕石本、中本、宋本、資福本、元本、明南本、徑山本並無「之」字。慈恩傳、方志、珠林亦無。
〔九〕石本苾芻尼三字作「比丘尼」。

四、菴没羅女園及佛預言涅槃處

伽藍北三四里有窣堵波，是如來將往拘尸那國入般涅槃，人與非人隨從世尊至此佇立。次西北不遠有窣堵波，是佛於此最後觀吠舍釐城。其南不遠有精舍，前建窣堵波，是菴没羅女園，持以施佛。

菴没羅園側有窣堵波，是如來告涅槃處。佛昔在此告阿難曰：「其得四神足者能住壽一劫，如來今者當壽幾何？」如是再三，阿難不對，天魔迷惑故也。阿難從坐而起，林中宴默。時魔來請佛曰：「如來在世，教化已久，蒙濟流轉，數如塵沙。寂滅之樂，今其時矣。」世尊以少土置爪上，而告魔曰：「地土多耶？爪土多耶？」對曰：「地土多也。」佛言：「所度者如爪上土，未度者如大地土。却後三月，吾當涅槃。」魔聞歡喜而退。阿難林中忽感異夢，來〔一〕白佛言：「我在林間，夢見大樹，枝葉茂盛，蔭影蒙密，驚風忽起，摧散無餘。將非世尊欲入寂滅？我心懷懼，故來請問！」佛告阿難：「吾先告汝，汝爲魔蔽，不時請留。魔王勸我早入涅槃，已許之期，斯夢是也。」

校勘

〔一〕石本無「來」字。

五、千佛本生故事

告涅槃期側不遠有窣堵波，千子見父母處也。昔有仙人隱居巖谷，仲春之月，鼓濯清流，麀〔一〕鹿隨飲，感生女子，姿貌過人，唯脚似鹿。仙人見已，收而養焉。其後命令求火，至餘仙廬，足所履地，迹〔二〕有蓮花。彼仙見已，深以〔三〕奇之，令其繞廬，方乃〔四〕得火。鹿女依命，得火而還。時梵豫王畋〔五〕遊見花，尋迹以求，悦其奇怪，同載而返。相師占言，當生千子。餘婦聞之，莫不圖計。日月既滿，生一蓮花，花有千葉，葉坐一子。餘婦誣罔，咸稱不祥，投殑伽河，隨波泛濫〔六〕。烏耆延王下流遊觀，見黃雲蓋乘波而來，取以開視，乃有千子，乳養成立，有大力焉。恃有千子，拓境四方，兵威乘勝，將次此國。時梵豫王聞之，甚〔七〕懷震懼，兵力不敵，計無所出矣〔八〕。是時鹿〔九〕女心知其子，乃謂王曰：「今寇戎臨境，上下離〔一〇〕心，賤妾〔一一〕愚忠〔一二〕，能敗强敵。」王未之信也，憂懼良深。鹿女乃昇〔一三〕城樓，以待寇至。千子將兵，圍城已帀。鹿女告曰：「莫爲逆事！我是汝母，汝是我子。」千子謂曰：「何言之謬？」鹿女手按兩乳，流注千岐，天性所感，咸入其口。於是解甲歸宗，釋兵返族，兩國交歡，百姓安樂〔一四〕。

校勘

〔一〕中本麀作「麛」。按雜寶藏經作「雌鹿」，則麀字是，麛字非。
〔二〕宋本、資福本、元本、明南本、徑山本迹下並有「皆」字。
〔三〕徑山本深以二字作「心甚」。
〔四〕徑山本乃作「可」。
〔五〕石本畋作「田」，通用。
〔六〕中本濫下有「焉隣國有王名」六字。
〔七〕中本甚作「其」。
〔八〕徑山本無「矣」字。
〔九〕徑山本鹿下有「足」字。
〔一〇〕宋本、資福本、元本、明南本離作「罹」。音釋亦作「罹」，云：「音離，憂也。」
〔一一〕中本妾作「妻」，非。
〔一二〕宋本、資福本、元本、明南本、金陵本忠並作「衷」。徑山本愚忠二字作思惟。
〔一三〕古本、石本昇作「升」，同。
〔一四〕石本樂下有「此處立塔」四字。按法顯傳記此事下有「後人得知，於此立塔」云云。

千子歸宗側不遠有窣堵波，是如來經行〔一〕舊迹，指告衆曰：「昔吾於此歸宗見親。欲知千子，即賢劫〔二〕千佛是也。」

校勘

〔一〕原本「經行」二字互倒，今從石本、中本、宋本、資福本、元本、明南本、徑山本改。
〔二〕宋本、資福本、元本、明南本、徑山本劫下並有「中」字。

六、重閣講堂及諸聖迹

述本生東有故基，上建窣堵波，光明時燭，祈請或遂，是如來説普門陁羅尼等經，重閣講堂餘趾也〔一〕。

校勘

〔一〕徑山本無「也」字，作墨釘。

講堂側不遠有窣堵波，中有阿難半身舍利。去此不遠有數百窣堵波，欲定其數，未有克知，是千獨覺入寂滅處。

吠舍釐城内外周隍〔一〕，聖迹繁多，難以具舉。形勝故墟，魚鱗間峙。歲月驟改，炎涼亟移，林既摧殘，池亦枯涸，朽株餘迹，其〔二〕詳驗焉。

校勘

〔一〕中本隍作「垣」。

〔二〕徑山本其作「可」。按上下文義，其字疑當作「莫」，形近而訛。

大城西北行五六十里，至大窣堵波，栗〔一〕呫昌葉反。婆〔二〕子舊云〔三〕離車子，訛也。別如來處。如來自吠舍釐城趣拘尸那國，諸栗呫婆子聞佛將入寂滅，相從〔四〕號送。世尊既見哀慕，非言可喻，即以神力化作大河，崖岸深絶，波流迅急。諸栗呫婆悲慟以止，如來留鉢，爲作追念。

校勘

〔一〕中本栗作「票」。按音釋栗音「良吉反」，票爲形之訛。

〔二〕古本婆作「波」，次同。

〔三〕宋本、資福本、元本、明南本、徑山本云並作「曰」。

〔四〕原本從下有「悲」字，石本、中本、宋本、資福本、元本、明南本、徑山本並無之，今從刪。

七、故城及大天王本生故事

吠舍釐城西北減二百里，有故城，荒蕪歲久，居人曠少，中有窣堵波。是佛在昔爲諸菩薩、人、天大衆引〔一〕説本生，修菩薩行，曾於此城爲轉輪王，號曰摩訶提婆，唐言大〔二〕天。有七寶應，王四天下，覩衰變之相，體無常之理，冥〔三〕懷高蹈，忘情大位，捨國出家，染〔四〕衣修學。

校勘

〔一〕石本朱校引作「弘」。按弘説猶廣説，於義爲長。疑引乃形訛。

〔二〕石本大作「天」。按摩訶翻「大」，天字譌。

〔三〕宋本、資福本、金陵本冥作「寘」。石本亦作「寘」，讀爲冥。按寘無讀冥之理，疑是校者見有冥寘二異文，不能決擇，强作解人爾。音釋作「寘」，音「支義反」。但明南本音釋作「冥」，音「莫經反」。二字義並可通。

〔四〕石本無「染」字，脱去。

八、七百賢聖結集

城東南行十四五里，至大窣堵波，是七百賢聖重結集處。佛涅槃後百一十年，吠舍釐城有諸苾芻〔一〕，遠離佛法，謬行戒律。時長老耶舍陁住憍薩羅國，長老三菩伽住秣菟〔二〕羅國，長老釐波多住韓若國，長老沙羅住吠舍釐〔三〕國，長老富闍蘇彌羅住波〔四〕羅梨弗國。諸大羅漢心得自在，持三藏，得三明，有大名稱，衆所知識，皆是尊者阿難弟子。時耶舍陁遣使告諸賢聖，皆可〔五〕集吠舍釐城，猶少一人，未滿七百。是時富闍蘇彌羅以天眼見諸大賢聖集議法事，運神足至法會。時三菩伽於大衆中右袒長跪，揚言曰：「衆無譁〔六〕，欽哉念哉！昔大聖法王善權寂滅，歲月雖淹，言教尚在。吠舍釐城懈怠苾芻，謬於戒律，有十事出，違十力教。今諸賢者深明持犯，俱承〔七〕大德阿難指誨，念報佛恩，重宣聖旨。」時諸大衆莫不悲感，即召集諸苾芻，依毘奈耶，訶責制止，削除謬法，宣明聖教。

校勘

〔一〕石本苾芻二字作「比丘」，下同。

〔二〕原本菟作「兔」，石本、中本、宋本、資福本、元本、明南本、徑山本及華嚴鈔五十八引、隨函録並作「菟」。按本書卷四作秣菟羅國。兔雖與菟同字，爲前後畫一，從改。

〔三〕華嚴鈔釐作「黎」。

〔四〕波原作「娑」，據古本改。

〔五〕古本、石本、華嚴鈔並無「可」字。

〔六〕古本及華嚴鈔譁上有「諠」字。音釋止「譁」字。

〔七〕華嚴鈔承作「是」。

九、濕吠多補羅伽藍

七百賢聖結集南，行八九十里，至濕吠多補羅僧伽藍，層臺輪煥〔一〕，重閣翬飛。僧衆清肅，並學大乘。其傍〔二〕則有過去四佛坐及經行遺迹之處。其側〔三〕窣堵波，無憂王之所建也，如來在昔南趣摩揭陁國北顧吠舍釐城中途止息遺迹之處。

校勘

〔一〕石本、中本、宋本、資福本、元本、徑山本焕並作「奂」。華嚴鈔五十八引作「輪焕」，同此本。

〔二〕古本、石本及華嚴鈔傍作「側」。中本傍則二字作「側」。

〔三〕華嚴鈔側作「旁」。

十、阿難分身寂滅傳説

濕吠多補羅伽藍東南行三十餘里，殑伽河南北岸各有一窣堵波，是尊者阿難陁分身與二國處。阿難陁者，如來之從父弟也，多聞總持〔一〕，博物强識，佛去世後，繼大迦葉任〔二〕持正法，導進〔三〕學人。在摩揭陁國，於林中經行，見一沙彌諷誦佛經，章句錯謬，文字紛亂。阿難聞已，感慕增懷，徐詣其所，提撕指授。沙彌笑曰：「大德耄矣，所言謬矣！我師高明，春秋鼎盛，親承示誨，誠無所誤。」阿難默然，退而歎曰：「我年雖邁，爲諸衆生，欲久住世，住〔四〕持正法。然衆生垢重，難以誨語。久留無利，可速滅度。」於是去摩揭陁國，趣吠舍釐城，渡〔五〕殑伽河，泛舟中流。摩〔六〕揭陁王聞阿難去，情深戀德，即嚴戎〔七〕駕，疾驅〔八〕追請，數百千衆，營軍南岸。吠舍釐王聞阿難來，悲喜盈心，亦治軍旅，奔馳迎候，數〔九〕百千衆，屯集北岸。兩軍相對，旌旗〔一〇〕翳日。阿難恐鬬其兵，更相殺害，從舟中起，上昇虚空，示現神變，即入寂滅。化火焚骸，骸又中析〔一一〕，一墮南岸，一墮北岸。於是二王各得一分，舉軍號慟，俱還本國，起窣堵波，而修供養。

校勘

〔一〕石本校書持下有「學佛法」三字。

〔二〕舊麗本、石本、中本任作「住」。按下文作「住」，他本又作「任」。

〔三〕石本導作「道」。中本導進作「道集」。導、道通借。

〔四〕異本、宋本、資福本、元本、明南本、徑山本住並作「任」。

〔五〕原本渡作「度」，今從石本、宋本、資福本、元本、明南本、徑山本改。

〔六〕石本、中本、宋本、資福本、元本、明南本、徑山本摩上並有「時」字。

〔七〕舊麗本戎作「戒」，形之訛。

〔八〕宋本、資福本、元本、明南本、徑山本驅並作「馳」。

〔九〕石本數上有「獲」字。此與上「數百千衆營軍南岸」相對爲文，獲字不當有。

〔一〇〕宋本、資福本、元本、明南本旗並作「旂」。

〔一一〕原本析爲「折」，宋本、資福本、元本、明南本、徑山本並作「析」，今從改。

從此東北行五百餘里，至弗栗恃〔一〕國。北人謂三伐〔二〕恃國，北印度境。

校勘

〔一〕石本恃作「持」，中本作「特」，次同。按其他各本並作「恃」，方志亦同，特當是形訛。

〔二〕原本伐作「代」，今從石本、中本、宋本、資福本、元本、明南本、徑山本及方志改。

弗栗恃國

弗栗恃國周四千餘里，東西長，南北狹。土地膏腴，花菓茂盛。氣序微寒，人性躁急。多敬外道，少信佛法。伽藍十餘所，僧徒減千人，大小二乘兼功通學。天祠數十，外道寔衆。國大都城號占戍挐〔一〕，多已頹毀。故宮城中尚有三千餘家，若村若〔二〕邑也。大河東北有伽藍，僧徒寡少，學業清高。

校勘

〔一〕石本戍拏二字作「戊拏」； 中本作「伐拏」，資福本、元本、明南本作「戌拏」； 宋本、徑山本、金陵本作「戍拏」。
〔二〕古本、石本、中本無「若」字。

化度漁人處及諸遺迹

從此西行，依河之濱〔一〕有窣堵波，高餘三丈，南帶長流，大悲世尊度漁人處也。越在佛世，五百漁人結疇〔二〕附黨，漁捕水族，於此河流得一大魚，有十八頭，頭各兩眼。諸漁人方欲害之，如來在吠舍釐國，天眼見，興悲心，乘其時而化導〔三〕，因其機而啓悟，告諸大衆：「弗栗恃〔四〕國有大魚，我欲導之，以悟諸漁人。爾宜知時。」於是大衆圍繞，神足凌虛，至于河濱，如常敷座。遂告諸漁人：「爾勿殺魚！」以神通力，開方便門，威被大魚，令知宿命，能作人語，貫解人情。爾時如來知而故問：「汝在前身，曾作何罪？流轉惡趣，受此弊身。」魚曰：「昔承福慶，生自豪族，大婆羅門劫〔五〕比他者，我身是〔六〕也。恃其族姓〔七〕，凌蔑人倫，恃其博物，鄙賤經法。以輕慢心，毀讟諸佛；以醜惡語〔八〕，詈辱衆僧。引類形比，謂若駝、驢、象、馬諸醜形對。由此惡業，受此弊身。尚資宿善，生遭佛世，目覩聖化，親承聖教，因而懺謝，悔先作業。」如來隨機攝化，如應開導。魚既聞法，於是命終，承茲福力，上生天宮。於是自觀其身，何緣生此，既知宿命，念報佛恩，與諸天衆肩隨戾止，前禮既畢，右繞退立，以天寶香花持〔九〕用供養。世尊指告漁人，爲說妙法，於〔一〇〕即感悟，輸誠禮懺，裂網焚舟，歸真受法。既服染衣，又聞至教，皆出塵垢，俱證聖果。

校勘

〔一〕古本、石本、中本濱作「陽」。

〔二〕宋本、資福本、元本、明南本、徑山本疇作「儔」，古可通用。

〔三〕石本導作「道」。

〔四〕中本栗恃作「票持」。票乃形訛，恃與持同音可通用。

〔五〕石本劫作「却」。

〔六〕石本無「是」字。

〔七〕石本無「恃」字；姓凌二字倒作「凌姓」，非。

〔八〕古本語作「言」。

〔九〕原本無「持」字，石本、中本、宋本、資福本、元本、明南本、徑山本並有之，今據補。

〔一〇〕中本於作「是」；徑山本作「俱」。

度漁人東北行百餘里，故城西有窣堵波，無憂王所建，高百餘尺，是佛在昔於此六月說法度諸天人。此北百四五十步，有小窣堵波，如來昔於此處爲諸苾芻〔一〕制戒。次西不遠，有如來髮爪窣堵波，如來昔於此處〔二〕，近遠邑人相趨輻湊，焚香散花，燈炬不絕。

校勘

〔一〕石本苾芻二字作「比丘」。

〔二〕古本、石本、中本無「如來昔於此處」六字。

從此西北千四五百里，踰山入谷，至尼波羅國。中〔一〕印度境。

校勘

〔一〕石本無「中」字，依例當有，脱去。

尼波羅國

尼波羅國周四千餘里，在雪山中。國大都城周二十餘里，山川連屬。宜穀稼，多花菓。出赤銅、犛〔一〕牛、命命鳥。貨用赤〔二〕銅錢。氣序寒烈〔三〕，風俗險詖，人性剛獷，信義輕薄。無學藝，有工巧。形貌醜弊，邪正兼信。伽藍、天祠，接堵連隅。僧徒二千餘人，大小二乘，兼功〔四〕綜習。外道異學，其數不詳。

校勘

〔一〕古本犛作「犛」，中本作「釐」。按犛是犛之形訛。犛音莫交切，又音力之切，釐乃力之切之音訛。

〔二〕石本無「赤」字。

〔三〕宋本、資福本、元本、明南本、徑山本烈並作「冽」。

〔四〕宋本、資福本、元本、明南本、徑山本功並作「攻」，通用。

一、光胄王製聲明論

王刹帝利栗呫婆〔一〕種也，志學清高〔二〕，純信佛法。近代有王，號鴦輸伐摩，唐言光胄〔三〕。碩學聰叡，自製聲明論，重學敬德，遐邇著聞。

校勘

〔一〕古本婆作「波」。

〔二〕古本、石本高作「亮」。

〔三〕異本、宋本、資福本、明南本胄作「冑」，音釋作「冑」，音「直右反」。據音則冑、冑二字並胄字之訛。元本又誤作「胃」。

〔闕文備考〕城内有閣高二百餘尺，周八十步，上容萬人。面别三疊，疊别七層，徘徊

四厦，刻以奇異，珍寶飾之〔一〕。（釋迦方志卷上）

校勘

〔一〕按此闕文見於方志，今西域記諸本皆無之，從記載體裁觀之，似爲西域記文，疑脱去，今附於此。

二、小水池

都城東南有小水池，以人火投之，水即焰起。更投餘物，亦變爲火。

〔闕文備考〕城東南不遠，有水火邨。東一里許，有阿耆波沴水，周二十步，旱澇湛然，不流常沸。家火投之，偏池火起，煙焰數尺。以水灑火，火增熾；碎土以投，亦即然盡，無問投者，並成灰燼。架釜水上，煮熟立食。云此水中先有金櫃，有國王將人取之。櫃已出泥，人象挽之，不動。夜，神告曰：「此是慈氏佛冠，下生擬著，不可得也。火龍所護。」城南十餘里，孤山特秀，寺居重疊，狀若雲霞。松竹魚龍，隨人馴附，就人取食。犯者滅門。比者國命並從此國而往還矣。今屬吐蕃。（釋迦方志卷上）

都城東南不遠，有水火村。東一里許，有阿耆波沴水，周二十步，旱澇湛然，不流常沸。家火投之，偏池火起，煙焰數尺。以水灑火，火更增熾；碎土以投，亦即然盡，無問投者，並成灰燼。架釜水上，煮食立熟。賢德傳云：此水中先有金匱，前有國王將人取之，匱已出泥，人象挽之，不動。夜，神告曰：「此是慈氏佛冠在中，後彌勒下生擬著，不可得也。火龍所護。」城南十餘里，孤山特秀，寺居重疊，狀若雲霞。松竹魚龍，隨人馴附，就人取食。犯者滅門。比者國命並從此國而往還矣，即東女國與吐蕃接界，唐梵相去可一萬餘里。（法苑珠林卷三十八）

城中有池，中有天金〔一〕光浮水上。古老傳云：彌勒下生用爲首飾。或有利其寶者，夜往盜之，但見火聚騰焰，都不可近。今則流深，叵窮其底。水又極熱，難得措足。唐國使者試火投之，焰便涌起。因用煮米，便得成飯。其境北界即東女國，與吐蕃接境，比來國命往還率由此地。約指爲語，唐梵相去一萬餘里，自古迴邅，歧途遠阻。（續高僧傳玄奘傳）〔二〕

校勘

〔一〕金下疑脱「冠」字。

〔二〕上列闕文三段，方志與珠林所載大體相同，僅個別字句差異。續僧傳較爲簡略，記事亦稍有出入，殆撮述大意改寫之。但三書所記源當出於一，即是西域記。今諸本皆無之，道宣、道世所見爲最初寫本，與今本有異。三書所記較原文必有增損，然已無法區別，因並列之，以備參考。

又法苑珠林卷二十四引王玄策西國行傳云：「唐顯慶二年（公元六五七）勅使王玄策等往西國送佛袈裟，至泥婆羅國，西南至頗羅度來村，東坎下有一水火池。若將家火照之，其水上即有火焰於水中出。

欲滅，以水沃之，其焰轉熾。漢使等曾於中架一釜，煮飯得熟。使問彼國王，國王答使人云：『曾經以杖刺著一金匱，令人挽出，一挽一深。相傳云此是彌勒佛當來成道天冠金（冠金二字疑倒），火龍防守之。此池火乃是火龍火也』。」所記略同，文又參差，是王玄策亦曾見之。説詳范祥雍大唐西域記闕文考辨（文史第十三輯，中華書局）。

從此復還吠舍釐國，南渡殑伽河，至摩揭陁國。舊曰摩伽陁，又曰摩竭提，皆訛也。中印度境。

大唐西域記卷第八

三藏法師玄奘奉詔譯
大總持寺沙門辯機撰

一國

摩揭陁國上

摩揭陁國上

摩揭陁國周五千餘里，城少居人，邑多編户。地沃壤〔一〕，滋稼穡，有異稻種，其粒麤大，香味殊越〔二〕，光色特甚，彼俗謂之供大人米。土地墊濕，邑居高原〔三〕。孟夏之後，仲秋之前，平居流水，可以泛舟。風俗淳質，氣序温暑。崇重志學，尊〔四〕敬佛法〔五〕。伽藍五十餘所，僧徒萬有餘人，並多宗習大乘法教。天祠數十，異道寔〔六〕多。

校勘

〔一〕慧琳音義十二引作「其地下濕，出好粳米。」乃約舉其文。釋帖二十一引地下有「土」字。

〔二〕慧琳音義十二引此句作「香色殊」。

〔三〕舊麗本原作「堙」。

〔四〕原本尊作「遵」，今從宋本、資福本、元本、明南本、徑山本改。中本作「導」，亦尊之形訛。

〔五〕舊麗本無「法」字。

〔六〕徑山本寔作「甚」。方志亦作「甚」。

一、波吒釐子城及傳說

殑伽河南有故城，周七十餘里，荒蕪雖久，基址〔一〕尚在〔二〕。昔者人壽無量歲時，號拘蘇摩補羅城〔三〕。唐言香花宮城。王宮多花，故以名焉。逮乎人壽數千歲，更名波吒釐子城。舊曰〔四〕巴連〔五〕弗邑，訛也。

校勘

〔一〕石本、宋本址作「趾」，下同，通用。

〔二〕古本、石本、中本、華嚴鈔五十八引在並作「存」。

〔三〕慈恩傳城作「國」。按方志作「城」，本書下文亦同，疑傳誤。

〔四〕華嚴鈔引曰作「云」。

〔五〕石本巴作「已」。慈恩傳巴連作「熙漣」。按方志及華嚴鈔引並作「巴連」，同各本。慧琳音義十二引此句同，但下有「此云無毒害」五字。

初有婆羅門，高才博學，門人數千〔一〕，傳以授〔二〕業。諸〔三〕學徒相從遊觀，有一書生徘徊悵〔四〕望，同儔〔五〕謂曰：「夫何憂乎？」曰：「盛色方剛，羈遊履影，歲月已積，藝業無成。顧此爲言，憂心彌劇！」於是學徒戲言之曰：「今將爲〔六〕子求娉婚親。」乃假立二人爲男父母，二人爲女父母，遂坐波吒釐樹，謂女聟〔七〕樹也，採時果，酌清流，陳婚姻之緒，請好合之期。時假女父攀花枝以授書生曰：「斯嘉偶也，幸無辭焉！」書生之心欣然自得，日暮言歸，懷戀而止。學徒曰：「前言戲耳，幸可同歸。林中猛獸恐相殘害。」書生遂留，往來樹側，景夕之後，異光燭野，管弦清雅，帷〔八〕帳陳列。俄見老翁策杖來慰，復〔九〕有一嫗攜引少女，並賓〔一〇〕從盈路，袨服奏樂。翁乃指少女曰：「此君之弱室也。」酣歌樂讌，經七日焉。學徒疑爲獸害，往而求之，乃見獨坐樹陰，若對上客。告與同歸，辭不從命。後自入城，拜謁親故，説其始末。聞者驚駭，與諸友〔一一〕人同往林中，咸見花樹是〔一二〕一大第，僮僕役使，驅馳往來，而彼老翁從容接對，陳饌奏樂，賓主禮備。諸友還城，具告遠近。期〔一三〕歲之後，生一子男〔一四〕，謂其妻曰：「吾今欲歸，未忍離阻。適復留止，棲寄飄露。」其妻既聞，具以白父。翁謂書生曰：「人生行樂，詎必故鄉？今將築室，宜無異志。」於是役使靈〔一五〕徒〔一六〕，功成不日，香花舊城遷都此邑。由彼子故，神爲築城，自爾之後，因〔一七〕名波吒釐子城焉〔一八〕。

校勘

〔一〕釋帖十四引千作「百」。

〔二〕原本授作「受」，資福本、元本、明南本、徑山本、金陵本作「授」，今從之。宋本、華嚴鈔作「受」，同麗本。

〔三〕華嚴鈔引諸上有「與」字。

〔四〕原本徘徊作「俳佪」，今從宋本、資福本等及華嚴鈔改。

〔五〕舊麗本、古本、石本、中本儔作「疇」，下同。古通用。

〔六〕原本無「爲」字，今從石本、中本、宋本、資福本、元本、明南本、徑山本及華嚴鈔補。

〔七〕原本聟作「聲」，古本作「聟」。石本、宋本、資福本、元本、明南本、徑山本及華嚴鈔並作「壻」，翻譯集引作「楈」。按干禄字書有聟、聓、壻三字云：「上俗，中通，下正。」禮記昏義：「壻執鴈入。」釋文：「壻，或又作聟，悉見反。依字從士從胥，俗從知下作耳。」然則聲乃聟之形訛，聓、壻同字，正俗之別爾，古本作聟是也，今從改。楈疑壻之誤。

〔八〕華嚴鈔帷作「幃」，同。

〔九〕中本及華嚴鈔復作「項」。

〔一〇〕元本、明南本、徑山本賓作「儐」，通用。

〔一一〕元本、明南本「諸友」二字互倒。

〔一二〕中本樹是二字作「林是樹」三字，非。

〔一三〕石本、中本、宋本、資福本、元本、明南本、徑山本期並作「暮」。華嚴鈔作「朞」，同此本。從下文「生一子男」言，則作期爲長。

〔一四〕華嚴鈔子男二字作「男子」。

〔一五〕原本靈作「之」，石本、中本及華嚴鈔作「靈」，今從改。下文云「神爲築城」，可證此當作靈。

〔一六〕華嚴鈔徒作「從」。

〔一七〕宋本、資福本、元本、明南本、徑山本因並作「國」。按前後文皆云「波吒釐子城」，不當爲國名。華嚴鈔作「因」，同麗本，作國者非。

〔一八〕石本焉下有「也」字。

二、無憂王地獄處

王故宮北有石柱，高數十尺，是無憂王作地獄處。釋迦如來涅槃之後第一百年，有阿輸迦唐言無憂，舊曰阿育〔一〕，訛也。王者，頻毗娑〔二〕羅唐言影堅，舊曰頻婆娑羅〔三〕，訛也。王之曾孫也，自王舍城遷都波吒釐，重〔四〕築外郭，周於故城，年代浸〔五〕遠，唯餘故基。伽藍、天祠及窣堵波，餘址數百，存〔六〕者二三。唯故宮北臨殑伽河小城中有千餘家。

校勘

〔一〕石本、宋本、資福本、元本、明南本、徑山本育下並有「王」字。按上文「唐言無憂」，下無王字，則此亦不當有王字。慈恩傳此注在「阿輸迦王」下，作「無憂王」，「阿育王」，並有王字，正可作爲反證。

〔二〕原本娑作「婆」，石本、中本、宋本、資福本、元本、明南本、徑山本並作「娑」，慈恩傳、翻譯集同。按梵文作Bimbisāra，音譯作「娑」爲是，今從改。

〔三〕原本無「羅」字，今從石本、中本、宋本、資福本、元本、明南本、徑山本補。

〔四〕原本無「重」字，石本、中本、宋本、資福本、元本、明南本、徑山本並有之，方志亦有「重」字，今據補。

〔五〕古本、異本、宋本、資福本、元本、明南本、徑山本𣸍並作「浸」；舊麗本作「寖」；石本作「侵」。按𣸍同浸，史記河渠書：「此渠皆可行舟，有餘則用溉𣸍。」溉𣸍猶溉浸。寖乃寖之或體，與浸通。

〔六〕舊麗本、宋本、資福本、元本、明南本、徑山本存並作「在」。

初，無憂王嗣位之後，舉措苛暴，乃立地獄，作害生靈。周垣峻峙，隅樓特起，猛焰洪鑪，銛鋒利刃，備諸苦具，擬像幽塗。招募凶人，立爲獄主。初以國中犯法罪人，無挍〔一〕輕重，總入塗炭。後以行經獄次，擒以誅戮，至者皆死，遂滅〔二〕口焉。時有沙門初入法衆，巡里乞食，遇〔三〕至獄門。獄吏凶人擒欲殘害。沙門惶怖，請得禮懺。俄見一人縛來入獄，斬截手足，磔裂形骸，俯仰之間，支〔四〕體糜散。沙門見已，深增悲悼，成無常觀，證無學果。獄卒曰：「可以死矣。」沙門既證聖果，心夷生死，雖入鑊湯，若在清池，有大蓮花而爲之座。獄主驚駭，馳使白王。王遂躬觀，深讚靈祐。獄主曰：「大王當死。」王曰：「何〔五〕？」對曰：「王先垂命，令〔六〕監刑獄，凡至獄垣，皆從殺害。不云王入而獨免死。」王曰：「法已一定，理無再變。我先垂令，豈除汝身。汝久濫生，我之咎也。」即命獄卒投之洪鑪。獄主既死，王乃得出，於是頹牆堙〔七〕塹〔八〕，廢獄寬刑。

校勘

〔一〕石本、中本、宋本、資福本、元本、明南本、徑山本無挍二字作「不校」。按干祿字書有挍、校二字，云：「上比挍，下校尉。」依此，則此處當作挍，校乃借字。今通行皆作校。

〔二〕宋本、資福本、元本、明南本、徑山本滅並作「緎」。

〔三〕石本遇作「適」，義較長。「遇」亦通。

〔四〕宋本、資福本、元本、明南本、徑山本支作「肢」，通用。

〔五〕宋本、資福本、元本、明南本、徑山本何上有「云」字。

〔六〕中本令作「命」。

〔七〕古本堙作「埋」。

〔八〕古本、石本塹作「塹」。

三、無憂王建舍利塔

地獄南不遠有窣堵波，基址傾陷，唯餘覆鉢之勢，寶爲廁〔一〕飾，石作欄檻，即八萬四千之一也，無憂王以人〔二〕功建於宮焉〔三〕。中有如來舍利一升〔四〕，靈鑒間起，神光時燭。無憂王廢獄之後，遇近護大阿羅漢，方便善誘，隨機導化。王謂羅〔五〕漢曰：「幸以宿福，位據人尊，慨兹障累，不遭佛化。今者如來遺身舍利，欲重修建諸窣堵波。」羅漢曰：「大王以福德力，役使百靈，以弘誓心，匡護三寶，是所〔六〕願也，今其時矣。」因爲廣説獻土之因，如來懸記興建之功。無憂王聞以〔七〕慶悦，召集鬼神〔八〕而令之曰：「法王導利，含靈有慶。我資宿善，尊極人中。如來遺身，重修供養。今爾鬼神，勠力同心，境極贍部，户滿拘胝，以佛舍利，起窣堵波。心發於〔九〕我，功成於汝，勝福之利，非欲獨有，宜各營搆，待後告命！」鬼神受旨，在所興功，功既成已，咸來請命。無憂王既開八國所建諸窣堵波，分其舍利，付鬼神已，謂羅漢曰：「我心所欲，諸處同時藏下舍利。心雖此冀〔一〇〕，事未從欲。」羅漢曰〔一一〕：「王命神鬼至所期日，日有隱蔽，其狀〔一二〕如手，此時也〔一三〕，宜下舍利。」王承此旨，宣告鬼神。逮乎期日，無憂王觀候光景。日正中時，羅漢以神通力，申〔一四〕手蔽日，營建之所，咸皆瞻仰，同於此時功績咸畢。

校勘

〔一〕徑山本廁作「之」。

〔二〕中本人作「大」。慈恩傳人功二字作「人工」。

〔三〕徑山本焉作「中」。
〔四〕原本升作「斗」，石本、中本、宋本、資福本、元本、明南本、徑山本作「升」，慈恩傳、方志及珠林並同，今據改。
〔五〕中本羅上有「阿」字。
〔六〕舊麗本無「所」字。
〔七〕宋本、資福本、元本、明南本、徑山本以作「已」，古通用。
〔八〕中本鬼神二字作「神鬼」。
〔九〕石本無「於」字。
〔一〇〕明南本此冀二字作「冀此」。
〔一一〕宋本、資福本、元本、明南本、徑山本曰作「白」，下屬王字爲句。
〔一二〕舊麗本狀作「將」，非。
〔一三〕中本無「也」字。
〔一四〕宋本、資福本、元本、明南本、徑山本申並作「伸」，通用。

四、如來足迹石

窣堵波側不遠，精舍中有大石，如來所履，雙迹猶存，其長尺有八寸，廣餘六寸矣。兩〔一〕迹俱有輪相，十指皆帶花文〔二〕，魚形〔三〕映〔四〕起，光明時照。昔者如來將取寂滅，北趣拘尸那城，南顧摩揭陁國，蹈此石上，告阿難曰：「吾今最後留此足迹，將入寂滅，顧摩揭陁〔五〕也。百歲之後，有無憂王命世君臨，建都〔六〕此地，匡護三寶，役使百神。」及無憂王之嗣位也，遷都築邑，掩周〔七〕迹石，既近宮城，恒親供養。後諸國王競欲舉歸，石雖不大，衆莫能轉。近者設賞迦王〔八〕毁壞佛法，遂即石所，欲滅聖迹，鑿已還平，文彩如故。於是捐棄殑伽河流，尋復本處〔九〕。其側窣堵波，即過去四佛坐及經行遺迹之所。

校勘

〔一〕徑山本矣兩二字作「左右」。
〔二〕慈恩傳花文作「萬字華紋」。
〔三〕慈恩傳魚形作「瓶魚」。
〔四〕宋本、資福本、明南本、明北本、徑山本映作「暎」，同。
〔五〕石本陁作「國」； 古本陁下有「國」字。
〔六〕徑山本君臨建都四字作「建都君臨」。
〔七〕宋本、資福本、金陵本周作「固」。
〔八〕方志作「羯羅拏蘇伐剌那（言金耳國）設償迦王（言月也）」。
〔九〕珠林此下有「貞觀二十三年有使圖寫迹來」，乃道世增附之文。

五、無憂王大石柱

佛迹精舍側不遠有大石柱，高三十餘尺。書記殘缺，其大略曰：「無憂王信根貞固，三以〔一〕贍〔二〕部洲施佛、法、僧，三以諸珍寶重自酬贖。」其辭云云〔三〕，大略斯在。

校勘

〔一〕明南本此及下三以二字並作「王以」，非。
〔二〕石本贍作「瞻」，以下同。
〔三〕原本云字不重，宋本、資福本、明南本、明北本、徑山本並重「云」字，今從補。

六、摩醯因陁羅故事

故宫北有大石室，外若崇山，内廣數丈，是無憂王爲出家弟〔一〕役使神鬼之所建也。初，無憂王有同母弟，名摩醯〔二〕因陁羅，唐言大帝。生自貴族，服僭王制，奢侈縱暴，衆庶懷怨。國輔老〔三〕臣進諫王曰：「驕弟作威，亦已〔四〕太甚。夫政平則國治，人和則主安，古之明〔五〕訓，由來久矣。願存國典，收付執法！」無憂王泣謂弟曰：「吾承基緒，覆燾生靈，況爾同胞，豈忘惠愛？不先匡導，已陷刑〔六〕法，上懼先〔七〕靈，下迫衆議。」摩醯因陁羅稽首謝曰：「不自謹行，敢干國憲，願賜再生，更寬七日！」於是置諸幽室，嚴加守衛，珍羞上饌，進奉無虧。守者唱曰〔八〕：「已過一日，餘有六日。」至第六日已，既深憂懼，更勵身心，便獲果證。昇虛空，示神迹，尋出塵俗〔九〕，遠棲巖谷。無憂王躬往謂曰：「昔拘國制，欲致嚴刑。豈意清昇，取證聖果。既無滯累，可以還國。」弟曰：「昔羈愛網，心馳聲色；今出危城，志悦山谷。願棄人間，長從丘壑！」王曰：「欲静心慮，豈必幽巖？吾從爾志，當爲崇樹。」遂召命鬼神而告之曰：「吾於後日廣備珍羞，爾曹相率來集我會，各持大石，自爲牀座。」諸神受命，至期畢萃。衆會既已，王告神曰：「石座從〔一〇〕横，宜自積聚，因功不勞，壘〔一一〕爲虚〔一二〕室。」諸神受命，不日而成。無憂王躬往迎請，止此〔一三〕山廬。

校勘

〔一〕舊麗本弟下有「子」字，誤衍。

〔二〕新麗本醯原作「醯」，京大本從石本及宋本改。資福本、明南本等同。翻譯集則作「訶」。醯乃醯之誤，醯、醯同字，見玉篇。

〔三〕中本老作「佐」。

〔四〕宋木、資福本、明南本、明北本、徑山本已並作「以」，通用。

〔五〕原本明作「則」，今從石本、中本、宋本、資福本、明南本、明北本、徑山本改。

〔六〕宋本、資福本刑作「形」，非。

〔七〕石本先作「光」，形近而訛。

〔八〕中本唱曰二字作「哩言」。哩字不合，疑爲唱之訛。

〔九〕古本塵俗二字作「俗塵」。

〔一〇〕石本、中本、宋本、資福本、明南本、明北本、徑山本從並作「縱」，同。

〔一一〕中本、宋本、資福本、明南本、明北本、徑山本壘並作「疊」。

〔一二〕石本、中本虚作「靈」。

〔一三〕石本無「此」字。

七、無憂王諸營造遺迹

故宫北地獄南有大石槽，是無憂王匠役神功，作爲此器，飯僧之時以儲食也。故宫西南有小石山，周巖谷間，數十石室，無憂王爲近護等諸阿羅漢役使鬼神之所建立。傍有故臺餘基積石，池沼漣漪〔一〕，清瀾澄鑒，鄰國遠人謂之聖水，若有飲濯，罪垢消滅〔二〕。

校勘

〔一〕中本漪作「綺」，綺疑猗之誤，漣猗見詩魏風伐檀。漪與猗通用。

〔二〕古本、石本、中本滅下有「也」字。

山西南有五窣堵波，崇基已陷，餘址尚高，遠而望之，鬱若山阜。面各數百步，後人於上重更修建小窣堵波。印度記曰：昔無憂王建八萬四千窣堵波已，尚餘五升〔一〕舍利，故别崇建五窣堵波。制〔二〕奇諸處，靈異間起，以表如來五分法身。薄信之徒竊相評議，云是昔者〔三〕難陁王建此五〔四〕藏，以儲七寶。其後有王，不甚淳信，聞先疑議，肆其貪求，興動軍師，躬臨發掘。地震山傾，雲昏日翳，窣堵波中大聲雷震，士卒僵仆，象馬驚奔。自兹已降，無敢覬覦。或曰：「衆議雖多，未爲確論。」循古所記，信得其實。

校勘

〔一〕原本升作「斗」，今從石本、宋本、資福本、明南本、明北本、徑山本及方志改。

〔二〕石本、中本、宋本、資福本、明南本、明北本、徑山本制作「製」，通用。

〔三〕石本、中本無「者」字。

〔四〕原本無「五」字，今從石本、中本、宋本、資福本、明南本、明北本、徑山本補。方志亦云「難陀王五藏。」

八、雞園僧伽藍

故城東南有屈居勿反〔一〕。屈〔二〕吒阿濫摩唐言鷄園。僧伽藍，無憂王之所建焉。無憂王初信佛法也，式遵崇建，修殖〔三〕善種，召集千僧，凡聖兩衆，四事供養，什物周給。頹毁已久，基址尚在〔四〕。

校勘

〔一〕古本無夾注三字。中本居勿反三字作「屈勿之」，訛。

〔二〕原本屈字不重，金陵本重「屈」字。按「屈吒阿濫摩」梵文作Kukkuṭārāma，依音當重「屈」字，方志正作「屈屈吒阿濫摩」，今據補。慈恩傳作「尼屈吒阿濫摩」，尼乃屈之形訛。本書卷九有屈屈吒播陁山，「唐言雞足山」，與此「唐言雞園」相符，屈屈吒譯言雞也。亦是一證。

〔三〕宋本、資福本、明南本、明北本、徑山本殖並作「植」，通用。

〔四〕石本、中本、宋本、資福本、明南本、徑山本在並作「存」。

九、阿摩落伽窣堵波

伽藍側有大窣堵波，名阿摩落伽〔一〕。阿摩落伽〔二〕者，印度藥〔三〕果之名也。無憂王搆〔四〕疾彌留，知命〔五〕不濟，欲捨珍寶，崇樹福田。權臣執政，誡勿從欲。其後因食，留阿摩落果，玩之半爛，握果長息，問諸臣曰：「贍部洲主，今是何人？」諸臣對曰：「唯獨大王。」王曰：「不然。我今非主，唯此半果，而得自在。嗟乎，世間富貴，危甚風燭，位據區宇，名高稱〔六〕謂，臨終匱乏，見逼強臣，天下非己，半果斯在！」乃命侍臣而告之曰：「持此半果詣彼雞園，施諸衆僧，作如是説：『昔一贍部洲主，今半阿摩落王，稽首大德僧前〔七〕，願受最後之施。凡諸所有，皆已喪失，唯斯半果，得少自在。哀愍貧乏，增長福種』。」僧中上座作如是言：「無憂大王宿期弘濟，瘧疾在躬，姦臣擅〔八〕命，積寶非己，半果爲施。承王來〔九〕命，普施衆僧。」即召典事，羹中總〔一〇〕煮，收其果核〔一一〕，起窣堵波。既荷厚恩，遂旌顧命。

校勘

〔一〕明南本、明北本、徑山本伽作「迦」，同。

〔二〕原本無此「阿摩落伽」四字，今據石本、中本、宋本、明南本、明北本、徑山本補。唯諸本伽作「迦」，此從上文改，以歸一律。

〔三〕宋本、資福本藥作「樂」，非。

〔四〕石本、宋本、資福本、明南本、明北本、徑山本搆並作「遘」。

〔五〕舊麗本知命二字作「命將」。

〔六〕石本稱下有「理」，疑衍文。

〔七〕中木前作「足」。

〔八〕中本擅作「攝」。

〔九〕古本、石本來作「末」。

〔一〇〕舊麗本無「總」字。

〔一一〕新麗本原書闕「總煮收其果核」六字，京大本從石本、宋本補。

十、建揵椎聲窣堵波及提婆故事

阿摩落伽窣堵波西北故伽藍中，有窣堵波，謂建揵椎〔一〕聲。

校勘

〔一〕原本椎作「稚」，徑山本作「椎」，方志作「槌」。按翻譯集犍椎道具篇云：「諸律論並作揵槌，或作犍椎，今須音槌爲地。」則字當作椎，稚乃形訛，今據改，下同。中本作「推」，蓋亦椎之誤。方志謂此「塔名擊犍槌」。

初，此城内伽藍百數，僧徒肅穆，學業清高，外道學人，銷〔二〕聲緘口。其後僧徒相次徂〔三〕落，而諸後進莫繼前修。外道師資，傳訓成藝。於是命儔召侶，千計萬數，來集僧坊，揚言唱曰：「大〔三〕擊揵椎，招集學人！」羣愚同止，謬有扣擊，遂〔四〕白王請挍〔五〕優劣。外道諸師高才達學，僧徒雖衆，辭論膚〔六〕淺。外道曰：「我論勝。自今已後〔七〕，諸僧伽藍不得擊揵椎以集衆也。」王允其請，依先論制。僧徒受恥，忍詬〔八〕而退。十二年間，不擊揵椎。時南印度那伽閼刺樹〔九〕那菩薩唐言龍猛，舊譯〔一〇〕曰龍樹，非也〔一一〕。幼傳雅譽，長擅高名，捨離欲愛，出家修學，深究妙理，位登初地。有大弟子提婆者，智慧明敏，機神警悟，白其師曰：「波吒釐城諸學人等，辭屈外道，不擊揵椎，日月驟移，十二年矣。敢欲摧邪見山，然〔一二〕正法炬！」龍猛曰：「波吒釐城外道博學，爾非其儔〔一三〕，吾今行矣。」提婆曰：「欲摧腐草，詎必傾山？敢承指誨，黜諸異學。大師立外道義，而我隨文破折〔一四〕，詳其優劣，然後圖行。」龍猛乃扶立外〔一五〕義，提婆隨破其理，七日之後，龍猛失宗。已而歎曰：「謬辭易失，邪義難扶，爾其行矣，摧彼必〔一六〕矣！」提婆菩薩夙擅高名，波吒釐城外道聞之〔一七〕也，即相召集，馳白王曰：「大王昔紆〔一八〕聽覽，制諸沙門不擊揵椎，願垂告命〔一九〕，令諸門候，鄰境異僧勿使入城。恐相黨援，輕改先制。」王允其言，嚴加伺候。提婆既至，不得入城，聞其制令，便易衣服，疊僧伽胝〔二〇〕，置草束中，褰裳疾驅，負戴而入。既至城中，棄草披衣，至此伽藍，欲求止息。知人既寡，莫有相舍，遂宿揵椎臺上，於晨朝時，便大振擊。衆聞伺察，乃〔二一〕客遊比丘〔二二〕。諸僧伽藍，傳聲響應。王聞究問，莫得其先，至此伽藍，咸推提婆。提婆曰：「夫揵椎者，擊以集衆。有而不用，懸之何爲？」王〔二三〕人報曰：「先時僧衆論議墮負，制之不擊，已十二年。」提婆曰：「有是乎？吾於今日重聲法鼓。」使報王曰：「有異沙門欲雪前恥。」王乃召集學人而定制曰：「論失本宗，殺身以謝。」於是外道競陳旗鼓，諠談異義〔二四〕，各曜辭鋒。提婆菩薩〔二五〕既昇論座，聽其先説〔二六〕，隨義折〔二七〕破，曾不浹辰，摧諸異道。國王大臣莫不慶悦，建此靈基，以旌至德〔二八〕。

校勘

〔一〕宋本、資福本銷作「鎮」。
〔二〕明南本、明北本、徑山本徂作「殂」，通用。
〔三〕原本大作「夫」，今從宋本、資福本、明南本、明北本、徑山本改。
〔四〕古本、石本遂下有「以」字。
〔五〕石本、宋本、資福本、明南本、明北本、徑山本挍作「校」，通用。
〔六〕古本、石本、宋本、資福本、明南本、明北本、徑山本膚並作「庸」。
〔七〕石本、中本後作「來」。
〔八〕中本話作「話」。
〔九〕翻譯集引無「樹」字。按「那伽閼剌樹那」爲梵文Nāgārjuna音譯，樹字對-ju-，當有。
〔一〇〕中本無「譯」字。
〔一一〕石本非下有「之」字。翻譯集引非作「訛」。
〔一二〕石本、中本然作「燃」，同。
〔一三〕石本儔作「疇」，通用。
〔一四〕石本、宋本、資福本、明南本、明北本、徑山本折作「析」。
〔一五〕中本外下有「道」字。
〔一六〕舊麗本、石本、中本、宋本、資福本、明南本、明北本、徑山本必並作「畢」。
〔一七〕原本聞之二字作「之聞」，今從宋本、資福本、明南本、明北本、徑山本改。

〔一八〕原本紆作「紖」，宋本、資福本、明南本並作「紆」，紖紆同字，紆較通行，今從改。
〔一九〕舊麗本無「命」字。
〔二〇〕疊僧加胝，石本、中本作「卷疊僧伽胝」五字；宋本、資福本、明南本、明北本、徑山本作「卷疊袈裟」四字。
〔二一〕宋本、資福本、明南本、明北本、徑山本比丘二字並作「苾芻」。
〔二二〕石本、中本、宋本、資福本、明南本、明北本、徑山本乃下有「旿」字。
〔二三〕中本王下有「使」字。
〔二四〕石本、中本義作「議」。
〔二五〕中本無「菩薩」二字。
〔二六〕中本說上有「論」字。
〔二七〕宋本、資福本、明南本、明北本、徑山本折作「析」。此伸辯論，作折爲長。
〔二八〕方志及珠林三十八記此謂龍猛伏諸外道，有誤。

十一、馬鳴遺迹

建擊揵椎窣堵波北有故基，昔鬼辯婆羅門所居處也。初，此城中有婆羅門，葺宇荒藪，不交世路〔一〕，祠〔二〕鬼求福，魍魎相依，高論劇談，雅辭響應。人或激難，垂帷以〔三〕對。舊學高才，無出其右。士庶翕然，仰之猶聖。有阿濕縛窶沙唐言馬鳴。菩薩者，智周萬物，道播三乘，每謂人曰：「此婆羅門學不師受，藝無稽古，屏居幽寂，獨擅高名，將非神鬼相依，妖魅所附，何能若是者乎？夫辯資鬼授，言不對人，辭説一聞，莫能再述。吾今往彼，觀其舉措。」遂即其廬而謂之曰：「仰欽盛德，爲日已久。幸願褰帷，敢申〔四〕宿志！」而婆羅門居然簡傲，垂帷以對，終不面談。馬鳴心知鬼魅，情甚自負，辭畢而退，謂諸人曰：「吾已知矣〔五〕，摧彼必矣。」尋往白王：「唯願垂許，與彼居士較論劇談。」王聞駭曰：「斯何人哉！若不證三明，具六通，何能與彼論乎？」命駕躬臨，詳鑒辯論。是時馬鳴論三藏微言，述五明大義，妙辯縱横，高論清遠。而婆羅門既述辭已，馬鳴重曰：「失吾旨矣，宜重述之。」時婆羅門默然杜口，馬鳴叱曰：「何不釋難？所事鬼魅宜速授辭！」疾褰其帷，視占其怪，婆羅門惶遽而曰：「止，止！」馬鳴退而言曰：「此子今晨聲問〔六〕失墜。虚名非久，斯之謂也。」王曰：「非夫盛德，誰鑒〔七〕左〔八〕道？知人之哲，絶後光前。國有常典，宜旌茂實。」

校勘

〔一〕中本路作「俗」。

〔二〕舊麗本祠作「祈」。

〔三〕宋本、資福本、元本、明南本、徑山本以並作「已」，通用。

〔四〕宋本、資福本、元本、明南本、徑山本申並作「伸」。

〔五〕宋本、資福本、元本、明南本、徑山本矣並作「之」。

〔六〕石本、宋本、資福本、元本、明南本、徑山本問並作「聞」。

〔七〕中本鑒作「覽」。

〔八〕石本左作「危」。

十二、鞮羅擇迦伽藍及附近佛遺迹

城西南隅二〔一〕百餘里有伽藍餘跡〔二〕，其傍〔三〕有窣堵波，神光時燭，靈瑞間發，近遠衆庶，莫不祈請，是過去四佛坐及經行遺迹之所。

校勘

〔一〕石本、異本二作「三」。方志作「二」，同諸本。

〔二〕石本、中本跡作「趾」；宋本、資福本、元本、明南本、徑山本作「址」。

〔三〕古本傍作「側」。

故伽藍西南行百餘里，至鞮羅擇〔一〕迦伽藍。庭宇四院，觀閣三層，崇臺累仞，重門洞啓，頻毗娑〔二〕羅王末孫之所建也。旌召高才，廣延俊德。異域學人，遠方髦彦，同類相趨，肩隨戾止。僧徒千數，並學大乘。中門當塗有三精舍，上置輪相，鈴鐸虛懸；下建層基，軒檻周列。户牖棟梁，壖垣階〔三〕陛，金銅隱起，廁間莊嚴。中精舍佛立像高三丈，左多羅菩薩像，右觀自在菩薩像。凡斯三像，鍮石鑄成，威神肅然，冥鑒遠矣。精舍中各有舍利一升，靈光或照，奇瑞間起。

校勘

〔一〕擇原本作「釋」，舊麗本、石本、中本作「擇」，鞮羅擇迦，梵文爲Telāḍhaka，故應作「擇」。下同。

〔二〕異本娑作「婆」。

〔三〕中本階作「堦」，同。

鞮羅擇迦伽藍西南九十餘里，至大山，雲石幽蔚，靈仙攸舍。毒蛇暴龍，窟穴其藪；猛獸鷙〔一〕鳥，棲伏其林。山頂有大盤〔二〕石，上建窣堵波，其高十餘尺，是佛入定處也。昔者如來降神止此，坐斯磐〔三〕石，入滅盡定，時經宿焉。諸天靈聖，供養如來，鼓天樂，雨天花。如來出定，諸天感慕，以寶金銀起窣堵波。去聖逾邈，寶變爲石。自古迄今，人未有至，遥望高山，乃見異類。長蛇猛獸，羣從右旋。天仙靈聖，肩隨讚禮。

校勘

〔一〕石本、宋本、資福本、明南本、明北本、徑山本蟄作「摯」。慧琳音義及音釋亦作「摯」。

〔二〕石本、宋本、資福本、明南本、明北本、徑山本盤作「磐」，音釋亦作「磐」。盤、磐字同。

〔三〕中本磐作「盤」。

山東岡有窣堵波，在昔如來佇觀摩揭陁國所履之處也。

十三、德慧伽藍及遺事

山西北三十餘里，山阿有伽藍，負嶺崇基，踈崖峙閣。僧徒五十餘人，並學大乘法教。瞿那末底〔一〕唐言德慧。菩薩伏外道之處。

校勘

〔一〕方志瞿那末底作「瞿摩末底」。

初，此山中有外道摩沓婆〔二〕者，祖僧佉之法而習道焉。學窮内外，言極空有，名高前列〔三〕，德重當時，君王珍敬，謂之國寶，臣庶宗仰，咸曰家師。隣國學人，承風仰德，儔之先進，誠博達也。食邑二城，環居封建。時南印度德慧〔四〕菩薩幼而敏達，早擅精微〔五〕，學通三藏，理窮四諦，聞摩沓婆論極幽微，有懷挫鋭。命一門人裁書謂曰：「敬問摩沓婆〔六〕善安樂也！宜忘勞弊，精習舊學，三年之後，摧汝嘉聲。」如是第二〔七〕第三年中，每發使報。及將發迹，重裁書曰：「年期已極，學業何如？吾今至矣，汝宜知之。」摩沓婆甚懷〔八〕惶懼，誡諸門人及以邑户：「自今之後，不得居止沙門異道。」遞相宣告，勿有犯違。時德慧菩薩杖錫而來，至摩沓婆邑，邑〔九〕人守約莫有相舍。諸婆羅門更詈之曰：「斷髮殊服，何異人乎？宜時速去，勿此止也！」德慧菩薩欲摧異道，冀宿其邑，因以慈心，卑辭謝曰：「爾曹世諦之浄行，我又勝義諦之浄行，浄行既同，何爲見拒？」婆羅門因不與言，但〔一〇〕事驅逐，逐〔一一〕出邑外，入大林中。林中猛獸，羣行爲暴。有浄信者恐爲獸害，乃〔一二〕束蘊持仗〔一三〕，謂菩薩曰：「南印度有德慧菩薩〔一四〕者，遠傳聲問〔一五〕，欲來論議〔一六〕，故此邑主懼墜嘉聲，重垂嚴制，勿止沙門。恐爲物害，故來相援。行矣自安，勿有他慮。」德慧曰：「良告〔一七〕浄信，德慧者，我是也。」浄信聞已，更深恭敬，謂德慧曰：「誠如所告，宜可速行。」即出深林，止息空澤，浄信縱火持弓，周旋左右。夜分已盡，謂德慧曰：「可以行矣。恐人知聞，來相圖害。」德慧謝曰：「不敢忘德。」於是遂行，至王宫，謂門者曰：「今有沙門自遠而至，願王垂許，與摩沓婆論！」王聞驚曰：「此妄人耳！」即命使〔一八〕臣往摩沓婆所，宣王旨曰：「有異沙門來求談論，今已瑩〔一九〕灑論場，宣告遠近，佇〔二〇〕望來儀，願垂降趾！」摩沓婆問王使曰：「豈非南印度德慧論師乎？」曰：「然。」摩沓婆聞，心甚不悦，事難辭免，遂至論場。國王、大臣、士庶、豪族[二一]，咸皆集會，欲聽高談。德慧先立宗義，洎乎[二二]景落，摩沓婆辭以年[二三]衰，智惛[二四]捷對，請歸靜思，方酬來難。每事言歸，及旦昇座，竟無異論。至[二五]第六日，歐血而死。其將終也，顧命妻曰：「爾有高才，無忘所恥！」摩沓婆死，匿不發喪，更服鮮綺，來至論會。衆咸諠譁，更相謂曰：「摩沓婆自負才高，恥對德慧，故遣婦來，優劣明矣。」德慧菩薩謂其妻曰：「能制汝者，我已制之。」摩沓婆妻知難而退。王曰：「何言之密，彼便默然？」德慧曰：「惜哉，摩沓婆死矣！其妻欲來與我論耳。」王曰：「何以知之？願垂指告！」德慧曰[二六]：「其妻之來也，面有死喪[二七]之色，言含哀怨之聲，以故知之。摩[二八]沓婆死矣。能制汝者，謂其夫也。」王命使往觀，果如所議。王乃謝曰：「佛法玄妙，英賢繼軌，無爲守道，含識霑化，依先國典，褒德有常。」德慧曰：「苟以愚昧，體道居貞，存止足，論濟[二九]物，將弘汲引，先摧傲慢，方便攝化，今其時矣。唯願大王以摩沓婆邑户子孫千代常充僧伽藍人，則垂誡來葉，流美無窮。唯彼浄信見匡護者，福延于[三〇]世，食用同僧，以勸清信，以褒厚德。」於是建此伽藍，式旌勝迹。

校勘

〔一〕慧琳音義云：「摩沓婆或云摩納婆，此曰儒童，幼而聰俊博識辨捷者也。」

〔二〕石本、中本、宋本、資福本、明南本、明北本、徑山本列並作「烈」。

〔三〕石本儔作「疇」。

〔四〕古本、異本慧作「惠」，下同。按慧、惠同字。

〔五〕宋本、資福本、明南本、明北本、徑山本精微二字作「清徽」，隨函録同；古本作「清徵」，徵疑徽之訛；石本、中本作「清微」。

〔六〕中本婆下有「言」字。

〔七〕石本無「第二」二字。

〔八〕中本甚懷二字作「聽甚」。

〔九〕原本邑字不重，石本、中本、宋本、資福本、元本、明南本、徑山本並有之，今從補。

〔一〇〕石本但作「俱」。

〔一一〕中本逐作「遂」。

〔一二〕石本乃下有「火」字。

〔一三〕宋本、資福本、元本、明南本、徑山本仗並作「杖」。按仗、杖通用。

〔一四〕舊麗本無「曰南印度有德慧菩薩」九字，非。

〔一五〕石本、中本、宋本、資福本、元本、明南本、徑山本問並作「聞」。

〔一六〕元本、明南本、徑山本議作「義」。

〔一七〕古本、石本告作「苦」。良苦作慰藉語解，亦通。

〔一八〕中本使作「侍」。

〔一九〕古本瑩作「營」。

〔二〇〕中本佇作「停」。

〔二一〕石本、中本族作「右」。

〔二二〕古本乎作「于」。

〔二三〕中本年作「季」。按季當是秊之訛，秊即年字。

〔二四〕宋本、資福本、元本、明南本、徑山本惛並作「昏」。

〔二五〕中本至上有「於」字。

〔二六〕石本無「曰」字，脱去。

〔二七〕舊麗本脱「喪」字。

〔二八〕原本無「摩」字，今據宋本、資福本、明南本、明北本、徑山本補。

〔二九〕石本、中本、宋本、資福本、明南本、徑山本濟並作「齊」。

〔三〇〕古本、中本于作「千」。

初，摩沓婆論敗之後，十數净行逃難隣國，告諸外道恥辱之事，招募英俊，來雪前恥。王既珍敬德慧，躬往請曰：「今諸外道不自量力，結黨連羣，敢聲論鼓。唯願大師摧諸異道！」德慧曰：「宜集論者。」於是外道學人欣然相慰：「我曹今日，勝其〔一〕必矣。」時諸外道闡揚義理，德慧菩薩曰：「今諸外道逃難遠遊，如王先制，皆是賤人。我今如何與彼對論？」德慧〔二〕有負座豎，素聞餘論，頗閑微旨，侍立於側，聽諸高談。德慧拊其座而言曰：「牀，汝可論。」衆咸驚駭，異其所命。時負座〔三〕豎便〔四〕即發難，深義泉涌，清辯響應。三復之後，外道失宗，重挫其鋭，再折其翮。自伏論已來，立〔五〕爲伽藍邑户。

校勘

〔一〕徑山本其作「之」。
〔二〕宋本、資福本、明南本、明北本、徑山本慧下並有「曰」字。按無之爲是。
〔三〕中本座上有「聖」字。
〔四〕明南本便作「使」，蓋形之訛。
〔五〕舊麗本、石本、中本、宋本、資福本、明南本、明北本、徑山本並無「立」字。

十四、戒賢伽藍及伏外道事

德慧伽藍西南二十餘里，至孤山，有伽藍〔一〕，尸羅跋陁羅唐言戒賢。論師論義得勝，捨邑建焉。竦〔二〕一危峰，如窣堵波，置佛舍利。

校勘

〔一〕明南本、明北本、徑山本藍下有「曰」字。

〔一〕古本、石本、中本疎作「疏」。按方志亦作「疎」。疑疎譌作踈，踈又或作疏也（疏爲踈之或體字）。

論師三摩呾吒國之王族，婆羅門之種也。少好學，有風操，遊諸印度，詢求明哲，至此國那爛陁僧伽藍，遇護法菩薩，聞法信悟，請服染衣，諮以究竟之〔二〕致，問以解脱之路。既窮至理，亦究微言，名擅當時，聲高異域。南印度有外道，探賾索隱，窮幽洞微，聞護法高名，起我慢深嫉，不阻山川，擊鼓求論，曰：「我南印度之人也。承王國内有大論師，我雖不敏，願與詳議！」王曰：「有之，誠如議也。」乃命使臣請護法曰：「南印度有外道，不遠千里，來求較論。唯願降跡〔三〕，赴集論場！」護法聞已，攝衣將往。門人戒賢者，後進之翹楚也，前進請曰：「何遽行乎？」護法曰：「自慧〔三〕日潛暉，傳燈寂照，外道蟻聚，異學蜂飛〔四〕，故我今者將摧彼論。」戒賢曰：「恭聞餘論，敢摧異道！」護法知其俊也，因而允焉。是時戒賢年甫三十，衆輕其少，恐難獨任。護法知衆心之不平，乃解之曰：「有貴高明，無云齒歲。以今觀之，破彼必矣。」逮乎〔五〕集論之日，遠近相趨，少長咸萃。外道弘闡大猷，盡其幽致。戒賢循〔六〕理責實，深極幽玄。外道辭窮，蒙耻而退。王用酬德，封此邑城。論師辭曰：「染衣之士，事資知足，清淨自守，何以邑爲？」王曰：「法王晦迹，智舟淪湑〔七〕，不有旌别，無勵後學。爲弘正法，願垂哀納！」論師辭不獲已，受此邑焉。便建伽藍，窮諸規矩，捨其邑户，式修供養。

校勘

〔一〕石本無「之」字。
〔二〕石本、中本跡作「趾」。
〔三〕石本慧作「惠」，下同。慧、惠通用。
〔四〕徑山本飛作「起」。
〔五〕古本乎作「于」。
〔六〕石本循作「修」。按修或寫作脩，與循形近而訛。
〔七〕原本湑作「湑」，明南本、明北本、徑山本及慧琳音義作「湑」。湑乃涓之今作，今從改。

十五、伽耶城與伽耶山

戒賢伽藍西南行四五十里，渡尼連禪河〔一〕，至伽耶〔二〕城〔三〕。甚險固，少居人。唯婆羅門有千餘家，大〔四〕仙人之〔五〕祚胤也，王所不臣，衆咸宗敬。城北〔六〕三十餘里有清泉，印度相傳謂之聖水，凡有飲濯，罪垢消除。

校勘

〔一〕尼連禪河：向達云：「卷七憍陳如五人棄制迎佛一段中作『尼連河』，又甲（中本）乙（石本）兩本作『尼連禪河』，應前後一律。」
〔二〕石本、徑山本耶作「邪」，下同。二字通用。

〔三〕宋本、資福本、明南本、徑山本城下重「城」字，屬下讀，翻譯集引亦然。

〔四〕古本、石本、中本、明南本、明北本、徑山本大作「本」。資福本作「太」。

〔五〕原本無「之」字，今從石本、中本、宋本、資福本、明南本、明北本、徑山本補。

〔六〕石本、中本北作「西北」二字。按方志亦作「城北」，無西字。

城西南〔一〕五六里，至伽耶山，溪谷杳冥，峰巖〔二〕危險〔三〕，印度國俗，稱曰靈山。自昔君王馭宇承統，化洽遠人，德隆前代，莫不登封而告成功〔四〕。山頂上有石窣堵波，高百餘尺，無憂王之所建也。靈鑒潛被，神光時燭，昔〔五〕如來於此演說寶雲等經。

校勘

〔一〕石本無「南」字。方志作「西南」，亦有南字。

〔二〕翻譯集引巖作「巒」。

〔三〕翻譯集引險作「嶮」。

〔四〕續傳下有「故此一山，世稱名地，如來應俗，就斯成道。」

〔五〕古本、石本、中本昔下有「者」字。

伽耶山東南有窣堵波，迦葉波本生邑也。其南有二窣堵波，則伽耶迦葉波、捺地〔一〕

迦葉波舊曰那〔二〕提迦葉，訛也。洎〔三〕諸迦葉，例無波字，略也。事火之處。

校勘

〔一〕石本地作「陁」。
〔二〕宋本、資福本那作「耶」。
〔三〕翻譯集引洎作「緝」。

十六、前正覺山及佛成道故事

伽耶迦葉波事火東，渡大河，至鉢羅笈菩提山。唐言前正覺山。如來將證正覺，先登此山，故云前正覺也〔一〕。如來勤求六歲，未成正覺，後捨苦行，示受乳糜，行自東北，遊目〔二〕此山，有懷幽寂，欲證正覺。自東北岡登以至頂，地既震動，山又傾搖。山神惶懼，告菩薩曰：「此山者，非成正覺之福地也。若止於此，入金剛定，地當震陷，山亦傾覆。」菩薩下自西南，山〔三〕半崖中，背巖面澗，有大石室，菩薩即之，加〔四〕趺坐焉。地又震動，山復傾搖。時浄居天空中唱曰：「此非如來成正〔五〕覺處。自此西南十四五里，去苦行處不遠，有卑〔六〕鉢羅樹，下有金剛座，去來諸佛，咸於此座而成正覺。願當就彼！」菩薩方起，室中龍曰：「斯室清勝，可以證聖，唯願慈悲，勿有遺棄！」菩薩既知非取證所，爲遂龍意，留影而去。影在昔日，賢愚咸覩，洎於今時，或有得見〔七〕。諸天前導，往菩提樹。逮乎〔八〕無憂王之興也，菩薩登山上下之迹，皆樹旌表，建窣堵波，度量雖殊，靈應莫異，或〔九〕花雨空中，或光照幽谷。每歲罷安居日，異方法俗，登修〔一〇〕供養，信宿乃還。

校勘

〔一〕石本也作「山」。

〔二〕古本目作「因」，顯誤。舊麗本、宋本、資福本作「自」。

〔三〕宋本、資福本、元本、明南本、徑山本山作「止」。

〔四〕中本加作「跏」，通用。

〔五〕石本脱「正」字。

〔六〕中本、宋本、資福本、元本、明南本、徑山本卑並作「畢」。方志及珠林三十八亦作「畢」。卑、畢同聲通用。

〔七〕石本見下有「之」字，中本有「之也」二字。宋本、資福本、元本、明南本、徑山本見下有「也」字。

〔八〕中本無「乎」字。

〔九〕原本或下有「天」字，舊麗本、石本、宋本、資福本、元本、明南本、徑山本並無之，今從删。花雨空中與光照幽谷相偶舉，且空中已含天義。

〔一〇〕宋本、資福本、元本、明南本、徑山本修並作「彼」。

十七、菩提樹垣

前正覺山西南行十四五里，至菩提樹。周垣壘〔一〕甎，崇峻險固，東西長，南北狹，周五百餘步〔二〕。奇樹名花，連陰接影；細沙〔三〕異草，彌漫緣〔四〕被〔五〕。正門東闢，對尼連禪河，南門接大花池，西阨險固，北門通大伽藍。壖垣内地，聖迹相鄰，或窣堵波，或復精舍，並贍部洲諸國君王、大臣、豪族欽承遺教，建以記焉。

校勘

〔一〕宋本、資福本、元本、明南本、徑山本及方志壘並作「疊」。慈恩傳、續傳及珠林三十八作「壘」，同此本。
〔二〕方志、珠林作「東西闊周五百四十步」。
〔三〕元本、明南本、徑山本沙作「莎」。
〔四〕原本緣作「緑」，今從石本、宋本、資福本、元本、明南本、徑山本改。
〔五〕石本校書、中本被作「堤」。

（一）金剛座

菩提樹垣正中有金剛座。昔賢劫初成，與大地俱起，據三千大千世界〔一〕中，下極金輪，上侵地際，金剛所成，周百餘步，賢劫千佛坐之而入金剛定，故曰金剛座焉。證聖道所，亦曰道場，大地震動，獨無傾摇。是故如來將證正覺也，歷〔二〕此四隅，地皆傾動，後至此處，安静不傾。自入〔三〕末劫，正法浸微，沙土彌覆，無復得見。佛涅槃後，諸國君王傳聞佛説金剛座量，遂以兩軀觀自在菩薩像南北標界，東面而坐。聞諸耆舊曰：「此菩薩像身没不見，佛法當盡。」今南隅菩薩没過胷臆〔四〕矣。

校勘

〔一〕石本、中本、宋本、資福本、元本、明南本、徑山本界下並有「之」字。

〔二〕中本歷下有「盡」字。

〔三〕舊麗本自入作「大自」，非。

〔四〕中本無「臆」字。

（二）菩提樹及其事迹

金剛座上菩提樹者，即畢〔一〕鉢羅之樹也〔二〕。昔佛在世，高數百尺，屢經殘伐，猶高四五丈〔三〕。佛坐其下成等正覺，因而謂之菩提樹焉。莖幹〔四〕黄白，枝葉青翠，冬夏不凋，光鮮無變。每至如來涅槃之日，葉皆凋落，頃〔五〕之復故。是日也，諸國君王、異方法俗，數千萬衆，不召而集，香水香乳，以〔六〕溉以洗。於是奏音樂，列香花，燈〔七〕炬〔八〕繼日，競修供養。如來寂滅之後，無憂王之初嗣位也，信受邪道，毁佛遺迹，興發兵徒，躬臨剪伐。根莖枝葉，分寸斬截，次西數十步而積聚焉，令事火婆羅門燒以祠天。煙焰未静，忽生兩樹，猛火之中，茂葉含翠，因而謂之灰菩提樹。無憂王覩異悔過，以香乳溉餘根，洎乎將旦，樹生如本。王見靈怪，重深欣慶，躬修供養，樂以忘歸。王妃素信外道，密遣使人，夜分之後，重伐其樹。無憂王旦將禮敬，唯見蘖株，深增悲慨，至誠祈請，香乳溉灌，不日還生。王深敬異，壘〔九〕石周垣，其高十餘尺，今猶見在。近設賞〔一〇〕迦王者，信受外道，毁嫉佛法，壞僧伽藍，伐菩提樹，掘至泉水，不盡根柢，乃縱火焚燒，以甘蔗汁沃之，欲其燋爛，絶滅遺萌。數月後，摩揭陁國補刺拏伐摩王，唐言滿胄〔一一〕。無憂〔一二〕王之末孫〔一三〕也，聞而歎曰：「慧日已隱，唯餘佛樹，今復摧殘，生靈何覩？」舉身投地，哀感動物，以數千牛構乳而溉，經夜樹生，其高丈餘。恐後剪伐，周峙石〔一四〕垣，高二丈四尺。故今菩提樹隱，於石壁上〔一五〕出二〔一六〕丈餘。

校勘

〔一〕石本、中本畢作「卑」。按上文此本亦作卑，前後不一，説見前。

〔二〕畢鉢羅樹，酉陽雜俎木篇云：「此樹梵名有二：一曰賓撥梨（脱婆字）力叉，二曰阿濕曷咃娑（應作婆）力叉，西域記謂之卑鉢羅。以佛於其下成道，即以道爲稱，故號菩提。娑（婆）力叉，漢譯爲樹。」

〔三〕續傳作「高五丈許」。慈恩傳亦作「今可五丈餘」。酉陽雜俎作「樹高四百尺」。

〔四〕宋本、資福本、元本、明南本、徑山本幹作「榦」，通用。

〔五〕中本頃作「須」。

〔六〕石本無「以」字，當是脱去。

〔七〕宋本、資福本、元本、明南本、徑山本燈並作「燭」。

〔八〕中本炬作「燿」。

〔九〕石本、宋本、資福本、元本、明南本、徑山本壘並作「疊」。

〔一〇〕石本、中本賞作「償」。

〔一一〕古本、石本、中本胄作「曹」。方志、珠林三十八作「胄」，酉陽雜俎亦作「滿胄」，與今本同。曹或作胄，故與胄淆。

〔一二〕古本、中本無憂二字作「影堅」，石本作「影竪」，竪乃堅之形訛。影堅即頻毗婆羅王，見前。方志、珠林及酉陽雜俎並作「無憂」，同今本。

〔一三〕方志、珠林末孫作「玄孫」。

〔一四〕中本石下有「堵」字。

〔一五〕原本無「上」字，石本、中本、宋本、資福本、元本、明南本、徑山本、金陵本並有之，今據補。酉陽雜俎亦云「出垣上二丈餘」。

〔一六〕原本二作「一」，今從石本、中本、宋本、資福本、元本、明南本、徑山本、金陵本改。方志及珠林並作「樹今出於石壁上二丈餘，圍可三尺」。亦作「二」，壁下亦有「上」字。

菩提樹東有精舍，高百六七十尺，下基面廣二十餘步，壘〔一〕以青甎，塗以石灰。層龕皆有金像，四壁鏤作奇製，或連珠形，或天仙像，上置金銅阿摩落迦果。亦謂寶瓶，又稱寶〔二〕壺〔三〕。東面〔四〕接〔五〕爲重閣，檐〔六〕宇特起三層，榱柱棟梁，户扉寮〔七〕牖，金銀彫鏤以飾之，珠玉廁錯以填之。奥室邃宇，洞户三重。外門左右各有龕室，左則觀自在菩薩像，右則慈氏菩薩像，白銀鑄成，高十餘尺〔八〕。

校勘

〔一〕宋本、資福本、元本、明南本、徑山本壘並作「疊」。

〔二〕原本寶作「智」，今從石本、宋本、資福本、元本、明南本及方志、珠林改。

〔三〕原本壺作「臺」，石本作「壹」，資福本、元本、明南本、徑山本並作「壷」，珠林作「臺」，宋本、隨函録作「壺」。校本云：「疑臺當作壺。」按壷乃壺之俗字（見干禄字書），壹乃壺之形訛，壺誤作壹或臺，又誤作臺。壺與瓶形相類，故或稱寶瓶，又稱寶壺，校本之説是也，今從正。

〔四〕石本及方志面作「南」；珠林作「却」。

〔五〕中本接作「樓」，疑形之訛。

〔六〕宋本、資福本、元本、明南本、徑山本檐並作「簷」。檐、簷同字。

〔七〕石本寮作「窓」。

〔八〕方志此下有「無憂王造也」句；珠林作「是無憂王造」。

精舍故地，無憂王先建小精舍，後有婆羅門更廣建焉〔一〕。初，有婆羅門不信佛法，事大自在天，傳聞天神在雪〔二〕山中，遂與其弟往求願焉。天曰：「凡諸願求，有福方果，非汝所祈，非我能遂。」婆羅門曰：「修何福可以遂心？」天曰：「欲植善種，求勝福田，菩提樹者，證佛果處也。宜時速反〔三〕，往菩提樹，建大精舍，穿大水池〔四〕，興諸供養，所〔五〕願當遂。」婆羅門受天命，發大信心，相率而返，兄建精舍，弟鑿水池。於是廣修供養，勤求心願，後皆果遂，爲王大臣，凡得禄賞，皆入檀捨。

校勘

〔一〕珠林此下有「依王玄策行傳云：『西國瑞像無窮，且録摩訶菩提樹像云。』」

〔二〕石本雪作「靈」。

〔三〕石本、中本、宋本、資福本、元本、明南本、徑山本反並作「返」，通用。

〔四〕中本水池二字作「池水」。

〔五〕中本所作「祈」。

精舍既成，招募工人，欲圖如來初成佛像。曠以歲月，無人應召。久之〔一〕，有婆羅門來告衆曰：「我善圖寫如來妙相。」衆曰：「今將造像，夫何所須？」曰：「香泥耳。宜置精舍之中，并一燈照我，入已，堅閉其户，六月後乃可開門。」時諸僧衆皆如其命，尚餘四日〔二〕，未滿六月，衆咸駭異，開以觀之。見精舍内佛像儼然，結加趺坐，右足居上，左手斂，右手垂，東面而坐，肅然如在。座高四尺二寸，廣丈二尺五寸，像高丈一尺五寸，兩膝相去八尺八寸，兩肩六尺二寸。相好具足，慈顔若真，唯右乳上圖瑩〔三〕未周。既不見人，方驗神鑒。衆咸悲歎，慇懃請知。有一沙門宿心淳質，乃感夢見往婆羅門〔四〕而告曰：「我是慈氏菩薩，恐工人之思不測聖容，故我躬來圖寫佛像。垂右手者，昔如來之將證佛果，天魔來嬈，地神告至，其一先出，助佛降魔。如來告曰：『汝勿憂怖，吾以忍力降彼必矣！』魔王曰：『誰爲明證？』如來乃垂手指地言：『此有證。』是時第二地神踊出作證。故今像手倣〔五〕昔下垂。」衆知靈鑒，莫不悲感。於是乳上未周，填廁衆寶，珠瓔寶冠，奇珍交飾。設賞〔六〕迦王伐菩提樹已，欲毁此像，既覩慈顔，心不安忍，迴駕將返，命宰臣曰：「宜除此佛像，置大自在天形。」宰臣受旨，懼而歎曰：「毁佛像則歷劫招殃，違王命乃喪身滅族，進退若此，何所宜行！」乃召信心以爲役使，遂於像〔七〕前横壘〔八〕甎壁，心慙冥闇，又置明燈。甎壁之前畫自在天。工〔九〕成報命，王聞心懼，舉身生皰，肌膚攫裂，居未久之，便喪没矣。宰臣馳返，毁除障壁。時經多日，燈猶不滅。像今尚在，神工不虧。既處奥室，燈炬相繼，欲覩慈顔，莫由審察，必於晨朝，持大明鏡，引光内照，乃覩靈相。夫有見者，自增悲感〔一〇〕。

校勘

〔一〕中本之下有「後」字。

〔二〕宋本、資福本、明南本、徑山本日作「月」，非。方志、珠林亦作「日」，同此本。

〔三〕宋本、資福本、元本、明南本、徑山本、金陵本圖並作「塗」。方志及珠林圖瑩二字作「圖飾」。

〔四〕中本門下有「家」字。

〔五〕資福本倣作「放」，通用。

〔六〕石本、中本賞作「償」。

〔七〕中本像上有「佛」字。

〔八〕中本壘作「疊」。

〔九〕石本、宋本、資福本、元本、明南本、徑山本工並作「功」。

〔一〇〕珠林引王玄策傳云：「此漢使奉勑往摩伽陀國摩訶菩提寺立碑，至貞觀十九年二月十一日於菩提樹下塔西建立，使典司門令史魏才書。『昔漢魏君臨，窮兵用武，興師十萬，日費千金，猶尚北勒闐顏，東村不到。大唐牢籠六合，道冠百王，文德所加，溥天同符。是故身毒諸國道俗歸誠。皇帝愍其忠款，遐軫聖慮。乃命使人朝散大夫行衛尉寺丞上護軍李義表、副使前融州黄水縣令王玄策等二十二人巡撫其國，遂至摩訶菩提寺。其寺所菩提樹下金剛之座，賢劫千佛並於中成道觀，嚴飾相好，具若真容。靈塔淨地，巧窮天外。此乃曠代所未見，史籍所未詳。皇帝遠振鴻風，先華道樹，爰命使人，屆斯瞻仰。此絶代之盛事，不朽之神功，如何寢默詠歌、不傳金石者也？乃爲銘曰：大唐撫運，膺圖壽昌。化行六合，威稜八荒。身毒稽首，道俗來王。爰發明使，瞻斯道場。金剛之座，千佛代居。尊容相好，彌勒規模。靈塔壯麗，道樹扶疏。歷劫不朽，神力焉如！』」此碑雖立於摩訶菩提寺，實修敬於菩提樹，因附録於此以參考。

（三）如來成道時日

如來以印度吠舍佉月後半八日成等正覺，當此三月八日也。上座部則吠舍佉月後半十五日成等正覺，當此三月十五日也。是時如來年三十矣，或曰年三十五矣〔一〕。

校勘

〔一〕方志此下有云：「斯之差互，彼自不同。由用曆前後，故有此異。神州曆元各各不同，三代定正，延縮不等，何足怪也？且據一相取悟便止。」珠林三十九引同。

（四）如來成道及諸奉佛遺迹

菩提樹北，有佛經行之處。如來成正覺已，不起於座，七日寂定。其起也，至菩提樹北，七日經行，東西〔一〕往來，行十餘步，異花隨迹，十有八文。後人於此壘甎爲基，高餘三尺。聞諸先志〔二〕曰：此聖迹基，表人命之修短也。先發誠願，後乃度量，隨壽修短，數有增減。經行基北道左〔三〕盤石上，大精舍中有佛像，舉目上望。昔者如來於此七日觀菩提樹，目不暫捨。爲報樹恩，故此瞻望。

校勘

〔一〕古本、石本、中本東西二字作「南北」。方志亦作「南北」。

〔二〕古本、石本、中本諸先志三字作「之土俗」。方志作「俗云」，則唐本先志當作「土俗」。

〔三〕原本左作「右」，石本、中本、宋本、資福本、元本、明南本、徑山本及方志右盤一字並作「左磐」。盤磐二字通用，左字從改。

菩提樹西不遠，大精舍中有鍮石佛像，飾以奇珍，東面而立。前有青石，奇文異采〔一〕。是昔如來初成正覺，梵王起七寶堂，帝釋建七寶座，佛於其上七日思惟，放異光明，照菩提樹。去聖悠遠，寶變爲石。菩提樹南不遠，有窣堵波，高百餘尺，無憂王之所建也。菩薩既濯尼連河，將趣菩提樹，竊自思〔二〕念：「何以爲座？」尋自發明，當須淨草。天帝釋化其身爲刈草人，荷而逐路。菩薩謂曰：「所荷之草，頗能惠耶？」化人聞命，恭以草〔三〕奉。菩薩受已，執而前進。

校勘

〔一〕宋本、資福本、元本、明南本、徑山本采並作「彩」，采、彩通用。

〔二〕石本、中本、宋本、資福本、元本、明南本、徑山本思並作「惟」。

〔三〕方志此草作「姑尸草」，注云：「言吉祥也。」珠林三十九引同，惟姑作「尸」。

受草東北不遠，有窣堵波，是菩薩將證佛果，青雀羣鹿呈祥之處。印度休徵，斯爲嘉應。故浄居天隨順世間，羣從飛繞，效靈顯聖。

菩提樹東大路左右，各一窣堵波，是魔王嬈菩薩處也。菩薩將證佛果，魔王勸受輪王，策説不行，殷憂而返。魔王之女請往誘〔一〕焉，菩薩威神，衰變冶容，扶羸策杖，相携而退〔二〕。

菩提樹西北精舍中，有迦葉波佛像，既稱靈聖，時燭光明。聞諸先記曰〔三〕：若人至誠，旋繞七周，在所生處，得宿命智〔四〕。

迦葉波佛精舍西北二甎室，各有地神之像。昔者如來將成正覺，一報魔至，一爲佛證。後人念功，圖形旌德。

校勘

〔一〕中本誘下有「菩薩」二字。

〔二〕中本退下有「也」字。

〔三〕先記曰三字，方志、珠林並作「俗云」。

〔四〕中本智下有「也」字。

菩提樹垣西北〔一〕不遠，有窣堵波，謂鬱金香〔二〕，高四十餘尺〔三〕，漕矩〔四〕吒國商主之所建也。昔漕矩吒國有大商主，宗事天神，祠求福利，輕蔑佛法，不信因果。其後將諸商侶，貿遷有無，泛舟南海，遭風失路，波濤飄浪。時經三歲，資糧罄竭，糊口不充。同舟之人朝不謀夕，勠力同志，念所事天，心慮已勞，冥功不濟。俄見大山，崇崖峻嶺，兩日聯暉，重明照朗〔五〕。時諸商侶〔六〕更相慰曰：「我曹有福，遇〔七〕此大山，宜於中止，得自〔八〕安樂。」商主曰：「非山也，乃摩竭魚耳。崇崖峻嶺，鬐〔九〕鬣也。兩日聯暉，眼光也。」言聲未静，舟帆飄凑。於是商主告諸侶曰：「我聞觀自在菩薩於諸危厄，能施安樂。宜各至誠，稱其名字。」遂即同聲歸命稱念。崇山既〔一〇〕隱，兩日亦没。俄見沙門威儀庠序，杖錫凌虚而來拯溺，不踰時而至本國矣。因即信心貞〔一一〕固，求福不回，建窣堵波，式修供養，以鬱金香泥而〔一二〕周塗上下。既發信心，率其〔一三〕同志，躬禮聖迹，觀菩提樹，未暇言歸，已淹晦朔。商侶同遊，更相謂曰：「山川悠間，鄉國遼遠，昔所建立窣堵波者，我曹在此，誰其灑掃？」言訖，旋繞至此。忽見有〔一四〕窣堵波，駭其由致。即前瞻察，乃本國所建窣堵波也。故今印度因〔一五〕以鬱金爲名。

校勘

〔一〕原本無「北」字，今從石本、中本、宋本、資福本、元本、明南本、徑山本補。方志及珠林亦有之。

〔二〕方志、珠林鬱金香下並有「泥」字。

〔三〕高四十餘尺，珠林作「高一丈四尺」。方志作「高四丈餘」，與今記同。塔高何止丈餘？疑珠林誤也。

〔四〕原本矩作「炬」，石本、中本、宋本、元本、資福本、明南本、徑山本並作「矩」。按漕矩吒國見卷十二，字亦作「矩」，今從諸本改，庶前後一律，下同。

〔五〕石本、中本照朗二字作「燭曜」。

〔六〕石本、中本侶作「旅」。

〔七〕原本遇作「過」，今從石本、中本、宋本、資福本、元本、明南本、徑山本改。

〔八〕原本無「自」字，今從石本、中本、宋本、資福本、元本、明南本、徑山本補。

〔九〕石本、宋本、資福本、元本、明南本、徑山本及音釋鬚並作「鬠」。慧琳音義作「鬚」，音「相逾反」，同此本。

〔一〇〕中本既作「即」。

〔一一〕中本貞作「真」。

〔一二〕石本無「而」字。

〔一三〕舊麗本無「其」字。

〔一四〕原本無「有」字，今據石本、中本、宋本、資福本、元本、明南本、徑山本補。

〔一五〕石本因作「國」。

菩提樹垣東南隅尼拘律樹側窣堵波，傍有精舍，中作佛坐像。昔如來初證佛果，大梵天王於此勸請轉妙法輪。

菩提樹垣内四隅皆有〔一〕大窣堵波。在昔如來受吉祥草已，趣菩提樹，先歷四隅，大地震動，至金剛座，方得安静。樹垣之内，聖迹鱗次，羌〔二〕難遍舉。

校勘

〔一〕宋本、資福本、元本、明南本、徑山本有下並有「一」字。按方志、珠林作「四隅皆有塔」，則似原無「一」字。

〔二〕石本、宋本、資福本、元本、明南本、徑山本羌並作「差」。

（五）菩提樹垣附近諸迹

菩提樹垣外，西南窣堵波，奉乳糜二牧女〔一〕故宅。其側窣堵波，牧女於此煮糜。次此〔二〕窣堵波，如來受糜處也。

校勘

〔一〕方志、珠林三十九引二牧女作「二牧牛女」。

〔二〕異本此作「北」。方志、珠林作「其側」。

（六）南門外遺迹

菩提樹〔一〕南門外有大池，周七百餘步，清瀾澄鏡，龍魚潛宅，婆羅門兄弟承大自在天命之所鑿也。次南一池，在昔如來初成正覺，方欲浣濯，天帝釋爲佛化成。池西有大石，佛浣衣已，方欲曝曬，天帝釋自大雪山持來也。其側窣堵波，如來於此納故衣。次南林中窣堵波，如來受貧老母施故衣處〔二〕。

校勘

〔一〕原本樹下有「垣」字，今從石本、中本、宋本、資福本、元本、明南本、徑山本刪。方志及珠林作「樹南門外」，亦無「垣」字。

〔二〕中本處下有「也」字。

帝釋化池東林中，有目支〔一〕鄰陁龍王池，其水清黑，其味甘美。西岸有小精舍，中作佛像。昔如來初成正覺，於此宴坐，七日入定。時此龍王警衛如來，即以其身繞佛七帀，化出多頭，俯垂爲蓋，故池東岸〔二〕有其室焉。

校勘

〔一〕中本支作「友」。按上下文有「目支隣陁龍王」，與釋經合，友乃形訛。

〔二〕石本岸作「崖」。

目支鄰陁龍〔一〕池東林中精舍，有佛羸瘦之像。其側有經行之所，長七十餘步，南北各有卑〔二〕鉢羅樹。故今土〔三〕俗，諸有嬰疾，香油塗像，多蒙除差。是菩薩修苦行處。如來爲伏外道，又受魔請，於是苦行六年，日食一麻一麥，形容憔〔四〕悴，膚體羸瘠，經行往來，攀樹後起〔五〕。

校勘

〔一〕中本龍下有「王」字。
〔二〕資福本、元本、明南本、徑山本卑作「畢」，下同。按卑、畢通用，説見前。
〔三〕宋本、資福本、元本、明南本、徑山本土並作「士」。「土俗」屢見前文，士當是形訛。
〔四〕舊麗本、石本、中本、宋本、資福本、元本、明南本、徑山本憔並作「毀」。
〔五〕石本、宋本、資福本、元本、明南本、徑山本起下有「處」字。按上文云「是菩薩修苦行處」，此不當再有「處」字。

菩薩苦行卑鉢羅樹側，有窣堵波，是阿若憍陳如等五人住處。初，太子之捨家也，彷徨山澤，棲息林泉，時浄飯王乃命五人隨瞻侍焉。太子既修苦行，憍陳如等亦即勤求。憍陳如等住處東南，有窣堵波，菩薩入尼連禪那河〔一〕沐浴之〔二〕處。河側不遠，菩薩於此受食乳糜。其側窣堵波，二〔三〕長者獻麨蜜處。佛在樹下結加〔四〕趺坐，寂然宴默，受解脱樂，過七日後，方從定起。時二商主行次林外，而彼林神告商主曰：「釋種太子今在此中，初證佛果，心凝寂定，四十九日，未有所食。隨有奉上，獲大善利。」時二商主各持行資麨蜜奉上，世尊納受。

校勘

〔一〕方志、珠林尼連禪那河五字作「尼連河」。

〔二〕石本無「之」字。

〔三〕資福本、元本、明南本、徑山本二並作「一」。按諸釋經，「二」字爲是。下文亦云「二商主」；又卷一縛喝國下有記二長者獻麨蜜於世尊事，並可證。

〔四〕中本加作「迦」。

長者獻麨側，有窣堵波，四天王〔一〕奉鉢處。商主既獻麨蜜，世尊思以何器受之〔二〕。時四天王從四方來，各持金鉢，而以奉上。世尊默然而不納受，以爲出家不宜此器。四天王捨金鉢，奉銀鉢，乃至頗胝、琉璃、馬〔三〕腦、車渠、真珠等鉢，世尊如是皆不爲受。四天王各還宮，奉持石鉢，紺青映徹，重以進獻。世尊斷彼此故，而總受之。次第重壘，按爲一鉢，故其外則有四際〔四〕焉。

校勘

〔一〕原本天下無「王」字，今據石本、中本、宋本、資福本、元本、明南本、徑山本及方志、珠林補，下同。

〔二〕一本無「之」字。

〔三〕中本馬作「瑪」。

〔四〕原本際作「隆」，今從舊麗本、石本、中本、宋本、資福本、元本、明南本、徑山本及珠林改。

四天王獻鉢側不遠，有窣堵波，如來爲母説法處也。如來既成正覺，稱天人師，其母摩耶自天宮降於此處，世尊隨機示教利喜。其側涸池岸〔一〕，有窣堵波，在昔如來現〔二〕諸神變化〔三〕有緣處。

校勘

〔一〕石本岸作「崖」。

〔二〕原本現作「見」。石本、中本、宋本、資福本、元本、明南本、徑山本並作「現」，方志同。按見可讀作現，本不必改字，惟下文作「現」，使前後畫一，從改。

〔三〕石本化下有「身」字。

現神變側，有窣堵波，如來度優樓〔一〕頻螺迦葉波三兄弟及千門人處。如來方垂善導〔二〕，隨應降伏，時優樓頻螺迦葉波五百門人請受佛教，迦葉波曰：「吾亦與爾俱返迷途。」於是相從來至佛所。如來告曰：「棄鹿皮衣，捨祭火具。」時諸梵志恭承聖教，以其服用，投尼連河。捺地〔三〕迦葉波見諸祭器隨流漂泛，與其門人候兄動靜，既見改轍，亦隨染衣。伽耶〔四〕迦葉波與〔五〕二百門人聞其兄之捨法也，亦至佛所，願修梵行。

校勘

〔一〕石本、中本、宋本、資福本、元本、明南本、徑山本樓作「婁」，方志同。婁、樓同音通用。下文「優樓頻螺」，諸本又多作「婁」。

〔二〕原本導作「道」，今從石本、中本、宋本、資福本、元本、明南本、徑山本改。

〔三〕古本地作「陀」。

〔四〕石本耶作「邪」。

〔五〕原本波下無「與」字，石本、中本、宋本、資福本、元本、明南本、徑山本並有之，今據補。

度迦葉波兄弟西北窣堵波，是如來伏迦葉波所事火龍處。如來將化其人，先〔一〕伏所宗〔二〕，乃止梵志火龍之室。夜分已後，龍吐煙焰。佛既入定，亦起火光，其室洞然，猛燄炎熾。諸梵志師恐火害佛，莫不奔赴，悲號愍惜。優樓〔三〕頻螺迦葉波謂其徒曰：「以今觀之，未必火也。當是沙門伏火龍耳。」如來乃以火龍盛置鉢中，清旦，持示外道門人。其側窣堵波，五百獨覺同入涅槃處也。

校勘

〔一〕原本先作「克」，石本、中本、宋本、資福本、明南本、明北本並作「先」。按先與上句「將化其人」相呼應，義長，今從改。

〔二〕中本宗作「崇」。

〔三〕中本樓作「婁」。

目支鄰陁龍池南窣堵波，迦葉波救如來溺水處也。迦葉兄弟時推〔一〕神通〔二〕，遠近仰德，黎庶歸心。世尊方〔三〕導迷徒，大權攝化，興布密雲，降澍〔四〕暴雨，周佛所居，令〔五〕獨無水。迦葉是時見此雲雨，謂門人曰：「沙門住處，將不漂溺？」泛舟來救，乃見世尊履水如地，蹈河中流，水分沙現。迦葉見已，心伏而退。

校勘

〔一〕中本推下有「得」字。

〔二〕舊麗本、石本、宋本、資福本、明南本、明北本、徑山本通並作「道」。

〔三〕中本方下有「便」字。

〔四〕石本、中本、宋本、資福本、明南本、明北本、徑山本澍並作「注」。

〔五〕宋本、資福本、明南本、明北本、徑山本令並作「令」，依文義非。

（七）東門外遺迹

菩提樹垣東門外二三里，有盲龍室。此龍者，殃累宿積，報受生盲。如來自前正覺山欲趣菩提樹，途次室側，龍眼忽明，乃見菩薩將趣佛樹。謂菩薩曰：「仁今不久當成正覺。我眼盲冥，於兹已久，有佛興世，我眼輒明。賢劫之中，過去三佛出興世時，已得明視。仁今至此，我眼忽開，以故知之，當成佛矣。」

菩提樹垣東門側，有窣堵波，魔王怖菩薩之處。初，魔王知菩薩將成正覺也，誘亂不遂，憂惶無賴。集諸神衆，齊整魔軍，治兵振旅，將脅〔一〕菩薩。於是風雨飄注，雷電晦冥，縱火飛煙，揚沙激石，備矛楯〔二〕之具，極弦矢之用。菩薩於是入大慈定，凡厥兵杖〔三〕變爲蓮華。魔軍怖駭，奔馳退散。其側不遠，有二窣堵波，帝釋、梵王之所建也。

校勘

〔一〕宋本、資福本、明南本、明北本、徑山本脅並作「愶」。音釋云：「愶，或作脅。」

〔二〕石本矛楯二字作「矛盾」；明南本、明北本、徑山本楯作「盾」。

〔三〕石本、中本、宋本、資福本、明南本、明北本、徑山本杖作「仗」。

（八）北門外摩訶菩提僧伽藍

菩提樹北門外摩訶菩提僧伽藍〔一〕，其先僧伽羅國王之所建也。庭宇六院，觀閣三層，周堵垣牆高三四丈〔二〕，極工人之妙，窮丹青之飾。至於佛像，鑄以金銀，凡厥莊嚴，廁以珍寶。諸窣堵波高廣妙飾，中有如來舍利。其骨舍利大如手指節，光潤鮮白，皎徹中外。其肉舍利，如大〔三〕真珠，色帶紅縹。每歲至如來大神變月滿之日，出示衆人〔四〕。即印度十二月三十日，當此正月十五日也〔五〕。此時也，或放光，或雨花。僧徒減千人〔六〕，習學大乘上座部法，律儀清肅，戒行貞明。

校勘

〔一〕摩訶菩提僧伽藍，續傳作「大菩提寺」，摩訶爲大，僧伽藍爲寺也。

〔二〕周堵垣牆高三四丈，方志作「周垣高五丈許」，珠林三十九作「周垣高五丈」。續傳則作「牆高四丈」。

〔三〕中本如大二字作「大如」。方志、珠林亦作「大如」。

〔四〕原本無「人」字，今從石本、中本、宋本、資福本、明南本、明北本、徑山本補。方志、珠林作「出以示人」。

〔五〕石本無「也」字。

〔六〕續傳減千作「僅千」。珠林作「其寺常有千僧」。

昔者南海僧伽羅國，其王淳信佛法，發自天然。有族弟出家，想佛聖迹，遠遊印度，寓諸伽藍，咸輕邊鄙。於是返迹本國，王躬遠迎。沙門悲哽〔一〕，似〔二〕若不能言。王曰：「將何所負〔三〕，若此殷憂？」沙門曰：「憑〔四〕恃〔五〕國威，遊方問道，羈旅異域，載罹寒署，動遭凌辱，語見譏誚。負斯憂耻，詎〔六〕得歡心？」王〔七〕曰：「若是〔八〕者何謂也？」曰：「誠願大王福田爲意，於諸印度建立伽藍，既旌聖迹，又擅高名，福資先王，恩及後嗣。」曰：「斯事甚美，聞之何晚？」於是以國中重〔九〕寶獻印度王。王既納貢，義存懷遠，謂使臣曰：「我今將何持報來命？」使臣曰：「僧伽羅王稽首印度大吉祥王，大王〔一〇〕威德遠振，惠澤遐被。下土沙門，欽風慕化〔一一〕，敢遊上國，展敬聖迹，寓諸伽藍，莫之見館，艱辛已極，蒙耻而歸。竊圖遠謀，貽範來葉〔一二〕，於諸印度建一〔一三〕伽藍，使客遊乞士息肩有所，兩國交歡，行人無替。」王曰：「如來潛化，遺風斯在〔一四〕，聖迹之所，任取一焉。」使者奉辭報命，羣〔一五〕臣拜賀，遂乃集諸沙門評議建立。沙門曰：「菩提樹者，去來諸佛咸此證聖。考之異議，無出此謀。」於是捨國珍寶，建此伽藍，以其國僧而修供養。乃刻銅爲記曰：「夫周給無私，諸佛至教；惠〔一六〕濟有緣，先聖明訓。今我小子，丕承王業，式建伽藍，用〔一七〕旌聖迹，福資祖考，惠被黎元。唯我國僧而得自在，及有國人亦同僧例。傳〔一八〕之後嗣，永永〔一九〕無窮。」故此伽藍多執師子國僧也〔二〇〕。

校勘

〔一〕原本哽作「耿」，宋本、資福本、明南本、明北本、徑山本並作「哽」，耿字義不諧，疑音近而誤，今從改。

〔二〕石本、中本、宋本、資福本、明南本、明北本、徑山本無「似」字。

〔三〕石本負作「員」。按尚書秦誓「若弗云來」。正義本云作「員」，故疏云：「員即云也。」阮元校勘記亦云：「古本云作員。」此文「將何所員」即「將何所云」，義亦可通。京大本考異遽謂爲「訛」，恐未然。

〔四〕宋本、資福本、明南本、明北本、徑山本憑上有「我」字。

〔五〕舊麗本無「恃」字。

〔六〕古本、中本詎作「誰」。

〔七〕原本無「王」字，今從石本、中本、宋本、資福本、明南本、明北本、徑山本補。

〔八〕舊麗本無「是」字。

〔九〕原本無「重」字，古本、石本、中本、宋本、資福本、明南本、明北本、徑山本並有之，有之爲長，今據補。

〔一〇〕原本無「大王」二字，今從石本、中本、宋本、資福本、明南本、明北本、徑山本補。

〔一一〕石本化作「禮」。

〔一二〕舊麗本、宋本、資福本、明南本、明北本、徑山本葉並作「業」。

〔一三〕原本一作「此」，今從石本、宋本、資福本、明南本、明北本、徑山本改。

〔一四〕石本在作「存」。

〔一五〕古本、石本、中本羣作「君」。

〔一六〕原本惠作「慧」，石本、宋本、資福本、明南本、明北本、徑山本並作「惠」。按慧、惠字雖通用，但此作仁惠解，以惠爲是，今從改。

〔一七〕徑山本用作「周」，疑形之訛。

〔一八〕舊麗本傳誤作「僧」。

〔一九〕舊麗本永永二字作「永」一字。

〔二〇〕方志及珠林云：「經今四百年。」又珠林三十八引王玄策行傳云：「昔師子國王名尸迷佉拔摩（原注：唐云功德雲）。梵王遣二比丘來詣此寺，大者名摩訶諵（原注：此云大名），小者優波（原注：此云授記）。其二比丘禮菩提寺金剛座訖，此寺不安置。其二比丘乃還其本國。王問比丘：『往彼禮拜聖所來，靈瑞云何？』比丘報云：『閻浮大地，無安身處。』王聞此語，遂多與珠寶使送與此國王三藐陁羅崛多。因此以來，即是師子國比丘。」與玄奘所記稍異，録之備考。

（九）安居月日

菩提樹南十餘里，聖迹相鄰，難以備舉。每歲比丘〔一〕解〔二〕安居，四方法俗，百千萬衆，七日七夜，持香花，鼓音樂，遍遊林中，禮拜供養。印度僧徒，依佛聖教，皆以室羅伐拏月前半一日入雨〔三〕安居，當此五月十六日，以頞濕縛庾闍月後半十五日解雨安居，當此八月十五日。印度月名，依星而建，古今不易，諸部無差。良以方言未融，傳譯有謬，分時計月，致斯乖異，故以四月十六日入安居，七月十五日解安居也〔四〕。

校勘

〔一〕石本、宋本、資福本、明南本、明北本、徑山本比丘二字作「苾芻」。

〔二〕宋本、資福本、金陵本解下有「雨」字； 明南本、明北本、徑山本有「兩」字。 方志及珠林三十九作「解安居訖」，無「雨」或「兩」字，同此本。

〔三〕新麗本雨原作「兩」，京大本據石本及宋本改。 按資福本、明北本、金陵本作「雨」，明南本、徑山本作「兩」。 方志及珠林作「夏安居」，以是推之，作「雨」爲是。 下同。

〔四〕方志及珠林於「解夏安居」下有云（二文略有參差，今從方志，而以珠林異文用括弧注之）：「斯亦隨終一變，不可約之（斯亦隨方用曆不同，不可一定）。 如雪山北有國坐春坐秋者，意以一年之内，多溼（溼作溫）熱處，制三月住。 就中前後一月，延促不定。 若據修道，何時不定（定作安）？ 故（故下有律制二字）三時遊行，通制（制作結）有罪。 必有緣務（緣務作善緣），亦開兼濟，不執也（無尾三字）。」

大唐西域記卷第九

三藏法師玄奘奉詔譯
大總持寺沙門辯機撰

一國〔一〕

摩揭〔二〕陁國下

校勘

〔一〕中本、徑山本無「一國」二字。

〔二〕原本揭作「伽」，石本、中本、宋本、資福本、徑山本並作「揭」，按下文及上卷標題並作「揭」，今從改。磧砂本、明南本作「曷」而右旁微空，疑爲揭之缺字。

摩揭陁國下

十八、香象池

菩提樹東渡尼連禪那河，大林中有窣堵波，其北有池，香象侍母處也。如來在昔修菩薩行，爲香象子，居北山中，遊此池側。其母盲也，採藕〔一〕根，汲清水，恭行孝養，與時推移。屬有一人遊林迷路，彷徨往來，悲號〔二〕慟哭。象子聞而愍焉，導之以示歸路。是人既還，遂白王曰：「我知香象遊舍林藪，此奇貨也，可往捕之。」王納其言，興兵往狩〔三〕。是人前導，指象示王，即時兩臂墮落，若有斬截者。其王雖驚〔四〕此異，仍縛象子以歸。象子既已維縶多時，而不食水草。典廐者以聞〔五〕，王遂親問之。象子曰：「我母盲冥，累日飢餓，今見幽厄，詎能甘食？」王愍其情也〔六〕，故遂放之。

校勘

〔一〕新麗本原書藕作「藕」，京大本據石本、宋本改。按資福本、磧砂本、明南本、徑山本亦同。中本誤作「蒲」。

〔二〕中本號作「蹄」。

〔三〕石本、宋本、資福本、磧砂本、明南本、徑山本狩並作「捕」。

〔四〕徑山本驚作「見」。

〔五〕石本、宋本、資福本、磧砂本、明南本、徑山本以聞二字並作「聞王」。

〔六〕石本、宋本、資福本、磧砂本、明南本、徑山本也並作「志」。中本情上有「意」字。

其側窣堵波前建石柱，是昔迦葉波佛於此宴坐。其側有過去四佛坐及經行遺迹之所。

十九、外道發惡願處

四佛坐東，渡莫訶河，至大林中，有〔一〕石柱，是外道入定及〔二〕發惡願處。昔有外道鬱頭藍子者，志逸煙霞，身遺草澤，於此法林栖〔三〕神匿迹。既具五神通，得第一有定。摩揭陁王特深宗敬，每至中時，請就宮食。鬱頭藍子凌虚履空，往來無替。摩揭陁王候時瞻望，亦既至已，捧接〔四〕置座。王將出遊，欲委留事，簡擢中宮，無堪承命。有少〔五〕息女，淑慎令〔六〕儀，既親且賢〔七〕，無出其右。摩揭陁王召而命曰：「吾〔八〕方遠遊，將有所委，爾宜悉心，慎終其事！彼〔九〕鬱頭藍仙，宿所宗〔一〇〕敬，時至來飯，如我所奉。」敕誡既已，便即巡覽。少女承旨，瞻候〔一一〕如儀。大仙至已，捧而置座。鬱頭藍子既觸女人，起欲界染，退失神通，飯訖言歸，不得虚遊。小心愧恥，詭謂女曰：「吾比修道業，入定怡神，凌虚往來，略無暇景，國人願覩，聞之久矣。然先達垂訓，利物爲務，豈守獨善，忘其兼濟？今欲從門而出，履地而往，使夫覩見之徒，咸蒙福利。」王女聞已，宣告遠近。是時人以馳〔一二〕競，灑掃衢路，百千萬衆，佇望來儀。鬱頭藍子步自王宮，至彼法林，宴座入定，心馳外境，棲林則鳥鳥嚶囀，臨池乃魚鼈諠聲，情散心亂，失神廢定。乃生忿恚，即發惡願：「願我當來爲暴惡獸，狸身鳥翼，搏食生類，身廣三千里，兩翅各廣千五百里，投林噉諸羽族，入流食彼水生。」發願既已，忿心漸息，勤求頃之，復得本定。不久命終，生第一有天，壽八萬劫。如來記之，天壽畢已，當果昔〔一三〕願，得此弊身，從是流轉惡道，未期出離。

校勘

〔一〕徑山本有下有「一」字。方志及珠林三十九作「小石柱」。

〔二〕原本無「及」字，石本、中本、宋本、資福本、磧砂本、明南本、徑山本並有之。按入定與發惡願爲二事，有及字爲長，今從補。

〔三〕石本、中本、宋本、資福本、磧砂本、明南本、徑山本栖作「棲」，同。

〔四〕石本挍作「按」。按按當作「桉」，即案字。

〔五〕中本少作「小」。

〔六〕中本令作「合」。

〔七〕徑山本既親且賢句作「宮中親賢」。

〔八〕中本吾下有「今」字。

〔九〕舊麗本彼作「後」，形之訛。

〔一〇〕中本宗作「崇」。徑山本所宗二字作「承禮」。

〔一一〕中本無「旨瞻候」以下至「行者」四百八十四字，蓋闕佚。

〔一二〕石本、宋本、資福本、磧砂本、明北本、徑山本馳並作「心」。舊麗本無「馳」字。

〔一三〕占本昔作「宿」。

二十、雞足山及大迦葉故事

莫訶河〔一〕東，入大林野，行百餘里，至屈屈居勿反。吒〔二〕播陁山，唐言雞足〔三〕。亦謂窶盧播陁山。唐言尊足〔四〕。高巒陗無〔五〕極，深〔六〕壑洞無涯〔七〕，山麓谿〔八〕澗，喬林羅谷，崗岑嶺嶂，繁草被巖〔九〕。峻起三峯，傍挺絶崿，氣將天接，形與雲同〔一〇〕。其後尊者大迦葉波居中寂滅，不敢指言，故云尊足。摩訶迦葉波者，聲聞弟子也，得六神通，具八解脱。如來化緣斯畢，垂將涅槃，告迦葉波曰：「我於曠劫，勤修苦行，爲諸衆生求無上法，昔所願期，今已果滿。我今將欲入大涅槃，以諸法藏囑累於汝，住〔一一〕持宣布，勿有失墜。姨母所獻金縷袈裟，慈氏成佛，留以傳付。我遺法中諸修行者，若比丘、比丘〔一二〕尼、鄔波索迦、唐言近事男。舊曰〔一三〕伊蒲〔一四〕塞，又曰優波塞〔一五〕，又曰優婆塞，皆訛也。鄔波斯迦，唐言近事女。舊曰〔一六〕優婆〔一七〕斯，又曰優婆夷，皆訛也。皆先濟渡〔一八〕，令離流轉。」迦葉承旨，住〔一九〕持正法。結集既已，至第二十年，厭世無常，將入寂滅，乃往雞足山。山陰而上，屈盤〔二〇〕取路，至西南岡。山峯〔二一〕險阻，崖徑槃薄，乃以錫〔二二〕扣，剖〔二三〕之如割。山徑既開，逐路而進，槃紆曲折，迴互斜〔二四〕通，至〔二五〕于山頂，東北面出。既入三峯之中，捧佛袈裟而立，以願力故，三峯斂覆，故今此山三脊隆起。當來慈氏世尊之興世也，三會説法之後，餘有無量憍慢衆生，將登此山，至迦葉所，慈氏彈指，山峯自開。彼諸衆生既見迦葉，更增憍慢。時大迦葉〔二六〕授衣致辭，禮敬已畢，身昇虛空，示諸神變，化火焚身，遂入寂滅。時衆瞻仰，憍慢心除，因而感悟，皆證聖果。故今山上建窣堵波，静夜遠望，或見明炬。及〔二七〕有登山，遂〔二八〕無所覩。

校勘

〔一〕珠林三十九莫訶河作「黄河」。方志作「莫訶」，同記文。

〔二〕珠林吒作「吃」，字形之訛。

〔三〕慧琳音義云：「(屈屈吒山)梵語，唐云雞也。」徑山本、金陵本足下有「山」字。按方志、珠林雞足下並無「山」字。

〔四〕徑山本、金陵本尊足下有「山」字。按方志、珠林亦無之。

〔五〕石本、宋本、資福本、磧砂本、明南本陗無二字作「峭嶮」；徑山本作「峭險」。慧琳音義作「陗絶」。音釋云：「峭亦作陗。」

〔六〕徑山本無「極深」二字，非。此二句五字爲句相對偶，不當删此二字。

〔七〕原本涯作「漄」，今從石本、宋本、資福本、磧砂本、明南本、徑山本改。干禄字書有崖涯二字，云：「上山崖，下水際」，無「漄」字。漄疑涯之别作。

〔八〕古本山麓谿三字作「峯巖磎」。

〔九〕古本巖作「崖」。

〔一〇〕徑山本同作「齊」。

〔一一〕古本住作「任」。

〔一二〕石本、宋本、資福本、磧砂本、明南本、徑山本比丘比丘四字作「苾芻苾芻」。

〔一三〕中本曰作「云」。

〔一四〕石本、中本、宋本、資福本、磧砂本、明南本、徑山本蒱並作「蒲」。

〔一五〕石本、中本、宋本、資福本、磧砂本、明南本、徑山本並無「又曰優波塞」五字。

〔一六〕石本、宋本、資福本、磧砂本、明南本並無「曰」字。

〔一七〕中本婆作「波」。

〔一八〕舊麗本無「濟」字。中本渡作「度」。

〔一九〕古本、中本、宋本、資福本、磧砂本、明南本、徑山本住並作「任」。

〔二〇〕石本、宋本、資福本、磧砂本、明南本、徑山本盤並作「槃」，同。

〔二一〕中本峰作「隥」。

〔二二〕石本、宋本、資福本、磧砂本、明南本、徑山本錫下並有「杖」字。按慧琳音義亦無「杖」字。文選遊天臺山賦云：「應真飛錫以躡虛。」李善注引智度論「常用錫杖、經傳、佛像」爲釋，則錫固可替代作錫杖也。下文「毗布羅山」條「便即振錫而往室焉」；「舍利弗證果」條「振錫來儀」；又卷末記贊「杖錫遐征」，本書敬播序及于志寧序並有「杖錫」句，皆可佐證。

〔二三〕古本、中本剖作「割」。按下文云「如割」，此不當作割。

〔二四〕舊麗本斜作「叙」，古本作「鈄」，石本、宋本、資福本、磧砂本、明南本作「針」。並形之訛。

〔二五〕原本至作「致」，今從資福本、磧砂本、明南本改。

〔二六〕舊麗本無「更增憍慢時大迦葉」八字，義似長。
〔二七〕徑山本及作「其」。
〔二八〕徑山本遂作「翻」。

二十一、佛陀伐那山及杖林

鷄足山東北行百餘里，至佛陀伐那山，峰崖崇峻，巘崿隱〔一〕嶙。巖間石室，佛嘗降止〔二〕。傍〔三〕有盤〔四〕石，帝釋、梵王摩〔五〕牛頭栴〔六〕檀塗飾如來，今其石上餘香郁烈。五百羅漢潛靈於此，諸有感遇，或得覩見，時作沙彌之形，入里乞食。隱顯〔七〕靈奇之迹，差〔八〕難以述。

校勘

〔一〕石本、宋本、資福本、磧砂本、明南本、徑山本隱作「嶾」，音釋同。
〔二〕中本止作「趾」。方志云：「佛止數年」。
〔三〕中本傍上有「其」字。
〔四〕石本、宋本、資福本、磧砂本、明南本、徑山本盤作「磐」，同。
〔五〕古本、中本摩作「磨」，同。
〔六〕石本、宋本、資福本、磧砂本、明南本、徑山本栴作「旃」，同。

〔七〕石本、宋本、資福本、磧砂本、明南本、徑山本隱顯二字並作「或隱或顯」四字。古本無二「或」字，同此本。

〔八〕新麗本差原作「羌」，京大本據石本、宋本改。按資福本、磧砂本、明南本、徑山本亦作「差」。慧琳音義作「差」，音「柴下反」。羌乃形訛。

佛陀伐那山空谷中東〔一〕行三十餘里，至洩〔二〕移結反。瑟〔三〕知林。唐言杖林。林竹脩勁〔四〕，被〔五〕山彌谷。其先有婆羅門聞釋迦佛身長丈六，常懷疑惑，未之〔六〕信也。乃以丈六竹杖，欲量佛身，恒於杖端出過丈六，如是增高，莫能窮實。遂投杖而去，因植根焉。中有大窣堵波，無憂王之所建也。如來在昔於此七日爲諸天人現大神通，說深妙法。

校勘

〔一〕中本東下有「北」字。按方志無「北」字，同今本。

〔二〕中本洩作「曳」，同音通用。方志作「申」，乃曳之形訛。

〔三〕石本瑟作「慧」，非。方志亦作「瑟」。杖林梵文作Yaṣṭivana。

〔四〕原本勁作「篠」，石本、中本、宋本、資福本、磧砂本、明南本、徑山本並作「勁」。按脩篠與竹林義複，作「勁」爲是，今據正。音釋亦作「脩勁」。

〔五〕金陵本被作「補」，誤。

〔六〕中本之作「足」。

（一）勝軍故事

杖林中近有鄔波索迦闍耶犀那者，唐言勝軍。西印度刹帝利種也，志尚夷簡，情悦山林，迹居幻境，心遊真際，内外典籍，窮究幽微，辭論清高，儀範閑雅。諸沙門、婆羅門、外道異學、國王、大臣、長者、豪右，相趍〔一〕通謁，伏膺請益。受業門人，十室而六。年漸七十，耽讀不倦，餘藝捐廢，唯習佛經，策勵身心，不舍〔二〕晝夜。印度之法，香末爲泥，作小窣堵波，高五六寸，書寫經文，以置其中，謂之法舍利也。數漸盈積，建大窣堵波，總聚於内，常修供養。故勝軍之爲業也，口則宣説妙法，導誘學人；手乃作窣堵波，式崇〔三〕勝福；夜又經行禮誦，宴坐思惟。寢食不遑，晝夜無怠。年百歲矣，志業不衰。三十年間，凡作七拘胝唐言億〔四〕。法舍利窣堵波。每滿一拘胝，建大窣堵波，而總置中，盛修供養，請諸僧衆，法會稱慶。其時神光燭曜，靈異昭彰〔五〕。自兹厥後，時放光明。

校勘

〔一〕徑山本、金陵本趍作「趣」。

〔二〕石本、中本、宋本、資福本、磧砂本、明南本、徑山本舍並作「捨」，通用。

〔三〕古本崇作「宗」。

〔四〕中本億下有「也」字。

〔五〕中本彰作「章」；徑山本作「著」。

（二）杖林附近諸迹

杖林西南十餘里，大山陽〔一〕有二温泉，其水甚熱，在昔如來化出此水，於中浴焉。今者尚存，清流無減，遠近之人，皆來就〔二〕浴，沈痾宿疹，無不〔三〕除差。其傍則有窣堵波，如來經行之處也。

校勘

〔一〕中本陽作「隅」。方志作「陽」，同今本。

〔二〕中本就作「既」。

〔三〕石本、中本、宋本、資福本、磧砂本、明南本、徑山本無不二字並作「多有」。

杖林東南，行六七里，至大山。横嶺之前有石窣堵波。昔〔一〕如來雨〔二〕三月爲諸人天於此説法，時頻毗娑〔三〕羅王欲來聽法，乃疏山積石，壘階以進，廣二十餘步，長三四里〔四〕。

校勘

〔一〕中本昔下有「者」字。

〔二〕原本雨作「兩」，古本、磧砂本、明南本作「雨」。續傳此句作「如來於中三月坐夏」，則作「雨」爲是，今從改。方志作「兩」，亦形之訛。
〔三〕異本娑作「婆」，非。金陵本娑作「裟」。
〔四〕續傳作「長五里許」；方志作「長四里許」。

大山北三四里，有孤山，昔廣博仙人棲隱於此，鑿崖爲室，餘趾〔一〕尚存〔二〕。傳教門人，遺風猶扇。

校勘

〔一〕石本、一本、宋本、資福本、磧砂本、明南本、徑山本趾並作「址」。趾、址通用。
〔二〕中本存作「在」。

孤山東北四五里，有小孤山，山壁石室，廣袤可坐千餘人矣〔一〕。如來在昔於此三月說法。石室上有大磐石，帝釋、梵王摩〔二〕牛頭栴檀塗餝〔三〕佛身，石上餘香，于今郁烈。

校勘

〔一〕徑山本矣作「衆」。

〔二〕石本、中本、宋本、資福本、磧砂本、明南本、徑山本摩作「磨」。

〔三〕石本、宋本、資福本、磧砂本、明南本、徑山本鎊作「飾」。按鎊爲飾之俗字，見匡謬正俗及干祿字書。

（三）阿素洛宮異事

石室西南隅有巖岫，印度謂之阿素洛舊曰阿修羅，又曰阿須倫，又曰阿須〔一〕羅，皆訛也。宮也。往有好事者，深閑呪術，顧儔〔二〕命侶，十有四人，約契同志，入此巖岫。行三四十里，廓然大明，乃見城邑臺觀，皆是金銀琉〔三〕璃。是人至已，有諸少女佇〔四〕立門側，歡喜迎接，甚加禮遇。於是漸進，至内城門，有二婢使各捧金盤，盛滿花香，而來迎候。謂諸人曰：「宜就池浴〔五〕，塗冠香花，已而後入，斯爲美矣〔六〕。」唯彼術士宜時速進。餘十三人遂即沐浴。既入池已，怳若有忘，乃坐稻田中，去此之北平川中已三四十里矣。

校勘

〔一〕原本須作「修」，古本、中本及翻譯集作「須」。「阿修羅」已見上文，不當重複，今據改。石本、宋本、資福本、磧砂本、明南本、徑山本則皆作「蘇」。

〔二〕中本儔作「疇」，通用。

〔三〕石本、宋本、資福本、磧砂本、明南本、徑山本琉作「瑠」，同。

〔四〕中本佇作「侍」。

〔五〕中本池浴二字作「浴池」。

〔六〕徑山本已而後入斯爲美矣八字作「然後可入勿得匆遽」。

（四）棧道

石室側有棧道，廣十餘步，長四五里，昔頻毗娑羅王將往佛所，乃斬石通谷，疏崖導〔一〕川，或壘〔二〕石，或鑿巖，作爲階級，以至佛所。

校勘

〔一〕原本導作「填」，今從石本、中本、宋本、資福本、磧砂本、明南本、徑山本改。舊麗本作「奠」。

〔二〕中本壘作「疊」。

二十二、上茅宫城（舊王舍城）

從此大山中東行六十餘里，至矩奢揭〔一〕羅補羅城。唐言上茅宫城。上茅宫城，摩揭陁國之正中〔二〕，古先君王之所都，多出勝上吉祥香茅，以故謂之上茅城也。崇山四周，以爲外郭。西通峽〔三〕徑，北闢山門，東西長，南北狹，周一百五十餘里。内城餘趾〔四〕周三十餘里。羯尼迦樹遍諸蹊徑，花含殊馥，色爛黄金，暮春之月，林皆金色〔五〕。

校勘

〔一〕翻譯集揭作「褐」。
〔二〕續傳有「經本所謂王舍城者是矣」。
〔三〕方志峽作「狹」。
〔四〕資福本、磧砂本、明南本、徑山本趾作「址」。
〔五〕舊麗本色作「也」。

（一）伏醉象遺迹

宮城北門外有窣堵波，是提婆達多與未生怨王共爲親友，乃放護財醉象，欲害如來。如來指端出五師子，醉象於此馴伏而前〔一〕。

校勘

〔一〕原本前下有「伏」字，應屬於下文「醉象」前，諸本盡然，今據之，「伏」字移下。

（二）舍利弗證果故事

伏醉象東北有窣堵波，是舍利子聞阿濕婆恃比丘〔一〕唐言馬勝。說法證果之處。初，舍利子在家也，高〔二〕才雅量，見重當時，門生學徒，傳以〔三〕受業。此時將入王舍大城，馬勝比丘亦方乞食。時舍利子遥見馬勝，謂門生曰：「彼來者甚庠序，不證聖果，豈斯調寂？宜少佇〔四〕待，觀其進趣。」馬勝比丘已證羅漢，心得自在，容止和雅，振錫來儀。舍利子曰：「長老善安樂耶？師何人，證何法？若此之悦豫乎？」馬勝謂曰：「爾不知耶？净飯王太子捨轉輪王位，悲愍六趣，苦行六年，證三菩提，具一切智，是吾師也。夫法者，非有非空，難用銓緒〔五〕，唯佛與佛乃能究述。豈伊愚昧，所能詳議？」因爲頌説，稱讚〔六〕佛法。舍利子聞已，便獲果證。

校勘

〔一〕石本、宋本、資福本、磧砂本、明南本、徑山本比丘二字並作「苾芻」，下同。

〔二〕舊麗本脱「高」字。

〔三〕徑山本以作「法」。

〔四〕石本、宋本、資福本佇作「行」。

〔五〕石本、中本、宋本、資福本、磧砂本、明南本、徑山本銓緒二字作「詮敍」；古本作「詮緒」。音釋作「詮敍」，云：「上七全反，或作銓。」

〔六〕舊麗本無「讚」字。

（三）勝密火坑故事

舍利子證果〔一〕北不遠，有大深坑，傍建窣堵波，是室利毱多唐言勝密〔二〕。以火坑、毒飯欲害佛處。勝密者，宗〔三〕信外道，深着邪見。諸梵志曰：「喬荅摩國人尊敬，遂令我徒無所恃賴。汝今可請至家飯會〔四〕，門〔五〕穿大坑，滿中縱火，棧以朽木，覆以燥土。凡諸飲〔六〕食，皆雜毒藥。若免火坑，當遭毒食。」勝密承命，便設毒會〔七〕。城中之人皆知勝密於世尊所起惡害心，咸皆勸請，願佛勿往。世尊告曰：「無得懷憂，如來之身，物莫能害。」於是受請而往，足履門閫，火坑成池，清瀾澄鑒，蓮花彌漫。勝密見已，憂惶無措，謂其徒曰：「以術免火，尚有毒〔八〕食。」世尊飯食已訖，爲説妙法。勝密聞已，謝咎歸依。

校勘

〔一〕中本證果二字作「果證」。
〔二〕中本密作「蜜」。
〔三〕石本、宋本、資福本、磧砂本、明南本、徑山本宗並作「崇」。
〔四〕古本、異本會作「食」。
〔五〕舊麗本無「門」字。
〔六〕石本、中本、宋本、資福本、磧砂本、明南本、徑山本飲並作「飯」。
〔七〕古本、中本會作「食」。

〔八〕中本毒下有「藥」字。

（四）時縛迦大醫遺迹

勝密火坑東北，山城之曲，有窣堵波，是時縛迦大醫舊曰耆婆，訛也。於此爲佛建説法堂，周其壖垣〔一〕，種植花菓，餘趾〔二〕蘖〔三〕株，尚有遺迹。如來在世，多於中止。其傍復有時〔四〕縛迦故宅，餘基舊井，墟坎猶存。

校勘

〔一〕中本壖垣二字作「垣壖」。

〔二〕資福本、磧砂本、明南本、徑山本趾並作「址」。

〔三〕原本蘖作「蘗」，今從石本、宋本、資福本、磧砂本、明南本、徑山本、音釋及方志改。中本蘖株二字作「株蘖」，亦訛。慧琳音義作「桻株」，云：「説文：『伐木餘也』。正作櫱。」櫱即蘖字。

〔四〕原本無「時」字，古本、中本及慈恩傳並有之，上文亦有「時」字。按時縛迦，梵文作Jīvaka，或譯作耆婆，或作耆域，皆從略稱，但並有「耆」字，與時音合，此顯脱去，今據補。

二十三、鷲峯及佛迹

宮城東北行十四五里，至姞栗陁羅矩吒山。唐言鷲峯，亦謂鷲臺。舊曰耆闍崛山，訛也。接北山之〔一〕陽，孤標特起，既棲〔二〕鷲鳥，又類高臺，空翠相映，濃淡分色。如來御世，垂五十年，多居此山，廣説妙法。頻毗娑羅王爲聞法故，興發人徒，自山麓至峰岑，跨谷凌巖，編石爲階，廣十餘步，長五六里。中路有二小窣堵波，一謂下乘，即王至此徒〔三〕行以進；一謂退凡，即簡凡人〔四〕不令〔五〕同往。其山頂則東西長，南北狹。臨崖西埵〔六〕，有甎精舍，高廣奇製，東闢其户，如來在昔多居説法。今作説法之像，量等如來之身。

校勘

〔一〕中本無「之」字。

〔二〕慈恩傳既棲二字作「形如」。

〔三〕石本、宋本、資福本徒作「從」。疑字形之訛。

〔四〕石本、宋本、資福本、磧砂本、明南本、徑山本人並作「夫」。方志作「凡人」。

〔五〕中本不令二字作「令不」。

〔六〕石本、宋本、資福本、磧砂本、明南本、徑山本埵並作「垂」；方志作「陲」，並通用。

精舍東有長石，如來經行所履也，傍有大石，高丈四五尺，周〔一〕三十餘步，是提婆達多遥擲擊佛處〔二〕也。其南崖下有窣堵波，在昔〔三〕如來於此説法華經。精舍南山崖側，有大石室，如來在昔於此入定。

校勘

〔一〕方志及珠林三十九周作「廣」。
〔二〕古本、中本處作「者」。
〔三〕古本在昔二字作「昔在」。

佛石室西北石室，前有大磐〔一〕石，阿難爲魔怖處也。尊者阿難於此入定，魔王化作鷲鳥，於黑月夜分，據其大石，奮翼驚鳴，以怖尊者。尊者是時驚懼無措，如來鑒見，伸〔二〕手安慰，通過石壁，摩阿難頂，以大慈言而告之曰：「魔所變化，宜無怖懼！」阿難蒙慰，身心安樂。石上鳥迹，崖中通穴，歲月雖久，于今尚存。

校勘

〔一〕石本、宋本、資福本、磧砂本、明南本磐並作「盤」，同。下同。
〔二〕石本、宋本、資福本、磧砂本、明南本、徑山本伸並作「申」，通用。

精舍側有數石室，舍利子等〔一〕諸大羅漢於此入定。舍利子石室前，有一大井，枯涸無水，墟坎猶存。精舍東北石澗〔二〕中，有大磐石，是如來曬袈裟之處〔三〕，衣文明徹，皎如彫刻。其傍石上有佛脚迹，輪文雖暗，規模可察。北山頂有窣堵波，是如來望摩揭陁城，於此七日説法〔四〕。

校勘

〔一〕舊麗本無「等」字。

〔二〕中本澗作「洞」，恐非。方志亦作「澗」。

〔三〕中本處下有「也」字。

〔四〕珠林引王玄策傳云：「粤以大唐貞觀十七年三月内爰發明詔，令使人朝散大夫行衛尉寺丞上護軍李義表、副使前融州黄水縣令王玄策等送婆羅門客還國。其年十二月至摩伽陁國，因即巡省佛鄉，覽觀遺蹤，聖迹神化，在處感徵。至十九年正月二十七日至王舍城，遂登耆闍崛山，流目縱觀，傍眺罔極。自佛滅度千有年，聖迹遺基，儼然具在。一行一坐，皆有塔記。自惟器識邊鄙，忽得躬覩靈迹，一悲一喜，不能裁抑。因銘其山，用傳不朽。欲使大唐皇帝與日月而長明，佛法弘宣共此山而同因。其辭曰（下略）。」此文原附於雞足山後，但按其内容實爲耆闍崛山，疑珠林傳本有誤。今次於此。

二十四、毗布羅山

山城北門西，有毗布羅山。聞之土俗曰：山西南崖陰，昔有五百温泉，今者數十而已，然猶有冷有暖，未盡温也。其泉源發雪山之南無熱惱池，潛流至此。水甚清美，味同本池。流經五百枝小熱地獄，火熱〔一〕上炎，致斯温熱。泉流之口，並皆彫石，或作師子白象之首，或作石筩懸流之道，下乃編石爲池。諸方異域，咸來此浴，浴〔二〕者宿疾〔三〕多差〔四〕。

校勘

〔一〕石本、宋本、資福本、磧砂本、明南本、徑山本熱作「勢」。

〔二〕中本下浴字作「之」。疑爲上浴字重文符號「々」之形訛。

〔三〕石本、宋本、資福本、磧砂本、明南本、徑山本疾並作「疢」。

〔四〕方志云：「諸有僧寺多取飲之，以水沐髮，終身常浄。使人王玄策曾以沐首，經今五載，髮常潤浄，不可思議。」

温泉左右，諸窣堵波及精舍，基址鱗次，並是過去四佛坐及經行遺迹之所。此處既山水相帶，仁智攸居，隱淪之士，蓋亦多矣。

（一）卑鉢羅石室及比丘習定故事

温泉西有卑鉢羅石室，世尊在昔恒居其中。後壁洞穴，是阿素洛宫也。習定比丘〔一〕，多居此室，時出怪異，龍蛇師子之形，見之者心發狂亂。然斯勝地，靈聖所止，躡迹欽〔二〕風，忘其灾禍。近有比丘，戒行貞潔，心樂幽寂，欲於此室匿迹習定。或有諫曰：

「勿往彼也。彼多災異，爲害不少〔三〕，既難取定，亦恐喪身。宜鑒前事，勿貽後悔！」比丘曰：「不然。我方志求佛果，摧伏天魔，若此之害，夫何足言？」便即振〔四〕錫而往室焉，於是設壇場，誦禁呪。旬日之後，穴出少女，謂比丘曰：「尊者染衣守戒，爲含識歸依，修慧習定，作生靈善導。而今居此，驚懼我曹，如來之教，豈若是耶？」比丘曰：「我守〔五〕淨戒，遵聖教也；匿迹山谷，遠諠雜也。忽此見譏，其咎安在？」對曰：「尊者誦呪聲發，火從外入，燒我居室，苦我枝屬。唯願悲愍，勿復誦呪！」比丘曰：「誦呪自護〔六〕，非欲害物。往者行人居此習定，期於聖果，以濟幽塗，覩怪驚懼，喪棄身命，汝之辜也。其何辭乎？」對曰：「罪障既重，智慧斯淺。自今已來，屏居守分。亦願尊者勿誦神呪！」比丘於是修定如初，安静無害。

校勘

〔一〕資福本、磧砂本、明南本、徑山本比丘二字作「苾芻」，下同。
〔二〕中本欽作「飲」，疑形之誤。
〔三〕古本少作「細」。
〔四〕古本、中本振作「荷」。
〔五〕舊麗本無「守」字。
〔六〕石本、宋本、資福本、磧砂本、明南本、徑山本自護二字並作「護身」。

（一一）其他諸遺迹

毗布羅山上有窣堵波，昔者如來説法之處。今有露形外道多依此住，修習苦行，夙夜匪懈，自旦至昏，旋轉觀察。

山城北門左南崖陰，東行二三里，至大石室，昔提婆達多於此入定。

石室東不遠，磐〔一〕石上有斑采，狀血染，傍建窣堵波，是習定比丘〔二〕自害證果之處。昔有〔三〕比丘，勤勵心身，屏居修定，歲月逾遠，不證聖果。退而自咎，竊復歎曰：「無學之果，終不時證，有累之身，徒生何益！」便就此石自刺其頸，是時即證阿羅漢果，上昇虚空，示現神變，化火焚身，而入寂滅。美其雅操，建以記功。

校勘

〔一〕石本、中本、宋本、資福本、磧砂本、明南本、徑山本磐作「盤」，同。

〔二〕資福本、磧砂本、明南本、徑山本比丘二字作「苾芻」，下同。

〔三〕古本有作「在」，非。

比丘證果東石崖上，有石窣堵波，習定比丘投崖證果之處。昔在佛世，有一比丘，宴坐山林，修證果定，精勤已久，不得果證。晝夜繼念，無忘静定。如來知其根機將發也，遂往彼而〔一〕成之，自竹林園至山崖下，彈指而召，佇立以待。此〔二〕比丘遥覩聖衆，身意勇悦，投崖而下，猶〔三〕其浄心，敬信佛語，未至于地，已獲果證。世尊告曰：「宜知是時。」即昇虚空，示現神變，用彰浄信，故斯封記。

校勘

〔一〕舊麗本無「而」字。

〔二〕石本、中本、宋本、資福本、磧砂本、明南本、徑山本此上並有「時」字。

〔三〕金陵本猶作「由」。按猶與由古相通。禮記雜記「猶是附於王父也。」鄭注：「猶當爲由。」蓋同音通借也。

二十五、迦蘭陁竹園

山城北門行一里餘，至迦蘭陁竹園，今有精舍，石基甎室，東闢〔一〕其户。如來在世，多居此中，説法開化，導凡拯俗，今作如來之像，量等〔二〕如來之身。

校勘

〔一〕石本、宋本、資福本、磧砂本、明南本、徑山本闢作「開」。

〔二〕原本無「如來之像量等」六字，石本、中本、宋本、資福本、磧砂本、明南本、徑山本並有之。按原句義不通，今從補。方志作「今有等佛身像」，義亦相近。

初，此城中有大長者〔一〕迦蘭陁，時稱豪貴，以大竹園施諸外道。及見如來，聞法淨信，追惜〔二〕竹園居彼異衆，今〔三〕天人師無以館舍。時諸神鬼〔四〕感其誠心，斥逐外道而告之曰：「長者迦蘭陁當以竹園起佛精舍，汝宜速去，得免危厄。」外道憤恚，含怒而去。長者於此建立精舍，功成事畢，躬往請佛。如來是時遂受其施。

校勘

〔一〕中本者下有「號」字。

〔二〕原本惜作「昔」，石本、中本、宋本、資福本、磧砂本、明南本、徑山本並作「惜」，義較長，今從改。

〔三〕中本今作「令」。

〔四〕中本神鬼作「鬼神」。

（一）佛舍利窣堵波

迦蘭陁竹園東有窣堵波，阿闍多〔一〕設咄〔二〕路〔三〕王唐言未生怨。舊曰阿闍世，訛略〔四〕也。之所建也。如來涅槃之後，諸王共分舍利，未生怨王得以持歸，式遵崇建，而修供養。無憂王之發信心也，開取舍利，建窣堵波，尚有遺餘，時燭光景。

校勘

〔一〕古本多作「哆」。

〔二〕珠林三十九設咄二字作「没吐」，形之訛。慈恩傳、方志亦作「設咄」，同此本。音釋咄音「丁骨反」。梵音作Ajātaśatru，與此音合。

〔三〕古本路作「絡」。

〔四〕中本無「略」字。慈恩傳亦無之。

〔一〕阿難半身窣堵波

未生怨王窣堵波側窣堵波〔一〕有尊者阿難半身舍利。昔尊者將寂滅也，去摩揭陁國，趣吠舍釐城，兩國交争，欲興兵甲。尊者傷愍，遂分其身。摩揭陁王奉歸供養，即斯勝地，式修崇建。

校勘

〔一〕原本無「側窣堵波」四字，石本、中本、宋本、資福本、磧砂本、明南本、徑山本並有之。按此窣堵波乃阿難半身舍利塔，在未生怨王塔之側，方志所云「東有阿難半身塔」是也。原本脱去，今補。

其傍則有如來經行之處。次此不遠有窣堵波，是舍利子及没特伽羅子等安居之所。

（三）第一結集

竹林園西南行五六里，南山之陰，大竹林中有大石室，是尊者摩訶迦葉波〔一〕在〔二〕此與九百九十九〔三〕大阿羅漢，以〔四〕如來涅槃後，結集三藏。前有故基，未生怨王爲集法藏諸大〔五〕羅漢建此堂宇。

校勘

〔一〕原本無「波」字，石本、中本、宋本、資福本、磧砂本、明南本、徑山本並有之，慈恩傳、方志、珠林三十九亦同，今據補。

〔二〕石本、中本、宋本、資福本、磧砂本、明南本在作「於」，徑山本作「于」。

〔三〕原本無「九」字，石本、中本、宋本、資福本、磧砂本、明南本、徑山本及慈恩傳並有之。智度論亦作九百九十九人。此脱去，今從補。

〔四〕原本無「以」字，今從石本、中本、宋本、磧砂本、明南本、徑山本補。

〔五〕中本大下有「阿」字。

初，大迦葉宴坐山林，忽燭〔一〕光明，又覩地震，曰：「是何祥變，若此之異？」以天眼觀，見佛世尊於雙樹〔二〕林間入般涅槃。尋命徒屬趣拘尸城。路逢梵志，手執天花，迦葉問曰〔三〕：「汝從何來？知我大師今在何處？」梵志對曰：「我適從彼拘尸城來，見汝大師已入涅槃。天人大衆咸興供養，我所持花，自彼得也。」迦葉聞已，謂其徒曰：「慧日淪照，世界闇〔四〕冥，善導〔五〕遐棄，衆生顛〔六〕墜！」懈怠比丘〔七〕更相〔八〕賀曰：「如來寂滅，我曹安樂。若有所犯，誰能訶制？」迦葉聞已，深更感傷，思集法藏，據教治犯。遂至雙樹，觀佛〔九〕禮敬。既而法王去世，人天無導，諸大羅漢亦取滅度。時大迦葉作是思惟：「承順佛教，宜集法藏。」於是登蘇迷盧山，擊大揵椎〔一〇〕，唱如是言：「今王舍城將有法事，諸證果人宜時速集！」揵椎聲中，傳迦葉教，遍至三千大千世界，得神通者聞皆集會。是時迦葉告諸衆曰：「如來寂滅，世界空虛，當集法藏，用報佛恩。今將集法，務從簡靜，豈恃〔一一〕群居，不成勝業？其有具三明、得六〔一二〕通、聞持不謬、辯才無礙，如斯上人，可應結集。自餘果〔一三〕學，各歸其居。」於是得九百九十九〔一四〕人。除阿難在學地，大迦葉召而謂曰：「汝未盡漏，宜出聖衆。」曰：「隨侍如來，多歷年所，每有法議，曾未棄遺。今將結集，而見擯斥？法王寂滅，失所依怙！」迦葉告曰：「勿懷憂惱，汝親侍佛，誠復多聞，然愛惑未盡，習結未斷。」阿難辭屈而出，至空寂處，欲取無學，勤求不證，既已疲怠，便欲假寐，未及伏枕，遂證羅漢。往結集所，叩門白至。迦葉問曰：「汝結盡耶？宜運神通，非門而入。」阿難承命，從鑰隙入，禮僧已畢，退而復坐。是時安居初十五日也。於是迦葉揚言曰：「念哉諦聽！阿難聞持，如來稱讚，集素呾纜舊曰修多羅，訛也〔一五〕。藏。憂波〔一六〕釐持律明究，衆所知識，集毗奈耶舊曰毗那耶，訛也。藏。我迦葉波集阿毗達磨藏。」雨〔一七〕三月盡，集三藏訖，以大迦葉僧中上座，因而謂之上座部焉。

校勘

〔一〕徑山本燭作「放」。

〔二〕石本、中本、宋本、資福本、磧砂本、明南本、徑山本並無「樹」字。

〔三〕中本曰作「云」。

〔四〕石本、宋本、資福本、磧砂本、明南本、徑山本闇作「暗」，同。

〔五〕中本導作「道」，通用。

〔六〕中本顛下有「倒」字。按此四字句，倒墜二字當衍一字。

〔七〕資福本、磧砂本、明南本、徑山本比丘二字作「苾芻」。

〔八〕金陵本相作「有」，非。

〔九〕原本佛作「化」，石本、中本、宋本、資福本、磧砂本、明南本、徑山本並作「佛」。按唐人寫經佛常作「仏」，與化字相近，因以致訛，今從改。

〔一〇〕原本椎作「稚」。石本、宋本、資福本、磧砂本、明南本、徑山本揵稚並作「犍槌」。按槌與椎同，稚乃椎之形訛，今改，下同。揵、犍通用。中本稚作「推」，亦椎之訛。說亦見前。

〔一一〕石本、宋本、資福本、明南本恃作「特」；中本作「持」；磧砂本、徑山本作「侍」。侍疑恃之訛。

〔一二〕石本、宋本、資福本、磧砂本、明南本、徑山本六下並有「神」字。

〔一三〕古本果作「異」，非。果學謂證果人。

〔一四〕原本無「九」字，今據諸本補，說見上。

〔一五〕中本無「也」字。

〔一六〕中本波作「婆」。

〔一七〕原本雨作「兩」，古本、資福本、明南本作「雨」，中本作「雨夏」二字，尤明兩爲雨之形訛，今據改。

大迦葉波結集西北，有窣堵波，是阿難受僧訶責，不預結集，至此宴坐，證羅漢果，證果之後，方乃預焉。

阿難證果西行二十餘里，有窣堵波，無憂王之所建也，大衆部結集之處。諸學無學數百千人，不預大迦葉結集之衆，而來至〔一〕此，更相謂曰：「如來在世，同一師學，法王寂滅，簡異我曹。欲報佛恩，當集法藏。」於是凡聖咸會，賢〔二〕智畢萃，復集素呾纜藏、毗奈耶藏、阿毗達磨藏、雜集藏、禁呪藏，別爲五藏。而此結集，凡聖同會，因而謂之大衆部。

校勘

〔一〕舊麗本無「至」字。

〔二〕石本、中本、宋本、資福本、磧砂本、明南本、徑山本賢並作「愚」。

（四）迦蘭陁池及石柱

竹林精舍北，行二百餘步，至迦蘭陁池，如來在昔〔一〕多此説法。水既清澄，具八功德，佛涅槃後，枯涸無餘。

校勘

〔一〕石本、中本、宋本、資福本、磧砂本、明南本、徑山本昔並作「世」。

迦蘭陁池西北，行二三里，有窣堵波，無憂王所建也，高六十餘尺。傍有石柱，刻記立窣堵波事，高五十餘尺，上作象形〔一〕。

校勘

〔一〕中本形下有「也」字。

二十六、王舍城

石柱東北不遠，至曷羅闍姞利〔一〕呬城。唐言王舍〔二〕。外郭已壞，無復遺堵。内城雖毁，基址猶峻，周二十餘里，面有一門。

校勘

〔一〕古本利作「梨」。

〔二〕珠林三十九作「唐言新王舍城」。方志註云：「即新王舍城，本寒林地，闍王移都所築，當茅城東北四里。」

初，頻毗娑〔一〕羅王都在上茆〔二〕宮城也，編户之家頻遭火害〔三〕。一家縱逸，四隣罹災。防火不暇，資産廢業〔四〕，衆庶嗟怨，不安其居。王曰：「我以不〔五〕德，下民罹患。修何德〔六〕可以禳之？」群臣〔七〕曰：「大王德化邕穆，政教明察，今兹細〔八〕民不謹，致此火災。宜制嚴科，以清後犯。若有火起，窮究先發，罰其首惡，遷之寒林。寒林者，棄屍之所，俗謂不祥之地，人絶遊往之迹。令〔九〕遷於彼，同夫棄屍，既耻陋居，當自謹護。」王曰：「善，宜遍宣告居人〔一〇〕。」頃之，王宫中先自失火，謂諸〔一一〕臣曰：「我其遷矣。」乃命太子監攝留事，欲清國憲，故遷居焉。時吠舍釐王聞頻毗娑羅王野處寒林，整集戎旅，欲襲不虞。邊候以聞，乃建城邑，以王先舍於此，故稱王舍城也。官屬士庶，咸徙〔一二〕家焉。或云至未生怨王乃築此城。未生怨太子既嗣王位，因遂都之。逮無憂王遷都波吒釐城，以王舍城施婆羅門。故今城中無復凡民，唯婆羅門減千家耳〔一三〕。

校勘

〔一〕古本娑作「婆」，誤，說見前。

〔二〕原本無「茆」字，今據石本、宋本、資福本、磧砂本、明南本、徑山本補。古本、中本作「茅」字，同。音釋亦作「上茆」，云：「（茆）與茅同。」

〔三〕中本遭火害三字作「遇火災」。

〔四〕舊麗本無「不暇資産廢業衆庶嗟怨」十字。

〔五〕石本、異本、宋本、資福本、磧砂本、明南本、徑山本不並作「無」。

〔六〕石本、宋本、資福本、磧砂本、明南本、徑山本德上有「福」字。中本德下有「業」字。

〔七〕古本臣下有「𧩣」字。廣韻戈韻有𧩣字云：「侒也。」

〔八〕石本、宋本、資福本細作「編」。中本作「佃」，疑細之形訛。

〔九〕原本令作「今」，今據石本、宋本、資福本、磧砂本、明南本、徑山本改。

〔一〇〕原本無「人」字，今據石本、宋本、資福本、磧砂本、明南本、徑山本補。

〔一一〕中本無「諸」字。

〔一二〕一本徙作「從」。

〔一三〕減千家耳，慈恩傳作「千餘家耳」。

宮城西南隅有二小伽藍，諸國客僧往來此止，是佛昔日說法之所。次此西北，有窣堵波，殊〔一〕底色迦〔二〕唐言星曆。舊曰樹提伽〔三〕，訛也。長者本生故里。

校勘

〔一〕原本殊作「珠」，今從石本、中本、宋本、資福本、磧砂本、明南本、徑山本改。慈恩傳、方志亦作「殊」。
〔二〕石本、宋本、資福本、磧砂本、明南本、徑山本迦並作「加」。
〔三〕古本伽作「迦」。

城南門外，道左有窣堵波，如來於此説法及度羅怙羅。

二十七、那爛陁僧伽藍

從此北行三十餘里，至那爛陁唐言施無厭〔一〕。僧伽藍。聞之耆舊曰：此伽藍南菴没羅林中有池，其龍名那爛陁，傍建伽藍，因取爲稱。從其實議〔二〕，是如來在昔修菩薩行，爲大國王，建都此地，悲愍衆生，好樂周給，時〔三〕美其德，號施無厭。由是伽藍因以爲稱。其地本菴没羅〔四〕園，五百商人以十億金錢買以施佛。佛於此處三月説法，諸商人等亦證聖果。佛涅槃後未久，此國先王鑠迦羅阿迭〔五〕多唐言帝日。敬重一乘，遵崇三寶，式占福地，建此伽藍。初興功也，穿傷龍身。時有善占尼乾外道見而記曰：「斯勝地也，建立伽藍，當必昌盛，爲五印度之軌則，逾千載而彌隆。後進學人，易以成業，然多歐血，傷龍故也。」其子佛陀毱多王唐言覺護〔六〕。繼體承統，聿遵勝業，次此之南又建伽藍。呾〔七〕他揭多毱多〔八〕王唐言如來。篤修前緒，次此之東又建伽藍。婆羅阿迭多唐言幼〔九〕日。王之嗣位也，次此東北又建伽藍。功成事畢，福會稱慶，輸誠幽顯，延請凡聖。其會也，五印度僧萬里雲集。衆坐已定，二僧後至，引上第三重閣。或有問曰：「王將設會，先請凡聖，大德何方，最後而至？」曰：「我至那國也。和上嬰疹〔一〇〕，飯已方行，受王遠請，故來赴會。」問〔一一〕者驚駭，遽以白王。王心知聖也，躬往問焉。遲上重閣，莫知所去。王更深信，捨國出家。出家〔一二〕既已，位居僧末，心常怏怏〔一三〕，懷不自安：「我昔爲王，尊居最上，今者出家，卑在衆末！」尋往白僧，自述情事。於是衆僧和合，令未受戒者以年齒爲次。故此伽藍獨有斯制。其王之子伐〔一四〕闍羅唐言金剛。嗣位之後，信心貞固，復於此西〔一五〕建立伽藍。其後中印度王〔一六〕此北復建大伽藍。於是周垣峻峙，同爲一門。既歷代君王繼世興建，窮諸剞劂，誠壯觀也。帝日〔一七〕王大〔一八〕伽藍者，今置佛像，衆中日差四十僧就此而食，以報施主之恩。

校勘

〔一〕中本厭下有「也」字。

〔二〕古本、中本、磧砂本、明南本、徑山本、金陵本議作「義」。

〔三〕石本、宋本、資福本、磧砂本、明南本、徑山本並無「時」字。

〔四〕慈恩傳羅下有「長者」二字。

〔五〕原本迭作「逸」，金陵本、慈恩傳及方志逸作「迭」。按梵文爲Śakrāditya，則「迭」字爲諧。「阿迭多」義爲日，與「帝日」之號合，今據改。

〔六〕慈恩傳護作「密」。方志作「護」，同此本。

〔七〕原本呾作「咀」，磧砂本、明南本、徑山本、金陵本及方志並作「呾」，慈恩傳作「怛」，與呾同音。按之梵文（見下），亦當作呾，今從改。

〔八〕慈恩傳、方志無「毱多」二字。按梵文爲Tathāgatagupta，全文當有「毱多」二字。

〔九〕石本、中本、宋本、資福本、磧砂本、明南本、徑山本幼並作「幻」，方志同。慈恩傳作「幼」，同此本。説見前。

〔一〇〕中本疹作「疾」。

〔一一〕石本、宋本、資福本、磧砂本、明南本、徑山本問並作「聞」。

〔一二〕中本「出家」二字不重。

〔一三〕中本怏怏作「快快」，當是形訛。慧琳音義作「怏」，音「央尚反」。

〔一四〕原本伐作「代」，石本、中本、宋本、資福本、磧砂本、明南本、徑山本及慈恩傳、方志並作「伐」。按梵文爲Vajra，作「伐」是也。今據改。

〔一五〕古本、中本及慈恩傳、方志西作「北」。

〔一六〕石本、宋本、資福本、磧砂本、明南本王下有「於」字；徑山本有「于」字。

〔一七〕明南本、徑山本日作「曰」，非。

〔一八〕原本王大二字作「本大」，舊麗本本上有「王」字，石本、中本、宋本、資福本、磧砂本、明南本、徑山本本大作「王本」。今從各本補王字。「本大」二字當爲一字，本疑大之衍文。

僧徒數千，並俊才高學也。德重當時，聲馳異域者，數百餘矣〔一〕。戒行清白，律儀淳粹。僧有嚴制，衆咸貞素，印度諸國皆仰則焉。請益談玄，渴日不足，夙夜警誡，少長相成。其有不談三藏幽旨者，則形影自愧矣。故異域學人，欲馳聲問〔二〕，咸來稽疑，方流雅譽。是以竊名而遊，咸得禮重。殊方異域欲入談議，門〔三〕者詰難，多屈而還，學深今古，乃得入焉。於是客遊後進，詳論藝能，其退飛〔四〕者，固十七八矣。二三博物，衆中次詰，莫不挫其鋭，頹其名。若其高才博物，强識多能，明德哲人，聯暉繼軌。至如護法、護月，振芳塵於遺教；德慧、堅慧〔五〕，流雅譽於當時。光友〔六〕之清論，勝友之高談，智月則風鑒明敏，戒賢乃至德幽邃。若此上人，衆所知識，德隆先達，學貫舊章，述作論釋，各十數部，並盛流通，見珍當世。

校勘

〔一〕徑山本矣作「人」。

〔二〕中本、異本問作「聞」。

〔三〕中本門作「問」。按方志此作「守門者詰問」。則「門」字是也。
〔四〕徑山本、金陵本飛作「走」。按方志作「退飛」，同此本。退飛亦見卷二健馱邏國如意論師條。走字非。
〔五〕方志堅慧作「德堅」。按德慧、堅慧亦見卷十一伐臘毗國條。
〔六〕方志光友作「光支」。

伽藍四周，聖迹百數，舉其二三，可略言矣〔一〕。

校勘

〔一〕中本矣作「乎」。

（一）伽藍附近諸迹

伽藍西不遠有精舍，在昔如來三月止此，爲諸天、人廣説妙法。次〔一〕南百餘步小窣堵波，遠方比丘〔二〕見佛處。昔有比丘自遠方來，至此遇見如來聖衆，内發敬心，五體投地。便〔三〕即發願求輪王位。如來見已，告諸衆曰：「彼比丘者，甚可愍惜。福德深遠，信心堅固，若求佛果，不久當證。今其發願，求轉輪王，於當來世，必受此報。身體投地，下至金輪，其中所有微塵之數，一一塵是一輪王報也。既耽世樂，聖果斯遠。」其南則有觀自在菩薩立像，或見執香爐〔四〕往佛精舍，周旋右繞。

校勘

〔一〕原本無「次」字，今據石本、宋本、資福本、磧砂本、明南本、徑山本補。中本亦有「次」字，但脱「法」字。

〔二〕資福本、磧砂本、明南本、徑山本比丘二字作「苾芻」，下同。

〔三〕石本、中本、宋本、資福本、磧砂本、明南本、徑山本並無「便」字。

〔四〕石本、中本、宋本、資福本、磧砂本、明南本、徑山本爐並作「鑪」，同。

觀自在菩薩像南窣堵波中，有如來三月之間剃剪髮爪，有嬰疾病，旋繞多愈。其西垣外池側窣堵波，是外道執雀於此問佛死生之事。次東南垣内五十餘步，有奇樹，高八九尺，其幹兩披〔一〕。在昔如來嚼楊枝棄地，因植根柢，歲月雖久，初無增減。次東大精舍，高二百餘尺，如來在昔於此四月説諸妙法。次北百餘步，精舍中有觀自在菩薩像，浄信之徒興供養者，所見不同，莫定其所。或立門側，或出簷〔二〕前。諸國法俗，咸來供養。

校勘

〔一〕石本、宋本披作「技」；資福本、磧砂本、明南本、徑山本作「枝」。方志作「披」，同此本。

〔二〕中本簷作「擔」，乃檐之誤。簷、檐同字。

觀自在菩薩精舍北有大精舍，高三百餘尺，婆羅阿迭〔一〕多王之所建也。莊嚴度量及中佛像，同菩提樹下大精舍。其東北窣堵波，在昔如來於此七日演説妙法。西北則〔二〕有過去四佛坐處。其南鍮石〔三〕精舍，戒日王之所建立，功雖未畢，然其圖量一十丈〔四〕而後成之。次東二百餘步，垣外有銅立佛像，高八十餘尺，重閣六層，乃得彌覆，昔滿胄〔五〕王之所作也。

校勘

〔一〕石本、異本、宋本、資福本迭作「逸」，非。按上文作「迭」。

〔二〕中本則作「側」。方志作「即」，即猶則也。

〔三〕石本、宋本、資福本、磧砂本、明南本、徑山本及慈恩傳、音釋石並作「鉐」。方志、續傳作「石」，同此本。

〔四〕原本一十丈三字作「十丈」二字。資福本、磧砂本、徑山本作「一十丈」。明南本作「一十文」，文乃丈之形訛。今據補「一」字。石本、宋本作「一十尺」，尺應作「丈」。慈恩傳作「十餘丈」，語亦相近。古本作「八十尺」，方志同。續傳則作「八丈」。

〔五〕古本胄作「𦛦」，不同；中本、方志作「曹」。慈恩傳作「胄」，同此本。滿胄王見前。𦛦、曹，形似而誤。

滿胄王銅佛像北二三里，甎精舍中有多羅菩薩像，其量既高，其靈甚察。每歲元日，盛興供養。鄰境國王、大臣、豪族，賫妙香花，持寶旛蓋，金石遞奏，絲竹相和，七日之中，建斯法會。其垣南門内有大井，昔佛在〔一〕世，有大商侶熱渴逼迫，來至佛所，世尊指其地以〔一〕可得水。商主乃以車軸〔三〕築地，地既爲陷，水遂泉涌。飲已聞法，皆悟聖果。

校勘

〔一〕原本佛在二字作「在佛」，今從石本、宋本、資福本、磧砂本、明南本、徑山本改。

〔二〕徑山本以作「言」。

〔三〕古本軸作「輪」。按方志作「軸」，同今本。

二十八、拘理迦邑及目連故里

伽藍西南行八九里，至拘理迦邑，中有窣堵波，無憂王之所建也，是尊者没特伽羅子本生故里。傍有窣堵波，尊者於此入無餘涅槃，其中則有遺身舍利。尊者大婆羅門種，與舍利子少爲親友。舍利子以才明見貴，尊者以精鑒延譽，才智相比，動止必俱，結要終始，契同去就。相與厭俗，共求捨〔一〕家，遂師珊闍〔二〕耶焉。舍利子遇馬勝阿羅漢，聞法悟聖，還爲尊者重述，聞而悟法，遂證初果。與其徒二百五十人俱到佛所，世尊遥見，指告衆曰：「彼來者，我弟子中神足第一。」既至佛所，請入法中。世尊告曰：「善來，比丘〔三〕！浄修梵行，得離苦際。」聞是語時，鬚髮〔四〕落，俗裳變，戒品〔五〕浄，威儀調順。經七日，結漏盡，證羅漢果，得神通力。

校勘

〔一〕中本捨作「出」。

〔二〕中本闍作「閣」。按下文舍利子故里一節中作「闍」。梵文作Sañjaya，「闍」字爲是。音釋亦作「闍」，音蛇。

〔三〕資福本、磧砂本、明南本、徑山本比丘二字作「苾芻」。

〔四〕古本、中本髮下有「墮」字。

〔五〕石本、中本、宋本、資福本、磧砂本、明南本、徑山本品下並有「清」字。

二十九、頻毗娑羅王迎佛遺迹

没特伽羅子故里東行三四里，有窣堵波，頻毗娑羅王迎見佛處。如來初證佛果，知摩揭陁國人心渴仰，受頻毗娑羅王請，於晨朝時着衣持鉢，與千比丘〔一〕左右圍繞，皆是耆舊螺髻梵志，慕法染衣，前後羽〔二〕從，入王舍城。時帝釋天王變〔三〕爲摩那婆，首冠螺髻，左手執金瓶，右手持寶杖，足蹈空虛〔四〕，離地四指，在大衆中前導佛路。時摩揭陁國頻毗〔五〕娑羅王與其國内諸婆羅門、長者、居士百千萬衆，前後導從，出王舍城奉迎聖衆。

校勘

〔一〕資福本、磧砂本、明南本、徑山本比丘二字作「苾芻」。

〔二〕石本、宋本、資福本、磧砂本、明南本、徑山本羽並作「翼」。中本作「明」，疑羽之訛。

〔三〕石本、中本、宋本、資福本、磧砂本、明南本、徑山本變下並有「身」字。
〔四〕中本蹈空虛三字作「踊虛空」。
〔五〕中本毗作「婆」。

三十、迦羅臂拏迦邑及舍利子故里

頻毗娑羅王迎佛東南，行二十餘里，至迦羅臂拏迦邑，中有窣堵波，無憂王之所建也，是尊者舍利子本生〔一〕故里，井今尚在。傍有窣堵波，尊者於此寂滅，其中則有遺身舍利。

校勘

〔一〕中本生下有「城」字。

尊者大婆羅門種，其父高才博識，深鑒精微，凡諸〔一〕典籍，莫不究習。其妻感夢，具告夫曰：「吾昨宵〔二〕寐，夢感異人，身被鎧甲，手執金剛，摧破諸山，退立一山之下。」夫曰：「夢甚善。汝當生男，達學貫世，摧諸論師，破其宗致，唯不如一人，爲作弟子。」果而有娠，母忽聰明，高論劇談，言無屈滯。尊者年始八歲，名擅四方，其性淳質，其心慈悲，朽〔三〕壞結縛，成就智慧。與没特伽羅子少而相友，深厭塵俗，未有所歸。於是與没特伽羅子於珊闍耶外道所〔四〕而修習焉。乃相謂曰：「斯非究竟之理，未能窮苦際也。各求明導，先嘗甘露，必同其味。」時大阿羅漢馬勝執持應器，入城乞食。舍利子見其威儀閑雅，即而問曰：「汝師是誰？」曰：「釋種太子厭世出家，成等正覺，是我師也。」舍利子曰：「所説何法，可得聞乎？」曰：「我初受教，未達深義。」舍利子曰：「願説所聞！」馬勝乃隨宜演説，舍利子〔五〕聞已，即證初果，遂與其徒二百五十人往詣佛所。世尊遥見，指告衆曰：「我弟子中智慧第一。」至已頂禮，願從佛法。世尊告曰：「善來，比丘〔六〕！」聞是語時，戒品具足。過半月後，聞佛爲長爪梵志説法，聞餘論〔七〕而感悟，遂證羅漢之果。其後阿難承佛告寂滅期，展轉相語，各懷悲感。舍利子深增戀仰，不忍見佛入般涅槃，遂請世尊，先入寂滅。世尊告曰：「宜知是時。」告謝門人，至本生里，侍者沙彌遍告城邑。未生怨王〔八〕及其〔九〕國人，莫不風馳，皆悉雲會。舍利子廣爲説法，聞已而去。於後夜分，正意繫心，入滅盡定，從定〔一〇〕起已而寂滅焉。

校勘

〔一〕中本諸作「厭」。

〔二〕原本宵作「霄」。磧砂本、明南本、徑山本作「宵」，今從改。干禄字書列宵霄二字，云：「上夜，下雲霄。俗作霄，非也。」是唐時俗書宵霄不分。

〔三〕原本朽作「柺」，今從資福本、磧砂本、明南本改。徑山本作「歽」，同。一本作「巧」，乃形之訛。

〔四〕原本無「所」字。今從石本、宋本、資福本、磧砂本、明南本、徑山本補。

〔五〕石本、宋本、資福本、磧砂本、明南本、徑山本並無「子」字。

〔六〕資福本、磧砂本、明南本、徑山本比丘二字作「苾芻」。

〔七〕中本論作「語」。

〔八〕中本無「王」字。

〔九〕中本無「其」字。

〔一〇〕徑山本定作「後」。

迦羅臂拏〔一〕迦邑東南四五里，有窣堵波，是尊者舍利子門人入涅槃處。或曰：迦葉波佛在世時，有三拘胝拘胝〔二〕者，唐言億。大阿羅漢同於此地無餘寂滅。

校勘

〔一〕原本拏作「挐」，今從石本、中本、宋本、資福本、磧砂本、明南本、徑山本改。上文亦作「拏」，此不應參差。

〔二〕石本、宋本、資福本胝作「矩」。按正文作「胝」，注不當異，矩字誤。卷十伊爛拏鉢伐多國「二百億比丘」條亦作「拘胝」，可證。

三十一、帝釋窟

舍利子門人窣堵波東行三十餘里，至因陁羅勢羅窶〔一〕訶山。唐言帝釋窟〔二〕。其山巖谷杳冥，花林蓊鬱。嶺有兩峯〔三〕，岌然特起。西峯〔四〕南巖間，有大石室，廣而不高，昔如來嘗〔五〕於中止，時〔六〕天帝釋以四十二疑事畫〔七〕石請問，佛爲演釋，其迹猶在〔八〕。今作此像，擬昔聖儀，入中禮敬者，莫不肅然敬〔九〕懼。山巖〔一〇〕上有過去四佛坐及經行遺迹之所。東峯上有伽藍，聞諸土〔一一〕俗曰：其中僧衆，或於夜分，望見西峰石室佛像前，每有燈炬，常爲照燭。

校勘

〔一〕資福本、磧砂本、明南本、徑山本寠作「窶」，同，下同。石本作「窣」，非。

〔二〕石本、中本、宋本、資福本、磧砂本、明南本、徑山本窟下並有「也」字。

〔三〕中本兩峯二字作「雨岑」。雨當是兩之誤。

〔四〕中本峯作「岑」。

〔五〕石本、宋本、資福本嘗作「常」，通用。

〔六〕原本時下重「時」字，今從石本、宋本、資福本、磧砂本、明南本、徑山本删。

〔七〕古本、中本及翻譯集引畫作「書」。石本作「盡」，誤。

〔八〕中本在作「存」。

〔九〕原本敬作「驚」，今從石本、中本、宋本、資福本、磧砂本、明南本、徑山本改。

〔一〇〕石本、中本、宋本、資福本、磧砂本、明南本、徑山本巖作「嶺」。方志亦作「嶺」。

〔一一〕磧砂本、明南本、徑山本土作「士」，非。

（一）雁窣堵波

因陁羅勢羅窶訶山東峰伽藍前有窣堵波，謂亘〔一〕許贈反。娑〔二〕。唐言雁。昔此伽藍，習翫小乘。小乘漸教也，故開〔三〕三淨之食。而此伽藍遵而不墜。其後三淨，求不時獲。有比丘〔四〕經行，忽見羣雁飛翔，戲言曰：「今日衆僧中食不充，摩訶薩埵宜知是時。」言聲未絶〔五〕，一雁退飛，當其僧前，投身自殞〔六〕。比丘見已，具白衆僧，聞者悲感，咸相謂曰：「如來設法，導誘隨機，我等守愚，遵行漸教。大乘者，正理也，宜改先執，務從聖旨。此雁垂誡，誠爲〔七〕明導，宜旌厚德，傳記終古。」於是建窣堵波，式昭遺烈，以彼死雁，瘞其下焉。

校勘

〔一〕慈恩傳亘作「僧」。

〔二〕音釋娑作「婆」。翻譯集云：「僧娑，或亘娑。」徑山本此下校注云：「闕，疑，未補伽藍。」按上文已言伽藍，此獨謂塔名，不必再綴伽藍字。慈恩傳亦同此。徑山本說非。

〔三〕中本開作「聞」。

〔四〕資福本、磧砂本、明南本、徑山本比丘二字作「苾芻」，下同。慈恩傳作「檢校人」。

〔五〕一本絶作「終」。

〔六〕古本、中本殰作「殪」，慧琳音義、音釋及翻譯集亦同，音「翳計反」與「於計反」。
〔七〕古本、資福本、磧砂本、明南本、徑山本誠爲二字作「爲誠」，翻譯集引亦同。

（二）鴿伽藍

因陁羅勢羅窶訶山東北，行百五六十里，至迦布德迦唐言鴿。伽藍。僧徒二百餘人，學説一切有部。伽藍東有窣堵波，無憂王之所建也。昔佛於此，爲諸大衆一宿説法〔一〕。時有羅者，於此林中網捕羽族，經〔二〕日不獲，遂作是言：「我惟薄福，恒爲弊事。」來至佛所，揚言唱曰：「今日如來於此説法，令我網捕都無所得，妻孥飢餓，其計安出〔三〕？」如來告曰：「汝應藴〔四〕火，當與汝食。」如來是時化作大鴿，投火而死。羅者持歸，妻孥共食。其後重往佛所，如來方便攝化，羅者聞法，悔過自新〔五〕，捨家修學，便證聖果，因名所建爲鴿伽藍〔六〕。

校勘

〔一〕石本、中本、宋本、資福本、磧砂本、明南本、徑山本法下並有「佛説法」三字。
〔二〕原本經作「一」，石本、中本、宋本、資福本、磧砂本、徑山本及翻譯集引並作「經」，今據改。
〔三〕古本出作「在」，翻譯集同。
〔四〕石本、宋本、資福本、磧砂本、明南本、徑山本藴作「緼」；翻譯集作「熅」，並音近通用。

〔五〕石本、宋本、資福本、明南本新作「斯」。「悔過」下斷句，「自斯」二字屬下讀，亦通。

〔六〕明南本此下有「舍利五色而葬其下」八字。徑山本亦有此八字，爲小注。

三十二、孤山觀自在像

迦布德迦〔一〕伽藍南二三里至孤山，其山〔二〕崇峻，樹〔三〕林鬱茂，名花清流，被崖〔四〕緣〔五〕壑。上多精舍靈廟，頗極剞劂〔六〕之工。正中精舍有〔七〕觀自在菩薩像，軀量雖小，威神感〔八〕肅，手執蓮華，頂戴佛像。常有數人〔九〕，斷食要心，求見菩薩。七日，二七日，乃至一月，其有感者，見觀自在菩薩妙相莊嚴，威光赫奕，從像中出，慰喻其人。昔南海僧伽羅國王清旦以鏡照面，不見其身，乃覩贍部洲摩揭陁國多羅林中小山上有此菩薩像。王深感慶，圖以營求。既至此山，寔唯肖似，因建〔一〇〕精舍，興諸供養。自〔一一〕後諸王，尚想遺風，遂於其側建立精舍靈廟，香花伎樂，供養不絕。

校勘

〔一〕慈恩傳德作「路」。石本、宋本、資福本、磧砂本、明南本、徑山本及方志並無下「迦」字。按上文與此全同。翻譯集亦云：「迦布德迦，或迦逋，唐言鴿。」則路字不合；下「迦」字則可省，梵文kapotaka 亦作kapcta 。

〔二〕古本、中本其山二字作「山甚」。

〔三〕舊麗本樹作「嶮」，非。

〔四〕中本崖作「岸」，形之訛。

〔五〕舊麗本、石本、中本、宋本、資福本、磧砂本、明南本、徑山本緣並作「注」。

〔六〕徑山本剛作「剮」，同。

〔七〕慈恩傳有下有「刻檀」二字。

〔八〕舊麗本及感應録引感作「盛」。

〔九〕慈恩傳數人作「數十人」。

〔一〇〕感應録引建下有「立」字。

〔一一〕感應録自作「其」。

三十三、其他佛説法遺迹

孤山觀自在菩薩像東南行四十餘里，至一伽藍，僧徒五十餘人，並學小乘法教。伽藍前有大窣堵波，多有靈異，佛昔於此爲梵天王等七日説法。其側則有過去三佛坐〔一〕及經行遺迹之所。

校勘

〔一〕三佛坐，方志作「四佛行坐跡」。

伽藍東北行七十餘里，殑伽河南，至大聚落，人民殷盛，有數天祠，並窮彫飾。東南不遠有大窣堵波，佛昔於此一宿説法。

從此東入山林中，行百餘里，至落〔一〕般〔二〕腻羅聚落，伽〔三〕藍前有大窣堵波，無憂王之所建〔四〕，佛昔於此三月説法。此北二三里有大池，周三十餘里，四色蓮花四時開發。

從此東入大山林中，行二百餘里，至伊爛拏鉢伐多國。中印度境。

校勘

〔一〕石本、宋本、資福本、磧砂本、明南本、徑山本落作「洛」。中本作「治」，洛之形訛。

〔二〕徑山本般作「殷」，形近而訛。

〔三〕古本、中本伽上有「其」字。

〔四〕古本建下有「也」字。

大唐西域記卷第十

三藏法師玄奘奉詔譯
大總持寺沙門辯機撰

十七國

伊爛拏鉢伐多國　瞻波國

羯朱嗢〔一〕祇〔二〕羅國　奔那伐彈〔三〕那國

迦摩縷波國　三摩呾〔四〕吒國

耽摩栗底國　羯羅拏蘇伐剌〔五〕那國

烏茶〔六〕國　恭御陁國

羯餕力甑反伽國　憍薩羅國

案〔七〕達羅國　馱那羯磔迦國

珠〔八〕利耶國　達羅毗茶〔九〕國

秣羅矩吒國

校勘

〔一〕舊麗本、中本嗢作「唱」，形之訛。音釋嗢字音「烏没反」。

〔二〕新麗本原書祇作「祗」，京大本從石本、宋本改。

〔三〕明北本、徑山本彈作「潬」，但本文又並作「彈」。

〔四〕原本呾作「咀」，舊麗本、宋本、資福本、明南本、明北本、徑山本並作「呾」。按本文亦作「呾」。此國名梵文爲Samatata，呾字音諧，今從改。音釋呾字音「丁割反」。

〔五〕舊麗本剌作「賴」。

〔六〕石本、宋本、資福本、明南本、明北本荼並作「茶」。按初唐時無「茶」字，茶字始見於中唐間，詳見顧炎武唐韻正。此不當作茶。

〔七〕中本案作「安」。

〔八〕古本珠作「秣」，中本作「殊」。按此國名梵文作Colya，「珠」字爲是。他作訛。

〔九〕石本、宋本、資福本、明南本、明北本荼並作「茶」。字當作「荼」，説見上。

伊爛拏鉢伐多國

伊爛拏鉢伐多〔一〕國周三千餘里。國大都城北臨〔二〕殑伽河，周二十餘里。稼穡滋植，花菓具繁。氣序和暢，風俗淳質。伽藍十餘所，僧徒四千餘人，多學小乘正量部〔三〕

法。天祠二十餘所，異道雜居。近有鄰王，廢其國君，以大都城持施衆僧，於此城中建二伽藍，各減千僧，並學小乘教説一切有部〔四〕。

校勘

〔一〕伊爛拏鉢伐多，慈恩傳、續傳作「伊爛拏」。按梵文一説作Irana-parvata，義爲荒山。

〔二〕石本、宋本、資福本、明南本、明北本、徑山本臨並作「路」。按方志作「臨」，同此本。依義臨字爲長。

〔三〕慈恩傳正量部法四字作「一切有部義」，蓋據後來僧學（見下文）而言。

〔四〕徑山本於此段文字下有校語云：「都城下二句誤倒，當正。」蓋謂「國大都城，北臨殑伽河，周二十餘里」三句，當以周二十里句移於「都城」下，而北臨（徑山本誤作路）殑伽河句移於後也。然方志亦如此，於文無窒礙，校語不足憑。

一、伊爛拏山

大城側臨殑伽河，有伊爛拏山，含吐煙霞，蔽虧日月，古今仙聖〔一〕繼踵棲神。今有天祠，尚遵遺則。在昔如來亦嘗居此，爲諸天人廣説妙法。

校勘

〔一〕方志仙聖作「古來五通仙」。

大城南有窣堵波，如來於此三月說法，其傍則有過去三佛坐及經行遺迹之所。

二、二百億比丘故事

三佛經行西不遠，有窣堵波，是室縷多頻設底拘胝唐言聞二百億。舊譯曰億耳〔一〕，謬也。苾芻生處。

校勘

〔一〕翻譯集宗釋論主篇引此文同；又引西域記云：「富一億財一洛叉，便耳著珠璫，人知富也。」今記無此文。

昔此城有長者，豪貴巨富，晚有繼嗣，時有報者，輒賜金錢二百億，因名其子聞二百億。洎乎成立，未曾履地，故其足蹠毛長尺餘，光潤細軟，色若黃金。珍愛此兒，備諸玩好，自其居家以至雪山，亭傳連隅，僮僕交路，凡須妙〔二〕藥，遞相〔三〕告語，轉而以授，曾不踰時〔三〕。其豪富如此。世尊知其善根將發也〔四〕，命没特伽羅子而往化焉。既至門下，莫由自通。長者家祠日天，每晨朝時，東向以〔五〕拜。是時尊者以神通力，從日輪中降立於前。長者子疑日天也，因施香飯而歸，其飯香氣遍王舍城。時頻毗娑羅王駭其異馥，命使歷問，乃竹林精舍没特伽羅子自長者家持來。因知長者子有此奇異〔六〕，乃使召焉。長者承命，思何安步？泛舟鼓棹，有風波之危；乘車馭象，懼蹶躓〔七〕之患。於是自其居家至王舍城，鑿渠通漕，流滿芥子，御舟安止，長絙〔八〕以引。至王舍城，先禮世尊。世尊告曰：「頻毗娑羅王命使召汝，無過欲見足下毛耳。王欲觀者，宜結跏〔九〕坐。伸〔一〇〕脚向王，國法當死。」長者子受〔一一〕誨而往，引入廷謁。王欲視毛，乃跏〔一二〕趺坐。王善其有禮，特深珍愛〔一三〕。亦既得〔一四〕歸，還至佛所，如來是時説法誨喻，聞而感悟，遂即出家。於是精勤〔一五〕修習，思求果證，經行不捨〔一六〕，足遂流血。世尊告曰：「汝善男子，在家之時，知鼓琴耶？」曰：「知。」「若然者，以此爲喻。絃急則聲不合韻，絃緩則調不和雅。非急非緩，其聲乃和。夫修行者亦然。急則身疲心怠，緩則情舒志逸。」承佛指教，奉以周旋，如是不久，便獲果證。

校勘

〔一〕徑山本妙作「好」。

〔二〕舊麗本無「相」字。

〔三〕徑山本轉而以授曾不踰時八字作「轉相授不得踰時」。

〔四〕徑山本、金陵本也作「因」，屬下讀。

〔五〕徑山本以作「而」。

〔六〕徑山本異作「瑞」。

〔七〕石本、中本、宋本、資福本、明南本、明北本、徑山本及音釋蹶蹎二字作「蹎蹶」。隨函録作「蹶蹎」。

〔八〕石本、宋本、資福本、明南本、明北本、徑山本絙並作「絚」； 音釋作「絙」，同此本。按絙、絚同字，或書作緪、縆。

〔九〕石本、中本、宋本、資福本、明南本、明北本、徑山本跏並作「加」，同。

〔一〇〕古本伸作「申」，通用。

〔一一〕石本、宋本、資福本、明南本、明北本、徑山本受下有「佛」字。

〔一二〕石本、宋本、資福本、明南本、明北本、徑山本跏並作「加」。

〔一三〕古本珍愛二字作「愛珍」。

〔一四〕徑山本亦既得三字「既而辭」。

〔一五〕古本勤作「懃」，同。

〔一六〕古本捨作「舍」，通用。

三、小孤山佛遺迹

國西界殑伽河〔一〕南，至小孤山〔二〕，重巘嶜崟〔三〕，昔佛於此三月安居，降薄句羅藥叉。山東南巖下大石，上有佛坐跡，入石寸餘，長五尺二寸，廣二尺一寸。其上則建窣堵波焉。

次南石上則有佛置捃稚〔四〕迦即澡瓶〔五〕也，舊曰軍持，訛略也。跡，深寸餘，作八〔六〕出花文〔七〕。佛坐跡東南不遠，有薄句羅藥叉脚跡，長尺五六寸，廣七八寸，深減二寸。藥叉跡後有石佛坐像，高六七尺。次西不遠，有佛經行之處。其山頂上有藥叉故室。次北有佛足跡，長尺有八寸，廣餘〔八〕六寸，深可半寸。其跡上有窣堵波。如來昔日降伏藥叉，令不殺人食肉，敬受佛戒，後得生天。

校勘

〔一〕原本無「河」字，今從資福本、明南本、明北本、徑山本補。

〔二〕方志孤山下有「長一里餘」。

〔三〕音釋、隨函録崟作「岑」，同。慧琳音義作「崟」，同今本。

〔四〕徑山本、金陵本稚作「穉」，同。慧琳音義作「君稚迦」。音釋捃稚下云：「别云君遲。」譯文無定字，取其音諧而已。

〔五〕慈恩傳、方志澡瓶作「澡罐」。

〔六〕中本無「八」字；異本八作「入」，並非。方志及珠林三十九亦作「八出」，同今本。

〔七〕徑山本文作「彣」，同。

〔八〕石本、宋本、資福本、明南本、明北本餘作「於」；徑山本作「可」。按方志此句作「闊六寸餘」，珠林作「闊六寸許」，則記文「餘」字爲合。

此西有温泉六七所，其水極熱。國南界大山林中，多諸野象，其形偉大。從此順殑伽河南岸，東行三百餘里，至瞻波國。中印度境。

瞻波國

瞻波國周四千餘里。國大都城北背殑伽河，周四十餘里。土地墊濕，稼穡滋盛。氣序温暑，風俗淳質。伽藍數十所，多有傾毁。僧徒二百餘人，習小乘教。天祠二十餘所，異道雜居。

都城壘甎，其高數丈，基址〔一〕崇峻，却敵高險。在昔劫初，人物伊始，野居穴處，未知宫室。後有天女降迹人中，遊殑伽河，濯流自媚，感靈有娠，生四子焉〔二〕。分〔三〕贍部洲，各擅區宇，建都築邑，封疆畫界，此則一子之國都，贍部洲諸城之始〔四〕也。

校勘

〔一〕石本、宋本、資福本址作「趾」。

〔二〕徑山本無「焉」字。慈恩傳、方志亦無「焉」字。

〔三〕徑山本分下有「王」字。慈恩傳亦有「王」字。

〔四〕方志此下有「地温熱宜象耳」。

城東百四五十里，殑伽河南，水環孤嶼，崖巘〔一〕崇峻。上有天祠，神多靈感。鑿崖爲室，引流成沼，花林奇樹，巨石危峰，仁智所居，觀者忘返。

校勘

〔一〕中本巘作「巘」。按巘爲山名，不合，疑形之訛。

國南境山林中，野象猛獸羣遊千數〔一〕。

校勘

〔一〕徑山本千數二字作「校多」。

自此東行四百餘里，至羯朱〔一〕嗢祇羅國。彼俗或〔二〕謂羯蠅揭羅國，中印度境。

校勘

〔一〕舊麗本朱作「末」，次同。

〔二〕徑山本無「或」字。

羯朱嗢祇羅國

羯朱嗢祇羅國周二千餘里。土地泉〔一〕濕，稼穡豐盛。氣序温，風俗順〔二〕，敦尚高才，崇貴學藝。伽藍六七所，僧徒三百餘人。天祠十所，異道雜居。自〔三〕數百年王族絕嗣，役屬鄰國，所以城郭丘墟，多居村邑。故戒日王遊東印度，於此築宫，理諸國務。至則葺茅爲宇，去則縱火焚燒。國南境多〔四〕野象。北境去殑伽河不遠，有大高臺，積〔五〕壘〔六〕甎石而以建焉。基址〔七〕廣峙，刻彫奇製，周其方面鏤衆聖像，佛及天形區別而作。

校勘

〔一〕徑山本泉作「㫧」。向達云：「疑此作㫧爲是，下奔那伐彈那國條可證。」按方志及下迦摩縷波國條皆作「泉溼」，義可通，不必強斷。

〔二〕徑山本順作「淳」。

〔三〕徑山本自作「近」。

〔四〕古本、中本多下有「有」字。

〔五〕石本、宋本、資福本、明南本、明北本、徑山本無「積」字。

〔六〕中本壘作「疊」。
〔七〕宋本、資福本、明南本址作「趾」。

自此東渡殑伽河，行六百餘里，至奔那伐彈那國。中〔一〕印度境。

校勘

〔一〕慈恩傳中作「南」，方志作「中」，疑傳誤。

奔那伐彈那國

奔那伐彈那國周四千餘里。國大都城周三十餘里〔一〕。居人殷盛，池館花林往往相間。土地卑濕，稼穡滋茂。般橠〔二〕娑菓既多且貴〔三〕，其菓大如冬瓜，熟則黄赤，剖之，中有數十小菓，大如鶬卵；又更破之，其汁黄赤，其味甘美。或在樹枝，如衆菓之結實；或在樹根，若伏苓之在土〔四〕。氣序調暢，風俗好〔五〕學。伽藍二十餘所，僧徒三千餘人，大小二乘，兼功綜習。天祠百所，異道雜居，露形尼乾，寔繁其黨。

校勘

〔一〕周三十餘里，方志作「周四十餘里」。

〔二〕原本榱作「核」。石本、宋本、資福本及音釋核作「捼」，明南本、明北本、徑山本作「㨶」，金陵本作「榱」。按慧琳音義作「榱」，云：「從木從衣從多」，字形明白，今據正。方志般榱娑果作「般耶娑果」。梵文作Panasa，則娑音不諧矣。

〔三〕既多且貴，徑山本作「雖多頗貴」。

〔四〕釋帖十八引云：「鉢那國有果大如冬瓜，内數十如鵝卵。其味甘美，其色黄白。或生於根，或生於枝。根者茯苓類也。」與記文略同。

〔五〕徑山本好作「尚」。

跋始婆僧伽藍

城西二十餘里，有跋始〔一〕婆僧伽藍，庭宇顯敞，臺閣崇高。僧徒七百餘人，並學大乘教法，東印度境碩學名僧多在於此。

校勘

〔一〕慈恩傳始作「姞」。

其側不遠，有窣堵波，無憂王之所建也，昔者如來三月在此爲諸天人説法之處。或至齋日，時燭〔一〕光明。其側則有四佛坐及經行遺迹之所。去此不遠，復有精舍，中作觀自在菩薩像。神鑒無隱，靈應有徵，遠近之人，絶粒祈請。

校勘

〔一〕徑山本燭作「放」。

自此東行九百餘里，渡大河，至迦摩縷波國。東印度境。

迦摩縷波國

迦摩縷波國周萬餘里。國大都城周三十餘里。土地泉濕，稼穡時〔一〕播。般橠〔二〕娑菓、那羅雞羅菓，其樹雖多，彌復珍貴。河流湖陂，交帶城邑。氣序和暢，風俗淳質。人形卑小，容貌驁〔三〕黑，語言少異中印度。性甚獷暴，志存强學，宗事天神，不信佛法。故自佛興以迄於今，尚未建立伽藍，招集僧侣。其有淨信之徒，但竊念而已。天祠數百，異道數萬。

校勘

〔一〕中本時作「蒔」。

〔二〕原本檨作「核」，今據慧琳音義改，説見上。

〔三〕石本、宋本、資福本、明南本、明北本、徑山本及音釋鳌並作「鼇」，可通用。

一、拘摩羅王招請

今王本那羅延天之祚胤，婆羅門之種也，字婆塞羯羅伐摩，唐言日胄。號拘摩羅〔一〕。唐言童子。自據疆土，奕葉君臨，逮於今王，歷千世矣。君上〔二〕好學，衆庶從化，遠方高才，慕義客遊。雖不淳信佛法，然敬高〔三〕學沙門。初，聞有至那國沙門在摩揭陁那爛陁僧伽藍，自遠方來，學佛深法，殷勤往復者再三，未從來命。時尸羅跋陁羅論師曰：「欲報佛恩，當弘正法，子其行矣，勿憚遠涉！拘摩羅王世宗外道，今請沙門，斯善事也。因兹改轍，福利弘遠。子昔起廣〔四〕大心，發弘誓願，孤遊異域，遺身求法，普濟含靈，豈徒〔五〕鄉國？宜忘得喪，勿拘榮辱，宣揚聖教，開導羣迷，先物後身，忘名弘法。」於是辭不獲免，遂與使偕行，而會見焉。拘摩羅王曰：「雖則不才，常慕高學，聞名雅尚，敢事延請。」曰：「寡能褊智，猥蒙流聽。」拘摩羅王曰：「善哉！慕法好學，顧身若浮，踰越重險，遠遊異域，斯則王化所由，國風尚學。今印度諸國多有歌頌摩訶至那國秦王破陣樂者，聞之久矣，豈大德之鄉國耶？」曰：「然。此歌者，美我君之德也。」拘摩羅王曰：「不意大德是此國人，常慕風化，東望已久。山川道阻，無由自致。」曰：「我大君聖德遠洽，仁化遐被，殊俗異域，拜闕稱臣者衆矣。」拘摩羅王曰：「覆載若斯，心冀朝貢。今戒日王在羯朱嗢祇羅國，將設大施，崇樹福慧，五印度沙門、婆羅門有學業者，莫不召集。今遣使來請，願與同行。」於是遂往焉。

校勘

〔一〕方志作「摩羅王」，脱「拘」字。慈恩傳作「鳩摩羅王」。鳩、拘聲之轉。

〔二〕徑山本、金陵本君上二字作「國王」。

〔三〕徑山本、金陵本高作「多」。

〔四〕石本、中本、宋本、資福本、明南本、明北本、徑山本並無「廣」字。

〔五〕金陵本徒作「圖」，疑同音而訛。

二、東境風土

此國東，山阜連接，無大國都，境接西南夷，故其人類蠻獠〔一〕矣〔二〕。詳問土俗，可兩月行，入蜀西南之〔三〕境。然山川險阻，嶂〔四〕氣氛沴，毒蛇毒艸，爲害滋甚。國之東南，野象羣暴〔五〕，故此國中象軍特盛。

校勘

〔一〕中本獠作「僚」。慧琳音義云：「獠，正體從豸作𧳜。或從巢作𤢂。」

〔二〕徑山本矣作「俗」，當涉下「俗」字而誤。

〔三〕徑山本之作「邊」。

〔四〕石本、宋本、資福本、明南本嶂作「障」；明北本、徑山本作「瘴」，校本亦云：「疑當作瘴。」

〔五〕石本、宋本、資福本空「暴」字。

從此南行千二三百里，至三摩呾吒國。東印度境。

三摩呾吒國

三摩呾〔一〕吒國周三千餘里，濱近大海，地遂卑濕。國大都城周二〔二〕十餘里。稼穡滋植，花菓繁茂。氣序和，風俗順。人性剛烈，形卑色黑，好學勤勵，邪正兼信。伽藍三十餘所，僧徒二千餘人，並皆遵習上座部學。天祠百所，異道雜居，露形尼乾，其徒甚〔三〕盛。

校勘

〔一〕慈恩傳呾作「怛」。

〔二〕中本二作「三」。方志作「二十餘里」，同此本。

〔三〕石本、中本、宋本、資福本、明南本、明北本、徑山本甚並作「特」。

去城不遠，有窣堵波，無憂王之所建也，昔者如來爲諸天人於此七日説深妙法。傍有四佛坐及經行遺迹之所。去此不遠，伽藍中有青玉佛像，其高八尺，相好圓備，靈應時効。

傳聞六國

從此東北大海濱山谷中，有室利差呾〔一〕羅國，次東南大海隅有迦摩浪迦國，次東有墮〔二〕羅鉢底國，次東有伊賞那補羅國，次東有摩訶瞻波國，即此云林邑是也，次西南有閻摩那〔三〕洲國，凡此六國，山川道阻，不入其境，然風俗壤界，聲聞〔四〕可知。

校勘

〔一〕原本呾作「咀」，今從舊麗本、宋本、資福本、明南本、明北本、徑山本及方志改。慈恩傳作「怛」。

〔二〕資福本、明南本、明北本、徑山本墮作「憧」。

〔三〕慈恩傳那作「羅」。

〔四〕石本、宋本、資福本、明南本、明北本聞並作「問」。

自〔一〕三摩呾吒國西行九百餘里，至躭摩栗底國。東印度境。

校勘

〔一〕中本自下有「此」字。

躭摩栗底國

躭摩栗底國周千四五百里。國大都城周十餘里，濱近海垂〔一〕，土地卑濕。稼穡時播，花菓茂盛。氣序温暑，風俗躁烈。人性剛勇，邪正兼信。伽藍十餘所，僧衆〔二〕千餘人。天祠五十餘所，異道雜居。國濱海隅，水陸交會，奇珍異寶，多聚此國，故其國人大抵殷富。

校勘

〔一〕石本、宋本、資福本、明南本、明北本、徑山本垂作「陲」，通用。

〔二〕古本衆作「徒」。

城側窣堵波，無憂王所建也，其傍則有過去四佛坐及經行遺迹之所。

自此西北行七百餘里，至羯羅拏蘇伐剌那國。東印度境。

羯羅拏蘇伐剌那國

羯羅拏蘇伐剌那國〔一〕周四千四五百里。國大都城周二十餘里，居人殷盛，家室富饒。土地下〔二〕濕，稼穡時播。衆花滋茂，珍菓〔三〕繁植。氣序調暢，風俗淳和，好尚學藝，邪正兼信。伽藍十餘所，僧徒二千餘人〔四〕，習學小乘正量部法。天祠五十餘所，異道寔多。別有三伽藍，不食乳酪，遵提婆達多遺訓也。

校勘

〔一〕方志有注云：「金耳國也。」珠林三十九作「羯羅拏國」。

〔二〕石本、宋本、資福本、明南本、明北本、徑山本下作「卑」，方志同。

〔三〕石本、宋本、資福本、明南本、明北本、徑山本菓作「異」。

〔四〕中本千作「十」，誤。慈恩傳作「三百餘人」。

赤泥僧伽藍

大城側有絡多末〔一〕知僧伽藍，唐言赤泥。庭宇顯敞，臺閣崇峻，國中高才達學，聰敏有聞者，咸集其中，警誡相成，琢磨道德。

校勘

〔一〕原諸本末作「未」，舊麗本、古本及慈恩傳末作「末」，作「末」是。

初，此國未信佛法時，南印度有一外道，腹錮銅鍱，首戴明炬，杖策高步，來入此城。振擊論鼓，求欲談〔一〕議。或者〔二〕問曰：「首腹何異？」曰：「吾學藝多能，恐腹拆裂。悲諸愚闇，所以持照。」時經旬日，人無問者。詢訪髦彥，莫有其〔三〕人。王曰：「合境之內，豈無明哲？客難不酬，爲國深恥。宜更營求，訪諸幽隱。」或曰：「大林中有異人，其自稱曰沙門，强學是務，今屏居幽寂，久矣於茲。非〔四〕夫體法合德，何能若此者乎？」王聞之〔五〕，躬往請焉。沙門對曰：「我南印度人也，客遊止此，學業膚〔六〕淺，恐黜所聞。敢承來旨，不復固辭，論議〔七〕無負，請建伽藍，招集僧徒，光〔八〕讚佛法！」王曰：「敬聞，不敢忘德。」沙門受請，往赴論場。外道於是誦其宗致三萬餘言，其義遠，其文約〔九〕，苞〔一〇〕含名相，網羅視聽。沙門一聞究覽，辭義無謬，以數百言辯而釋之，因問宗致。外道辭窮理屈，杜口不酬。既折其名，負恥而退。王深敬德，建此伽藍。自時厥後，方弘法教。

校勘

〔一〕石本、宋本、資福本、明南本、明北本、徑山本談並作「論」。
〔二〕徑山本者作「人」。
〔三〕原本其作「異」，舊麗本、古本、資福本、明南本、明北本、徑山本並作「其」，義長，今從改。
〔四〕原本非作「悲」，今從舊麗本、石本、宋本、資福本、明南本、明北本、徑山本改。
〔五〕石本、中本、宋本、資福本、明南本、明北本之下並有「已」字。徑山本之作「是」，下亦有「已」字。
〔六〕石本、宋本、資福本、明南本、明北本、徑山本膚作「庸」。
〔七〕明南本、明北本、徑山本議作「義」。
〔八〕舊麗本光作「先」，形之訛。
〔九〕諸本作「約」。章校本作「博」，大正藏校記引明本亦作「博」。
〔一〇〕石本、宋本、資福本、明南本、明北本、徑山本苞並作「包」，通用。

伽藍側不遠有窣堵波，無憂王所建也，在昔如來於此七日説法開導。其側精舍，過去四佛坐及經行遺迹之所。有數窣堵波，並是如來説〔一〕法之處，無憂王之所建也。

校勘

〔一〕石本、宋本、資福本、明南本、明北本、徑山本説下並有「經」字。

從此西南行七百餘里，至烏茶國。東印度境。

烏茶國

烏茶國周七千餘里。國大都城周二十餘里。土地膏腴，穀稼茂盛。凡諸菓實，頗大諸國。異草名花，難以稱述。氣序温暑，風俗獷烈，人貌魁梧，容色黧〔一〕黮，言辭風調，異中印度。好學不倦，多信佛法。伽藍百餘所，僧徒萬餘人，並皆習學大乘法教。天祠五十所，異道雜居。諸窣堵波凡十餘所，並是如來説法之處，無憂王之所建也〔二〕。

校勘

〔一〕石本、宋本、資福本、明南本、明北本、徑山本及音釋黧並作「黧」。慧琳音義作「黧」，云：「俗字也。亦作黧。」

〔二〕中本無「也」字。

一、補歰波祇釐僧伽藍

國西南境大山中，有補歰〔一〕波祇釐僧伽藍。其石窣堵波極多靈異，或至齋日，時燭〔二〕光明。故諸浄信，遠近咸會，持妙花蓋，競修供養。承露盤〔三〕下，覆鉢勢上，以花蓋笴，置之便住，若礠〔四〕石之吸針也。此西北山伽藍中有窣堵波，所異同前。此二窣堵波者，神鬼所建，靈奇若斯。

校勘

〔一〕石本、宋本、資福本、明南本、明北本、徑山本歰並作「澀」。

〔二〕徑山本燭作「放」。方志亦作「放」。

〔三〕石本、宋本、資福本、明南本、明北本、徑山本盤並作「槃」，同。

〔四〕音釋及方志礠作「磁」，同。

二、折利呾羅城

國東南境臨大海濱，有折利呾〔一〕羅城，唐言發行〔二〕。周二十餘里。入海商人、遠方旅客，往來中止之路也。其城堅峻，多諸奇寶。城外鱗次有五伽藍，臺閣崇高，尊像工麗。南去僧伽羅國二萬餘里，靜夜遥望，見彼國佛牙窣堵波上寶珠〔三〕，光明離〔四〕然〔五〕，如明炬之懸燭也。

校勘

〔一〕慈恩傳呾作「怛」。

〔二〕原本行作「杵」，今從石本、宋本、資福本、明南本、明北本、徑山本及慈恩傳、方志、珠林三十九改。

〔三〕方志作「鉢曇摩羅伽寶」，注云：「寶大如升，即琥珀也。」此佛牙窣堵波上寶珠，亦見本書卷十一僧伽羅國四佛牙精舍。

〔四〕石本、中本、宋本、資福本、明南本、明北本、徑山本離下並重「離」字。

〔五〕徑山本無「然」字。

自此西南大林中行千二百餘里，至恭御陀國。東印度境。

恭御陀國

恭御陀國周千餘里。國大都城周二十餘里，濱近海隅，山阜隱軫〔一〕。土地墊濕〔二〕，稼穡時播。氣序温暑，風俗勇烈。其形偉，其貌黑，粗有禮義，不甚欺詐。至於文字，同中印度，語言風調，頗有異焉。崇敬外道，不信佛法。天祠百餘所，異道萬餘人。國境之内，數十小城，接山嶺，據海交，城既堅峻，兵又敢勇〔三〕，威雄隣境，遂無强敵。國臨海濱，多有奇寶，螺貝珠璣，斯爲貨用。出大青象，超乘致遠。

校勘

〔一〕石本、宋本、資福本、明南本、明北本、徑山本及音釋隱軫二字作「嶾嶙」；金陵本作「隱嶙」。按隱軫、嶾嶙並爲疊韻連緜詞。隱軫亦作殷軫，淮南子兵略訓「士卒殷軫」，高注：「多盛貌。」

〔二〕方志墊濕作「熱溼」。

〔三〕徑山本敢勇二字作「勇敢」。

從此西南入大荒野，深林巨木，干霄蔽日，行千四五百里，至羯餧伽力甑反。國。南印度境。

羯餧伽國

羯餧伽國周五千餘里。國大都城周二十餘里。稼穡時播，花果具繁〔一〕，林藪聯綿，動數百里。出青野象，隣國所奇。氣序暑熱，風俗躁暴，性多狷獷，志存信義。言語輕捷，音調質正，辭旨風則，頗與中印度異〔二〕焉。少信正法，多遵外道。伽藍十餘所，僧徒五百餘人，習學大乘上座部法。天祠百餘所，異道甚衆，多是尼乾之徒也。

校勘

〔一〕徑山本具繁二字作「繁滋」。

〔二〕徑山本異焉二字作「殊異」。

羯餕伽國，在昔之時氓〔一〕俗殷盛，肩摩轂擊，舉袂成帷。有五通仙棲巖養素，人或陵觸，退失神通，以惡呪術殘害國人，少長無遺，賢愚俱〔二〕喪，人煙斷絶，多歷年所。頗漸遷居，猶未充實，故今此國人户尚少。

校勘

〔一〕原本氓作「民」，今從石本、中本、宋本、資福本、明南本、明北本、徑山本及音義、隨函録改。唐人避太宗諱，例應改字。

〔二〕明北本俱作「得」，非。

城南不遠有窣堵波，高百餘尺，無憂王之所建也，傍有過去四佛坐及經行遺迹之所。

國境北垂〔一〕大山嶺上，有石窣堵波，高百餘尺，是劫初時人壽無量歲有獨覺於此入寂滅焉。

校勘

〔一〕石本、宋本、資福本垂作「乘」；明南本、明北本、徑山本作「陲」。乘是垂之形訛。

自此西北山林中行千八百餘里，至憍薩羅國。中印度境。

憍薩羅國

憍薩羅國周六千餘里，山嶺周境，林藪連接。國大都城周四十餘里。土壤膏腴，地利滋盛。邑里相望，人户殷實。其形偉，其色黑，風俗剛猛，人性勇烈，邪正兼信，學藝高明。王，刹帝利也，崇敬佛法，仁慈深遠。伽藍百餘所，僧徒減萬人，並皆習學大乘法教。天祠七十餘所，異道雜居。

一、龍猛與提婆

城南不遠，有故伽藍，傍有窣堵波，無憂王之所建也。昔者如來曾於此處現大神通，摧伏外道。後龍猛菩薩止此伽藍。時此國王號娑多婆訶，唐言引正。珍敬龍猛，周衛門廬。時提婆菩薩自執師子國來求論義〔一〕，謂門者曰：「幸爲通〔二〕謁！」時門者遂爲〔三〕白〔四〕。龍猛雅知其名，盛滿鉢水，命弟子曰：「汝持是水，示彼提婆。」提婆見水，默而投針。弟子持鉢，懷疑而返。龍猛曰：「彼何辭乎？」對曰：「默無所説，但投針於水而已。」龍猛曰：「智矣哉，若人也！知幾其神，察微亞聖，盛德若此，宜速命入。」對曰：

「何謂也？無言妙辯，斯之是歟〔五〕！」曰：「夫水也者〔六〕，隨器方圓，逐〔七〕物清濁，彌漫〔八〕無間，澄湛莫測。滿而示之，比我學之智〔九〕周也。彼乃投針，遂窮其極〔一〇〕。此非常人，宜速召進。」而龍猛風範，懔然肅物，言談者皆伏抑首。提婆素挹風徽〔一一〕，久希請益，方欲受業，先騁機神，雅懼威嚴〔一二〕，昇堂辟〔一三〕坐，談玄永日，辭義清高。龍猛曰：「後學冠世，妙辯光前，我惟衰耄，遇斯俊彥，誠乃寫瓶有寄，傳燈不絕，法教弘揚，伊人是賴。幸能前席，雅談玄奧。」提婆聞命，心獨自負，將開義府，先遊辯囿，提振辭端，仰視質義。忽覩威顏，忘言杜口，避坐引責，遂請受業。龍猛曰：「復坐。今將授子至真妙理，法王誠教。」提婆五體投地，一心歸命，曰：「而今而後，敢聞命矣！」

校勘

〔一〕石本、宋本、資福本義作「議」。

〔二〕舊麗本通作「道」。

〔三〕石本、宋本、資福本、明南本、明北本、徑山本爲下並有「入」字。

〔四〕中本白下有「焉」字。

〔五〕斯之是歟，金陵本作「其在是歟」。

〔六〕中本無「者」字。

〔七〕中本逐作「遂」。

〔八〕徑山本、金陵本漫作「滿」。

〔九〕中本之智二字作「智之」。

〔一〇〕徑山本極作「底」。慈恩傳作「底」。底，極、底之誤。

〔一一〕中本風徽二字作「徽風」。

〔一二〕舊麗本嚴訛作「戰」。

〔一三〕古本辟作「避」；資福本、明南本、明北本、徑山本作「僻」。並通用。

二、龍猛自刎故事

龍猛菩薩善閑藥術，飡〔一〕餌養生，壽年數百，志貌不衰。引正王既得妙藥，壽亦數百。王有稚子，謂其母曰：「如我何時得嗣王位？」母曰：「以今觀之，未有期也。父王年壽已數百歲，子孫老終者蓋亦多矣。斯皆龍猛福力所加，藥術所致。菩薩寂滅，王必殂〔二〕落。夫龍猛菩薩智慧弘遠，慈悲深厚，周給羣有，身命若遺。汝宜往彼，試從乞頭。若遂此志〔三〕，當果所願。」王子恭承母命，來至伽藍，門者驚〔四〕懼〔五〕，故〔六〕得入焉。時龍猛菩薩方讚誦經行，忽見王子，佇而〔七〕謂曰：「今夕何因〔八〕，降跡〔九〕僧坊？若危若懼，疾驅而〔一〇〕至。」對曰：「我承慈母餘論，語及行捨之士，以爲含生寶命，經語〔一一〕格言，未有輕捨報身，施諸求欲。我慈母曰：『不然。十方善逝〔一二〕、三世如來，在昔發心，逮乎證果，勤求佛道，修習戒忍，或投身飤〔一三〕獸，或割肌救鴿，月光王施婆羅門頭，慈力王飲餓藥叉血，諸若此類，羌〔一四〕難備舉。求之先覺，何代無人。』今龍猛菩薩篤斯高志，我有所求，人頭爲用，招募累歲，未之有捨。欲行暴劫殺，則罪累尤多，虐害無辜，穢德彰顯。惟菩薩修習聖道，遠期佛果，慈霑有識，惠及無邊，輕生若浮，賤〔一五〕身如朽，不違本願，垂允所求！」龍猛曰：「俞〔一六〕，誠哉是言也！我求佛聖果，我學佛能捨，是身如響，是身如泡，流轉四生，去〔一七〕來六趣，宿契弘誓，不違物欲。然王子，有一不可者，其將若何？我身既終，汝父亦喪，顧斯爲意，誰能濟之？」龍猛徘徊顧視，求所絶命，以乾茅葉自刎其頸，若利劍斷割，身首異處。王子見已，驚奔而去。門者上白，具陳始末。王聞哀感，果亦命終。

校勘

〔一〕石本、宋本、資福本、明南本、明北本、徑山本飡作「餐」，同。

〔二〕舊麗本、石本、中本、宋本、資福本、明南本、明北本、徑山本殂作「徂」，通用。音釋作「殂」，云：「作徂，誤。」未允。

〔三〕中本志下有「者」字。

〔四〕原本驚作「敬」，今從石本、宋本、資福本、明南本、明北本、徑山本改。

〔五〕徑山本懼作「走」。

〔六〕徑山本故作「遂」。

〔七〕石本、宋本、資福本佇而二字作「忙然」。

〔八〕舊麗本、石本、中本、宋本、資福本、明南本、明北本、徑山本因作「夕」。

〔九〕石本、宋本、資福本、明南本、明北本、徑山本及音釋跡並作「趾」。

〔一〇〕石本、宋本、資福本、明南本、明北本、徑山本而並作「來」。

〔一一〕石本、宋本、資福本、明南本、明北本、徑山本及音釋語作「誥」；中本作「詰」，亦誥之形訛。

〔一二〕石本、中本逝作「遊」，誤。善逝乃如來十種通號之一。

〔一三〕中本、明南本、明北本、徑山本飤作「飼」。音釋作「飤」，云：「亦作飼。」

〔一四〕舊麗本羌作「善」；古本、中本作「差」；石本、宋本、資福本、明南本、明北本、徑山本作「尤」。

〔一五〕徑山本賤作「視」。

〔一六〕中本俞作「爾」。

〔一七〕石本、宋本、資福本、明南本、明北本、徑山本去並作「往」。

三、跋邏末羅耆釐山

國西南三百餘里，至跋邏〔一〕末羅耆釐山，唐言黑蜂〔二〕。岌然特起，峯巖陗〔三〕險，既無崖谷，宛如全〔四〕石。引正王爲龍猛菩薩鑿此山中，建立伽藍。去山十數里，鑿開孔道，當其山下，仰鑿疏石。其中則長廊步簷〔五〕，崇臺重閣。閣有五層，層有四院，並建精舍，各鑄金像，量等佛身，妙窮工思。自餘莊嚴，唯飾金寶。從山高峯，臨注飛泉，周流重閣，交帶廊廡，踈寮外穴，明燭中宇。初，引正王建此伽藍也，人力疲竭，府庫空虛，功猶未半，心甚憂慼。龍猛謂曰：「大王何故若有憂負〔六〕？」王曰：「輒運大心，敢樹勝福，期之永固〔七〕，待至慈氏。功績未成，財用已竭，每懷此恨，坐而待旦。」龍猛曰：「勿憂。崇福勝善，其利不窮，有興〔八〕弘願，無憂不濟。今日還宮，當極歡樂。後晨出遊，歷覽山野，已而至此，平議營建。」王既受誨，奉以周旋，龍猛菩薩以神妙藥，滴諸大石，並變爲金。王遊見金，心口相賀，迴駕至龍猛所，曰：「今日畋〔九〕遊，神鬼所惑，山林之中，時見金聚。」龍猛曰：「非鬼惑也，至誠所感，故有此金。宜時取用，濟成勝業。」遂以營建，功畢有餘。於是五層之中，各鑄四大金像，餘尚盈積，充諸帑〔一〇〕藏。招集千僧，居中禮誦。龍猛菩薩以釋迦佛所宣教法及諸菩薩所演述論，鳩集部別，藏在其中。故上第一層唯置佛像及諸經論；下第五層居止淨人資産什物；中間三層僧徒所舍。聞諸先志曰：引正王〔一一〕營建已畢，計工人所食鹽價，用九拘胝拘胝者，唐言億。金錢。其後僧徒忿諍，就王平議。時諸淨人更相謂曰：「僧徒諍起，言議相乖。凶人伺隙〔一二〕，毁壞伽藍。」於是重關〔一三〕反拒，以擯僧徒。自爾已來，無復僧衆。遠矚山巖，莫知門徑，時引善醫方者入中療疾，蒙面入出，不識其路〔一四〕。

校勘

〔一〕中本跋邏二字作「趹羅」。

〔二〕石本、宋本、資福本、明南本、明北本、徑山本及方志蜂並作「峯」。續傳及珠林三十九作「黑蜂」，同此本。

〔三〕明南本、明北本、徑山本陗作「峭」，同。

〔四〕石本、中本及方志全作「金」。依文義「全」字爲是。

〔五〕石本、宋本、資福本、明南本、明北本、徑山本及隨函録簷並作「檐」。音釋作「檐」，云：「與簷字同。」中本作「擔」，亦檐之訛。

〔六〕徑山本、金陵本負作「色」。

〔七〕舊麗本固作「因」，形之訛。

〔八〕徑山本興作「此」。

〔九〕古本、中本畋作「田」，通用。

〔一〇〕中本帑作「努」，誤。音釋云：「帑音儻。」帑與努音形並異。

〔一一〕石本、宋本、資福本脱「正」字。明南本、明北本、徑山本無「王」字。

〔一二〕音釋隙作「隟」，同。

〔一三〕原本闕作「閣」，今從古本、石本、異本、中本、宋本、資福本、明南本、明北本、徑山本改。

〔一四〕續傳云：「古老相傳，盡初結集並現存在。雖外佛法屢遭誅殄，而此一山住持無改。近有僧來，於彼夏坐，但得持誦，不許持出，具陳此事。但路幽阻難可尋問。」珠林三十九所載同。疑爲記文之佚者。

從此大林中南行九百餘里，至案達羅國。南印度境。

案達羅國

案達羅國周三千餘里。國大都城周二十餘里，號瓶耆羅。土地良〔一〕沃，稼穡豐盛。氣序温暑，風俗猛暴。語言辭調異中印度，至於文字，軌則大同。伽藍二十餘所，僧徒三千餘人。天祠三十餘所，異道寔〔二〕多。

校勘

〔一〕徑山本良作「潤」。

〔二〕徑山本寔作「亦」。

一、阿折羅羅漢伽藍

瓶耆羅城側不遠，有大伽藍，重閣層臺，製窮剞劂。佛像聖容，麗極工思。伽藍前有石窣堵波，高數〔一〕百尺，並阿折羅唐言所行。阿羅漢之所建也。

校勘

〔一〕原本無「數」字。據石本、宋本、資福本、明南本、明北本、徑山本及慈恩傳、方志補。

所行羅漢伽藍西南不遠，有窣堵波，無憂王之所建也。如來在昔於此説法，現大神通，度無量衆。

二、陳那與因明論

所行羅漢伽藍西南，行二十餘里，至孤山。山嶺〔一〕有石窣堵波，陳那唐言童〔二〕授。菩薩於此作因明論。陳那菩薩者，佛去世後，承風染衣，智願廣大，慧力深固，愍世無依，思弘聖教。以爲因明之論，言深理廣，學者虚功，難以成業。乃匿迹幽巖，棲神寂定，觀述作之利害，審文義之繁約。是時巖谷震響，煙雲變采，山神捧菩薩〔三〕高數百尺，唱如是言：「昔佛世尊善權導物，以慈悲心，説因明論，綜括妙理，深究〔四〕微言。如來寂滅，大義泯絶。今者陳那菩薩福智悠遠，深達聖旨，因明之論，重弘兹日。」菩薩乃放大光明，照燭幽昧〔五〕。時此〔六〕國王深生尊敬，見此光明相，疑入金剛定，因請菩薩證無生果〔七〕。陳那曰：「吾入定觀察，欲釋深經，心期正覺，非願無生果也。」王曰：「無生之果，衆聖欣〔八〕仰。斷三界欲，洞三明智，斯盛事也，願疾證之！」陳那是時心悦王請，方欲證受無學聖果。時〔九〕妙吉祥菩薩知而惜焉，欲相警誡，乃彈指悟之而告曰：「惜哉，如何捨廣大心，爲狹劣志，從獨善之懷，棄兼濟之願！欲爲善利，當廣傳説慈氏菩薩所製瑜伽師地論〔一〇〕，導誘後學，爲利甚大。」陳那菩薩敬受指誨，奉以周旋。於是覃〔一一〕思沈研，廣因明論。猶恐學者懼其文微辭約也，乃舉其大義，綜其微言，作因明〔一二〕論，以導後進。自茲已後，宣暢瑜伽盛業，門人有知當世〔一三〕。

校勘

〔一〕古本嶺作「巖」。

〔二〕原本無「童」字，今據石本、宋本、資福本、明南本、明北本、徑山本及翻譯集補。慈恩傳只作「授」，同此本。按陳那乃音譯省稱，梵文爲Dignāga，或翻爲域龍或大域龍（Mahādignāga），乃義譯（nāga 爲龍）。童授義不合，疑有誤。本書卷三呾叉始羅國有拘摩羅邏多論師（Kumāralabdha），注云：「唐言童受。」卷十二朅盤陀國記作童受論師，乃是一人，但不作「陳那」。

〔三〕窺基因明論疏卷一菩薩下有「足」字。

〔四〕古本究作「窮」。

〔五〕因明論疏幽昧作「機感」。

〔六〕中本時此二字作「此時」。

〔七〕因明論疏無生果作「無學果」。下同。

〔八〕舊麗本、石本、宋本、資福本、明南本、明北本、徑山本欣並作「攸」，因明論疏亦同。但「欣」字亦通。

〔九〕中本無「時」字。

〔一〇〕因明論疏下有「匡正頽綱，可制因明」句，似與下文更相應。

〔一一〕中本覃作「潭」。

〔一二〕原本明作「門」，今據石本、宋本、資福本、明南本、明北本、徑山本改。慈恩傳亦作「因明論」，因明論疏作「因明正理門論」。按上文云「説因明論」，此不當復云「作因明論」，似以論疏之言爲是。但諸本皆如此，姑仍其舊。

〔一三〕徑山本無「門人有知當世」六字。

從此林野中南行千餘里，至馱那羯磔迦國。亦謂大安達邏國〔一〕，南印度境。

校勘

〔一〕安達邏三字古本作「案達羅」。

馱那羯磔迦國

馱那羯磔迦國周六千餘里。國大都城周四十餘里。土地膏腴，稼穡殷盛。荒野多，邑居少。氣序温〔一〕暑，人貌黧〔二〕黑。性猛烈，好學藝。伽藍鱗次，荒蕪已甚，存者二十餘所。僧徒千餘人，並多習學大衆部法〔三〕。天祠百餘所，異道寔多。

校勘

〔一〕中本温作「濕」。

〔二〕石本、宋本、明南本、明北本、徑山本黧作「黧」，通用，説見前。

〔三〕大衆部法，磧砂本、徑山本、章校本均作「大乘部法」。案「部」一般指部派，部派佛教屬小乘，大衆部是其中重要部派之一。大乘佛教一般不稱部。故此處應是「大衆部法」。

一、東山西山二僧伽藍

城東據山有弗婆勢羅唐言東山。僧伽藍，城西據山有阿伐羅勢羅唐言西山。僧伽藍，此國先王爲佛建焉〔一〕。奠〔二〕川通徑，疏崖峙閣，長廊步簷〔三〕，枕巖接岫，靈神警衛，聖賢遊息。自佛寂滅，千年之内，每歲有千凡夫僧同入安居。其解〔四〕安居日，皆證羅漢，以神通力，凌虚而去。千年之後，凡聖同居。自百餘年，無復僧侶。而山神易形，或作豺狼，或爲猨狖，驚恐行人，以故空荒，闃〔五〕無僧衆。

校勘

〔一〕徑山本焉作「剎」。
〔二〕徑山本奠作「鑿」。
〔三〕徑山本步簷二字作「廣廡」。古本簷作「檐」，同。
〔四〕石本、中本、宋本、資福本、明南本、明北本、徑山本其解二字並作「罷」字。
〔五〕舊麗本闐作「門」。

二、清辯故事

城南不遠有大山巖，婆〔一〕毗吠伽〔二〕唐言〔三〕清辯〔四〕。論師住阿素洛宮待見慈氏菩薩成佛之處。論師雅量弘遠，至德深邃，外示僧佉之服，內弘龍猛之學，聞摩揭陁國護法菩薩宣揚法教，學徒數千，有懷談議，杖錫而往。至波吒釐城，知護法菩薩在菩提樹，論師乃命門人曰：「汝行詣菩提樹護法菩薩所，如我辭曰：『菩薩宣揚遺教，導誘迷徒，仰德虛心，爲日已久，然以宿願未果，遂乖禮謁。菩提樹者，誓不空見，見當有證，稱天人師。』」護法菩薩謂其使曰：「人世如幻，身命若浮，渴〔五〕日勤誠，未遑談議。」人信往復，竟不會見。論師既還本土，靜而思曰：「非慈氏成佛，誰決我疑？」於觀自在菩薩像前誦隨心陀羅尼，絕粒飲水，時歷三歲。觀自在菩薩乃現妙〔六〕色身，謂論師曰：「何所志乎？」對曰：「願留此身，待見慈氏！」觀自在菩薩曰：「人命危脆，世間浮幻，宜修勝善，願生覩史多天，於斯禮覲，尚速待〔七〕見。」論師曰：「志不可奪，心不可貳〔八〕。」菩薩曰：「若然者，宜往馱那羯磔迦國城南山巖執金剛神所，至誠誦持執金剛陀羅尼者，當遂此願。」論師於是往而誦焉。三歲之後，神乃謂曰：「伊何所願，若此勤勵？」論師曰：「願留此身，待見慈氏。觀自在菩薩指〔九〕遣來請，成我願者，其在神乎？」神乃授秘方而謂之曰：「此巖石内有阿素洛宮，如法行〔一〇〕請，石壁當開。開即入中，可以待見〔一一〕。」論師曰：「幽居無覩，詎知佛興？」執金剛〔一二〕曰：「慈氏出世，我當相報。」論師受命，專精誦持，復歷三歲，初無異想，呪芥子以擊石巖壁，豁而洞開。是時百千萬衆觀覩忘返，論師跨其户而告衆曰：「吾久祈請，待見慈氏，聖靈警祐，大願斯遂。宜可入此，同見佛興。」聞者怖駭，莫敢履户，謂是毒蛇之窟，恐喪身命。再三告〔一三〕語，唯有六人從入。論師顧謝時衆，從容而入。入之既已，石壁還合。衆皆怨嗟，恨前言之過也。

校勘

〔一〕翻譯集引婆作「波」。

〔二〕古本及慈恩傳伽作「迦」。

〔三〕原本「唐言」二字誤倒，今據諸本正。

〔四〕方志及珠林三十九清辯二字作「明辯」。
〔五〕異本渴作「竭」，疑形之訛。
〔六〕中本無「妙」字。方志、珠林亦只作「色身」。
〔七〕石本、宋本、資福本、明南本、明北本、徑山本待並作「得」。據下文「待」字爲是。
〔八〕石本、宋本、資福本貳作「裁」。
〔九〕明南本指作「提」。
〔一〇〕珠林行作「祈」。
〔一一〕翻譯集引待見二字作「見也」。
〔一二〕中本剛下有「神」字。
〔一三〕一本告作「苦」。方志、珠林告語作「顧命」。

自此西南行千餘里，至珠〔一〕利耶國。南印度境。

校勘

〔一〕古本珠作「殊」。

珠利耶國

珠利耶國周二千四五百里。國大都城周十餘里。土野空曠，藪澤荒蕪，居户寡少，羣盜公行。氣序溫暑，風俗奸宄〔一〕，人性獷烈，崇信外道。伽藍頹毁，粗有僧徒。天祠數十所，多露形外道也〔二〕。

校勘

〔一〕石本、宋本、資福本、明南本、明北本、徑山本宄作「兇」。中本作「穴」，當是宄之形訛。慧琳音義作「宄」，同此本，音軌。

〔二〕徑山本無「也」字。

城東南不遠，有窣堵波，無憂王之所建也。如來在昔嘗於此處現大神通，説深妙法，摧伏外道，度諸天人〔一〕。

校勘

〔一〕徑山本天人二字作「人天」。

提婆遺事

城西不遠，有故伽藍，提婆菩薩與羅漢論議之處。初，提婆菩薩聞此伽藍有嗢呾羅唐言上。阿羅漢，得六神通，具八解脱，遂來遠尋，觀其風範。既至伽藍，投羅漢宿。羅漢少欲知足〔一〕，唯置一牀。提婆既至，無以爲席，乃聚落葉，指令就坐。羅漢入定，夜分方出。提婆於是陳疑請決，羅漢隨難爲釋，提婆尋聲重質，第七轉已，杜口不酬，竊運神通力，往覩史多天請問慈氏。慈氏爲釋，因而告曰：「彼提婆者，曠劫修行，賢劫之中，當紹佛位，非爾所知，宜深禮敬。」如彈指頃〔二〕，還復本座。乃復抑揚妙義，剖析微言。提婆謂曰：「此慈氏菩薩聖智之釋也，豈仁者所能詳究哉？」羅漢曰：「然，誠〔三〕如來旨。」於是避席禮謝，深加敬歎。

校勘

〔一〕徑山本少欲知足四字作「所居之處」。
〔二〕原本頃訛作「項」，今從宋本、資福本、明南本、明北本、徑山本正。
〔三〕原本無「誠」字，今據石本、中本、宋本、明南本、明北本、徑山本補。

從此南入林野中行千五六百里，至達羅毗荼國。南印度境。

達羅毗荼國

達羅毗荼國周六千餘里。國大都城號建〔一〕志補羅，周三十餘里。土地沃壤〔二〕，稼穡豐盛。多花菓，出寶物。氣序温暑，風俗勇烈。深篤信義，高尚博識，而語言文字，少異中印度。伽藍百餘所，僧徒萬餘人，皆〔三〕遵學上座部法。天祠八十餘所，多露形外道也〔四〕。如來在世，數遊此國，説法度人，故無憂王於諸聖跡，皆建窣堵波。

校勘

〔一〕原作「逮」，舊麗本、石本、中本、宋本、資福本、明南本、明北本、徑山本及慈恩傳並作「建」。下同。建與逮形相似，今梵語作Kāñcīpura，則從建讀音。

〔二〕徑山本壞作「潤」。

〔三〕中本、資福本、明南本、明北本、徑山本皆上有「並」字。

〔四〕徑山本也作「昔」，屬下讀。

護法遺事

建志補羅城者，即達磨波羅唐言護法。菩薩本生之城。菩薩此國大臣之長子也，幼懷雅量，長而弘遠，年方弱冠，王姬下降。禮筵之夕，憂心慘悽，對佛像前殷懃〔一〕祈請。至誠所感，神負遠遁，去此數百里，至山伽藍，坐佛堂中。有僧開户，見此少年，疑其盜也，更詰問之。菩薩具懷指告，因請出家。衆咸驚異，遂允其志。王乃宣命，推求遐邇，乃知菩薩神負遠塵。王之知也〔二〕，增深敬異。自染衣已，篤學精勤，令問〔三〕風範，語在前記。

校勘

〔一〕舊麗本懟作「對」，涉上「對」字而訛。

〔二〕徑山本之知也三字作「既知之」。

〔三〕明南本、徑山本問作「聞」。

城南不遠，有大伽藍，國中聰叡，同類萃止。有窣堵波，高百餘尺，無憂王所建也。如來在昔於此説法，摧伏外道，廣度人天。其側則有過去四佛坐及經行遺迹之所。

自此南行三千餘里，至秣羅矩吒〔一〕國。亦謂枳〔二〕秣羅國，南印度境。

校勘

〔一〕古本吒作「多」，次同。

〔二〕古本枳作「招吒」二字。

秣羅矩吒國

秣羅矩吒國周五千餘里。國大都城周四十餘里。土田舄〔一〕鹵，地利不滋。海渚諸珍，多聚此國。氣序炎熱，人多釐〔二〕黑。志性剛烈，邪正兼崇。不尚遊藝，唯善逐利。伽藍故基，寔多餘址，存者既少，僧徒亦寡。天祠數百，外道甚衆，多露形之徒也〔三〕。

校勘

〔一〕明南木、明北本及慧琳音義、明南本音釋舄作「潟」。徑山本作「瀉」。

〔二〕石本、宋本、資福本、明南本、明北本、徑山本釐作「黧」，同，說見前。

〔三〕徑山本也作「此」，屬下讀。

城東不遠，有故伽藍，庭宇荒蕪，基址尚在，無憂王弟大帝之所建也。其東有窣堵波，崇基已陷，覆鉢猶存，無憂王之所建立。在昔如來於此說法，現大神通，度無量衆，用彰聖迹，故此標建。歲久彌神，祈〔一〕願或〔二〕遂。

校勘

〔一〕石本、宋本、資福本、明南本、明北本、徑山本祈並作「所」。方志作「祈願」，同此本。

〔二〕明南本或作「咸」。

一、秣剌耶山

國南濱海，有秣剌耶山，崇崖峻嶺，洞谷深澗。其中則有白〔一〕檀香樹、栴檀你婆樹。

樹〔二〕類白檀〔三〕，不可以別，唯於盛夏，登高遠瞻〔四〕，其有〔五〕大蛇縈者，於是知之。猶其木性涼冷，故蛇盤也。既望見已，射箭爲記，冬蟄之後，方乃採伐〔六〕。羯布羅〔七〕香樹，松身異葉，花菓斯別。初採既濕，尚未有香，木乾之後，循〔八〕理而析，其中有香，狀若雲母，色如冰雪，此所謂龍腦香也〔九〕。

校勘

〔一〕中本白下有「槁」字。槁字疑檀字之誤書而衍者，慈恩傳、方志及珠林三十九並作「白檀香樹」。

〔二〕原本「樹」字不重，今從古本、石本、一本、宋本、資福本、明南本、明北本、徑山本及慈恩傳補。

〔三〕慈恩傳檀作「楊」。按「檀」字爲是。此樹與白檀並生，以其類似，故下文云「不可以別」。若似白楊，則何難判别？

〔四〕石本、中本、宋本、資福本、明南本、明北本、徑山本瞻並作「矚」。

〔五〕徑山本無「有」字。

〔六〕法人儒蓮注云：「檀香，梵文名作Sarpahridaya tchandana，猶言心部藏蛇檀香。蓋秣利耶山所有此類樹木常爲蛇類巢穴之標記。樹榦罅裂處，殆爲蛇類棲身之所。」

〔七〕羯布羅，慈恩傳、方志同，唯珠林作「羯薩羅」。

〔八〕舊麗本、石本、中本、宋本、資福本、明南本、明北本、徑山本及慧琳音義四十三引循作「修」。依文義「循」字爲是。修字或作脩與循，與循形近，故循或誤爲修也。

〔九〕酉陽雜俎木篇云：「龍腦香樹出婆利國，婆利呼爲固不婆律。亦出波斯國。樹高八九丈，大可六七圍。葉圓而背白，無花實。其樹有肥有瘦。瘦者有婆律膏香。一曰：瘦者出龍腦香，肥者出婆律膏也。」婆利與秣羅對轉音近，不審爲一國否？

二、布呾落迦山

秣剌耶山東有布〔一〕呾落〔二〕迦山，山徑危險，巖谷敧〔三〕傾。山頂有池，其水澄鏡，派〔四〕出大河，周流繞山二十〔五〕帀，入南海。池側有石天宮，觀自在菩薩往來遊舍。其有願見菩薩者，不顧身命，厲水登山，忘其艱〔六〕險，能達之者，蓋亦寡矣。而山下居人，祈心請見，或作自在天形，或爲塗灰外道，慰喻其人，果遂其願。

校勘

〔一〕翻譯集引無「布」字，但條目作「補陀落迦」。

〔二〕石本、宋本、資福本、明南本、明北本、徑山本落並作「洛」。

〔三〕石本、宋本、資福本、明南北、明北本、徑山本及音釋敧並作「攲」。

〔四〕原本派作「流」，今從石本、宋本、資福本、明南本、明北本、徑山本及音釋改。

〔五〕方志二十作「三十」。

〔六〕中本艱作「難」。

從此山東北，海畔有城，是往南海僧伽羅國路。聞諸土俗曰：從此入海，東南可三千餘里，至僧伽羅國。唐言執師子，非印度之〔一〕境。

校勘

〔一〕中本無「之」字。

大唐西域記卷第十一

三藏法師玄奘奉詔譯
大總持寺沙門辯機撰

二十三國

僧伽羅國雖非印度之國路次附出
恭〔一〕建那補羅國　摩訶剌侘國
跋祿羯呫昌葉反婆國　摩臘婆國
阿吒釐國　契吒國
伐臘毗國　阿難陁補羅國
蘇剌侘國　瞿折羅國
鄔闍衍那國　擲枳陁國
摩醯〔二〕濕伐羅補羅國　信度國
茂羅三部盧國　鉢伐多國
阿點婆翅羅國　狼揭羅國

波〔三〕剌斯國雖非印度之國路次附出舊曰波斯

臂多勢羅國

阿軬〔四〕荼〔五〕國

伐剌拏〔六〕國

校勘

〔一〕原本恭作「荼」，建本、中本、宋本、資福本、明南本、明北本、徑山本及方志荼並作「恭」。今據改。荼疑形之譌。

〔二〕趙城本醯作「醢」。按醢古音在之部，音釋醯音「呼兮反」，音相近雖可通用，但竊疑此爲譌字。下文又誤作「醘」，詳後。

〔三〕古本、中本波作「婆」。

〔四〕中本軬作「輿」。按音釋軬音飯，與輿音不諧。此蓋軬誤作轝，又誤作輿耳。

〔五〕宋本、資福本、明南本、明北本、徑山本荼作「茶」。荼茶雖同字，但此當作荼，説見前。

〔六〕原本拏作「挈」，石本、建本、中本、宋本、資福本、明南本、明北本、徑山本並作「拏」，此本下文亦同，今據改。

僧伽羅國

僧伽羅國周七千餘里。國大都城周四十餘里。土地沃壤，氣序温暑。稼穡時播，花果具〔一〕繁。人户殷盛，家産富饒。其形卑黑，其性獷烈，好學尚德，崇善勤福。

校勘

〔一〕中本具作「甚」。

一、執師子傳説

此國本寳渚也，多有珍寳，棲止鬼神。其後南印度有一國王，女娉鄰國，吉日送歸，路逢師子，侍衛之徒棄女逃難。女居〔一〕輦中，心甘喪命。時師子王負女而去，入深山，處幽谷，捕鹿採菓，以時資給。既積歲月，遂孕男女，形貌同人，性種畜也。男漸長大，力格〔二〕猛獸。年方弱冠，人智斯發，謂〔三〕其母曰：「我何謂乎？父則野獸，母乃是人。既非族類，如何配偶？」母乃述昔事以告其子，子〔四〕曰：「人畜殊途，宜速逃逝。」母曰：「我先已逃，不能自濟。」其子於後逐師子父，登山踰嶺，察其遊止，可以逃難。伺父去已，遂擔負母妹，下趨人里。母〔五〕曰：「宜各慎密，勿説事源。人或知聞，輕鄙我等。」於是至父本〔六〕國，國非家族，宗祀已滅。投寄邑人，人謂之曰：「爾曹何國人也？」曰：「我本此國，流離異域。子母相携，來歸故里。」人皆哀愍，更共資給。其師子王還無所見，追戀男女〔七〕，憤恚既發，便出山谷，往來村邑，咆哮震吼，暴害人物，殘毒生類。邑人輒出，遂〔八〕

取而殺。擊鼓吹貝，負弩持矛〔九〕，羣從〔一〇〕成旅，然後免害。其王懼仁化之不洽也，乃縱獵〔一一〕者，期於擒獲。王躬率四兵，衆以萬計，掩薄〔一二〕林藪，彌跨山谷。師子震吼，人畜僻〔一三〕易。既不擒獲，尋復招募，其有擒執師子除國患者，當酬重賞，式旌〔一四〕茂績。其〔一五〕子聞王之令〔一六〕，乃謂母曰：「飢寒已甚〔一七〕，宜可應募，或有所得，以相撫育。」母曰：「言不可若是，彼〔一八〕雖〔一九〕畜也，猶謂父焉〔二〇〕。豈以艱辛，而興逆害？」子曰：「人畜異類，禮義安在？既以違〔二一〕阻，此心何冀？」乃袖小刀〔二二〕，出應招募。是時千衆萬騎，雲屯霧合。師子踞在林中，人莫敢近。子即〔二三〕其前，父遂馴伏。於是乎〔二四〕親愛忘怒，乃剚〔二五〕刃於腹中，尚懷慈愛，猶無忿毒。乃至刳腹，含苦而死。王〔二六〕曰：「斯何人哉，若此之異也？」誘之以福利，震之以威禍〔二七〕，然後具陳始末，備述情事。王曰：「逆哉，父而尚害，況非親乎？畜種難馴，兇〔二八〕情易動。除民之害，其功大矣〔二九〕。斷父之命，其心逆矣。重賞以酬其功，遠放以誅其逆，則國典不虧，王言不二〔三〇〕。」於是裝二大船〔三一〕，多儲糧糗。母留在國，周給賞功。子女〔三二〕各從一舟，隨波飄蕩。其男船泛海，至此寶渚，見豐珍〔三三〕玉，便於中止。其後商人採寶，復〔三四〕至渚中，乃殺其商主，留其子女〔三五〕。如是繁息，子孫衆多，遂立君臣，以位上下，建都築邑，據有疆〔三六〕域。以其先祖擒執師子，因舉元〔三七〕功而爲國號。其女船者，泛至波剌斯西。神鬼所魅〔三八〕，産育群女，故今西大〔三九〕女國是也。故師〔四〇〕子國人形貌卑黑，方頤大顙，情性獷烈，安忍鴆毒，斯亦猛獸遺種。故其人多勇健，斯一説也。

校勘

〔一〕宋本、資福本、明南本、明北本、徑山本居作「在」。

〔二〕一本格作「挌」。

〔三〕建本、中本、宋本、資福本、明南本、明北本、徑山本及珠林十一引謂並作「請」。

〔四〕原本「子」字不重，石本、建本、中本、宋本、資福本、明南本、明北本、徑山本並重「子」字，有之易明，今從補。珠林亦脱「子」字。

〔五〕趙城本無「母」字。

〔六〕珠林引無「本」字。慈恩傳無「父」字。

〔七〕珠林男女二字作「妻兒」。

〔八〕建本讀遂爲逐。

〔九〕珠林矛作「鉾」。鉾乃矛之古文。

〔一〇〕石本從作「徒」。

〔一一〕古本、建本、中本、及珠林獵作「獠」。

〔一二〕珠林薄作「捕」。

〔一三〕明南本、明北本、徑山本及珠林僻作「辟」，同。

〔一四〕宋本、資福本旌作「族」，誤。

〔一五〕珠林無「其」字。

〔一六〕建本、中本令作「命」。

〔一七〕珠林甚作「久」。

〔一八〕珠林彼下有「獸」字。

〔一九〕中本雖下有「是」字，珠林同。

〔二〇〕珠林猶謂父焉四字作「猶是汝父」。

〔二一〕徑山本違訛作「達」。

〔二二〕建本、中本、宋本、資福本、明南本、明北本、徑山本及珠林刀並作「刃」。趙城本則作「刀」，同此本。

〔二三〕石本即作「則」。

〔二四〕徑山本無「乎」字。

〔二五〕古本、石本、建本、趙城本及隨函録剸作「事」；或本作「串」；宋本、一本、資福本及音釋作「叀」；石本校書作「傳」。慧琳音義作「傳」，引韻英云：「傳，插也。」按剸、傳、事同音通用。叀乃事之別作。串讀穿去聲，義亦通。

〔二六〕中本王下有「問」字。

〔二七〕中本猧作「猛」。

〔二八〕建本、宋本、資福本、徑山本兇作「凶」，明北本、明南本作「凶」，並同。

〔二九〕中本矣作「哉」。

〔三〇〕建本、宋本、資福本、明南本、明北本、徑山本二並作「貳」。趙城本作「二」，同此本。

〔三一〕趙城本船作「舩」，下同。

〔三二〕古本子女二字作「男女」，中本作「女男」；建本作「女子男子」四字。
〔三三〕中本珍作「珠」。
〔三四〕珠林復作「後」。
〔三五〕建本子女二字作「女子」。慈恩傳作「留其婦女」。
〔三六〕古本、建本疆作「場」。
〔三七〕建本元作「先」。
〔三八〕石本所魅二字作「魅所」。
〔三九〕中本大下有「王」字。慈恩傳作「西天女國」。珠林西訛作「四」。
〔四〇〕建本師上有「執」字。

二、僧伽羅傳説

佛法所記，則曰〔一〕：昔此寶洲大鐵城中，五百羅刹女之所居也。城樓之上豎二高幢，表吉凶之相。有吉事吉幢動，有凶事凶幢動。恒伺商人至寶洲者，便變爲美女，持香花，奏音樂，出迎慰問，誘入鐵城。樂讌〔二〕會已，而置鐵牢中，漸取食〔三〕之。時贍部洲有大商主僧伽者，其子字僧伽羅。父既年老，代知家務，與五百商人入海採寶，風波飄蕩，遇至寶洲。時羅刹女望吉幢動，便賫香花，鼓奏音樂，相攜迎候，誘入鐵城。商主於是對羅刹女王歡娛樂會。自餘商侶，各相配合，彌歷歲時，皆生一子。諸羅刹女情疎故人，欲幽之鐵牢，更何商侶。時僧伽羅夜感惡夢，知非吉祥，竊求歸路，遇〔四〕至鐵牢，乃聞悲號〔五〕之聲。遂昇高樹〔六〕，問曰：「誰相拘縶〔七〕而此怨傷？」曰：「爾不知耶？城中諸女，並是羅刹。昔誘我曹入城娛樂。君既將至，幽牢我曹，漸充所食，今已太〔八〕半，君等不久亦遭此禍。」僧伽羅曰：「當圖何計，可免危難？」對曰：「我聞海濱有一天馬，至誠祈請，必相濟〔九〕渡。」僧伽羅聞已，竊告商侶，共望海濱，專精〔一〇〕求救。是時天馬來告人曰：「爾輩各執我毛鬣不廻顧者，我濟汝曹，越海免難，至贍部洲，吉〔一一〕達鄉國。」諸商人奉指告，專一無二〔一二〕，執其髦〔一三〕鬣。天馬乃騰驤雲路，越濟海岸。諸羅刹女忽覺夫逃，遞相告語，異其所去，各携稚子凌虚往來。知諸商人將出海濱，遂相召命，飛行遠訪。嘗未踰時，遇諸商侶，悲喜俱至，涕淚交流，各掩泣而言曰：「我惟感遇，幸會良人，室家有慶，恩愛已久。而今遠棄，妻子孤遺，悠悠此心，誰其能忍？幸願留顧，相與還城！」商人之心未肯廻慮。諸羅刹女策説無功，遂縱妖媚，備行嬌〔一四〕惑。商侶愛戀，情難堪忍，心疑去留，身皆退墮。羅刹諸女更相拜賀，與彼商人，攜持而去。僧伽羅者，智慧深固，心無滯累，得越大海，免斯危難。時羅刹女王空還鐵城，諸女謂曰：「汝無智略，爲夫所棄，既寡藝能，宜勿居此。」時羅刹女王〔一五〕持〔一六〕所生子，飛至僧伽羅前，縱極媚惑，誘請令還。僧伽羅口誦神呪，手揮利劍，叱而告曰：「汝是羅刹，我乃是人。人鬼異路，非其匹合。若〔一七〕苦相逼，當斷汝命。」羅刹女知誘惑之不遂也，凌虚而去，至僧伽羅家，詐〔一八〕

其父僧伽曰：「我是某國王女，僧伽羅娶我爲妻，生一子矣。賫持寶貨，來還鄉國，泛海遭風，舟檝漂没。唯我子母及僧伽羅，僅而獲濟。山川道阻，凍餒〔一九〕艱辛，一言忤意，遂見棄遺。詈言不遜，駡〔二〇〕爲羅刹。歸則家國遼遠，止則孤遺羈旅，進退無依，敢陳情事！」僧伽曰：「誠如所言，宜時即入〔二一〕室。」居未久〔二二〕，僧伽羅至。父謂之曰：「何重財寶，而輕妻子？」僧伽羅曰：「此羅刹女也。」則以先事具白父母，而親宗戚屬，咸事驅逐。時羅刹女遂以訴王，王欲罪僧伽羅，僧伽羅曰：「羅刹之女，情多妖惑。」王以爲不誠也，而情悦其淑美，謂僧伽羅曰：「必棄此女，今留後宫。」僧伽羅曰：「恐爲灾禍。斯既羅刹，食唯血肉。」王不聽僧伽羅之言，遂納爲妻。其後夜分，飛還寶渚，召餘五百羅刹鬼女，共至王宫，以毒呪術，殘害宫中，凡諸人畜，食肉飲血，持其餘屍，還歸寶渚。旦日，群臣朝集，王門閉而不開，候聽久之，不聞人語。於是排其户，闢其門，相從趨進，遂至宫庭，闃其無人，唯有骸骨。群官僚佐相顧失圖，悲號慟哭，莫測禍源。僧伽羅具告始末，臣庶信然，禍自招矣。於是國輔老臣群官宿將，歷問明德，推據崇高，咸仰僧伽羅之福智也，乃相議曰：「夫君人者，豈苟且哉？先資福智，次體明哲。非福智無以享寶位，非明哲何以理機務？僧伽羅者，斯其人矣。夢察禍機，感應天馬，忠以諫主〔二三〕，智足謀身。曆〔二四〕運在兹，惟新成詠。」衆庶樂推，尊立〔二五〕爲王。僧伽羅辭不獲免，允執其中，恭揖群官，遂即王位。於是沿革前弊，表式賢良，乃下令曰：「吾先商侣在羅刹國，死生莫測，善惡不分。今將救難，宜整兵甲。拯危恤患，國之福也。收珍藏寶，國之利也。」於是治兵，浮海而往。時鐵城上凶幢〔二六〕遂動，諸羅刹女覩而惶怖，便縱妖媚，出迎誘誑。王素知其詐，令諸兵士口誦神呪，身奮武威。諸羅刹女蹎墜退敗，或逃隱孤〔二七〕島，或沈溺洪流。於是毁鐵城，破鐵牢，救得商人，多獲珠〔二八〕寶。招募黎庶，遷居寶洲，建都築邑，遂有國焉。因以王名而爲國號。僧伽羅者，則釋迦如來本生之事也。

校勘

〔一〕珠林十一作「則依起世經」。

〔二〕建本、宋本、資福本、明南本、明北本、徑山本讌下有「歡」字，趙城本無之，同此本。音釋讌作「醼」。

〔三〕古本、建本食作「湌」。

〔四〕古本遇作「適」，下同。

〔五〕中本號作「蹄」，當是啼之訛。

〔六〕中本樹作「俯」，屬下讀。建本作「府」，俯之省借。

〔七〕古本、建本縶作「繫」。

〔八〕中本太作「大」。

〔九〕古本、建本濟作「資」。

〔一〇〕石本精作「請」。

〔一一〕古本、中本吉作「告」。
〔一二〕建本、宋本、資福本、明南本、明北本、徑山本二並作「貳」。
〔一三〕古本、建本、中本髦作「髮」。音釋作「毛」。上文亦作「毛鬣」。
〔一四〕趙城本、資福本、明南本、明北本、徑山本及音釋嬌並作「矯」。
〔一五〕趙城本無「王」字。
〔一六〕中本持作「將」。
〔一七〕宋本、資福本、明南本、明北本、徑山本若苦二字作「苦苦」，趙城本作「若苦」，同此本。
〔一八〕宋本、資福本、明南本、明北本、徑山本詐並作「謂」，建本作「化」。按爾雅釋言：「訛，化也。」互訓化猶訛也，與詐義近。
〔一九〕原本餧作「餧」，今從宋本、資福本、明南本、明北本、徑山本及慧琳音義、音釋改。
〔二〇〕古本、石本、建本罵作「詈」。
〔二一〕中本無「入」字。
〔二二〕中本未久二字作「無何」，或本作「未幾」，建本作「無幾何」三字。
〔二三〕建本主作「王」。
〔二四〕古本曆作「歷」。
〔二五〕宋本、資福本、明南本、明北本、徑山本立下並有「之」字。
〔二六〕原本幢作「憧」，今從趙城本、資福本、明南本、明北本、徑山本改。
〔二七〕宋本、資福本、明南本、明北本、徑山本孤並作「海」。

〔二八〕中本、宋本、資福本、明南本、明北本、徑山本珠並作「珍」。

三、佛教二部

僧伽羅國先時唯宗淫祀。佛去世後第一百年，無憂王弟摩醯〔一〕因陁羅捨離欲愛，志求聖果，得六神通，具八解脱，足步虚空，來遊此國，弘宣正法，流布遺教。自兹已降，風俗淳信。伽藍數百所〔二〕，僧徒二萬餘人〔三〕，遵行大乘〔四〕上座部法。佛教至後二百餘年，各擅專門，分成二部。一曰摩訶毗訶羅住部，斥大乘，習小教；二曰阿跋耶祇釐住部，學兼二乘，弘演三〔五〕藏，僧徒乃〔六〕戒行貞潔，定慧凝明，儀範可師，濟濟如也。

校勘

〔一〕新麗本原書醯作「醘」，京大本從宋本及隨函録改。石本作「醢」，亦非。慈恩傳作「醯」。摩醯因陀羅見卷八摩揭陁國上。

〔二〕宋本、資福本、明南本、明北本無「數」字。慈恩傳作「百餘所」。方志作「數百」。

〔三〕二萬餘人，慈恩傳作萬人。

〔四〕慈恩傳大乘下有「及」字。按上座部法爲小乘教之一，有及字意謂此國遵行大乘教與小乘上座部法。方志無「大乘」二字。

〔五〕古本、建本三作「二」。

〔六〕中本乃下有「多」字。

四、佛牙精舍

王宫側有佛牙精舍，高數百尺。瑩以珠〔一〕珍，飾之奇寳。精舍上建表柱，置鉢曇摩〔二〕羅加〔三〕大寳，寳光赫奕聯暉，照曜晝夜，遠望爛若明星。王以佛牙日三灌洗〔四〕，香水香末，或濯或焚，務極珍奇，式修供養〔五〕。

校勘

〔一〕明南本、明北本珠作「殊」。按此與下文奇寳爲對偶，殊字較長。但珠字自通。

〔二〕中本摩下有「伽」字，而無下「加」字，蓋誤移於上耳。

〔三〕建本、宋本、資福本、明南本、明北本、徑山本加並作「伽」。方志注云：「寳大如升，即琥珀也。」

〔四〕徑山本洗作「洒」。

〔五〕明北本此文下有「僧伽羅國，古之師子國也，又曰無憂國，即南印度。其地多奇寳，又名曰寳渚。昔釋迦牟尼佛化身名僧伽羅，諸德兼備，國人推尊爲王，故國亦以僧伽羅爲號也。以大神通力，破大鐵城，滅羅刹女，拯恤危難，於是建都築邑，化導是方，宣流正教。示寂留牙，在於茲土。金鋼堅固，歷劫不壞。寳光遥燭，如星粲空，如月炫宵，如太陽麗晝。凡有禱禳，應答如響。國有凶荒災異，精意懇祈，靈祥隨至。今之錫蘭山，即古之僧伽羅國也。王宫側有佛牙精舍，飾以衆寳，輝光赫奕。累世相承，敬禮不衰。今國王阿烈苦奈兒，……褻慢佛牙。大明永樂三年，皇帝遣中使太監鄭和奉香花往詣彼國供養。鄭和勸國王阿烈苦奈兒敬崇佛法，遠離外道。王怒，即欲加害。鄭和知其謀，遂去。後復遣鄭和往賜諸番，并賜錫蘭山國王。王益慢，不恭，欲圖殺害使者，用兵五萬人，刊木塞道，分兵以劫海舟。會其下預泄其機，鄭和等覺，亟回舟，路已阨絶，潛遣人出舟師拒之。和以兵三千夜由間道攻入王城，守之。其劫海舟番兵乃與其國内番兵四面來攻，合圍數重，攻戰六日，和等執其王。凌晨開門，伐木取道，且戰且行，凡二十餘里，抵暮始達舟。當就禮請佛牙至舟，靈異非常，光彩照曜，如前所云，訇霆震驚，遠見隱避。歷涉巨海，凡數十萬里，風濤不驚，如履平地。獰龍惡魚，紛出乎前，恬不爲害。舟中之人皆安穩快樂。永樂九年七月初九日至京師，皇帝命於皇城内裝嚴栴檀金剛寶座貯之，式修供養，利益有情，祈福民庶，作無量功德。」共五百十八字，乃永樂刻藏時所附益，並非本文。自徑山本以下諸本多附焉，或作正文，或作小注，今附於此。

五、俯首佛像傳説

佛牙精舍側有小精舍，亦以衆寶而爲瑩飾。中有金佛像，此國先王等身而鑄，肉髻則貴寶飾焉。其後有盗伺欲竊取，而重門周檻，衛守清切。盗乃鑿通孔道，入精舍而穴之，遂欲取寶，像漸高遠。其盗既不果求，退而歎曰：「如來在昔修菩薩行，起廣大心，發弘誓願，上自身命，下至國城，悲愍四生，周給一切。今者知何遺像恡〔一〕寶！静言於此，不明昔行。」像乃俯首而授寶焉。是盗得已，尋持貨賣。人或見者，咸謂之曰：「此寶乃先王金佛像頂髻寶也，爾從何獲，來此鬻賣？」遂擒以白王，王問所從得。盜曰：「佛自與我，我非盜也。」王以爲不誠，命使觀驗，像猶俯首。王覩聖靈，信心淳固，不罪其人，重贖其寶，莊嚴像髻〔二〕，重置頂焉。像因俯首，以至於今。

校勘

〔一〕宋本、資福本、明南本、明北本及慈恩傳、方志、音釋悋並作「恪」，徑山本作「吝」，並同。趙城本作「悋」，同此本。

〔二〕建本髻作「髮」，非。慈恩傳亦作「髻」。

六、齋僧及採寶

王宮側建大廚，日營萬八千僧食。食時既至，僧徒持鉢受饌，既得食已，各還其居。自佛教流被，建斯供養，子孫承統繼業至今。十數年來，國中政亂，未有定王，乃廢斯業。

國濱海隅，地産珍寶，王親祠祭，神呈奇貨。都人士子，往來求採，稱其福報，所獲不同。隨得珠璣，賦税有科。

七、駿迦山與那羅稽羅洲

國東南隅有駿〔一〕勒鄧反〔二〕。迦山，巖谷幽峻，神鬼遊舍，在昔如來於此説駿迦經。舊曰楞伽經，訛也。

校勘

〔一〕金陵本駿作「餕」，下同。各本無作「餕」者，不詳所據。

〔二〕中本無「勒鄧反」三字。翻譯集勒作「郎」，同聲可通用。

國南浮海數千〔一〕里，至那羅稽羅洲。洲人卑小〔二〕，長餘三尺，人身鳥喙。既無穀稼，唯食椰子。

校勘

〔一〕建本千作「十」。慈恩傳、方志並作「千」。

〔二〕中本無「小」字。

那〔一〕羅稽羅洲西浮海數千里，孤〔二〕島東崖〔三〕有石佛像，高百餘尺，東面坐，以月愛珠爲肉髻。月將迴照，水即懸流，滂霈崖嶺，臨〔四〕注谿壑。時有商侶，遭風飄浪，隨波泛濫，遂至孤島。海鹹不可以飲，渴乏者久之〔五〕，是時月十五日也。像頂流水，衆皆獲濟。以爲至誠所感，靈聖拯之，於即〔六〕留停，遂經數日。每月隱高巖，其水不流。時商主曰：

「未必爲濟我曹而流水也。嘗聞月愛珠，月光照即水流注耳。將〔七〕非佛像頂上有此寶耶？」遂登崖而視之，乃以月愛珠爲像肉髻。當見其人，說其始末。

校勘

〔一〕中本那上有「至」字，非。

〔二〕中本孤上有「至」字。

〔三〕古本崖作「岸」。

〔四〕建本臨作「旋」。

〔五〕中本無「之」字。

〔六〕古本即作「此」。

〔七〕建本將作「特」，疑形之譌。

國西浮海數千里，至大寶洲，無人居止，唯神棲宅。靜夜遥望，光燭山水〔一〕。商人往之者多矣，咸無所得。

校勘

〔一〕宋本、資福本、明南本、明北本、徑山本水並作「川」。趙城本作「水」，同此本。

自達羅毗荼〔一〕國北〔二〕，入林野中，歷孤城，過小邑，兇人結黨，作害羈旅，行二千餘里，至恭〔三〕建那補羅國。南印度境。

校勘

〔一〕宋本、資福本、明南本、明北本、徑山本荼並作「茶」，非。

〔二〕慈恩傳北作「西北」。方志則亦作「北」。

〔三〕原本恭作「荼」，建本、中本、宋本、趙城本、資福本、明南本、明北本、徑山本荼並作「恭」，今據改。下同。方志作恭達那補羅國。慈恩傳無「恭」字。據梵文名Koṅkana-pura，作「恭」爲是，荼爲形訛。

恭建那補羅國

恭建那補羅國周五千餘里。國大都城周三十餘里。土地膏腴，稼穡滋盛。氣序温〔一〕暑，風俗〔二〕躁烈，形貌黧黑，情性獷暴。好學業，尚德〔三〕藝。伽藍百餘所，僧徒萬餘人，大小二乘兼功綜習。天祠數百，異道雜居。

校勘

〔一〕趙城本温作「濕」。

〔二〕宋本、資福本、明南本、明北本風俗二字作「俗風」，誤倒。

〔三〕建本德作「得」，古通用。

王城附近諸遺迹

王宮城側有大伽藍，僧徒三百餘人，寔唯俊彦也〔一〕。伽藍大精舍高百餘尺，中有一切義成太子〔二〕寶冠，高減二尺，飾以寶珍，盛以寶函。每至齋日，出置高座，香花供養，時放光明。

校勘

〔一〕徑山本也作「其」，金陵本也下多「其」字。

〔二〕慈恩傳此下有注云：「舊曰悉達太子，訛也。」

城側大伽藍中有精舍，高五十餘尺，中有刻檀慈氏菩薩像，高十餘尺。或至齋日，神光照燭，是聞〔一〕二百億羅漢之所造也。

校勘

〔一〕方志無「聞」字，誤脱。

城北不遠，有多羅樹林，周三十餘里。其葉長廣，其色光潤，諸國書寫，莫不採用〔一〕。林中有窣堵波，是過去四佛坐及經行遺迹之所，其側則有聞二百億羅漢遺身舍利窣堵波也。

校勘

〔一〕釋帖十八引作：「多羅樹，其樹形如此方椶櫚，樹極高者七八十尺。枝葉繁茂，果熟即赤，如大石榴，人多食之。東印度土界樹中之上也。」與此文大殊，疑義楚有所增飾也。

城東不遠，有窣堵波，基已傾陷，餘高三丈。聞諸先志〔一〕曰：此中有如來舍利。或至齋日，時燭靈光。在昔如來於此説法，現神通力，度諸羣生。

校勘

〔一〕古本、建本、中本先志二字作「耆舊」。

城西南不遠，有窣堵波，高百餘尺，無憂王之所建也，是聞二百億羅漢於此現大神通，化度衆生。傍有伽藍，唯餘基趾〔一〕，是彼羅漢之所建也。

校勘

〔一〕異本、宋本、資福本、明南本、明北本趾並作「址」。

從此西北入大林野，猛獸暴害，羣盜兇殘。行二千四五百里，至摩訶剌侘國。南印度境。

摩訶剌侘國

摩訶剌侘國周六千餘里。國大都城西臨大河，周三十餘里。土地沃壤，稼穡殷盛。氣序温暑，風俗淳質。其形偉大，其性傲逸，有恩必報，有怨必復〔一〕。人或陵辱，殉命以讎。窘急投分〔二〕，忘身以濟。將復怨也，必先告之。各被堅甲，然後争鋒。臨陣逐北，不殺已降。兵將失利，無所刑罰，賜之女服，感激自死。國養勇士，有數百人。每將決戰，飲酒酣醉，一人摧〔三〕鋒，萬夫挫鋭。遇人肆害，國刑不加。每出遊行，擊鼓前導。復飤〔四〕暴象〔五〕，凡數百頭，將欲陣戰，亦先飲酒，羣馳蹈踐，前無堅敵。其王恃〔六〕此人象，輕陵鄰國。王，刹帝利種也，名補羅稽舍，謀猷弘遠，仁慈廣被。臣下事之，盡其忠矣。今戒日大王東征西伐，遠賓邇肅，唯此國人獨不臣伏。屢率五印度甲兵及募召〔七〕諸國烈將，躬往討伐，猶未克勝。其兵也如此，其俗也如彼。人知好學，邪正兼崇。伽藍百餘所，僧徒五千餘人，大小二乘兼功綜習。天祠百所，異道甚多。

校勘

〔一〕中本復作「傷」。

〔二〕中本分作「忿」，非。

〔三〕建本、中本、宋本、資福本、明南本、明北本、徑山本摧並作「推」。

〔四〕明南本、明北本、徑山本飰作「飲」。此殆誤改飰字，非也。飰同飼。

〔五〕趙城本暴象作「異為」，下同。為爲象之古字。

〔六〕建本恃作「持」。

〔七〕金陵本召作「招」。建本召下有「賢人」二字。

一、附近諸迹

大城内外五窣堵波，並過去四佛坐及經行遺迹之所，無憂王建也。自餘石甎諸窣堵波，其數甚多，難以備舉。

城南不遠，有故伽藍，中有觀自在菩薩石像。靈鑒潛被，願求多果。

二、阿折羅伽藍及石窟

國東境有大山，疊嶺連障〔一〕，重巒絶巘。爰有伽藍，基於幽谷，高堂邃宇，疏崖枕峯〔二〕，重閣層臺，背巖面〔三〕壑〔四〕，阿折羅唐言所行。阿羅漢所建〔五〕。羅漢西印度人也，其母既終，觀生何趣，見於此國，受女人身。羅漢遂來至此，將欲導化，隨機攝受，入里乞食，至母生家。女子持食來施，乳便流汁。親屬既見，以爲不祥。羅漢説本因緣，女子便證聖果。羅漢感〔六〕生育之恩，懷〔七〕業緣之致，將酬厚德，建此伽藍。

校勘

〔一〕石本、宋本、資福本、明南本、明北本、徑山本障並作「嶂」，通用。

〔二〕古本、建本峯作「岑」。

〔三〕中本面作「向」。

〔四〕古本壑作「谷」。宋本、資福本、明南本、明北本、徑山本並作「壡」。趙城本作「壑」，同此本。按壑爲壡之俗字，見干禄字書。

〔五〕中本建卜有「也」字。

〔六〕古本、建本、中本感作「懷」。

〔七〕古本、建本、中本懷作「感」。

伽藍大精舍，高百餘尺。中有石佛像，高七十餘尺〔一〕，上有石蓋七重，虚懸無綴〔二〕，蓋間相去各三尺餘。聞諸先志〔三〕曰：斯乃羅漢願力之所持也。或曰神通之力，或曰藥術之功。考厥實録，未詳其致。精舍四周彫鏤石壁，作如來在昔修菩薩行〔四〕諸因地事。證聖果之禎祥，入寂滅之靈應，巨細無遺，備盡鐫鏤。伽藍門外南北左右，各一石象。聞之土〔五〕俗曰：此象時大聲吼，地爲震動。昔陳那菩薩多止此伽藍。

校勘

〔一〕慈恩傳作「長八丈許」，珠林三十九作「長八丈餘」。

〔二〕釋帖二十一引作「石蓋空懸七重，隨人轉」。

〔三〕古本、建本、中本諸先志三字作「之耆舊」。

〔四〕中本行上有「之」字。

〔五〕明南本、明北本土作「士」，非。

自此西行〔一〕千餘里，渡耐秣〔二〕陁河，至跋禄羯呫昌葉反。婆〔三〕國。南印度境。

校勘

〔一〕慈恩傳西行作「西北行」。方志則亦作「西行」。

〔二〕宋本、資福本、明南本、明北本、徑山本袾作「秼」，慈恩傳同。建本作「殊」，殆誤。趙城本作「袾」，同此本。方志作「末」。

〔三〕古本、建本婆作「波」，下同。

跋禄羯呫婆國

跋禄羯呫婆國周二千四五百里。國大都城周二十餘里。土地鹹鹵，草木稀疏，煮海爲鹽，利海爲業。氣序暑熱，迴風飈起。土俗澆薄，人性詭詐，不知學藝，邪正兼信。伽藍十餘所，僧徒三百餘人，習學大乘上座部法。天祠十餘所，異道雜居。

從此西北行二千餘里，至摩臘婆〔一〕國。即南羅羅〔二〕國，南印度境〔三〕。

校勘

〔一〕建本婆作「波」，下同。

〔二〕原本無下「羅」字，石本、趙城本、古本、建本、中本及慈恩傳並有下「羅」字。宋本、資福本、明南本、明北本、徑山本羅下並有「之」字。之字爲同上字符號「々」的形訛，羅之即羅羅。按「羅羅」爲梵文Lāṭa音譯。今補下「羅」字。

〔三〕建本、中本境下有「也」字。

摩臘婆國

摩臘婆國周六千餘里。國大都城周三十餘里，據莫醯〔一〕河東南。土地膏腴，稼穡殷盛。草木榮茂，花菓繁實。特宜宿麥，多食餅麨。人性善順，大抵聰敏，言辭雅亮〔二〕，學藝優深。五印度境，兩國重學，西南摩臘婆國，東北摩揭陁國，貴德尚仁，明敏强學。而此國也，邪正雜信。伽藍數百所〔三〕，僧徒二萬餘人，習學小乘正量部法。天祠數百，異道寔衆，多是塗灰之〔四〕侶也。

校勘

〔一〕建本、中本、宋本、資福本、明南本、明北本、徑山本及方志醯作「訶」，聲同可通用。石本作「醢」，形之訛。

〔二〕中本雅作「稚」，形之訛。建本亮作「高」。

〔三〕慈恩傳作「百餘所」。

〔四〕中本無「之」字。

一、戒日王遺事

國志〔一〕曰：六十年前，王號尸羅阿迭多，唐言戒日。機慧高明，才學贍敏，愛育四生，敬崇〔二〕三寶。始自誕靈，洎乎没齒，貌無瞋色，手不害生。象馬飲水，漉而後飤〔三〕，恐傷水性〔四〕也。其仁慈如此。在位五十餘年，野獸狎人。舉國黎庶，咸不殺害。居宫之側，建立精舍，窮諸工巧，備盡莊嚴，中作〔五〕七佛世尊之像。每歲恒設無遮大會，招集四方僧徒，修施四事供養，或以三衣道具，或以七寶珍奇。奕世相承，美業無替。

校勘

〔一〕古本、建本、中本志作「記」。

〔二〕古本崇作「宗」。

〔三〕明南本、明北本、徑山本飤作「飲」。按上文云飲水，此不當復云飲。音釋亦作「飤」，云：「餧也。」

〔四〕慈恩傳水性二字作「水居之命」。

〔五〕中本作作「位」。

二、賢愛破邪論故事

大城西北二十餘里，至婆羅門邑，傍有陷坑，秋夏淫〔一〕滯，彌淹旬日，雖納衆流，而無積水。其傍又建小窣堵波。聞諸先志〔二〕曰：昔者大慢婆羅門生身陷入地獄之處。昔此邑中有婆羅門，生知博物，學冠時彦。内外典籍，究極幽微，曆數玄文，若視諸掌。風範清高〔三〕，令問〔四〕遐被。王甚珍敬，國人宗重，門人千數，味道欽風。每而〔五〕言曰：「吾爲世出〔六〕，述聖導凡。先賢後〔七〕哲，無與我比。彼大自在天、婆藪天、那羅延天、佛世尊者，人皆風靡，祖述其道，莫不圖形，競修祇敬。我今德踰於彼，名擅於時，不有所異，其何以顯？」遂用赤栴〔八〕檀刻作大自在天、婆藪天、那羅延天、佛世尊等像，爲座四足，凡有所至，負以自隨，其慢傲也如此。時西印度有苾芻〔九〕跋陁〔一〇〕羅縷〔一一〕支，唐言賢愛〔一二〕。妙極因明，深窮異論，道風淳粹，戒香郁烈，少欲自足，無求於物，聞而歎曰：「惜哉，時無人矣！令彼愚夫，敢行兇〔一三〕德。」於是荷錫遠遊，來至此國，以其宿心，具白於王。王見弊服，心未之敬，然高其志，强爲之禮。遂設論座，告婆羅門〔一四〕。婆羅門聞而笑曰：「彼何人斯，敢懷此志？」命其徒屬，來就論場，數百千衆，前後侍聽。賢愛服弊故衣，敷草而坐。彼婆羅門踞所持座，非斥正法，敷述邪〔一五〕宗。苾芻清辯若流，循環往復。婆羅門久而謝屈。王乃謂曰：「久濫虚〔一六〕名，罔上惑衆，先典有記，論負當戮。」欲以〔一七〕鑪鐵，令其坐上。婆羅門窘迫，乃歸命求救。賢愛愍之，乃請王曰：「大王仁化〔一八〕遠洽，頌聲載途，當布慈育，勿行殘酷，恕其不逮，唯所去就。」王令乘驢巡〔一九〕告城邑。婆羅門恥其戮辱，發憤歐血。苾芻聞已，往慰之曰：「爾學苞内外〔二〇〕，聲聞遐邇，榮辱之事，進退當明。夫名者何實乎？」婆羅門憤恚，深詈苾芻，謗毀大乘，輕蔑〔二一〕先聖。言聲未静，地便拆〔二二〕裂，生身墜陷，遺迹斯在。

校勘

〔一〕古本淫作「陰」。

〔二〕古本、建本諸先志三字作「之耆舊」。

〔三〕古本高作「亮」。

〔四〕明南本、明北本、徑山本問作「聞」。

〔五〕徑山本而作「自」。

〔六〕中本出作「尊」。

〔七〕石本後作「俊」。後哲與先賢並列，「後」字爲長。

〔八〕中本栴作「旃」，同。

〔九〕建本苾芻二字作「比丘」，下同。

〔一〇〕翻譯集引無「陁」字。

〔一一〕宋本、資福本、明南本、明北本、徑山本縷並作「樓」。趙城本作「縷」，同此本。

〔一二〕金陵本賢愛作「賢受」，受當是形訛。下鉢伐多國條亦有賢愛論師。

〔一三〕資福本、明南本、明北本、徑山本兇並作「凶」。

〔一四〕原本門下有「曰」字，建本、中本、宋本、資福本、明南本、明北本、徑山本並無之，今據删。趙城本亦衍「曰」字。

〔一五〕建本邪作「耶」，乃邪之别作。

〔一六〕中本虛作「空」。

〔一七〕宋本、資福本、明南本、明北本、徑山本以並作「燒」。趙城本作「以」，同此本。

〔一八〕原本化作「禮」，石本、建本、中本、宋本、資福本、明南本、明北本、徑山本並作「化」，今據改。蓋化訛爲礼，又誤作禮也。

〔一九〕宋本、資福本、明南本、明北本、徑山本巡並作「遍」。趙城本作「巡」，同此本。

〔二〇〕古本、建本、中本内外作「空有」。

〔二一〕明南本、明北本、徑山本蔑作「懱」。

〔二二〕宋本、資福本、明南本、明北本、徑山本拆並作「坼」。

自此西南入海交，西北行二千四五百里，至阿吒〔一〕釐國。南印度境。

校勘

〔一〕中本吒作「咤」。

阿吒釐國

阿吒釐國周六千餘里。國大都城周二十餘里。居人殷盛，珍寶盈積。稼穡雖備，興販爲業。土地沙鹵，花菓稀少。出胡椒樹，樹葉〔一〕若蜀椒也。出薰陸香樹，樹葉若棠梨也。氣序熱，多風埃。人性澆薄，貴財賤德。文字語言，儀形法則，大同摩臘婆國。多不信福，縱有信者，宗事天神。祠館十〔二〕餘所，異道雜居。

校勘

〔一〕中本無「葉」字，方志同。慈恩傳有「葉」字。

〔二〕明南本、明北本、徑山本十作「千」。方志作「十」，同此。

從摩臘婆國西北行三日〔一〕，至契吒國。南印度境。

校勘

〔一〕宋本、資福本、明南本、明北本三日二字作「三百里」三字；徑山本作「三百餘里」四字。趙城本及慈恩傳、方志作「三日」，同此本。方志下有注云：「彼百里爲一日行。」然則作「三百里」者亦有所據。

契吒國

契吒國周三千餘里。國大都城周二十餘里。人户殷盛，家室富饒。無大君長，役屬摩臘婆國。風土物産，遂同其俗。伽藍十餘所，僧徒千餘人，大小二乘兼功習學。天祠數十，外道衆多。

從此北〔一〕行千〔二〕餘里，至伐臘毗國。即北〔三〕羅羅國，南印度境〔四〕。

校勘

〔一〕慈恩傳亦作「北行」，支那内學院本北字傍校云：「應是南字。」但各本及方志皆作「北」。從下文「北羅羅國」觀之，北字不誤。

〔二〕古本千作「十」。

〔三〕原本北作「比」，石本、建本、宋本、趙城本、資福本、明南本、明北本、徑山本及方志並作「北」，今從改。摩臘婆國爲南羅羅國，伐臘毘國爲北羅羅國，疑原羅羅國後析爲二也。

〔四〕中本無此小注九字。方志小注作「南印度，即北羅羅之別也」。

伐臘毗國

伐臘毗國周六千餘里。國大都城周三十餘里。土地所産，氣序所宜，風俗人性，同摩臘婆國。居人殷盛，家室〔一〕富饒，積財百億者，乃有百餘室矣。遠方奇貨，多聚其國。伽藍百餘所，僧徒六千餘人，多學小乘正量部法。天祠數百，異道寔多。

校勘

〔一〕古本、建本、中本室作「産」。

一、附近遺迹

如來在世，屢遊此國，故無憂王於佛所止，皆樹旌表，建窣堵波。過去三佛坐及經行說法之處，遺迹相間〔一〕。

校勘

〔一〕趙城本間作「聞」。

二、常叡王崇佛

今王，剎帝利種也，即昔摩臘婆國尸羅阿迭多王之姪、今羯若鞠闍國尸羅阿迭多王之子聟〔一〕，號杜魯婆跋〔二〕吒，唐言常叡〔三〕。情性躁急，智謀淺近。然而淳信三寶，歲設大會七日，以殊珍上味，供養僧衆。三衣醫藥之價，七寶奇貴之珍，既以總施，倍價酬贖。貴德尚賢，遵〔四〕道重學。遠方高僧，特加禮敬。

校勘

〔一〕宋本、資福本、明南本、明北本、徑山本聟並作「壻」。趙城本作「聟」，同此本。慈恩傳子聟作「女壻」。
〔二〕古本、建本婆下有「路」字。中本婆跋二字作「婆路跋𠲿」四字。
〔三〕中本叡作「散」。慈恩傳常叡二字作「帝胄」。
〔四〕建本、中本、宋本、資福本、明南本、明北本、徑山本遵並作「尊」。石本作「導」，誤。

三、阿折羅伽藍

去城不遠，有大伽藍，阿折羅阿羅漢之所建立，德慧、堅慧菩薩之所遊止，於中製〔一〕論，並盛流布。

校勘

〔一〕建本、宋本、資福本、明南本、明北本、徑山本製並作「制」，通用。

自此西北〔一〕行七百餘里，至阿難陁補羅國。西印度境。

校勘

〔一〕建本無「北」字。按慈恩傳、方志並作「西北」，建本脱去。

阿難陁補羅國

阿難陁補羅國周二千餘里。國大都城周二十餘里。人户殷盛，家室富饒。無大君長，役屬摩臘婆國。土宜氣序，文字法則，遂亦同焉。伽藍十餘所，僧徒減千人，習學小乘正量部法。天祠數十，異道雜居。

從伐臘毗國西〔一〕行五百餘里，至蘇剌侘國。西印度境。

校勘

〔一〕慈恩傳西作「西北」。

蘇剌侘國

蘇剌侘國周四千餘里。國大都城周三十餘里。西據莫醯〔一〕河。居人殷盛，家産富饒，役屬伐臘毗國。地土鹹鹵，花菓稀少。寒暑雖均，風飄不静。土俗澆薄，人性輕躁，不好學藝，邪正兼信。伽藍五十餘所，僧徒三千餘人，多學大乘上座部法。天祠百餘所，異道雜居。國當西海之路，人皆資海之利，興販爲業，貿遷有無。

校勘

〔一〕新麗本醯原作「醓」，石本作「䤈」，建本作「醢」，京大本從宋本改。方志亦作「莫醯」。「莫醯河」見前，亦作「莫訶河」。

去城不遠，有郁鄯多山〔一〕。頂有伽藍，房宇廊廡，多疏崖嶺。林樹鬱茂，泉流交境〔二〕，聖賢之所遊止，靈仙之所集往〔三〕。

校勘

〔一〕建本、宋本、資福本、明南本、明北本、徑山本山下有「山」字，屬下讀。
〔二〕古本、石本、建本、中本境作「鏡」。
〔三〕建本、徑山本往作「住」。

從伐臘毗國北行千八百餘里，至瞿折羅國。西印度境。

瞿折羅國

瞿折羅國周五千餘里。國大都城號毗羅摩羅，周三十餘里。土宜風俗，同蘇剌侘國。

居人殷盛，家産富饒。多事外道，少信佛法。伽藍一所，僧〔一〕百餘人，習學小乘〔二〕教〔三〕說一切有部。天祠數十，異道雜居。王，刹帝利種也，年在弱冠，智勇高遠，深信佛法，高尚異能。

校勘

〔一〕古本、建本、中本僧下有「徒」字。

〔二〕宋本、資福本、明南本、明北本、徑山本乘下並有「法」字。

〔三〕古本無「教」字。

從此東南行二千八百餘里，至鄔闍衍那國。南印度境。

鄔闍衍那國

鄔闍衍那國周六千餘里。國大都城周三十餘里。土宜風俗，同蘇剌侘國。居人殷盛，家室富饒。伽藍數十所，多以圮壞，存者三五。僧徒三百餘人，大小二乘兼功習學。天祠數十〔一〕，異道雜居〔二〕。王，婆羅門種也，博覽邪書，不信正法。

校勘

〔一〕趙城本十作「千」。按方志亦作「數十」，「千」字當誤。

〔二〕方志此下有「地鹹果少」四字。

去城不遠，有窣堵波，無憂王作地獄之處。

從此東北行千餘里，至擲枳陁國。南印度境。

擲枳陁國

擲枳陁國周四千餘里。國大都城周十五六里。土稱沃壤，稼穡滋植，宜菽麥，多花菓。氣序調暢，人性善順，多信外道，少〔一〕敬佛法。伽藍數十，少有僧徒。天祠十餘所，外道千餘人。王，婆羅門種也，篤信三寶，尊重有德。諸方博達之士，多集此國。

校勘

〔一〕中本少作「小」。

從此北行九百餘里，至摩醯〔一〕濕伐羅補羅國。中印度境。

校勘

〔一〕原本醯作「醘」，今從宋本、資福本、明南本、明北本、徑山本、慈恩傳、方志及本卷首目録改，下同。石本作「醯」，建本作「醢」。並誤。

摩醯濕伐羅補羅國

摩醯濕伐羅補羅國周三千餘里。國大都城周二十〔一〕餘里。上宜風俗同鄔闍衍那國。宗敬外道，不信佛法。天祠數十，多有塗灰之侶。王，婆羅門種也，不甚敬信佛法。

校勘

〔一〕宋本、資福本、明南本、明北本、徑山本二十作「三十」。趙城本及方志作「二十」，同此本。

從此還至瞿折羅國，復北行荒野險磧，經千九百餘里〔一〕，渡信度大河，至信度國。西印度境。

校勘

〔一〕經千九百餘里，方志作「行二千里許」。

信度國

信度國周七千餘里。國大都城號毗苫婆補羅，周三十餘里。宜穀稼，豐宿〔一〕麥，出金、銀、鍮石，宜牛、羊、槖〔二〕駝、騾畜之屬。槖駝卑小，唯有一峯。多出赤鹽，色如赤石，白鹽、黑鹽及白石鹽等，異域遠方以之爲藥。人性剛烈而質直，數鬬諍，多誹讟，學不好博，深信佛法。伽藍數百所，僧徒萬餘人，並學小乘正量部法，大抵懈怠，性行弊穢。其有精勤賢善之徒，獨處閑寂，遠迹山林，夙夜匪懈，多證聖果。天祠三十餘所，異道雜居。其王，戍陁羅種也，性淳質，敬佛法。如來在昔頗遊此國，故無憂王於聖迹處建窣堵波數十所。烏波毱多大阿羅漢屢遊此國，演法開導，所止之處，皆旌遺迹，或建僧伽藍，或樹窣堵波，往往間起，可略而言。

校勘

〔一〕宋本、資福本、明南本、明北本、徑山本、金陵本宿並作「粟」。趙城本作「宿」，同此本。向達云：「作宿爲是。宿麥即今冬小麥也。」

〔二〕一本、宋本、資福本、明南本、明北本、徑山本及音釋槖並作「驝」，下同。方志作「馲」。慈恩傳作「駱」。

法服俗行户

信度河〔一〕側千餘里陂澤間，有數百千户，於此宅居，其性剛烈，唯殺是務。牧牛自活，無所係命。若男若女，無貴無賤，剃鬚髮，服袈裟，像類苾芻而行俗事，專執小見〔二〕，非斥大乘。聞諸先志〔三〕曰：昔此地民庶安忍，但事〔四〕凶殘。時有羅漢愍其顛墜，爲化彼故，乘虛而來，現大神通，示希有事，令衆信受，漸導言教。諸人敬悦，願奉指誨。羅漢知衆心順，爲授三歸，息其凶暴，悉斷生殺〔五〕，剃髮染衣，恭行法教。年代浸遠，世易時移〔六〕，守善既虧，餘風不殄，雖服法衣，嘗無戒善。子孫奕世，習以成俗。

校勘

〔一〕方志信度河三字作「烏河」二字。

〔二〕中本見作「乘」。

〔三〕古本諸先志三字作「諸耆舊」，建本作「之耆舊」。

〔四〕中本無「但事」二字。

〔五〕宋本、資福本、明南本、明北本、徑山本生殺二字並作「殺生」。

〔六〕古本移作「遷」。

從此東行九〔一〕百餘里，渡信度河東岸，至茂羅三部盧國。西印度境。

校勘

〔一〕建本無「九」字。

茂羅三部盧國

茂羅三部盧國周四千餘里。國大都城周三十餘里。居人殷盛，家室富饒，役屬磔迦國。土田良沃，氣序調順。風俗質直，好學尚德，多事天神，少信佛法。伽藍十餘所，多已圮壞，少有僧徒，學無專習。天祠八所，異道雜居。

日天祠

有日天祠，莊嚴甚麗。其日天像鑄以黃金，飾以奇寶。靈鑒幽通，神功潛被，女樂遞奏，明炬繼日，香花供養，初無廢絶。五印度國諸王豪族，莫不於此捨施珍寶，建立福舍，以飲食醫藥給濟貧病。諸國之人來此求願，常有千數。天祠四周，池沼花林，甚可遊賞。

從此東北行七百餘里，至鉢伐多〔一〕國。北印度境。

校勘

〔一〕慈恩傳多下有「羅」字。

鉢伐多國

鉢伐多國周五千餘里。國大都城周二十餘里。居人殷盛，役屬磔迦國。多旱〔一〕稻，宜宿〔二〕麥。氣序調適，風俗質直。人性躁急，言含鄙辭，學藝深博，邪正雜信。伽藍十餘所，僧徒千餘人，大小二乘兼功習學。四窣堵波，無憂王之所建也。天祠二十，異道雜居。

校勘

〔一〕原本旱作「早」，宋本、趙城本、資福本、明南本、明北本、徑山本並作「旱」，今從改。建本作「皁」，誤。

〔二〕宋本、資福本、明南本、明北本、徑山本宿並作「菽」。

城側大伽藍

城側有大伽藍，僧徒百餘人，並學大乘教，即是昔慎那弗呾〔一〕羅唐言最勝子。論師於此製瑜伽師地釋論，亦是賢愛論師、德光論師本出家處。此大伽藍爲天火所燒，摧殘荒圮。

校勘

〔一〕慈恩傳咀作「怛」。

從信度國西南行千五六百里，至阿點婆翅羅國。西印度境。

阿點婆翅羅國

阿點婆翅羅國周五千餘里。國大都城號朅䐡濕伐羅，周三十餘里，僻在西境，臨信度河，鄰大海濱。屋宇莊嚴〔一〕，多有珍寶。近無君長，統屬信度國。地下濕，土斥鹵，穢草荒茂，疇壟少墾。穀稼雖備，宿〔二〕麥特豐。氣序微寒，風飈勁烈。宜牛、羊、橐駞、騾畜之類。人性暴急，不好習學，語言微異中印度。其俗淳質，敬崇三寶。伽藍八十餘所，僧徒五千餘人，多學小乘正量部法。天祠十所，多是塗灰外道之所居止。

校勘

〔一〕古本、建本莊嚴二字作「壯麗」，中本作壯「嚴」。

〔二〕宋本、資福本、明南本、明北本、徑山本宿並作「菽」。

大自在天祠及佛遺迹

城中有大自在天祠，祠宇彫餝〔一〕，天像靈鑒，塗灰外道遊舍其中。

校勘

〔一〕建本、宋本、資福本、明南本、明北本、徑山本餝作「飾」，按餝乃飾之俗字。

在昔如來頗遊此國，説法度人，導凡利俗，故無憂王於聖迹處建六窣堵波焉。

從此西行減二千里〔一〕，至狼揭羅國。西印度境。

校勘

〔一〕減二千里，慈恩傳作「二千餘里」。方志同記。

狼揭羅國

狼揭羅國東西南北各數千里。國大都城周三十餘里，號窣莵〔一〕黎濕伐羅。土地沃潤，稼穡滋盛。氣序風俗，同阿點婆翅羅國。居人殷盛，多諸珍寶，臨大海濱，入西女國之路也。無大君長，據川〔二〕自立，不相承命，役〔三〕屬波剌斯國。文字大同印度，語言少異。邪正兼信。伽藍百餘所，僧徒六千餘人，大小二乘兼功習學。天祠數百所，塗灰外道，其徒極衆。城中有大自在天祠，莊嚴壯麗，塗灰外道之所宗事。

校勘

〔一〕資福本、明南本、明北本、徑山本、金陵本莬並作「菟」。趙城本及音釋作「莬」，同此本。

〔二〕古本川作「爪」，下同。

〔三〕趙城本役作「没」，形近而訛。

自此西北至波剌斯國。雖非印度之國，路次附見。舊曰波斯，略也。

波剌斯國

波剌斯國周數萬里。國大都城號蘇剌薩儻那，周四十餘里。川土既多〔一〕，氣序亦異，大抵温也。引水爲田，人户富饒，出金、銀〔二〕、鍮石、頗胝、水精，奇珍異寶。工織大錦〔三〕、細褐、㲪毹〔四〕之類。多善馬、槖駝。貨用大銀錢。人性躁暴，俗無禮義。文字語言異於諸國。無學藝，多工技，凡諸造作，隣境所重。婚姻雜亂。死多棄屍。其形偉大，齊髮露頭，衣皮褐，服錦氎〔五〕。户課賦稅，人四銀錢。天祠甚多，提那跋外道之徒爲所宗也。伽藍二三，僧徒數百，並學小乘教說一切有部法。釋迦佛鉢，在此王宮。

校勘

〔一〕徑山本、金陵本多作「廣」。

〔二〕原本無「銀」字，建本、中本、宋本、資福本、明南本、明北本、徑山本及方志並有之，今據補。趙城本無銀字。

〔三〕徑山本錦作「鍗」，訛。慈恩傳亦作「大錦」。

〔四〕慧琳音義六十四引毹作「氀」。按氀與毹同，見集韻虞韻。

〔五〕徑山本氎作「氈」。

國東境有鶴秣〔一〕城，内城不廣，外郭周六十餘里。居人衆，家産富。

校勘

〔一〕中本、建本秣作「林」，石本作「秣」。慈恩傳、方志作「秣」，同此。

西北接拂〔一〕懔國〔二〕，境壤風俗，同波剌斯。形貌語言，稍有乖異，多珍寶，亦富饒也。

校勘

〔一〕方志拂作「拂」。

〔二〕方志此下有「出伯狗子，本赤頭鴨，生於穴中」。珠林三十九同，惟伯作「白」。拂懔，隋書、通典、舊唐書、新唐書並作「拂菻」。

拂懔國西南海島有西女國，皆是女人，略無男子。多諸珍〔一〕貨，附拂懔國，故拂懔王歲遣丈夫配焉。其俗〔二〕産男皆不舉也。

校勘

〔一〕宋本、資福本、明南本、明北本、徑山本珍下並有「寶」字。

〔二〕中本俗下有「若」字。

自阿點婆翅羅國北行七百餘里，至臂多勢〔一〕羅國。西印度境。

校勘

〔一〕原本勢作「槷」，今從建本、中本、宋本、資福本、明南本、明北本、徑山本、慈恩傳、方志及本卷首目録改，下同。趙城本作「槷」。

臂多勢羅國

臂多勢羅國周三千餘里。國大都城周二十餘里。居人殷盛，無大君長，役屬信度國。土地沙鹵，寒風凄勁。多宿〔一〕麥，少花菓。而風俗獷暴，語異中印度。不好藝學〔二〕，然知淳信。伽藍五十餘所，僧徒三千餘人，並學小乘正量部法。天祠二十餘所，並塗灰外道也。

校勘

〔一〕宋本、資福本、明南本、明北本、徑山本宿並作「菽」。

〔二〕古本、徑山本藝學二字作「學藝」。

城北諸遺迹

城北十五六里大林中有窣堵波，高數百尺，無憂王所建也。中有舍利，時放光明。是如來昔作仙人〔一〕爲國王所害之處。

校勘

〔一〕方志仙人二字作「忍仙」。

此東不遠，有故伽藍，是昔大迦多延那大阿羅漢之所建立，其傍則有過去四佛座及經行遺迹之處，建窣堵波以爲旌表。

從此東北行三百餘里，至阿軬荼〔一〕國。西印度境。

校勘

〔一〕宋本、資福本、明南本、明北本荼作「茶」，下同。當作「荼」，説見前。

阿軬荼國

阿軬荼〔一〕國周二千四五百里。國大都城周二十餘里。無大君長，役屬信度國。土宜稼穡，宿〔二〕麥特豐。花菓少，草木踈。氣序風寒，人性獷烈，言辭朴質，不尚學業。然於三寶，守心淳信。伽藍二十餘所，僧徒二千餘人，多學小乘正量部法。天祠五所，並塗灰外道也。

校勘

〔一〕阿軬荼，梵文作Avaṇḍa，方志無「阿」字。法人烈維據之稱爲Bhandu，當今之Und，（馮承鈞譯藥叉名録

輿地考〕岑仲勉已議其不合。（見中外史地考證頁二一九九）

〔二〕宋本、資福本、明南本、明北本、徑山本宿並作「菽」。

大竹林附近諸遺迹

城東北不遠，大竹林中伽藍餘趾〔一〕，是如來昔於此處聽諸苾芻着亟〔二〕縛屣。唐言靴。傍有窣堵波，無憂王所建也，基雖傾陷，尚高百餘尺。其傍精舍，有青石立佛像，每至齋日，或放神光。次南八百餘步，林中有窣堵波，無憂王之所建也。如來昔日止此，夜寒，乃以三衣重覆，至明旦，開諸苾芻著複納衣。此林之中，有佛經行之處。又有諸窣堵波，鱗次相望，並過去四佛坐處也。其窣堵波中有如來髮爪，每至齋日，多放光明。

校勘

〔一〕明南本、明北本、徑山本趾作「址」。

〔二〕方志亟作「互」，按各本及音釋並作「亟」，慈恩傳亦「同」。互訛。

從此東北行九百餘里，至伐剌拏國。西印度境。

伐剌拏國

伐剌拏國周四千餘里。國大都城周二十餘里。居人殷盛，役屬迦畢試國。地多山林，稼穡時播。氣序微寒，風俗獷烈。性急〔一〕暴，志鄙弊，語言少同中印度。邪正兼崇，不好學藝。伽藍數十，荒圮已多。僧徒三百餘人，並學大乘法教〔二〕。天祠五所，多塗灰外道也。

校勘

〔一〕石本、建本、宋本、資福本、明南本、明北本、徑山本急並作「忍」。

〔二〕並學大乘法教，方志作「大小並學」。

城南不遠有故伽藍，如來在昔於此説法，示教利喜，開悟含生。其側有過去四佛座及經行遺迹之處〔一〕。聞諸土俗曰：從此國西接稽疆那〔二〕國，居大山間。川〔三〕別立主，無大君長，多羊、馬。有善馬者，其形姝〔四〕大，諸國希種，鄰境所寶。

校勘

〔一〕古本、建本處作「所」。

〔二〕稽疆那，資福本、明南本、明北本、徑山本疆並作「薑」。方志無「稽」字。

〔三〕宋本、資福本、明南本、明北本、徑山本、金陵本間川二字並作「川間」。古本、趙城本作「間川」，同此本。

〔四〕徑山本、金陵本姝作「殊」。按諸本多作姝，音釋亦同。

復此西北踰大山，涉廣川，歷小城邑，行二千餘里，出印度境〔一〕，至漕矩吒國。亦謂漕利國〔二〕。

校勘

〔一〕方志印度境三字作「西印度境」四字，下又有「入胡俗境」。

〔二〕古本、建本國下有「也」字。方志小注云：「亦曰早利。」

大唐西域記卷第十二

三藏法師玄奘奉詔譯
大總持寺沙門辯機撰

二十二國

漕矩吒國　弗栗恃〔一〕薩儻那國
安呾〔二〕囉〔三〕縛國　闊悉多國
活國　瞢健〔四〕國
阿利尼國　曷〔五〕邏胡國
訖栗瑟摩國　鉢利曷國
呬摩呾羅國　鉢鐸〔六〕創那國
淫薄健國　屈居勿反浪拏國
達摩悉鐵帝國　尸棄尼國
商彌國　朅盤陁國
烏鎩國　佉沙國

斫句迦國

瞿薩旦那國

校勘

〔一〕中本恃作「持」。慈恩傳弗栗恃三字作「佛栗氏」。

〔二〕宋本、資福本呾作「咀」，形近而訛。慈恩傳、方志作「呾」。

〔三〕建本、宋本、資福本、明南本、明北本、徑山本囉並作「羅」。慈恩傳囉作「羅」，縛下有「婆」字。

〔四〕原本健作「楗」，建本、中本、宋本、資福本、明南本、明北本、徑山本並作「健」。按下本文亦然，今從改，俾前後一律。慈恩傳、方志亦作「健」。

〔五〕原本曷作「遏」，建本、宋本、資福本、明南本、明北本、徑山本及慈恩傳並作「曷」。按下本文亦然，今從改，俾前後一律。方志作「遏」。

〔六〕慈恩傳無「鐸」字。

漕矩吒國

漕矩吒國周七千〔一〕餘里。國大都城號鶴悉那，周三十餘里；或都鶴薩羅城，城〔二〕周三十餘里。並堅峻險固也。山川隱軫〔三〕，疇壟爽〔四〕塏。穀稼時播，宿麥滋豐。草木扶疎，花菓茂盛，宜鬱金香，出興瞿草，草生羅摩印度川。鶴薩羅城中踊〔五〕泉流派，國人利之，以〔六〕溉田也。氣序寒烈，霜雪繁多。人性輕躁，情多詭詐。好學藝，多技術，聰〔七〕而不明，日誦數萬言。文字言辭〔八〕，異於〔九〕諸國。多飾虛談，少成事實。雖祀百神，敬崇三寶。伽藍數百所，僧徒萬餘人〔一〇〕，並皆習〔一一〕學大乘法教。今王淳信，累葉承統，務〔一二〕興勝福，敏而好學。無憂王所建窣堵波十餘所。

校勘

〔一〕建本千作「十」，誤。方志亦作「七千餘里」。

〔二〕宋本、資福本、明南本、明北本、徑山本無「城」字。趙城本有，同此本。

〔三〕宋本、資福本、明南本、明北本、徑山本隱軫二字作「嶾嶙」。趙城本作「隱軫」，同此本。

〔四〕宋本、資福本、明南本、明北本、徑山本及音釋爽並作「塽」，同。

〔五〕石本校書、建本、中本、宋本、資福本、明南本、明北本、徑山本踊並作「涌」。

〔六〕中本無「以」字。

〔七〕原本聰作「聽」，石本、建本、宋本、趙城本、資福本、明南本、明北本、徑山本並作「聰」，今從改。

〔八〕宋本、資福本、明南本、明北本、徑山本辭並作「詞」，同。

〔九〕徑山本於作「乎」。

〔一〇〕方志作「寺有百數，僧徒數萬」。

〔一一〕宋本、資福本、明南本、明北本、徑山本並無「習」字。

〔一二〕宋本、資福本務作「務」。「務」字不見字書，當是務之訛。

崇奉穆那天

天祠數十，異道雜居，計〔一〕多外道，其徒極盛，宗事穆〔二〕鋤句〔三〕反，下同〔四〕。那天。其天〔五〕神昔自迦畢試國阿路猱山徙居此國南界穆那呬羅山中，作威作福，爲暴爲惡〔六〕。信求者遂願，輕蔑〔七〕者招殃，故遠近宗仰，上下祇懼。隣國異俗君臣僚庶，每歲嘉辰，不期而會，或賫金銀奇寶，或以牛〔八〕馬馴畜，競興貢奉，俱伸〔九〕誠素。所以金銀布地〔一〇〕，羊馬滿谷，無敢覬覦。唯修施奉，宗事外道，克心苦行。天神授其呪術，外道遵行多効，治療疾病，頗蒙痊愈。

校勘

〔一〕徑山本計作「但」。向達以計多外道爲九十六種外道之一，其説無據，疑非。計爲數計，其義自通。

〔二〕建本穆作「褶」，宋本、資福本及音釋作「穊」，是穆之俗字。方志作「穡」，疑字或作「穡」，形似而訛。穆那天神已見卷一迦畢試國。

〔三〕原本鋤句二字作「錫苟」，建本、中本、宋本、資福本、明南本、明北本、徑山本並作「鋤句」。音釋作「助句」，同。趙城本作「錫句」。卷一迦畢試國穆下作士句反。按廣韻虞韻仕于切紐有穆字，鋤、助與仕字同聲紐，可通用，錫當是鋤之形訛，今據改。惟苟、句與于不同韻部，疑此字有讀作去聲入遇韻者，韻書或失收之。又按集韻尤韻甾尤切紐亦有稵字，則句讀鈎音，可合，但聲紐又不相諧。今從建本等校字，不强作斷。

〔四〕中本同下有「也」字。

〔五〕中本無「天」字。

〔六〕中本爲暴爲惡四字作「爲兇爲暴」。

〔七〕明南本、明北本、徑山本蔑作「懱」，同。

〔八〕中本、宋本、資福本、明南本、明北本、徑山本牛並作「羊」。下同。

〔九〕建本、宋本、資福本、明南本、明北本、徑山本伸並作「申」，同。

〔一〇〕趙城本地作「施」。按布地與下句滿谷相對，施字非。

從此北行五百餘里，至弗栗〔一〕恃薩儻那國。

校勘

〔一〕中本栗作「票」，形近而訛。

弗栗恃薩儻那國

弗栗恃薩儻那國東西二千餘里，南北千餘里。國大都城號護苾那，周二十餘里。土宜風俗，同漕矩吒國，語言有異。氣序寒勁，人性獷〔一〕烈。王，突厥種也，深信三寶，尚學遵〔二〕德。

校勘

〔一〕中本獷作「穬」。

〔二〕石本遵作「導」。

婆羅犀那大嶺

從此國東北，踰山涉川，越迦畢試國邊城〔一〕小邑，凡數十所，至大雪山婆羅犀那〔二〕大嶺。嶺極崇峻，危隥〔三〕敧傾，蹊徑盤迂，巖〔四〕岫迴互。或入深谷，或上高崖〔五〕，盛夏合〔六〕凍，鑿冰而度。行經三日，方至嶺上。寒風凄烈，積雪彌谷，行旅經涉，莫能佇足。飛隼翱翔，不能越〔七〕度，足趾步履，然後翻飛，下望諸山，若觀培塿。贍部洲中，斯嶺特高。其巔〔八〕無樹，唯多石峰，攢立藂〔九〕倚，森然若林。

校勘

〔一〕原本無「城」字，建本、宋本、趙城本、資福本、明南本、明北本、徑山本並有之，今據補。

〔二〕方志那作「羅」。

〔三〕中本隥作「蹬」。

〔四〕古本、建本、中本巖作「崖」。

〔五〕古本、建本、中本崖作「巖」。

〔六〕古本、中本合作「含」。

〔七〕中本無「越」字。

〔八〕古本巔作「嶺」。

〔九〕宋本、資福本、明南本、明北本、徑山本藂作「叢」，同。

又三日行，方得下嶺，至安呾羅縛〔一〕國。

校勘

〔一〕慈恩傳縛下有「婆」字。

安呾羅縛國

安呾羅縛國，覩貨邏國故地〔一〕，周三千餘里。國大都城周十四五里。無大君長，役屬突厥。山阜連屬，川田隘〔二〕狹。氣序寒烈，風雷凄勁。豐稼穡，宜花菓。人性獷暴，俗無綱紀，不知罪福，不尚習學，唯修神祠，少信佛法。伽藍三所，僧徒數十，然皆遵習大衆部法。有一窣堵波，無憂王建也。

校勘

〔一〕建本、中本、宋本、資福本、明南本、明北本、徑山本地下有「也」字。

〔二〕建本隘作「溢」，形訛。

從此西北，入谷踰嶺，度諸小城，行四百餘里，至闊悉多國。

闊悉多國

闊悉多國，覩貨邏國故地也，周減千里〔一〕。國大都城周十餘里。無大君長，役屬突厥。山多川狹，風而且寒〔二〕。穀稼豐，花菓盛。人情獷暴，俗無法度。伽藍三所，僧徒尠〔三〕少。

校勘

〔一〕周減千里，古本作「周減三千里」五字；宋本、資福本、明南本、明北本、徑山本並作「周三千餘里」五字；石本作「周千里」三字。趙城本及方志作「周減千里」，同此本。
〔二〕徑山本風而且寒四字作「而且風寒」。方志作「極甚風寒」。
〔三〕徑山本尠作「尟」，俗字。

從此西北，踰山越谷，度諸城邑，行三百餘里，至活國。

活國

活國，覩貨邏國故地也，周二〔一〕千餘里。國大都城周二十餘里。無別君長，役屬突厥。土〔二〕地平坦，穀稼時播，草木榮茂，花菓具〔三〕繁。氣序和暢，風俗淳質，人性躁烈。衣服氈褐。多信三寶，少事諸神。伽藍十餘所，僧徒數百人，大小二乘兼功綜習。其王突厥也，管鐵門已南諸小國，遷徙鳥居，不常其邑。

校勘

〔一〕宋本、資福本、明南本、明北本、徑山本二並作「三」。趙城本及方志作「二」，同此本。
〔二〕新麗本原書土訛作「上」，京大本從宋本等改。
〔三〕石本具作「豐」；宋本、趙城本、資福本、明南本、明北本、徑山本並作「異」。建本作「具」，同此本。

葱嶺

從此東入葱嶺。葱嶺者，據贍部洲中，南接大雪山，北至熱海、千泉，西至活國，東至烏鎩國〔一〕，東西南北各數千里。崖嶺數百重，幽谷險峻，恒積冰雪，寒風勁烈。多〔二〕出葱〔三〕，故謂葱嶺，又以山崖葱翠，遂以名焉。

東行百餘里，至瞢健國。

校勘

〔一〕續傳作「南接雪山，北至熱海，東漸烏鎩，西極波斯」，稍異。

〔二〕徑山本、金陵本多上有「地」字。

〔三〕建本葱下有「⿱艹赫」字。⿱艹赫疑是蒜之譌字。

瞢健國

瞢健國，覩〔一〕貨邏國故地也，周四百餘里。國大都城周十五六里〔二〕。土宜風俗，大同活國。無大君長，役屬突厥。

校勘

〔一〕建本覩作「都」。下同。

〔二〕方志十五六里四字作「十六里」三字。

北至阿利尼國。

阿利尼國

阿利尼國，覩貨邏國故地也，帶〔一〕縛芻河兩岸〔二〕，周三百餘里。國大都城周十四五里。土宜風俗，大同活國。

校勘

〔一〕建本帶作「滯」。方志作「帶」，同此。

〔二〕建本、中本岸作「崖」。方志作「岸」，同此。崖當是字形之訛。

東至曷邏〔一〕胡國。

校勘

〔一〕方志曷邏二字作「遏羅」。

曷邏胡國

曷邏胡國，覩貨邏國故地也，北臨縛芻河，周二百餘里。國大都城周十四五里。土宜風俗，大同活國。

從曹健國東踰峻嶺，越洞谷，歷數川〔一〕城，行三百餘里，至訖栗瑟摩國。

校勘

〔一〕徑山本川作「州」，疑訛。

訖栗瑟摩國

訖栗瑟摩國，覩貨邏國故地也，東西千〔一〕餘里，南北三百餘里。國大都城周十五六里。土宜風俗，大同曹健國，但其人性暴，愚〔二〕惡有異。

校勘

〔一〕原本千作「十」，古本、中本、異本、宋本、趙城本、資福本、明南本、明北本、徑山本及方志並作「千」，今據改。

〔二〕中本、宋本、資福本、明南本、明北本、徑山本並無「愚」字。

北〔一〕至鉢利曷國。

校勘

〔一〕宋本、資福本、明南本、明北本、徑山本北上並有「東」字。方志作「北」，同此本。

鉢利曷國

鉢利曷國，覩貨邏國故地也，東西百〔一〕餘里，南北三百餘里。國大都城周二十餘里。

土宜風俗，大同訖栗瑟摩國。

校勘

〔一〕中本百上有「二」字。方志亦作「百餘里」，同此。

從訖栗瑟摩國，踰山越川，行三百餘里，至呬摩呾羅〔一〕國。

校勘

〔一〕中本羅作「邏」。

呬摩呾羅國

呬摩呾羅國，覩貨邏國故地也，周三千餘里。山川邐迤，土地沃壤，宜穀稼，多宿麥。百卉滋茂，衆菓具繁。氣序〔一〕寒烈，人性暴急，不識罪福。形貌鄙陋，舉措威儀，衣氈皮褐，頗同突厥。其婦人首冠木角，高三尺餘，前有兩岐〔二〕，表夫父母。上岐表父，下岐表母，隨先喪亡，除去一岐。舅姑俱没〔三〕，角冠全棄。其先强國，王，釋種也，葱嶺之西，多見臣伏。境鄰突厥，遂染其俗，又爲侵掠，自守其境。故此國人流離異域，數十堅城，各別立主。穹廬毳帳，遷徙往來。西接訖栗瑟摩國。

校勘

〔一〕趙城本序作「宇」。誤。

〔二〕慈恩傳岐作「歧」，下同，通用。音釋作「歧」。

〔三〕宋本、資福本、明南本、明北本、徑山本没並作「殁」，通用。

東谷〔一〕行二〔二〕百餘里，至鉢鐸〔三〕創那國。

校勘

〔一〕古本、建本無「東」字。中本、宋本、資福本、明南本、明北本、徑山本並無「谷」字，慈恩傳亦作「東行」，無「谷」字。石本、趙城本作「東谷行」，同此本。方志自鉢鐸創那國至呬摩呾那國作「山谷西行二百餘里」。

〔二〕古本二作「三」。

〔三〕慈恩傳無「鐸」字。

鉢鐸創那國

鉢鐸創那國，覩貨邏國故地也，周二千餘里。國大都城據山崖〔一〕上，周六七里。山川邐迤，沙石彌漫。土宜菽麥，多蒲陶、胡桃、梨、柰等果。氣序寒烈，人性剛猛，俗無禮法，不知學藝。其貌鄙陋，多衣氈褐。伽藍三四所，僧徒寡少。王性淳質，深信三寶。

校勘

〔一〕古本、建本、中本崖上有「爲固」二字。

從此東南山谷中行二百餘里，至淫薄健國。

淫薄健國

淫薄健國，覩貨邏國故地也，周千餘里。國大都城周十餘里。山嶺連屬，川田隘狹。土地所産，氣序所宜，人性之差，同鉢鐸創那，但言語少異。王性苛〔一〕暴，不明善惡。

校勘

〔一〕石本、趙城本苛作「奇」。

從此東南，踰嶺越谷，峽路危險，行三百餘里，至屈居勿反。浪拏國。

屈浪拏國

屈浪拏國，覩貨邏國故地也，周二千餘里。土地山川，氣序時候，同淫薄健國。俗無法度〔一〕，人性鄙暴，多不營福，少信佛法。其貌醜弊，多服氈褐。有山巖中多出金精，琢析〔二〕其石，然後得之。伽藍既少，僧徒亦寡。其王淳質，敬崇〔三〕三寶。

校勘

〔一〕建本、中本、宋本、資福本、明南本、明北本、徑山本度並作「則」。

〔二〕原本析作「折」，建本、宋本、資福本、明南本、明北本、徑山本及音釋並作「析」，今從改。

〔三〕中本崇作「宗」。

從此東北，登山入谷，途路艱險，行五百餘里，至達摩悉鐵帝國。亦名鎮侃〔一〕，又謂護蜜〔二〕。

校勘

〔一〕古本鎮侃二字作「鏃侃」，石本作「鑊侃」，中本作「護侶」，金陵本作「鑊侃」，方志作「護侃」。餘本及音釋同此。侃、侃同字。

〔二〕中本又謂護蜜四字作「人護謁窟」，大訛。慈恩傳、方志蜜作「密」。徑山本無小注八字。

達摩悉鐵帝國

達摩悉鐵帝國在兩山間，覩貨邏國故地也，東西千五六百餘里，南北廣四五里，狹則不踰一里〔一〕。臨縛芻河，盤紆曲折，堆阜高下，沙石流漫，寒風淒烈。唯〔二〕植麥豆，少樹林，乏花菓。多出善馬，馬形雖小而耐馳涉。俗無禮義，人性獷暴，形貌鄙陋，衣服氈褐。眼〔三〕多碧緑，異於諸國。伽藍十餘所，僧徒寡少。

校勘

〔一〕南北廣四五里狹則不踰一里，方志作「南北減百里或狹不踰十里」。

〔二〕明北本、徑山本唯作「雖」。

〔三〕石本、建本眼作「服」。按慈恩傳亦作「眼」，服乃形之訛。

昏馱多城伽藍

昏〔一〕馱多城，國之都也。中有伽藍，此國先王之所建立，疏崖奠谷，式建堂宇。此國之先，未被佛教，但事邪神，數百年前，肇弘法化。初，此國王愛子嬰疾，徒究醫術，有加無瘳。王乃躬往天祠，禮〔二〕請求救。時彼祠〔三〕主爲神下語，必當痊復，良無他慮。王聞喜慰，迴駕而歸。路逢沙門，容止可觀，駭其形服，問所從至。此沙門者，已證聖果，欲弘佛法，故此儀形，而報王曰：「我如來弟子，所謂苾芻〔四〕也。」王既憂心，即先問曰：「我子嬰疾，生死未分。」沙門曰：「王先靈可起，愛子難濟。」王曰：「大〔五〕神謂〔六〕其不死，沙門言其當終，詭俗之人，言何可信？」遲至宫中，愛子已死。匿不發喪，更問神主〔七〕，猶〔八〕曰：「不死，疹疾當瘳。」王便發怒，縛神主而數曰：「汝曹羣居長惡，妄行威福。我子已死，尚云當瘳。此而謬惑，孰不可忍？宜戮神主，殄滅靈廟。」於是殺神主，除神像，投縛芻河。迴駕而還，又遇沙門，見而敬悦，稽首謝曰：「曩無明導，佇足邪途，澆弊雖久，沿革在兹。願能垂顧，降臨居室！」沙門受請，隨至中宫。葬子既已，謂沙門曰：「人世糾紛，生死流轉。我子嬰疾，問其去留，神而妄言，當必痊〔九〕差。先承指告，果無虚説。斯則其法可奉，唯垂哀愍，導此迷徒！」遂請沙門揆度伽藍，依其規矩，而便建立。自爾之後，佛教方隆。故伽藍中精舍，爲羅漢建也。

校勘

〔一〕宋本、資福本、明南本、明北本、徑山本昏上並有「尸棄尼國」四字。按此寺不在尸棄尼國，慈恩傳亦無此四字，誤衍。

〔二〕古本禮作「祀」。

〔三〕中本祠上有「祀」字。

〔四〕建本苾芻作「比丘」。

〔五〕石本天作「夫」。

〔六〕石本、建本、中本、宋本、資福本、明南本、明北本、徑山本謂並作「詳」。

〔七〕中本主作「王」，非。下文均作「神主」。

〔八〕建本猶上有「神」字。

〔九〕中本痊作「疾」。

伽藍大精舍中有石佛像，像上懸金銅圓蓋，衆寶莊嚴。人有旋繞，蓋亦隨轉，人止〔一〕蓋止，莫測靈鑒。聞諸耆舊曰：或云〔二〕聖人願力所持，或謂機關祕術所致。觀其堂宇，石壁堅峻，考厥衆議，莫知實録。

校勘

〔一〕中本人止作「人出」，形近而訛。慈恩傳作「人停」。

〔二〕徑山本無「或云」二字。

踰此國大山北，至尸棄尼國。

尸棄尼國

尸棄尼國周二〔一〕千餘里。國大都城周五六里。山川連屬，沙石遍野。多宿〔二〕麥，少穀稼。林樹稀踈，花菓寡少。氣序寒烈，風俗獷勇，忍於殺戮，務於盜竊，不知禮義，不識善惡，迷未來禍福，懼現世灾殃。形貌鄙陋，皮褐爲服。文字同覩貨羅〔三〕國，語言有異。

校勘

〔一〕建本無「二」字。
〔二〕宋本、資福本、明南本、明北本、徑山本宿並作「菽」。
〔三〕石本、建本、中本、宋本、資福本等羅並作「邏」。

越達摩悉鐵帝國大山之南，至商彌國。

商彌國

商彌國周二千五六百里。山川相間，堆阜高下。穀稼備植，菽〔一〕麥彌豐。多蒲陶，出雌黄〔二〕，鑿崖析石，然後得之。山神暴惡，屢爲灾害，祀祭後入，平吉往來。若不祈禱，風雹〔三〕奮發。氣序寒，風俗急。人性淳質，俗無禮義，智謀寡狹，伎能淺薄。文字同覩貨邏國，語言別異。多衣氈褐。其王釋種也，崇重佛法。國人從化，莫不淳信。伽藍二所，僧徒寡少。

校勘

〔一〕古本蔽作「宿」。

〔二〕方志雌黄作「雄黄」。

〔三〕建本雹作「電」，非。

波謎羅川

國境東北，踰山越谷，經危履險，行七百餘里，至波謎羅〔一〕川。東西千餘里，南北百餘里，狹隘之處不踰十里，據兩雪山間，故寒風凄勁，春夏飛雪，晝夜飄風。地鹹鹵，多礫石，播植不滋，草木稀少，遂至空荒，絶無人止〔二〕。

校勘

〔一〕異本羅作「邏」。

〔二〕中本止作「趾」。按慈恩傳作「無復人跡」，則止亦當讀作趾也。止、趾古通用。

波謎羅川〔一〕中有大龍池，東西三百餘里，南北五十餘里，據大葱嶺内，當贍部洲〔二〕中，其地最高也。水乃澄清皎鏡，莫測其深，色帶青黑，味甚甘美。潛居則鮫、螭、魚、龍、黿、鼉、鼈、鼈，浮游乃鴛鴦、鴻鴈、鴐〔三〕鵝、鷫、鴇〔四〕。諸鳥大卵，遺㲉〔五〕荒野，或草澤間，或沙渚上。池西派一大流，西至達摩悉鐵帝國東界〔六〕，與縛芻河合而西流，故此已右〔七〕，水皆西流。池東派一大〔八〕流，東北〔九〕至佉沙國西界，與徙多河合而東流，故此已左，水皆東流。

校勘

〔一〕古本川作「山」。
〔二〕原本洲作「州」，今從宋本、趙城本、資福本、明南本、明北本、徑山本改。
〔三〕宋本、資福本鴐訛作「駕」，但音釋作「鴐」。
〔四〕古本鴇作「隝」。慧琳音義作「鴇」，云：「音保，説文中從卂作鳵，亦通也。正體從𠤏，𠤏音保。或作鴇。」
〔五〕原本㲉作「鷇」，今從資福本、明南本、明北本、徑山本改。音釋作「鷇」，同京大本，並俗訛。
〔六〕古本界作「境」。
〔七〕方志、續傳已右作「已西」。
〔八〕建本無「大」字。
〔九〕一本無「北」字。

波謎羅川南，越山有鉢露羅國，多金銀，金色如火。

自此川中東南〔一〕，登山履險，路無人里〔二〕，唯多冰雪。行五百餘里，至朅盤陁國。

校勘

〔一〕古本、建本、中本無「東南」二字。異本無「南」字。

〔二〕異本、宋本、資福本、明南本、明北本、徑山本登山履險路無人里八字作「路無人里登山履險」。中本險作「嶮」。

朅盤陁國

朅盤陁國周二千餘里。國大都城基大石嶺，背徙多河，周二十〔一〕餘里。山嶺連屬，川原隘狹。穀稼儉少，菽麥豐多，林樹稀，花菓少。原隰丘墟，城邑空曠。俗無禮義，人寡學藝，性既獷暴，力亦驍勇。容貌醜弊，衣服氈褐。文字語言大同佉沙國。然知淳信〔二〕，敬崇佛法。伽藍十餘所，僧徒五百餘人，習學小乘教説一切有部。

校勘

〔一〕方志二十作「五十」。

〔二〕明南本、明北本信訛作「言」。

一、建國傳説

今王淳質，敬重三寶，儀容閑雅，篤志好學。建國已來，多歷年所〔一〕，其自稱云是至那提婆瞿呾羅〔一〕。唐言漢日天種。此國之先，葱嶺中荒川也。昔波利剌斯〔三〕國王娶婦漢土，迎歸〔四〕至此。時屬兵亂，東西路絶，遂以王女置於孤峯〔五〕，極危峻，梯崖而上，下設周衛，警晝巡夜。時經三月，寇賊方静，欲趣〔六〕歸路，女已有娠。使臣惶懼，謂徒屬曰：「王命迎婦，屬斯寇亂，野次荒川，朝不謀夕。吾王德感，妖氛〔七〕已静。今將歸國，王婦有娠。顧此爲憂，不知死地。宜推首惡，或以後誅。」訊問諠譁，莫究其實。時彼侍兒謂使臣曰：「勿相尤也，乃神會耳。每日正中，有一丈夫從日輪中乘馬會此。」使臣曰：「若然者，何以雪罪？歸必見誅，留亦來討，進退若是，何所宜行？」僉曰：「斯事不細，誰就深誅？待罪境外，且推旦夕。」於是即石峯上築宫起館，周三百餘步。環宫築城，立女爲主〔八〕，建官〔九〕垂憲，至期産男，容貌妍麗。母攝政事，子稱尊號。飛行虚空，控馭風雲，威德遐被，聲教遠洽，鄰域異國，莫不稱臣。其王壽終，葬在此城東南百餘里大山巖石室中。其屍乾腊〔一〇〕，今猶不壞，狀羸瘠人〔一一〕，儼然如睡。時易衣服，恒置香花。子孫奕世，以迄于今。以其先祖之〔一二〕世，母則漢土之人，父乃日天之種，故其自稱漢日天種。然其王族，貌同中國〔一三〕，首飾方冠，身衣胡服。後嗣陵夷，見迫强國。

校勘

〔一〕明北本、徑山本所作「數」。

〔二〕慈恩傳至作「脂」，呾作「怛」。

〔三〕建本、宋本、資福本、明南本、明北本、徑山本波利剌斯四字並作「波剌斯」二字。中本作「波剌波斯」。趙城本作「波利剌斯」，同此本。

〔四〕建本歸作「婦」。按上句已言「娶婦」，此不當復云「迎婦」，婦乃形似而誤。

〔五〕建本、中本、宋本、資福本、明南本、明北本、徑山本峯下重「峯」字，屬下句。

〔六〕中本趣作「趨」。

〔七〕建本、中本、宋本、資福本、明南本、明北本、徑山本氛並作「氣」。

〔八〕古本、建本、中本主作「王」。

〔九〕原本官作「宮」，古本、石本、建本、金陵本作「官」。按上文已言「築宮起館」，不當復言「建宮」，宮乃官之形訛，今據改。

〔一〇〕慧琳音義腊訛作「晧」，云：「肉乾也。」音釋作「腊」不誤。

〔一一〕徑山本狀羸瘠人四字作「人狀羸瘠」。

〔一二〕中本無「之」字。

〔一三〕中本、建本國作「夏」。

二、童受伽藍

無憂王命世，即其宮中建窣堵波。其王於後遷居宮東北隅，以其故宮爲尊者童受〔一〕論師建僧伽藍。臺閣高廣，佛像威嚴。尊者呾叉始羅國人也，幼而穎悟，早離俗塵，遊心典籍，棲神玄旨，日誦三萬二千言，兼書三萬二千字，故能學冠時彥，名高當世，立正法，摧邪見，高論清舉，無難不酬。五印度國咸見推高。其所製論凡數十部，並盛宣行，莫不翫習，即經部本師也。當此之時，東有馬鳴，南有提婆，西有龍猛，北有童受，號爲四日照世。故此國王聞尊者盛德，興兵動衆，伐呾叉始羅國，脅而得之，建此伽藍，式昭瞻仰。

校勘

〔一〕慈恩傳童受作「童壽」。下同。

三、二石室入定羅漢

城東南行三百餘里，至大石崖，有二石室，各一羅漢於中入滅盡定，端然而坐，難以動摇。形若羸人，膚骸不朽，已經七百餘歲。其鬚〔一〕髮恒長，故衆僧年別爲剃髮易衣。

校勘

〔一〕建本、中本鬚作「鬢」。

四、奔穰舍羅

大崖東北，踰嶺履險，行二百餘里，至奔逋〔一〕論反。穰〔二〕舍羅。唐言福舍。葱嶺東岡，四山之中，地方百餘〔三〕頃，正中墊下。冬夏積雪，風寒飄勁。疇壠舄〔四〕鹵，稼穡不滋，既無林樹，唯有細草。時雖暑熱，而多風雪，人徒纔入，雲霧已興。商侶往來，苦斯艱險。聞諸耆舊曰：昔有賈客，其徒萬餘，槖駝數千，齎貨逐利，遭風遇雪，人畜俱喪。時朅盤陁國有大羅漢，遥觀見之，愍〔五〕其危厄，欲運神通，拯斯淪溺。適來至此，商人已喪，於是收諸珍寶，集其所有，構立館舍，儲積資財，買地鄰國，鬻户邊城，以賑〔六〕往來。故今行人商侶，咸蒙周給。

校勘

〔一〕原本逋作通，石本、建本、中本、宋本、資福本、明南本、徑山本並作「逋」。按通論於奔字音不協。今據改。趙城本作「通」，同此訛。

〔二〕古本、異本、宋本、資福本、明南本、徑山本及音釋穰並作「攘」；明北本作「禳」。

〔三〕中本餘下有「里」字。一本頃作「里」。疑中本里下衍頃字。

〔四〕古本、建本、一本、宋本、資福本、明南本、明北本及音釋舄作「潟」，同。中本作「石」，非。徑山本、金陵本作「瀉」。

〔五〕一本、宋本、資福本、明南本、明北本慼作「慜」,同。

〔六〕中本賑下有「給」字。

從此東下葱嶺東岡,登危嶺,越洞谷,谿徑險阻,風雪相繼,行八百餘里,出葱嶺,至烏鎩國。

烏鎩國

烏鎩國周千餘里。國大都城周十餘里,南臨徙多河。地土沃壤,稼穡殷盛,林樹〔一〕鬱茂,花菓具繁。多出雜玉,則有白玉、黳〔二〕玉、青玉。氣序和,風雨順〔三〕。俗寡禮義,人性剛獷,多詭詐,少廉恥。文字語言少同佉沙國。容貌醜弊,衣服皮褐,然能崇信,敬奉佛法。伽藍十餘所,僧徒減千人,習學小乘教説一切有部。自數百年王族絶嗣,無別君長,役屬朅盤陁國。

校勘

〔一〕古本林樹二字作「樹林」。

〔二〕方志黳作「堅」。

〔三〕宋本、資福本、明南本、明北本、徑山本順下並有「節」字。

羅漢出定神變傳説

城西二百餘里至大〔一〕山，山氣巃〔二〕嵸，觸石〔三〕興雲。崖隒崢嶸，將崩未墜。其巔〔四〕窣堵波，欝然奇制〔五〕也。聞諸土俗曰：數百年前，山崖崩圮，中有苾芻〔六〕瞑目而坐，軀量偉大，形容枯槁，鬚髮下垂，被肩蒙面。有田〔七〕獵者見已白王，王躬觀禮。都人士子，不召而至，焚香散花，競修供養。王曰：「斯何人哉，若此偉也！」有苾芻對曰：「此鬚髮垂長而被服袈裟〔八〕，乃入滅心〔九〕定阿羅漢也。夫入滅心定者，先有期限，或言聞揵椎〔一〇〕聲，或言〔一一〕待日光照。有兹警察，便從定起。若無警察，寂然不動，定力持身，遂無壞滅。段〔一二〕食之體，出定便謝。宜以酥〔一三〕油灌注，令得滋潤，然後鼓擊，警悟定心。」王曰：「俞〔一四〕乎！」乃〔一五〕擊揵椎。其聲纔振，而此羅漢豁然高視，久之乃曰：「爾輩何人，形容卑劣，被服袈裟？」對曰：「我苾芻也。」曰：「然我師迦葉波如來今何所在？」對曰：「入大涅槃，其來已久。」聞而閉目，悵若有懷，尋重問曰〔一六〕：「釋迦如來出興世耶？」對曰：「誕靈導世〔一七〕，已從寂滅。」聞復俯首，久之乃起，昇虚空，現神變，化火焚身，遺骸墜地。王收其骨，起窣堵波。

校勘

〔一〕華嚴鈔五十八引大上有「一」字。

〔二〕徑山本巃作「籠」。按下嵸字從山，此亦當從山作「巃」。

〔三〕趙城本石訛作「不」。

〔四〕古本、石本巔作「嶺」。按慈恩傳云「上有窣堵波」，則「巔」字爲是。

〔五〕中本制作「製」。

〔六〕建本苾芻二字作「比丘」，下同。

〔七〕宋本、資福本、明南本、明北本、徑山本田並作「畋」，同。慈恩傳田獵者作「樵者」。

〔八〕中本裟下有「裳」字。

〔九〕異本心作「盡」。慈恩傳亦作「入滅盡定」。按「入滅心定」又見下斫句迦國内。

〔一〇〕原本椎作「稚」，今改，説見前。下同。珠林三十八引作「椎」。中本作「推」，亦椎之形訛。慈恩傳作「槌」。

〔一一〕建本、宋本、資福本、明南本、明北本、徑山本言並作「云」。

〔一二〕原本段作「叚」，今從金陵本改。資福本、明南本、明北本並作「叚」，叚當是段之别字。徑山本作「叚」，同此本。叚即假字，但俗常誤段爲叚。向達云：「段食，疑猶斷食也。」按慈恩傳亦作「段」，慧琳音義謂是「斷」字之誤。

〔一三〕原本酥作「蘇」，宋本、趙城本、資福本、明南本、明北本、徑山本並作「酥」，今從改。珠林亦作「酥」。

〔一四〕宋本、資福本、明南本、明北本俞作「爾」。按慈恩傳作「善哉」，則「俞」字爲長。

〔一五〕趙城本乃作「皷」。
〔一六〕石本、趙城本曰作「其」。
〔一七〕趙城本誕靈導世四字作「語覆去世」，不通，有誤。

從此北行，山磧曠野五百餘里，至佉沙國。舊謂〔一〕疏勒者，乃稱其城號也。正音宜〔二〕云室利訖栗〔三〕多底。疏勒之〔四〕言，猶爲訛也。

校勘

〔一〕華嚴鈔舊謂二字作「舊云爲」三字。
〔二〕中本宜作「直」。
〔三〕中本栗作「粟」。
〔四〕中本之作「久」，非。慈恩傳亦作「之」。

佉沙國

佉沙國周五千餘里，多沙磧，少壤土。稼穡殷盛，花菓繁茂。出細氈褐，工織細㲲、𣰆毹。氣候和暢，風雨順序。人性獷暴，俗多詭詐，禮義輕薄，學藝膚〔一〕淺。其俗生子，押頭〔二〕匾㔜，容貌麤鄙，文身緑睛〔三〕。而其文字，取則印度，雖有删訛〔四〕，頗〔五〕存體勢。語言辭調，異於諸國。淳信佛法，勤營福利。伽藍數百所，僧徒萬餘人，習學小乘教説一切有部。不究其理，多諷其文，故誦通三藏及毗婆沙者多矣。

校勘

〔一〕宋本、資福本、明南本、明北本、徑山本膚並作「膚」。

〔二〕珠林三十八引頭下有「令」字。

〔三〕趙城本睛作「精」。

〔四〕徑山本、金陵本訛作「譌」，同。

〔五〕金陵本頗作「頓」，誤。

從此東南行五百餘里，濟徙多河〔一〕，踰大沙嶺，至斫句迦國。舊〔二〕曰沮〔三〕渠。

校勘

〔一〕珠林徙多河下有注云：「舊名新頭河。」

〔二〕華嚴鈔五十八引舊作「唐」。

〔三〕中本沮作「阻」。慈恩傳、方志及珠林並作「沮渠」。

斫句迦國

斫句迦國周千餘里。國大都城周十餘里，堅峻險固，編户殷盛。山阜連屬，礫石彌漫，臨帶兩河，頗以耕植。蒲陶、梨、柰，其果寔繁。時風寒，人躁暴，俗唯詭詐，公行劫盜。文字同瞿薩旦那國，言語有異。禮義輕薄；學藝淺近。淳信三寶，好樂福利。伽藍數十〔一〕，毁壞已多。僧徒百餘人，習學大乘教。

國南境有大山，崖嶺嵯峨，峯巒重疊。草木凌寒，春秋一觀〔 〕。谿〔二〕澗浚〔三〕瀨，飛流四注。崖龕石室，棊〔四〕布巖林。印度果〔五〕人，多運神通，輕舉遠遊，棲止於此。諸阿羅漢〔六〕寂滅者衆，以故多有窣堵波也。今猶現有三阿羅漢居巖穴〔七〕中，入滅心定，形若羸人，鬚髮〔八〕恒長，故諸沙門時往爲剃。而此國中大乘經典部數尤多，佛法至處，莫斯爲盛也。十萬頌爲部者，凡有十數〔九〕。自兹已降，其流寔廣。

校勘

〔一〕方志數十作「十餘」。

校勘

〔一〕宋本、資福本、明南本、明北本、徑山本觀並作「貫」。趙城本及華嚴鈔五十八引作「觀」，同此本。

〔二〕原本谿作「磎」，今從建本、宋本、資福本、明南本、明北本、徑山本改。華嚴鈔作「溪」，同。

〔三〕華嚴鈔引浚作「濬」。

〔四〕古本、異本棊作「基」，非。建本作「碁」，同。

〔五〕華嚴鈔引果上有「得」字。

〔六〕華嚴鈔漢下有「於此」二字。

〔七〕古本、建本、中本及華嚴鈔引穴作「岫」。

〔八〕華嚴鈔引髮作「鬘」。慈恩傳、方志作「髮」。

〔九〕慈恩傳十數作「數十」。

從此而東，踰嶺越谷，行八百餘〔一〕里，至瞿薩旦那國。唐言地乳，即〔二〕其俗〔三〕之雅〔四〕言也。俗語謂之漢〔五〕那國〔六〕，匈〔七〕奴謂之于遁，諸胡謂之谿〔八〕旦，印度謂之屈丹，舊曰于闐〔九〕，訛也〔一〇〕。

校勘

〔一〕建本、中本無「餘」字。

〔二〕中本即下有「結信可言乳即」六字，義不可解，疑衍文。

〔三〕中本無「俗」字。

〔四〕宋本、資福本雅作「邪」，非。

〔五〕古本、建本漢作「喚」； 宋本、資福本、明南本、明北本、徑山本及慈恩傳、翻譯集引並作「涣」。趙城本及華嚴鈔引作「漢」，同此本。

〔六〕古本、建本、中本無「國」字。華嚴鈔亦無之。

〔七〕宋本、資福本、明南本、明北本及華嚴鈔匈並作「凶」。

〔八〕原本豁作「壑」，今從宋本、資福本、明南本及慈恩傳、華嚴鈔、翻譯集、音釋改。明北本、徑山本、金陵本作「谿」，疑形之訛。

〔九〕宋本、資福本、明南本、明北本闐作「闐」，音釋則作「闐」，云：「涣那、于遁、豁旦，皆于闐國之所管也，隨諸法師方言呼也。」華嚴鈔引闐下有「者」字。

〔一〇〕宋本、資福本、明南本、明北本、徑山本並無「也」字。

瞿薩旦那國

瞿薩旦那國周四千餘里，沙磧太〔一〕半，壤土隘狹，宜穀稼，多衆菓。出氍毹細氈，工紡績絁〔二〕紬，又産白玉、黳玉。氣序和暢，飄風飛埃。俗知禮義，人性温恭，好學典藝，博達技能。衆庶富樂，編户安業。國尚樂音〔三〕，人好歌儛〔四〕。少服毛褐氈裘，多衣絁紬白氎。儀形有體〔五〕，風則有紀。文字憲章，聿遵〔六〕印度，微改〔七〕體勢，粗〔八〕有沿革。語異諸國，崇〔九〕尚佛法。伽藍百有餘所，僧徒五千餘人，並多習學大乘法教。

校勘

〔一〕中本及華嚴鈔五十八引太作「大」。方志亦作「太」。

〔二〕中本絁作「絹」。按慈恩傳作「絁」，下文亦作「絁紬」，「絁」字當是。

〔三〕石本樂音二字作「音樂」。

〔四〕古本、建本「國尚樂音」「人好歌儛」二句互倒置。

〔五〕原本體作「禮」，古本、建本作「體」。按慈恩傳云：「風儀詳整」，則此作「體」字爲長，今從改。

〔六〕原本遵作「尊」，石本、建本、中本、宋本、資福本、明南本、明北本、徑山本及慈恩傳並作「遵」，今從改。

〔七〕古本、建本、中本微改二字作「雖存」。慈恩傳此句作「微有改耳」。

〔八〕古本、建本、中本粗作「頗」。

〔九〕華嚴鈔引崇作「宗」。

一、建國傳説

王甚驍武，敬重佛法，自云毗沙門天之祚〔一〕胤也。昔者此國虚曠無人，毗沙門天於此棲止〔二〕。無憂王太子在呾叉始羅國被抉目已，無憂王怒譴〔三〕輔佐，遷其豪族，出雪山北，居荒谷間。遷人逐牧〔四〕，至此西界，推舉酋〔五〕豪，尊立爲王〔六〕。當是時〔七〕也，東土帝子蒙譴流徙〔八〕，居此東界，羣下勸進，又自稱王。歲月已積，風教不通。各因田〔九〕獵，遇會荒澤，更問宗緒，因而爭長。忿形辭語，便欲交兵。或有諫曰：「今何遽乎？因獵決戰，未盡兵鋒。宜歸治兵，期而後集。」於是迴駕而返，各歸其國，校習戎馬，督勵士卒，至期兵會，旗鼓相望。旦日合戰，西主不利，因而逐北，遂斬其首。東主〔一〇〕乘勝，撫集亡國，遷都中地，方建城郭。憂其無土，恐難成功，宣告遠近，誰識地理。時有塗灰外道負大瓠，盛滿水而自〔一一〕進曰：「我知地理。」遂以其水屈曲遺〔一二〕流，周而復始，因即疾驅，忽而不見。依彼水迹，峙其基堵，遂得興功，即斯國治〔一三〕，今王所都於此城〔一四〕也。城非崇峻，攻擊難剋〔一五〕，自古已來，未能有勝。

校勘

〔一〕華嚴鈔五十八引祚作「祀」。

〔二〕華嚴鈔止作「宅」。

〔三〕徑山本、金陵本譴作「遺」，誤。

〔四〕原本牧作「物」，今從古本、建本、中本及華嚴鈔改。慈恩傳亦云「養牧」。

〔五〕華嚴鈔酉作「尊」。

〔六〕華嚴鈔尊作「首」，王作「主」。

〔七〕華嚴鈔時作「地」。

〔八〕宋本、資福本、明南本、明北本徙並作「徒」，疑形之訛。
〔九〕徑山本及華嚴鈔田作「畋」。
〔一〇〕華嚴鈔主作「王」。
〔一一〕宋本、資福本、明南本、明北本、徑山本而自二字並作「自而」。趙城本及華嚴鈔作「而自」，同此本。
〔一二〕徑山本遺作「遣」，非。
〔一三〕古本國治二字作「治國」，誤倒。
〔一四〕宋本、資福本、明南本、明北本、徑山本並無「城」字。趙城本及華嚴鈔有之，同此本。
〔一五〕建本、宋本、資福本、明南本、明北本、徑山本剋並作「克」，同。

其王遷都作邑，建國安人，功績已成，齒耄〔一〕云暮，未有胤嗣，恐絶宗緒。乃往毗沙門天神所，祈禱請嗣。神像額上，剖出嬰孩，捧〔二〕以迴駕，國人稱慶。既不飲乳，恐其不壽，尋詣〔三〕神祠，重請育養〔四〕。神前之地忽然隆起，其狀如乳，神童飲吮，遂至成立。智勇光前，風教遐被，遂營神祠，宗〔五〕先祖也。自〔六〕茲已降，奕世相承，傳國君臨，不失其緒。故今神廟多諸珍寶，拜祠享祭，無替於時。地乳所育，因爲國號。

校勘

〔一〕華嚴鈔耄作「耄」。

〔二〕石本、趙城本捧作「拾」。
〔三〕中本詒作「諸」，疑是形訛。
〔四〕中本及華嚴鈔育養二字作「養育」。
〔五〕華嚴鈔宗作「崇」。
〔六〕趙城本自作「曰」，誤。

二、毗盧折那伽藍

王城南十餘里，有大伽藍，此國先王爲毗盧折〔一〕那唐言遍照。阿羅漢建也。昔者此國佛法未被，而阿羅漢自迦濕彌羅國至此林中，宴坐習定。時有見者，駭其容服，具以其狀上白於王。王遂躬往，觀其容止，曰：「爾何人乎，獨在幽林？」羅漢曰：「我如來弟子，閑居習定。王宜樹福，弘讚佛教，建伽藍，召僧衆。」王曰：「如來者，有何德？有何神？而汝鳥棲，勤苦奉教。」曰〔二〕：「如來慈愍四生，誘導〔三〕三界，或顯或隱，示生示滅。遵其法者，出離生死。迷其教者，羈纏〔四〕愛網。」王曰：「誠如所説，事高言議〔五〕，既云大聖，爲我現形。若〔六〕得瞻仰，當爲建立，罄心歸信，弘揚教法。」羅漢曰：「王建伽藍，功成感應。」王苟從其請，建僧伽藍，遠近咸集，法會稱慶，而未有揵椎〔七〕扣擊召集。王謂羅漢曰：「伽藍已成，佛在何所？」羅漢曰：「王〔八〕當至誠，聖鑒不遠。」王遂禮請，忽見空中佛像下降，授王揵椎。因即誠信，弘揚佛教。

校勘

〔一〕古本折作「舍」。

〔二〕古本、建本曰上有「答」字。

〔三〕中本導作「道」。

〔四〕資福本、明南本、明北本、徑山本紲並作「纏」，同。

〔五〕徑山本校注云：「議字譌。」按議字自通，其説非。

〔六〕原本若作「既」，今從古本、建本、中本改。

〔七〕原本椎作「稚」，從宋本等改，下同，説見前。

〔八〕原本無「王」字，石本、建本、中本、宋本、資福本、明南本、明北本、徑山本並有之，今從補。

三、瞿室餕伽山

王城西南二十餘里〔一〕，有〔二〕瞿室餕〔三〕伽山。唐言牛角。山峯兩起，巖隒〔四〕四絶，於崖谷間建一伽藍。其中佛像時燭〔五〕光明。昔如來曾至此處，爲諸天人略説法要，懸記此地當建國土，敬崇遺法，遵習大乘。

校勘

〔一〕方志二十餘里作「十餘里」。
〔二〕中本及華嚴鈔五十八引有作「至」。
〔三〕珠林三十八引餧作「稜」。
〔四〕建本隒作「險」。
〔五〕徑山本燭作「放」。

牛角山〔一〕巖有大石室，中有阿羅漢，入滅心定，待慈氏佛，數百年間，供養無替〔二〕。近者崖崩，掩塞門徑〔三〕。國王興兵欲除崩石，即黑蜂群飛，毒螫人衆，以故至今石門不開。

校勘

〔一〕華嚴鈔無「山」字。
〔二〕中本替作「賛」，形之訛。
〔三〕方志作「數百年前崖崩塞户」，與此略異。華嚴鈔引與今本全同。

四、地迦婆縛那伽藍

王城西南十餘里，有地迦〔一〕婆縛那伽藍，中有夾紵〔二〕立佛像，本從屈支國而來至止。昔此國中有臣被譴，寓居屈支，恒禮此像。後蒙還國，傾心遥敬。夜分之後，像忽自至，其人捨宅建此伽藍。

校勘

〔一〕建本迦作「伽」。

〔二〕石本作「紵」，建本作「紵」，疑並紵之俗字。方志夾紵作「綊紵」。徑山本有註云：「寒山考，夾紵今稱脱沙。」

五、勃伽夷城

王城西行三百餘里，至勃伽夷城，中有佛坐像，高七尺餘，相好允備，威肅疑然。首戴寶冠，光明時照。聞諸土俗曰：本在迦濕彌羅國，請移至此。昔有羅漢，其沙彌弟子臨命終時，求酢米餅。羅漢以天眼觀，見瞿薩旦那國有此味焉。運神通力，至此求獲。沙彌噉〔一〕已，願生其國。果遂宿心，得爲王子。既嗣位已，威攝〔二〕遐邇，遂踰雪山，伐迦濕彌羅國。迦彌濕羅國王整集戎馬，欲禦邊寇。時阿羅漢諫王：「勿鬭兵也，我能退之。」尋爲瞿薩旦那王説諸法要，王初未信，尚欲興兵。羅漢遂取此王先身沙彌時衣，而以示之。王既見衣，得宿命智，與迦濕彌羅王謝咎交歡，釋兵而返。奉迎沙彌時所供養佛像，隨軍禮請。像至此地，不可轉移，環建伽藍，式〔三〕招僧侣，捨寶冠〔四〕置像頂。今所冠者，即先王所施也。

校勘

〔一〕徑山本噉作「啖」。

〔二〕古本攝作「懾」。

〔三〕原本式作「或」，今從建本、宋本、資福本、明南本、明北本、徑山本改。

〔四〕趙城本脱「冠」字。

六、鼠壤墳傳説

王城西百五六十里，大沙磧正路中，有堆〔一〕阜，並鼠壤墳也〔二〕。聞之土俗曰：此沙磧中，鼠大如蝟，其毛則金銀異色，爲其羣之酋〔三〕長。每出穴遊止，則羣鼠爲從。昔者匈奴〔四〕率數十萬衆，寇掠邊城，至鼠墳側屯軍。時瞿薩旦那王率數萬兵，恐力〔五〕不敵，素知磧中鼠奇，而未神也。洎乎寇至，無所求救，君臣震恐，莫知圖計，苟復〔六〕設祭，焚香請鼠，冀其有靈，少〔七〕加軍力。其夜瞿薩旦那王夢見大鼠曰：「敬欲相助，願早治兵。旦日合戰，必當克勝。」瞿薩旦那王知有靈祐，遂〔八〕整戎〔九〕馬，申〔一〇〕令將士，未明而行，長驅掩襲。匈奴之聞也，莫不懼焉，方欲駕乘被鎧，而諸馬鞍、人服、弓弦、甲縺，凡厥帶系〔一一〕，鼠皆齧斷。兵寇既臨，面縛受戮。於是殺其將，虜其兵，匈奴震懾〔一二〕，以爲神靈所祐也。瞿薩旦那王感鼠厚恩，建祠設〔一三〕祭，奕世遵敬，特深珍異。故上自君王，下至黎庶，咸修祀〔一四〕祭，以求福祐。行次其穴，下乘而趨，拜以致敬，祭以祈福。或衣服弓矢，或香花肴膳，亦既輸誠，多蒙福利。若無享祭，則逢災變。

校勘

〔一〕宋本、資福本堆譌作「推」。

〔二〕宋本、資福本也譌作「九」。

〔三〕建本、中本、宋本、資福本、明南本、明北本、徑山本酋並作「首」。

〔四〕中本奴下有「王」字。

〔五〕中本力上有「兵」字。

〔六〕中本復後有「苟」字，疑因上「苟」字而衍。

〔七〕中本少作「小」。

〔八〕宋本、資福本遂訛作「逐」。

〔九〕徑山本戎作「戒」。

〔一〇〕石本、宋本、資福本、明南本、明北本、徑山本申並作「甲」。按此字若作「甲」，則上戎字當從徑山本作

「戒」，讀作「遂整戒馬甲」爲句。

〔一一〕石本、建本、中本系作「糸」，非。

〔一二〕石本懾作「懼」，建本、明北本作「攝」。

〔一三〕趙城本無「設」字。

〔一四〕宋本、資福本、明南本、明北本、徑山本祀並作「禮」。

七、娑摩若僧伽藍

王城西五六里，有娑〔一〕摩若僧伽藍，中有窣堵波，高百餘尺，甚多靈瑞，時燭神光。昔有羅漢自遠方來，止此林中，以神通力，放大光明。時王夜在重閣，遥見林中光明照曜。於是歷問，僉曰：「有一沙門自遠而至，宴坐林中，示現神通。」王遂命駕，躬往觀察。既覩明〔二〕賢，乃心〔三〕祗敬，欽風不已，請至中宫。沙門曰：「物有所宜，志有〔四〕所在〔五〕。幽林藪澤，情之所賞，高堂邃宇，非我攸聞。」王益敬仰，深加宗〔六〕重，爲建伽藍，起窣堵波。沙門受請，遂止其中。頃之，王〔七〕感獲舍利數百粒，甚〔八〕慶悦，竊自念曰：「舍利來應，何其晚歟？早得置之窣堵波下，豈非勝迹？」尋詣伽藍，具白沙門。羅漢曰：「王無憂也。今爲置之，宜以金銀銅鐵大石函等，以次周盛。」王命匠人，不日功畢〔九〕，載諸寶轝，送至伽藍。是時也，王宫〔一〇〕導從，庶僚凡百，觀送舍利者，動以萬計。羅漢乃以右手舉窣堵波，置諸掌中，謂王曰：「可以藏下也。」遂坎地安函，其功斯畢。於是下窣堵波，無所傾損。觀覩之徒，歎未曾有，信佛之心彌篤，敬法之志斯堅。王謂羣官曰：「我嘗聞佛力難思，神通難究。或分身百億，或應迹人天。舉世界於掌內，衆生無動靜之想；演法性於常音，衆生有隨類之悟。斯則神力不共，智慧絶言。其靈已隱，其教猶傳。飡〔一一〕和飲澤，味道欽〔一二〕風，尚獲斯靈，深賴其福。勉〔一三〕哉凡百，宜深崇敬。佛法幽深，於是明矣！」

校勘

〔一〕古本娑作「波」。

〔二〕中本明作「聖」。

〔三〕宋本、資福本、明南本、明北本、徑山本乃心二字作「心乃」。

〔四〕原本有作「其」，今從石本、建本、宋本、資福本、明南本、明北本、徑山本改。

〔五〕古本、建本在作「存」。

〔六〕中本宗作「崇」。

〔七〕中本王下有「城」字。按方志亦云「王感舍利數百粒」，城字誤衍。

〔八〕建本、中本甚上有「爲」字。

〔九〕古本、建本、中本畢作「成」。

〔一〇〕古本、石本、中本、宋本、趙城本宫作「官」。

〔一一〕建本、宋本、資福本、明南本、明北本、徑山本飡並作「餐」，同。

〔一二〕資福本欽作「飲」，形之譌。

〔一三〕趙城本勉誤作「免」。

八、麻射僧伽藍及蠶種之傳入

王城東南五六里，有麻〔一〕射僧伽藍，此國先王妃所立也。昔者此國未知桑蠶，聞東國有也〔二〕，命使以求。時東國君祕而不賜，嚴敕〔三〕關防，無令〔四〕桑蠶種出也。瞿薩旦那王乃卑辭下〔五〕禮，求婚東國。國〔六〕君有懷遠之志，遂允其請。瞿薩旦那王命使迎婦，而誡曰：「爾致辭東國君女，我國素無絲綿桑蠶之種〔七〕，可以持來，自爲裳服。」女聞其言，密求其種，以桑蠶之子，置帽絮中。既至關防，主者遍索，唯王女帽不敢以驗〔八〕。遂入瞿薩旦那國，止麻射伽藍故地，方備儀禮，奉迎入宫，以桑蠶種留於此地。陽春告始，乃植其桑。蠶月既臨，復事採養。初至也，尚以雜葉飤〔九〕之。自時厥後，桑樹連陰〔一〇〕。王妃乃刻石爲制，不令傷殺。蠶蛾飛盡，乃得治繭。敢有犯違，明神不祐。遂爲先蠶建此伽藍。數株〔一一〕枯桑，云〔一二〕是本種之樹也。故今此國有蠶不殺，竊有取絲者，來年輒不宜蠶。

校勘

〔一〕一本、宋本、資福本、明南本、明北本、徑山本麻並作「鹿」。下同。趙城本作「麻」，同此本。堀謙德云：「有鹿射、庶射、麻射三種寫法，西藏所傳寫名作Ma-Ža，應以麻射爲正。」

〔二〕徑山本、金陵本也作「之」。

〔三〕趙城本、資福本、明南本、明北本敕作「勑」，同。

〔四〕中本令作「命」。

〔五〕中本下作「示」。

〔六〕中本無「國」字。

〔七〕中本種下有「也」字。

〔八〕宋本、資福本、明南本、明北本驗作「撿」，徑山本、金陵本作「檢」。

〔九〕明南本飤誤作「飲」。徑山本作「養」，金陵本作「飼」。飤即飼字。

〔一〇〕宋本、資福本、明南本、明北本、徑山本陰並作「蔭」。

〔一一〕建本數株二字作「藪林」。

〔一二〕中本云上有「悉」字。

九、龍鼓傳説

城〔一〕東南百餘里有大河，西北流，國人利之，以用溉田。其後斷流，王深怪異。於是命駕問羅漢僧曰：「大河之水，國人取給，今忽斷流，其咎安在？爲政有不平，德有不洽乎？不然，垂譴何重也！」羅漢曰：「大王治國，政化清和。河水斷流，龍所爲耳。宜速祠求，當復昔利。」王因廻駕，祠祭河龍。忽有一女凌波而至曰：「我夫早喪，主命無從。所以河水絶流，農人失利。王於國内選一貴臣，配我爲夫，水流如昔。」王曰：「敬聞，任所欲〔二〕耳。」龍遂目〔三〕悦國之大臣。王既廻駕，謂羣下曰：「大臣者，國之重鎮。農務者，人之命食。國失鎮則危，人絶食則死。危死之事，何所宜行？」大臣越席跪而對曰：「久已虚薄，謬當重任。常思報國，未遇其時。今而預選，敢塞深責。苟利萬姓，何𠫤〔四〕一臣？臣者國之佐，人者國之本，願大王不再思也！幸爲修福，建僧伽藍！」王允所求，功成不日。其臣又請早入龍宮。於是舉國僚庶，鼓樂飲餞。其臣乃衣素服，乘白馬，與王辭訣，敬謝國人。驅馬入河，履水不溺，濟乎中流，麾鞭畫〔五〕水，水爲中開，自兹没矣。頃之白馬浮出，負一栴〔六〕檀大鼓，封一函書。其書大略曰：「大王不遺細微，謬參神選，願多營福，益〔七〕國滋臣。以此大鼓懸城東南。若有寇至，鼓先聲震。」河水遂流，至今利用〔八〕。歲月浸遠，龍鼓久無。舊懸之處，今仍有鼓池側伽藍，荒圮無僧。

校勘

〔一〕古本、建本城上有「城」字。

〔二〕石本、趙城本欲作「敬」，疑涉上「敬」字而誤。

〔三〕中本、明北本、徑山本目作「自」。

〔四〕古本、建本、一本、宋本、資福本忝並作「悿」；明南本、明北本作「恪」；徑山本作「吝」。悿、恪、吝並同忝字。

〔五〕古本、建本畫作「書」，非。音釋亦作「畫」。

〔六〕中本及酉陽雜俎物異篇梼作「旃」，同。

〔七〕宋本、資福本益作「蓋」，疑形之訛。

〔八〕酉陽雜俎記此事，簡略。

十、古戰場

王城東三百餘里大荒澤中，數十頃地，絕無蘖〔一〕草，其土赤黑。聞諸耆舊曰：敗軍之地也。昔者東國軍師百萬西伐，此時瞿薩旦那王亦整齊戎馬數十萬衆，東禦强敵。至於此地，兩軍相遇，因即合戰。西兵失利，乘勝殘殺，虜其〔二〕王，殺其將，誅戮士卒，無復孑遺。流血染地，其迹斯在。

校勘

〔一〕原本蘖作「蘗」，據徑山本、金陵本及音釋改。

〔二〕中本其下有「析」字。

十一、媲摩城彫檀佛像

戰地東行三十餘里，至媲〔一〕摩城，有彫檀立佛像，高二〔二〕丈餘，甚多靈應〔三〕，時燭〔四〕光明。凡有疾病，隨其痛處，金薄帖〔五〕像，即時痊復。虛心請願，多亦遂求。聞之土俗曰：此像，昔佛在世憍賞彌國鄔陁衍那王所作也。佛去世後，自彼凌空〔六〕至此國北曷勞落迦城中。初〔七〕，此城人安樂富饒，深著邪見，而不珍敬。傳其自來，神而不貴。後有羅漢禮拜此像。國人驚駭，異其容服，馳〔八〕以白王。王乃下令，宜以沙土坌此異人。時阿羅漢身蒙沙土，餬〔九〕口絶糧。時有一人心甚不忍，昔常恭敬尊禮此像，及見羅漢，密以饌之。羅漢將去，謂其人曰：「却〔一〇〕後七日，當雨沙土，填滿此城，略無遺類。爾宜知之，早圖出計。猶其〔一一〕坌我，獲斯殃耳。」語已便去，忽然不見。其人入城，具告親故。或有聞者，莫不嗤笑。至第二日，大風忽發，吹去穢壤，雨雜寶滿衢路。人更罵〔一二〕所告者。此人心知必然，竊開孔道，出城外〔一三〕而穴之。第七日夜，宵分之後，雨沙土滿城中。其人從孔道出，東趣此國，止媲摩城。其人纔至，其像亦來，即此供養，不敢遷移。聞諸先記曰：釋迦法盡，像入龍宮。今曷勞落迦城爲大堆〔一四〕阜，諸國君王，異方豪右，多欲發掘〔一五〕，取其寶物。適至其側，猛風暴發，煙雲四合，道路迷失。

校勘

〔一〕中本及珠林三十八引媲作「娓」，疑形之訛。慈恩傳、方志及音釋並作「媲」。

〔二〕慈恩傳二作「三」。方志作「二」，同此。

〔三〕方志、珠林應作「異」。

〔四〕徑山本燭作「放」。

〔五〕石本帖作「貼」，同。

〔六〕徑山本空作「虚」。

〔七〕原本初下有「到」字，建本、中本、宋本、資福本、明南本、明北本、徑山本並無之，今從删。

〔八〕中本馳上有「乃」字。

〔九〕音釋餬作「糊」，同。

〔一〇〕石本、建本、中本、宋本、趙城本、資福本、明南本、明北本、徑山本却並作「從」。珠林作「却」，同此本。方志作「卻」，亦却之異字爾。

〔一一〕中本其下有「至」字。金陵本猶作「由」。按猶、由古通用。

〔一二〕建本、中本、宋本、資福本、明南本、明北本、徑山本罵並作「詈」。

〔一三〕中本外作「水」。

〔一四〕石本、建本、宋本、資福本、明南本、明北本、徑山本垍作「堆」，同。

〔一五〕原本掘作堀，資福本、明南本、明北本、徑山本作「掘」，今從改。

十二、尼壤城

媲摩川東入沙磧，行二百餘里，至尼〔一〕壤〔二〕城，周三四里，在大澤中。澤地熱〔三〕濕，難以履涉。蘆草荒茂，無復途徑。唯趣城路，僅得通行，故往來者莫不由此城焉。而瞿薩旦那以爲東境之關防〔四〕也。

校勘

〔一〕慈恩傳尼作「泥」。

〔二〕原本壤作「攘」，今從石本、建本、中本、宋本、資福本、明南本、明北本、徑山本及慈恩傳、方志改。

〔三〕趙城本熱作「埶」。

〔四〕中本防作「妨」。

大流沙以東行程

從此東行，入大流沙。沙則流漫，聚散隨風，人行無迹，遂多迷路。四遠〔一〕茫茫，莫知所指，是以往來者〔二〕聚遺骸以記之。乏水草，多熱風。風起則人畜惛迷〔三〕，因以成病。時聞歌嘯，或聞號〔四〕哭，視聽之間，怳然不知所〔五〕至，由此屢有喪亡，蓋鬼魅之所致也。

校勘

〔一〕中本遠下有「共」字。

〔二〕原本無「者」字，今據建本、中本、宋本、資福本、明南本、明北本、徑山本補。石本往來二字作「往者」，脱一「來」字，猶存「者」字。

〔三〕明南本、明北本迷作「遂」，屬下讀。

〔四〕中本號作「蹄」，乃啼之誤。

〔五〕趙城本無「所」字。

行四百餘里，至覩貨〔一〕邏故〔二〕國。國久空曠，城皆荒蕪。

校勘

〔一〕原本覩貨二字作「都」字，今從中本、宋本、資福本、明南本、明北本、徑山本改。建本作「都貨」二字。慈恩傳亦云：「又行四百餘里至覩貨邏故國。」

〔二〕建本無「故」字。

從此東行六百餘里，至折摩馱那故國，即沮末〔一〕地也。城郭巋然，人煙斷絶。

校勘

〔一〕原本沮末二字作「涅末」；建本、中本作「濕末」；慈恩傳作「沮沫」；方志作「咀末」，咀是咀之訛，咀沮同音。堀謙德謂「涅末爲沮末之誤，漢書西域傳作且末」。向達説同。按其説是也，今從改。

復〔一〕此東北行千餘里，至納縛波故國，即樓蘭地也。

校勘

〔一〕石本、建本、中本復作「從」。

推表山川，考採境壤，詳國俗之剛柔，繫水土之風氣，動静無常，取捨不同，事難窮驗，非可仰〔一〕説。隨所遊至，略書梗槩，舉其聞見〔二〕，記諸慕〔三〕化。斯故〔四〕日入已來，咸沐惠澤；風行所及，皆仰至德；混同天下，一之宇内，豈徒單車出使，通驛萬里者哉！

校勘

〔一〕建本、中本、宋本、資福本、明南本、明北本、徑山本仰並作「抑」。異本作「押」，疑亦抑之音訛。金陵本作「臆」，乃據大正藏本校語而誤。今所見舊本無有作「臆者」，不可從。趙城本作「仰」，同此本。

〔二〕古本、中本聞見二字作「見聞」。

〔三〕古本慕訛作「暴」。

〔四〕建本、中本、宋本、資福本、明南本、明北本、徑山本故並作「固」，二字古通用。石本、趙城本作「國」，當是固之訛字。

記讚

記讚〔一〕曰：大矣哉，法王之應世也！靈化潛運，神道虛通。盡形識於沙界，絕起謝於塵劫。形識盡，雖〔二〕應生而不生；起謝〔三〕絕，示寂滅而無滅。豈實迦維降神，娑〔四〕羅潛化而已。固知應物効靈，感緣垂迹，嗣種刹利，紹胤釋迦，繼域中之尊，擅方外之道。於是捨金輪而臨制法界，擒玉毫〔五〕而光撫含生。道洽十方，智周萬物，雖出希夷之外，將庇視聽之中。三轉法輪於大千，一音振〔六〕辯於羣有，八萬門之區別，十二部之綜要。是以聲教之所霑被，馳鶩福林；風軌之所鼓扇，載驅壽域。聖賢之業盛矣，天人之義備矣！然〔七〕忘動寂於堅固之林，遺去來於幻化之境，莫繼乎有待，匪遂乎無物。尊者迦葉妙選應真，將報佛恩，集斯法寶。四含總其源流，三藏括其樞要。雖部執〔八〕茲興，而大寶斯在。越〔九〕自降生，洎乎潛化，聖迹千變，神瑞萬殊。不盡之靈逾顯，無爲之教彌新，備存經誥，詳著記傳。然尚羣言紛糺，異議舛〔一〇〕馳，原始要終，罕能正說。此指事之實録，尚衆論之若斯。況正法幽玄，至理沖邈，研覈奧旨，文多〔一一〕闕〔一二〕焉〔一三〕。是以前修令德，繼軌逸〔一四〕經之學；後進英彥，踵武缺簡之文。大義鬱而未彰，微言闕而無問〔一五〕。法教流漸，多歷年所，始自炎漢，迄于聖代。傳譯盛業，流美聯暉。玄道未攄，真宗猶昧。匪聖教之行藏，固王化之由致。我大唐臨訓天下，作孚海外，考聖人之遺則，正先王之舊典。闡兹像教，鬱爲大訓，道不虛行，弘在明德。遂使三乘奧義，鬱於千載之下；十力遺靈，閟於萬里之外。神道〔一六〕無方，聖教有寄，待緣斯顯，其言信矣。

校勘

〔一〕建本、宋本、資福本、明南本、明北本讚並作「贊」，同。

〔二〕宋本、資福本、明南本、明北本、徑山本「盡雖」二字並倒置。

〔三〕宋本、資福本、明南本、明北本、徑山本謝下並有「雖」字。

〔四〕建本娑作「婆」，形之訛。

〔五〕石本、建本、中本毫作「豪」，通用。

〔六〕中本「音振」二字互倒置。依駢對例，則「振音」爲長。

〔七〕建本、宋本、資福本、明南本、明北本、徑山本然下有「後」字。

〔八〕徑山本執作「帙」，非。

〔九〕宋本、資福本、明南本、明北本、徑山本越並作「粵」，通用。

〔一〇〕古本、建本舛作「互」。
〔一一〕趙城本「多」字空缺。
〔一二〕中本多闕二字作「闕如」。
〔一三〕明南本、明北本、徑山本焉下有「知」字。石本、建本、宋本、資福本焉下有「如」字，屬下讀。
〔一四〕宋本、資福本、明南本、明北本、徑山本逸並作「譯」。
〔一五〕建本、中本、異本問作「聞」。
〔一六〕古本、建本道作「通」。

夫玄奘法師者，疏〔一〕清流於雷澤，派洪源於嬀〔二〕川。體上德之禎祥，藴中和之淳粹，履道合〔三〕德，居貞葺〔四〕行。福樹曩因，命偶昌運。拔迹俗塵，閑居學肆，奉先師之雅訓，仰前哲之令德。負笈從學，遊方請〔五〕業，周流燕趙之地，歷覽魯衛之郊〔六〕，背三河而入秦中，步三蜀而抵吴會。達學髦彦，遍効〔七〕請益之勤；冠世英賢，屢申求法之志。側聞餘論，考厥衆謀，競黨專門之義，俱嫉異道之學。情發討源，志存詳考。屬四海之有截，會八表之無虞，以貞觀三年仲秋朔旦，褰裳遵路，杖錫遐征。資皇化而問道，乘冥祐而孤遊，出鐵門、石門之阨，踰凌山、雪山之險。驟移灰管，達于印度。宣國風於殊俗，喻大化於異域。親承梵學，詢謀哲人。宿疑則覽文明發，奥旨則博問高才，啓靈府而究理，廓神衷而體道，聞所未聞，得所未得，爲道場之益友，誠法門之匠人者也。是知道風昭〔八〕著，德行高明，學蘊三冬，聲馳萬里。印度學人，咸仰盛德，既曰〔九〕經笥，亦稱法將。小乘學徒，號木叉提婆。唐言解脱天。大乘法衆，號摩訶耶〔一〇〕那提婆。唐言大乘天。斯乃高其德而傳徽號，敬其人而〔一一〕議嘉名。至若三輪〔一二〕奥義，三請微言，深究源流，妙窮枝葉，奂〔一三〕然慧悟，怡然理順，質疑之義，詳諸別録。既而精義通玄，清風載扇，學已博矣，德已盛矣。於是乎歷覽山川，徘徊郊邑。出茅城而入鹿苑〔一四〕，遊杖林而憩雞園，迴眺迦維之國，流目拘尸之城。降生故基，與川原而膴膴〔一五〕；潛靈舊〔一六〕趾〔一七〕，對郊阜而茫茫。覽神迹而增懷，仰玄風而永歎，匪唯麥秀悲殷，黍離愍周而已。是用詳釋迦之故事，舉印度之茂實，頗採風壤，存〔一八〕記異説。歲月遄邁，寒暑屢遷，有懷樂土，無忘返迹。請得如來肉舍利一百五十粒；金佛像一軀，通光座高尺有六寸，擬摩揭陁國前正覺山龍窟〔一九〕影像；金佛像一軀，通光座高三尺三寸，擬婆羅痆斯國鹿野苑初轉法輪像；刻檀佛像一軀，通光座高尺有五寸，擬憍賞彌國出愛王思慕如來刻檀寫真像〔二〇〕；刻檀佛像一軀，通光座高二尺九寸，擬劫比他國如來自天宮降履寶階像；銀佛像一軀，通光座高四尺，擬摩揭陁國鷲峯山説法花等經像；金佛像一軀，通光座高三尺五寸，擬那揭羅曷國伏毒龍所留影像；刻檀佛像一軀，通光座高尺有三寸，擬吠舍釐國巡城行化像；大乘經二百二十四部；大乘論一百九十二〔二一〕部；上座部經律論一十四〔二二〕部；大衆部經律論一十五部〔二三〕；三彌底部經律論一十五部；彌沙塞部經律論二十二部；

迦葉臂耶部經律論一十七部；法密部經律論四十二部；説一切有部經律論六十七部；因〔二四〕論三十六部；聲論一十三部；凡五百二十夾〔二五〕，總六百五十七部。將弘至教，越踐畏途，薄言旋軔〔二六〕，載馳歸駕〔二七〕。出舍衛之故國，背伽耶之舊郊，踰葱嶺之危隥〔二八〕，越沙磧之險路。十九年春正月，達於京邑，謁帝雒陽。肅承明詔，載令宣譯。爰召學人，共成勝業。法雲再蔭〔二九〕，慧日重明，黄圖流鷲山之化，赤縣〔三〇〕演龍宫之教，像運之興，斯爲盛矣。法師妙窮梵學，式贊〔三一〕深經，覽文如已，轉音猶響。敬順聖旨，不加文飾。方言不通，梵語無譯，務存陶冶〔三二〕，取正典謨，推而考之，恐乖實矣。

校勘

〔一〕中本疏下有「於」字，涉下「於」字而衍。

〔二〕石本嬀作「溈」。

〔三〕古本合作「含」。

〔四〕原本葺作「葺」，今從資福本、明南本、明北本、徑山本及慧琳音義改。古本訛作「肙」。干禄字書有緝緝二字，云：「上俗下正。諸與緝同聲者準此。」葺之作葺正是其例。

〔五〕石本請作「清」，形之訛。

〔六〕一本、宋本、資福本、明南本、明北本、徑山本邠並作「邦」。

〔七〕徑山本、金陵本効作「效」。

〔八〕中本昭作「照」。

〔九〕石本曰作「目」。

〔一〇〕徑山本耶作「邪」。

〔一一〕中本無「而」字。

〔一二〕古本、建本、中本三輪二字作「五時」；一本作「三轉」。

〔一三〕古本、建本奂作「涣」；中本、宋本、資福本、明南本、明北本、徑山本並作「焕」。通用。

〔一四〕宋本、資福本、明南本、明北本、徑山本菀作「苑」，下同。按菀、苑同字。

〔一五〕慧琳音義膴膴作「瞴瞴」，云：「從目，韻英云：小合眼也。」按膴膴出詩大雅緜「周原膴膴」，慧琳說非。

〔一六〕建本舊作「餘」。

〔一七〕明南本、明北本、徑山本趾作「址」。

〔一八〕宋本、資福本存作「在」。

〔一九〕古本、異本窟下有「留」字。

〔二〇〕宋本、資福本、明南本、明北本、徑山本並無「刻檀寫真像」五字。按慈恩傳及開元釋教録亦有此五字。中本真下有「容」字。

〔二一〕原本無「二」字，今從建本、中本、宋本、資福本、明南本、明北本、徑山本及慈恩傳、開元釋教録補。

〔二二〕慈恩傳一十四作「一十五」。

〔二三〕慈恩傳無「大衆部經律論一十五部」十字，開元釋教録有。

〔二四〕慈恩傳因下有「明」字。

〔二五〕石本夾作「篋」。按慈恩傳亦作「夾」，同此。

〔二六〕徑山本軔作「輛」，非。

〔二七〕宋本、資福本駕作「焉」。

〔二八〕中本隧作「隆」，疑形之訛。

〔二九〕明南本、明北本、徑山本蔭作「陰」。

〔三〇〕石本、建本、中本縣作「懸」，非。

〔三一〕宋本、資福本、明南本、明北本、徑山本贊並作「讚」。下同。

〔三二〕原本治作「治」，今從中本、宋本、資福本、明南本、明北本、徑山本改。

有搢紳先生動色相趣〔一〕，儼然而進曰：「夫印度之爲國也，靈聖之所降集，賢懿之所挺生，書稱天書，語爲天語。文辭婉密，音韻循環，或一言貫多義，或一義綜多言，聲有抑揚，調裁清濁。梵文深致，譯寄明人，經旨沖〔二〕玄，義資盛德。若其裁以筆削，調以宮商，實所未安，誠非讜論。傳經深旨，務從易曉。苟不違本，斯則爲善。文過則艶，質甚則野。讜而不文，辯而不質，則可無大過矣，始可與言譯也。李老曰：『美言者則不信，信言者則不美。』韓子曰：『理正者直其言，言飾者昧其理。』是知垂訓範物，義本玄同，庶袪〔三〕蒙滯，將存利喜。違本從文，所害滋甚。率由舊章，法王之至誠〔四〕也。」緇素僉曰：

「俞〔五〕乎，斯言讜矣。昔孔子在位聽訟，文辭有與人共者，弗獨有也。至於修春秋，筆則筆，削則削，游、夏之徒，孔門文學，嘗不能贊〔六〕一辭焉。法師之譯經，亦猶是也。非如童壽逍遥之集文，任生、肇、融、叡之筆削〔七〕。況乎园〔八〕方爲圓之世，斵彫從朴之時，其可增損聖旨，綺藻經文者歟？」

校勘

〔一〕建本、中本、宋本、資福本、明南本、明北本、徑山本趣並作「趨」。

〔二〕石本冲作「中」，中本作「仲」。

〔三〕徑山本祛作「法」，訛。

〔四〕原本誠作「誡」，今從宋本、資福本、明南本、明北本、徑山本改。建本至誡二字作「所誡」，誡亦當作「誠」。

〔五〕原本俞作「渝」，建本、中本、金陵本作「俞」。按「俞乎」亦見本卷「烏鎩國」條，語氣相同，是也。今從改。古本作「尔」。

〔六〕古本、中本贊作「替」。按此語本史記孔子世家，替字非。

〔七〕趙城本同此本。宋本、資福本、明南本筆下有「消」字；明北本、徑山本、金陵本有「削」字。消蓋削之訛。今據補。

〔八〕徑山本园作「圓」，非。园同刓，「刓方爲圓」見楚辭懷沙。

辯機遠承輕舉之胤，少懷高蹈之節，年方志學，抽簪革服，爲大總持寺薩婆多部道岳法師弟子。雖遇匠石，朽木難彫，幸入法流，脂膏不潤。徒〔一〕飽食而終日，誠面牆而卒歲。幸藉時來，屬斯嘉會，負鷇〔二〕雀之資，廁鵷鴻〔三〕之末。爰命庸才，撰〔四〕斯方志。學非博古，文無麗藻，磨鈍勵朽，力疲曳蹇。恭承志記，倫〔五〕次其文，尚書給筆札而撰録焉。淺智褊能，多所闕漏。或有盈辭，尚無〔六〕刊落。昔司馬子長，良史之才也，序太〔七〕史公書，仍父子繼業，或名〔八〕而不字，或縣而不郡。故曰一人之精，思繁文重，蓋不暇也。其況下愚之智，而能詳備哉？若其風土習俗之差，封疆物産之記，性智區品，炎凉節候，則備寫優薄，審存根實。至於胡戎姓氏，頗稱其國。印度風化，清濁羣分，略書梗槩，備如前序。賓儀、嘉禮、户口、勝兵，染衣之士，非〔九〕所詳記。然佛以神通接物，靈化垂訓，故曰神道洞玄，則理絶人區，靈化幽顯，則事出天外。是以諸佛降祥之域，先聖流美之墟，略舉遺靈，粗申記注。境路盤〔一〇〕紆，疆埸〔一一〕迴互〔一二〕，行次即書，不存〔一三〕編比。故諸印度無分境壤，散書國末，略指封域。書行者，親〔一四〕遊踐也；舉至者，傳聞記也。或直書其事，或曲暢其文。優而柔之，推而述之，務從實録，進誠皇極。二十〔一五〕年〔一六〕秋七月，絶筆殺青。文成油素，塵黷聖鑒，詎稱天規！然則冒遠窮遐，寔資朝〔一七〕化；懷奇〔一八〕纂異，誠賴皇靈。逐日八荒，匪專夸父之力；鑿空千里，徒聞博望之功。鷲山徙於中州，鹿苑掩於外囿〔一九〕，想千載如目擊，覽萬里若躬遊。夐古之所不聞，前載之所未記。至德燾覆，殊俗來王〔二〇〕，淳風遐扇，幽荒無外。庶斯地志，補闕山經，頒左史〔二一〕之書事，備職方之遍舉。

校勘

〔一〕原本徒作「從」，今從建本、宋本、資福本、明南本、明北本、徑山本改。

〔二〕明南本、明北本、徑山本鷰作「鷰」。按鷰即燕字，燕雀常用語，當是。

〔三〕古本鴻作「鳺」。

〔四〕徑山本撰作「僎」，誤。

〔五〕建本、中本、宋本、資福本、明南本、明北本、徑山本倫並作「論」。

〔六〕中本無作「有」。

〔七〕中本太作「大」，大讀作「太」。

〔八〕中本名作「多」，誤。

〔九〕中本非上有「乃」字。

〔一〇〕資福本、明南本、明北本、徑山本盤作「槃」，同。

〔一一〕資福本、明南本、明北本埸作「場」，金陵本作「塲」，與場同。按音釋作「埸」，音亦，則諸本作場或塲者誤也。

〔一二〕趙城本互作「㸦」，即互字。

〔一三〕宋本、資福本、明南本、明北本、徑山本存並作「在」。

〔一四〕中本親下有「自」字。

〔一五〕中本二十誤倒作「十二」。

〔一六〕慧琳音義皇極二十年云：「即貞觀二十年。所言皇極，言皇帝御極已二十年也。」如其言，則此五字連讀。按皇極見於尚書洪範，僞孔傳云：「皇，大；極，中也。凡立事當用大中之道」，非言皇帝御極也。皇極既指大中之道，亦可代表皇帝，此當讀皇極斷句，猶言進御陛下，而二十年則爲貞觀年數，上文「十九年春正月」亦不冠年號，蓋皆蒙前「貞觀三年仲秋朔旦」句而省也。慧琳之説未然。

〔一七〕建本朝作「胡」。朝字爲長。

〔一八〕古本、建本、中本奇作「荒」。

〔一九〕原本圎作「國」，今從建本、宋本、資福本、明南本、明北本、徑山本及慧琳音義改。

〔二〇〕古本、建本王作「至」，中本作「往」。按王讀如往，作動詞用。

〔二一〕趙城本史作「右」。

附録

進西域記表〔一〕

沙門玄奘言：　蟠木〔二〕幽陵，雲官紀軒皇之壤；　流沙滄海，夏載首伊堯之域。西羌〔三〕白環，薦垂衣之后〔四〕；　東夷楛矢，賄〔五〕刑措之君。　固已飛英曩代，式徽前典。

伏惟陛下握紀乘時，提衡範物。　刳舟弦木，威天下而濟〔六〕羣生；　鼇足蘆灰，堙方輿而補圓蓋。　曜武經於七德，闡文教於十倫。　澤漏泉源，化霑蕭葦，房芝發秀，井浪開華，樂囿馴班，巢阿響律，浮紫膏於貝闕，霏白雲於玉檢。　遂使苑若木〔七〕而池濛汜，霈〔八〕炎火而照積冰，梯赤坂而承朔，泛蒼津而委賮〔九〕，史曠前良，事絶故府！　豈如漢開張掖，近接金城；　秦戍桂林，裁通珠浦而已？

玄奘幸屬天地貞觀，華夷静謐，冥心梵境，敢符好事，命均朝露，力〔一〇〕譬秋螽。　徒以上〔一一〕假皇靈，下資螾命〔一二〕，飄身邁迹，求遐自邇〔一三〕。　展轉膜拜之鄉，流離重譯〔一四〕之外。　條支巨雀〔一五〕，方驗前聞；　罽賓孤鸞，還稽曩實。　時移歲積，人欲〔一六〕天從。　遂得下雪岫而泛提河，援〔一七〕鶴林而栖〔一八〕鷲嶺，祇園之路麗迤空〔一九〕存，王舍〔二〇〕之基婆陁〔二一〕可陟〔二二〕。尋求歷覽，言反帝京，忽將二紀〔二三〕，所聞所見，百有卅八國〔二四〕。竊以章亥〔二五〕之所踐籍，空陳廣袤；夸父之所凌厲，無述土風。班超侯而未遠，張騫望而非博。至於玄奘所記，微爲詳盡，其迂辭瑋說，多從翦棄，綴〔二六〕爲大唐西域記〔二七〕一十二卷，繕寫如別。

玄奘稟質愚魯，昧於緗賓〔二八〕，望須〔二九〕之右筆，餝〔三〇〕以左言，截此蕪辭，採其實録，標百王之稱首〔三一〕，符〔三二〕九丘於皇代！庶使山經闕彩，汲傳韜華。無任區區，謹詣闕奉進，輕塵旒扆，伏深戰灼！謹言〔三三〕。

貞觀廿年七月十三日沙門玄奘狀上〔三四〕。

校勘

〔一〕此表文據京大本卷首附録轉載，原見於日本智恩院所藏大唐三藏法師玄奘表啓零卷中，爲奈良時代（公元七一〇—七八四）舊寫本，來源頗古，較之慈恩法師傳載的表文有出入。今校其異文於次。

〔二〕傳蟠木前有「竊尋」二字。

〔三〕傳羗作「母」。

〔四〕傳后作「主」。

〔五〕傳賄作「奉」。

〔六〕原本濟作「齊」，從傳改。

〔七〕傳若木二字作「弱水」。

〔八〕傳霈作「圃」。

〔九〕傳賫作「軆」，同。

〔一〇〕原本力作「勆」，字書無此字，疑是當時俗字。今從傳改。

〔一一〕傳上作「憑」。

〔一二〕傳無「下資蠙命」四字。

〔一三〕傳邁迹二字作「進影」，無「求遐自邇」四字。

〔一四〕傳譯誤作「驛」。

〔一五〕傳雀作「觳」。

〔一六〕傳欲作「願」。

〔一七〕傳援作「窺」。

〔一八〕傳栖作「覲」。

〔一九〕傳麗迤空三字作「髣像猶」，像是佛字之訛。

〔二〇〕傳舍作「城」。

〔二一〕傳婆陁作「坡陁」，同。

〔二二〕傳可陟二字作「尚在」。

〔二三〕傳忽將二紀四字作「淹逾一紀」。

〔二四〕傳百有卅八國五字作「百有二十八國」。按敬播序云：「親踐者一百一十國，傳聞者二十八國」，則傳文二當是三之訛。

〔二五〕傳亥作「允」，非。

〔二六〕傳自至於以下至綴字止凡二十字作「今所記述，有異前聞，雖未極大千之疆，頗窮葱外之境，皆存實錄，匪敢彫華，謹具編裁，稱」三十四字。

〔二七〕傳記下有「凡」字。

〔二八〕傳無「玄奘」至「絹實」十字。絹爲緝之俗字，見干祿字書。

〔二九〕傳須作「班」。

〔三〇〕傳餝作「飾」，同。

〔三一〕傳自截此至稱首十四字作「掩博物於晉臣」六字。

〔三二〕傳符作「廣」。

〔三三〕傳無自「庶使」以下至「謹言」二十九字，作「但玄奘智識淺短，遺漏實多，兼拙於筆語，恐無足觀覽」二十一字。

〔三四〕傳無此結尾具名銜語。